지식의 역사와
그 지형도

KNOWLEDGE

지식의 역사와 그 지형도

박치완·신응철·김기홍 외 지음

HU:iNE

KNOWLEDGE

서 문

많은 이들이 현대 사회를 일러 지식기반사회, 지식정보사회라 부른다. 디지털 중심의 사회적 환경변화 및 슈퍼 자본주의 시스템의 형성과 궤를 같이 하여, 지식은 오늘날 인간의 일상과 정치·문화·경제 영역 전반에서 핵심적인 역할을 담당하고 있다. 정보를 축적하고 전달하는 기술들은 비약적으로 발전하고 있으며, 이 기술의 수준과 소유 여부에 따라 권력의 지형도가 재구성되기도 한다. 지식과 정보의 가치를 판단하는 것은 현대인들에게 요구되는 가장 중요한 역량 중 하나가 되었으며, 산업화·상품화될 만한 가치가 있는 지식을 선별하고 활용하는 능력 역시 널리 주목받고 있다. 이러한 차원에서 지식이 21세기 인류 사회의 권력과 부를 창출할 것이라는 예측은 이미 현실화 되었다고 해도 과언이 아니다.

그렇다면 현대 사회에서 경쟁력을 가진 지식은 어떤 것인가? 그

것이 과연 인류를 지식의 사적 소유로부터 해방시키는데 기여할 것인가 아니면 도리어 인류를 새로운 차원에서 억압하는 기제로 작동할 것인가? 현대 사회에서 지식이 갖는 의미는 도대체 무엇이고, 지식은 미래 인류의 삶에 어떠한 영향을 미칠 것인가? 이러한 물음들에 대하여 명확한 대답을 내놓는 것은 결코 쉬운 일이 아니다. 이 물음들에 답하기 위해서는 우선 지식이란 무엇이며 어떻게 형성되고 또 어떠한 기능을 하는 것인지에 대한 설명이 마련되어 있어야 할 터인데, 이에 대해서조차도 우리는 모두가 합의할 수 있는 공통적인 대답을 제시하기 쉽지 않아 보이기 때문이다. 이미 우리는 다종다양한 영역들에서 형성된 지식들을 소유하고 있고, 그것들은 우리에게 각기 상반된 인상과 효과들을 가져다주곤 한다. 심지어 21세기에는 사회적 조건들이 급속도로 변화하고 있고, 그 과정에서 유용한 것으로 인정되는 지식의 내용 및 형태 역시도 끊임없이 변화하고 있다. 우리가 지식기반사회, 지식정보사회라 불리는 조건 하에서 살아가면서도, 지식과 관련된 기본적 물음들에 대해서조차 명확한 대답을 내놓기 힘든 이유가 바로 여기에 있다.

지식이 인간의 고유한 정신 능력의 산물이라는 점을 고려해 볼 때, 그것은 모든 것에 대한 인간의 앎을 지칭한다고 볼 수 있다. 그러나 한편으로 특정한 영역에 따라서, 그리고 시대적, 문화적 환경에 따라서 지식의 정의와 조건은 달라진다. 예컨대 신화와 종교의 영역에서 논해질 수 있는 지식과 과학적 지식은 제각기 다른 방식으로 형성되며, 다른 방식으로 활용된다. 동양과 서양이라는 서로 다른 문화적 조건 속에서 성립된 지식 및 지식관은 서로 명백한 차이를 보이며, 고대와 현대의 지식 또한 추구하는 바가 동일할 리도 만무하다. 이런 점에서 지식의 정의와 유용성 및 가치에 대한 물음들은 즉각적으로 대답될 수 있는 성격의 것이 아니기 때문에 우선적으로 지식이 형성되어 온 역사를 면밀히 검토할 필요가 있다.

이제 이러한 문제의식과 함께 인간이 지식을 최초로 형성했던 시기로 되돌아가보자. 인간의 정신이 특정 대상을 인식하는 작용 혹은 그 작용으로 인해 얻은 내용을 의미하는 지식의 형성이 언제부터 인간에게 가능했는지를 생각해 보기 위해서는 아마도 선사 시대로까지 거슬러 올라가야 할 것 같다. 지구상에서 살아남으려는 모든 인간의 활동의 출발점에서 지식이 형성되고 축적되었을 것이라 생각되기 때문이다. 인류에게 먹을 수 있는 것과 먹을 수 없는 것의 구분, 안전을 보장할 수 있는 거처의 조건, 위험스러운 포식자의 파악 등과 같은 지식은 추상적인 지식이 아니라 생존과 직결된 긴급하고 필수적인 지식이었다.

흥미롭게도 인간의 지적 능력은 경험을 통해 대상을 인식하고 구별하는 단계를 넘어서 주어진 자연을 변화시키고 인공적 대상들을 제작하는 것으로 진화한다. 거주가 불가능한 자연에 가옥을 세우고, 서로 연관성이 없는 자연물들의 조합을 통해 도구를 제작하는 인간은 생존을 넘어서 부의 축적을 위한 환경을 조성하기도 한다. 여기서 우리는 지식이 여타의 동물들에게서처럼 경험을 통해 본능을 강화하는 차원에 그치지 않고, 대상에 대한 이해를 통해 대상을 다루는 능력으로 전환하는 데 있다는 것을 알 수 있다. 즉 지식은 인간이 자신의 생존을 추구하는 과정에서 촉발된 고유한 정신적 산물인 동시에 생존을 넘어서 자연의 지배자의 자리를 차지하게 된 결정적 요인이라 할 수 있는 것이다.

생존이라는 급박한 문제에서 어느 정도 자유로워진 인간에게 세계는 경탄 그 자체로 다가왔을 것이다. 일정한 규칙에 따라 운행되는 것으로 보이는 한 해의 절기들과 그에 따라 움트고 생장하여 결실을 맺는 자연의 순환 과정은 세계가 우연이 아닌 특정한 질서에 의해 움직인다는 사실의 방증이었기 때문이다. 따라서 인간은 이러한 세계의 질서를 파악하고 설명하려 했으며, 신화와 종교, 철학과 같은 학문 영역의 등장은 이러한 지적 욕망의 반영이라 할 수 있다. 그러나 이러한 지식이 그저 주어진 세계에 대한 특정한 이해와 설명만으로 받아들여져서는 곤란하다. 인간은 물질적인 차원에서 뿐만 아니라 추상적인 차원에서도 세계 및 환경을 재구성하고, 이를 통해 삶에서 추구해야 할 가치를 정당화해왔기 때문이다. 인간의 본성이 무엇인지, 세계의 질서와 인간은 어떠한 관계를 맺고 있는지에 대한 신화적, 종교적, 철학적 성찰은 이러한 정당화의 맥락과 맞닿아 있으며, 이제 인간은 문명의 개화와 함께 자연을 환경으로 조성한 것을 넘어서서 자신의 삶에 대한 지식을 형성하기 시작한다.

이러한 추상적 차원의 지식 형성과 함께 구체적인 삶을 영위하기 위한 노력들이 동시에 나타난다. 문명의 발전은 군집과 함께 시작되었다는 점을 생각해본다면, 인간이 자신이 속한 공동체에 대한 지식을 형성해온 것은 그리 놀라운 일이 아니다. 공동체의 유지는 생존과 번영의 근본 조건이기 때문이다. 이를 위해 요구되는 것은 구성원들의 역할을 분담하고 그들의 이해 관계를 조절하고 규제할만한 제도적 장치들의 발명이다. 그리고 이러한 제도적 장치들의 일괄적 작동을 보장할 수단 또한 필요하다. 말하자면 집단, 사회, 국가에 대한 지식은 효율적 관리와 유지를 위한 제도적 측면과 제도들의 정당성을 보증하고 작동시키기 위한 권력 관계의 측면에서 형성된 것이라 할 수 있다.

그런데 추상적이고 다소 이론적인 지식과 사회에 대한 구체적 지식은 서로 무관한 것이 아니다. 한 사회를 구성하는 제도와 권력에 대한 지식은 인간 자신에 대한 지식으로부터 정당성을 제공받으며, 사회적 삶은 새로운 이론적 지식을 형성하는 토대가 되기 때문이다. 예컨대 차등적인 신분질서를 유지하고 있었던 중세 사회의 권력구조와, 스스로가 자유롭고 평등하다고 믿는 시민 계급의 탄생 이후 형성된 근대 사회의 권력구조는 분명한 차이를 보이는데, 이 양자는 각기 신이 부여한 세계의 질서에 대한 신학적·철학적 지식과 계몽주의 및 자연권 사상 등과 긴밀한 관계를 맺고 있다. 다종다양한 지식들은 이렇게 시대적, 사회적 조건에 따라 서로 영향을 미치면서, 이전에는 존재하지 않았던 새로운 지식을 탄생시키기도 한다.

상이한 영역의 지식들이 맺는 관계에 따라 새로운 지식이 형성된다는 사실은 우리를 다양한 방식의 지식 형성 과정에 대한 탐구로 이끈다. 서양에서는 일반적으로 언어를 통해 지식이 형성된다고 믿었으며, 언어 자체에 대한 성찰은 고대에서부터 이루어져 왔다. 그런데 역사의 이행에 따라 인류가 특정 대상에 접근하고 이해하는 방식은 지식의 영역에 따라 다를 수 있다는 통찰을 얻게 되었다. 이런 점에서 인간이 지식을 축적하고 교환하는 데 있어 불가피한 매개로 간주되었던 언어에 대한 반성은 물론, 추상적 대상에 대해 접근하기 위한 상징, 물리 세계에 대한 객관적인 지식을 추구하는 과학적 방법, 객관적 방법의 한계점에서 모색된 해석의 양식은 지식 형성을 위한 방법을 반성하는 것이며, 달리 말해 '지식의 지식'을 형성하기 위한 인간의 노력이라 할 수 있다.

이상과 같은 지식의 영역들과 이들이 맺는 상호 관계, 방법에 대한 탐구는 역사라는 시간의 흐름을 통해서 여러 방식으로 이루어져 왔다. 더 나아가 지식을 형성해 온 인간의 노력이 역사적 조건하에서 다양하게 표출되어 왔다는 점은 지식들이 형성하는 지형이 복잡할 수밖에 없다는 것을 보여준다. 지식의 역사는 지식의 영역들이 분화되고 복잡다단한 지형도가 그려져 온 과정인 것이다.

지식이 그 무엇보다도 중시되는 지금, 지식의 정의와 가치, 유용성 등에 대한 고민은 이러한 복잡한 지형도에 대한 총체적 접근을 요구한다. 이는 무엇보다도 다음의 두 가지 시대적 조건과 긴밀히 결부되어 있다. 첫째, 지식의 저장과 축적은 더 이상 물질계가 아닌 기술적 매개의 발달과 함께 등장한 가상계의 법칙을 따른다. 컴퓨터를 통해 접속하고 연결되는 사이버 공간은 지식을 구성하고 교환하는 새로운 공간으로 등장했으며, '무한정'에 가깝다고 해도 과언이 아닌 지식들이 시공간적 제약을 넘어서 실시간으로 유통되고 있다. 고대 알렉산드리아 도서관은 53-54만 개의 두루마리 책을 소장하고 있었고, 당시 서구 문명의 모든 지식을 상징하였던 반면, 2013년 구글 북스가 보유한 디지털 서적이 3,000만권이라는 점은 이를 예증한다. 현대 사회는 기술의 발전을 통해 더 광범위한 지식을 실제적으로 공유하게 된 것이다.

둘째, 자본의 주도 아래 지식의 가치가 중요해지면서 지식의 영역 자체가 확대되었다는 점이다. 현대는 무엇보다 자본의 중요성이 지배적인 트렌드라 할 수 있으며, 구체적인 상품만이 아니라 미디어를 통해 생산되는 문화적인 상품들의 가치가 어느 때보다 중시되고 있다. 이러한 경향과 함께 문화와 이를 선전하고 전파하고 유통하는 미디어에 대한 지식 형성이 중요한 과제로 제시되고 있다. 과거에는 지식의 대상으로 여겨지지 않았던 문화적 상품들, 유희와 쾌락을 제공하는 상품들의 생산과 소비를 탐구하는 '문화콘텐츠'와 같은 학문 분야가 탄생했다는 것은 이 시대가 요구하는 지식의 변화를 단적으로 보여준다고 할 수 있다.

이 책은 이상에서 제시한 문제의식을 가지고 지식의 지형도를 종합적으로 그려보기 위해 기획된 것이며, 구성은 다음과 같다: 제1부: 지식의 역사와 입론, 제2부: 지식과 인간 사회, 제3부: 지식기반사회와 문화콘텐츠, 제4부: 동서양의 지식관 비교. 그리고 이와 같은 4개의 대주제 하에 16개의 세부적인 주제를 참여 집필진의 전공 영역별로 나누어 담았다.

제1부 지식의 역사와 입론 제1장에서는 플라톤의 철학과 그의 신화에 대한 언급들을 참조해 이성적인 것과 비이성적인 것 사이에서 지식이 어떠한 위치에 놓여 있는지를 검토한다. 제2장에서는 서구 철학 전통에서 주요 화두 중 하나였던 언어와 지식의 관계를 소쉬르의 랑그 개념을 중심으로 새롭게 해명하고 있다. 제3장은 상징이 인간의 지식 형성에 있어서 어떠한 역할을 하는지를 중점적으로 다룬다. '상징적 동물'로서의 인간이 어떠한 방식으로 자기 자신을 인식하는지의 문제가 주요 화두이다. 제4장에서는 서구에서 전통적으로 수학적 객관성을 가진 지식만을 타당한 지식으로 여

겨온 점을 비판하면서 '이해'에 기초한 '해석학의 과학'으로서 지식과 학문에 대해 논한다. 그리고 마지막 제5장에서는 현대 과학의 등장과 기술 진보의 맥락 속에서 과학적 지식이 과연 확고한 지위를 가질 수 있는지에 대하여 의문을 제기하고, 실험과 이론을 통하여 지식이 형성되는 과정을 면밀히 추적한다.

제2부에서는 지식과 인간 사회의 문제를 다룬다. 제1장에서는 역사 지식의 문제에 입각하여 진리의 가변성, 탈주체성, 역사적 개체성의 문제를 검토한다. 여기서는 역사주의가 전통적인 지식관을 벗어나려 시도했지만 결국에는 지식의 상대적 주관성을 극복하지 못했음을 지적하고, 이를 넘어설 수 있는 대안을 모색한다. 제2장은 동서양에서 국가가 형성·발전되는 과정에서 지식이 어떠한 역할을 해 왔는지를 문명사적인 맥락에서 검토하고, 지식의 발전이 국가에 대하여 고유한 자율성을 가질 수 있는지를 살펴본다. 제3장은 경제 강국을 중심으로 재편되는 세계화가 지식의 단극화(monopolization), 획일화를 조장함을 지적하고, 지식이 경제적인 차원에 종속되는 현실을 로컬 인문지식이 갖는 의미를 통하여 비판한다. 제4장에서는 과연 지식이 이데올로기로부터 독립적일 수 있는지의 문제, 그리고 지식이 기존 생산조건을 재생산하는데 있어서 어떠한 역할을 하는지를 기존의 맑스주의와 루이 알튀세르의 이데올로기론을 중심으로 살펴본다.

제3부는 지식기반사회와 문화콘텐츠의 문제를 조명하는데 목표를 두고 있다. 제1장에서는 문화 개념의 역사에 대한 설명과 함께 문화와 지식 사이의 역학 관계를 해명한다. 제2장은 미디어의 역사와 미디어의 특성을 검토함으로써, 미디어와 인간, 정보와 지식 등

의 관계가 어떻게 형성되고 규정되는지를 개괄적으로 설명한다. 그리고 제3장은 문화예술이 어떻게 지식의 범주에 포함될 수 있는지를 살펴보고, 문화예술적 지식이 시장과 공공 부문에서 어떻게 다루어지고 있는지를 공리주의적인 시각으로 검토한다. 제4장에서는 현대 사회에서 이야기가 지식과 어떠한 관계를 맺고 있는지를 살펴보고, 스토리두잉 및 게이미피케이션 등이 스토리텔링과 조우하여 어떠한 방식으로 새로운 지식들을 창출하고 있는지를 검토한다.

제4부는 동서양의 지식관을 다루고 있다. 제1장에서는 동양에서 전통적 지식이 '성인의 가르침'과 연관되어 다루어져 왔음을 밝히고, 이러한 지식은 어떠한 공공성을 가지고 있는지를 검토할 것이다. 여기서는 특히 전근대기 한국인이 추구한 공공적 지식이 주요 화두가 될 것이다. 제2장은 마이클 폴라니의 '신체적 암묵지'와 '주자의 지행일치' 개념을 비교하면서, 도덕 지식과 실천의 문제를 '몸' 개념을 중심으로 해명한다. 마지막으로 제3장에서는 생태계 및 자연의 원리를 통하여 지식의 원형과 본질을 검토하며, 이 과정에서는 지식 생성 및 지식 진화 담론으로서의 지식생태학적 논의가 활용될 것이다.

현대는 그 어느 때보다 지식의 지형이 복잡해진 시대이며, 모든 지식들이 경계 없이 공유, 향유되고 있는 시대이다. 현대인에게 요구되는 것은 더 이상 많은 지식을 축적하는 데만 있지는 않다. 중요한 것은 사이버 공간에 축적된 지식을 활용하는 능력이다. 기억력보다는 창조적인 지식의 생성 및 활용 능력 자체가 중시되고 있는 것이다. 말하자면 다양한 지식들에서 어떻게 새로운 지식을 재구성해낼 것인지가 관건이란 뜻이다. 지식기반사회의 등장과 함께 다시금 지식은 인간의 생존과 밀접한 연관을 맺게 되었다. 자본과 지식의 가치가 우선시되는 시대에 어떻게 경쟁에서 도태되지 않고 살아남을 것인가라는 구체적이고 개별적인 차원에서 말이다. 이러한 현실에서 지식의 현주소를 점검하고, 지식 형성의 역사와 지형도를 검토하는 것은 이 시대 지식인이라면 피해갈 수 없는 과제라 할 수 있다.

이 책은 이러한 문제의식을 공유한 학자들이 2015년 12월 18일~19일 양일간에 걸쳐 한국외국어대학교 철학문화연구소와 지식콘텐츠학부가 공동 주최한 학술대회에서 발표한 원고들을 모은 것이다. 자리를 빌어 흔쾌히 발표를 해주시고 옥고를 다듬어 주신 모든 저자분들께 깊이 감사드린다. 책이 출간되기까지 저자들과 연락을 취하며 원고의 형식을 통일시키는데 많은 시간을 할애해준 정창조 조교, 전체 내용을 꼼꼼히 읽어가며 윤문에 참여해준 김윤재 박사에게도 감사의 마음을 전한다. 이 책은 추후 2015년 출범한 지식콘텐츠학부의 교재로 사용될 것이지만, 아직 부족한 부분이 많다.

공자께서 '술이부작(述而不作)', 즉 자신은 "기존에 없던 것을 새롭게 창조한 것이 아니라 이전 성인들의 업적을 서술한 것에 불과하다"고 했던가? 이 책은 면밀한 '述而'를 통하여, 새로운 '作'을 시도해 보고자 기획되었다. 그러나 그 기획이 성공했는지는 아직 의구심이 남는다. 述而? 부족하다. 作? 더 말할 것도 없다. 그러나 자기성찰적 비판능력을 상실한 지식인들, 타자의 고통과 지식의 공공적 활용에 무감한 지식계, 권력과 자본의 이익에 맹목적으로 봉사하는 지식 생산자들이 스스로를 반성하는 데에 우리의 고민들이 조금이나마 기여할 수 있기를 바라는 마음에서 이 책을 세상에 내놓는다.

2016년 8월
저자를 대표하여 박치완

KNOWLEDGE

목 차

KNOWLEDGE

제1부

지식의 역사와 입론

제1장 신화와 지식

- 플라톤 신화의 철학적 진실성을 중심으로 -

임성철

[내용요약] 이 글에서 필자는 플라톤의 신화적 예시를 통해 신화와 지식의 관계를 확인하고자 한다. 이를 통해 서구 유럽의 문화를 특징짓는 이성주의와 이를 기반으로 형성된, 그리고 삶의 지배적인 형태에 담긴 비이성적인 측면, 즉 미학적, 감성적, 그리고 직관적 관점을 이해하는 해석의 지평이 확장될 것으로 필자는 생각한다. 서구 사상사에서 플라톤은 신화의 비유적-원인론적 성격을 기반으로 종교적 전승 자산의 활용, 윤리학적 이론과 영혼론과 결부해 이데아론에 대한 논구, 자연과학적 구상을 기저로 해 우주론적 요소 해명, 매체 비판적 시각에서의 문자사용의 한계의 의미 등을 통해 자신의 철학적 진실성을 드러낸다는 점에서 그 고찰의 중요성을 갖는다.

1. 고대 희랍에서 '신화'의 의미 해석에 대한 개념변천사적 이해

스위스 취리히 대학의 고전문헌 연구자 발터 부르케르트(Walter Burkert)가 『철학 역사 사전』의 '신화'(Mythos), '신화학'(Mythologie)이라는 항목에서 밝힌 '신화'에 대한 개념 정리에 따르면, 고대 희랍에서 신화의 개념변천사적 의미 전개 과정은 다음과 같다.[1]

(1) 호메로스의 영웅적 서사시에 형성된, 헤시오도스의 작품에서 요약된, 그리고 '오르페우스교'를 통해서 구체화된 고대 희랍의 신화는 기원전 6세기에 근본적인 거리두기와 비판에 직면하게 된다. 주지하다시피 크세노파네스는 신화를 선조들의 발명이자 도덕적으로 비난할 대상으로, 그리고 헤카타이오스는 이를 희랍인들의 우스운 이야기로 여긴다. 5세기에 이르러 신화라는 단어는 아티카의 일상생활 용어에서는 자주 거론되지 않으며, '신화'는 진실하지 않은 이야기(詩, 寓話, 童話)로 정의된다. 여기에 신화와 대조되는 개념으로 산술, 해명, 책임감 있는 이야기 등의 의미를 갖는 '로고스'(Logos)가 등장한다. 역사학과 자연학의 영역에서 신화는 반박되어야 할 것이 된다. 특히 에피쿠로스는 영혼의 평정심을 잃게 하는 신들과 사후세계에 대한 신화적 묘사를 근본적으로 거부한다. 하지만 소피스트들, 수사학자들, 그리고 문학저술가들은 신화가 국가와 개인을 위해 유용한 영향력을 끼친다고 여기며, 신화를 신중하게 인정하여 신화의 형식과 내용을 이용한다. 여기에 덧붙여 5세기 희랍 비극에서는 의사소통시스템으로서의 신화의 활용가치가

---

1) W. Burkert, "Art. Mythos, Mythologie", von J. Ritter(ed.), *Historisches Wörterbuch der Philosophie*, Bd. 6, Basel/Stuttgart, 1984, pp.281-283.

인정된다.

(2) 무엇보다도 고대 희랍에서 신화는 피상적으로 이치에 맞지 않는 것의 진실한 내심(hyponoia, Hintergedanken)을 제시하는 '비유적 해석'(allegorische Interpretation)으로서 큰 영향력을 행사한다. 5세기 테아게네스(Theagenes) 이후, 이러한 해석은 스토아 학파의 경우 제우스는 하늘로, 헤라는 공기로 설명되며, 그 의미가 확대 발전한다. 이러한 입장은 신들에 대한 이야기를 인간이 만들어낸 이야기로 해석하는 에우헤메로스(Euhemeros)에게 이르러 더 큰 주목을 끈다.

(3) 플라톤은 신화를 '거짓된' 그리고 '어린이다운' 것으로 규정하면서, 그의 이상국가에서 '시가'를 금지한다. 이와 관련해 그는 신화를 국가의 유용함을 위한 거짓말로 간주한다. 플라톤은 그의 대화편들, 예들 들어 『고르기아스』, 『파이돈』, 『국가』의 결말부분에서 신화적 묘사를 드러내며, 이를 진실한 로고스로 명명한다. 하지만 그는 모든 인간적 이야기, 특히 문자로 확정되어진 것을 유희적이며 일시적으로 것으로 간주하고, 자신의 작품을 진실성이 있다는 기대를 품을 수 있는 신화로 본다. 플라톤은 『티마이오스』편에서는 불변하는 세계에 대해서만이 진실한 주장이 가능하며, 육체적이고 자연적인 실재성은 단지 '개연적 신화'로만 설명될 수 있다고 밝힌다. 플라톤은 자신의 마지막 저술인 『법률』(865d, 887d)편에서는 보수적인 관점에서 전통적인 신화의 묘사 내용에 대해 경외심을 가질 것을 독자들에게 권한다.

(4) 플라톤과 아리스토텔레스와 연관된 입장에서 포세이도니오스(Poseidonios)는 신화를 이해하는 '역사적' 이론의 시발점을 제공한 것으로 보인다. 포세이도니오스에 따르면, 신화에는 태고 시대

의 지식이 보존되어 있다. 또한 신화는 배움의 친구이며, 신화가 주는 즐거움은 철학(지식)의 전(前) 단계이다(참조. 아리스토텔레스, 『형이상학』, 982b18). 따라서 역사 서술과 철학의 발명 이전, 즉 태고 시대에 신화는 분명히 지식에 적합하며 그리고 유일한 형식이라 할 수 있다.

(5) 신비주의 사상에서 비의(Geheimlehre)는 신화가 아닌 '성스러운 로고스'라고 불린다. 구약성서 『창세기』와 플라톤의 대화편 『티마이오스』는 특히 영지주의자들에게는 신화가 아니며, 인식의 대상이 된다. 근대에까지 영향을 끼친 신화에 대한 본질적 이론은 플라톤의 『티마이오스』편 해석에 대한 신플라톤주의의 입장에서 시작된다. 이 대화편에 묘사된 세계 창조는 단어 그대로의 의미가 아닌 교훈적인 서술형식으로 이해된다. 플로티노스에 따르면, 이는 신화가 본질적으로 행하는 일이다(Enn. 3, 5). 즉 공간과 시간을 넘어서 시간 없는 그리고 구분되지 않는 존재를 해명하는 일이다. 프로클로스는 전통적인 신화를 정당화한다. 다시 말하면 자연 그 자체는 모상(模像)이자 공간과 시간에 따라 구분되며, 가장 낮은 존재의 단계는 신들에 관한 신화에 걸맞고, 자연법칙에 위배되는 것은 초자연적 것을 지적한다.

2. 플라톤 철학에서 신화와 로고스의 관계성에 대한 해석

플라톤은 자신의 대화편들에서 로고스를 통한 논증적 설명과 더불어 신화적 묘사를 통해 자신의 철학적 사상의 핵심을 피력한다. 그는 자신의 신화적 묘사를 특이하게도 그의 변증술적 논증의 시작과 결말 부분에서 드러낸다. 그 대표적인 예로는 『파이돈』(107c-114c), 『고르기아스』(493a-c, 523a1-527e7), 『파이드로스』(246a-249d, 256a-257a, 274b-275b), 『국가』(359d-360d, 414c-415d, 514a-517a, 613e-621d), 『티마이오스』(20d-25e, 29d-92c), 『크리티아스』(108e-121c), 『법률』 10권(903b-905c) 등이 있다.

플라톤 연구자들은 그의 신화를 이해하는 과정에서 신화와 로고스의 관계를 중심으로 다음 세 가지의 상이한 해석 관점을 제시한다. (1) 첫째로 슐라이어마허와 헤겔[2]에 따르면, 신화는 로고스에 종속된다는 점에서, 로고스와 비교해 볼 때 잠정적으로만 진실하다. 특히 슐라이어마허는 플라톤의 신화적 묘사를 그의 대화편을 읽는 독자들을 교육시키기 위한 수단이라고 주장한다[3]. (2) 둘째로 신화가 전달하는 진실성은 로고스의 진실성보다 더 높다. (3) 셋째로 신화와 로고스는 동일한 가치를 내포하고 있다.[4]

독일 하이델베르그 대학 고전 언어학자 글렌 모스트(Glenn Most)

---

2) G. W. F. Hegel, *Vorlesungen über die Geschichte der Philosophie* I, *Werke in zwanzig Bänden*, Bd. 18, Frankfurt a. M., 1971, p.108f.

3) Fr. Schleiermacher, *Einleitung zu 'Platons Werke'*, Berlin, 1804, p.34.

4) D. Cürsgen, *Die Rationalität des Mythischen. Der philosophische Mythos bei Platon und seine Exegese im Neuplatonismus*, Berlin/New York, 2002, pp.13-32 참조.

는 룩 브뤼송(Luc Brisson)[5)]의 연구 결과를 차용해, 플라톤의 신화적 묘사에 담긴 특징을 다음과 같이 열거한다[6)].

(1)	플라톤의 신화는 독백으로 진행된다.
(2)	플라톤의 신화는 나이 많은 화자로부터 젊은 청자에게로 전해진다.
(3)	플라톤의 신화는 이와 관련된 혹은 영향을 주는 옛 구두적(口頭的) 근거와 연관된다.
(4)	플라톤의 신화는 검증 가능한 대상을 다루지 않는다.
(5)	플라톤은 자신의 신화의 정당성을 화자(話者) 자신의 경험이 아닌 전통에서 찾는다.
(6)	플라톤의 신화는 '영혼을 올바른 길로 인도하는'(psychagogisch) 작용을 한다.
(7)	플라톤의 신화는 변증술이 아니라 묘사 혹은 이야기다.
(8)	플라톤의 신화는 변증술적 논구의 시작 부분 혹은 결말 부분에 언제나 나타난다.

크리스티안 피취(Christian Pietsch)는 2001년 7월에 독일 레겐스부르크 대학에서 열린 <플라톤의 신화> 심포지움[7)]에서 플라톤의 『법률』 10권 신화를 "구체화된 로고스"로 소개하면서, 이른바 신화에서 로고스에로의 세계사적 발전이라는 "from […] to […] thesis"[8)]라는 기존 학계의 일반적인 연구 관점을 부정한다. 피취에

5) L. Brisson, *Platon. Les mots et les mythes*, Paris, 1982.

6) G. Most, "Platons exoterische Mythen", M. Janka/Chr. Schäfer(ed.), *Platon als Mythologe. Neue Interpretation zu den Mythen in Platons Dialogen*, Darmstadt, 2002, pp.11-13; 임성철, 「플라톤의 『법률』 제10권에 나타난 신화와 로고스」, 『가톨릭철학』 제10호, 한국가톨릭철학회, 2008, pp.373-374 재인용.

7) http://www.uni-regensburg.de/Fakultaeten/phil_Fak_IV/Klass_Phil/Platonsmythen.htm [검색일자: 2016년 1월 1일]

8) 비교. R. Buxton, *Imaginary Greece. The contexts of mythology*, Cambridge, 1994, pp.9-17.

따르면, "플라톤의 신화는 지적인 진화의 배경이 아니라 감정적 확실함과 연관된 객관적 확신의 도움에 의한 두 가지 말하기 방식의 상호 작용이다. 그래서 로고스는 논증된 견해로서 신화를 강조하고, 신화는 로고스를 구체화한다. 하지만 신화는 로고스에 종속된다. 그 까닭은 신화가 인식에로 향한 그것만의 특별한 권한을 갖는 통로를 제공해 주지 않기 때문이다."[9] 여기에 비교할만한 연구 견해로는 코부쉬(Th. Kobusch), 뷔트너(S. Büttner), 모르간(K. A. Morgan)과 같은 연구자들이 주장하는 관점은 "플라톤의 신화가 로고스와의 경쟁을 드러내는 것이 아니라, 로고스에 동일한 방향을 설정하며 진행되는 철학적 서술의 통합적 계기"라는 점이다.[10]

9) Chr. Pietsch, "Mythos als konkretisierter Logos. Platons Verwendung des Mythos am Beispiel von Nomoi X 903B-905D", M. Janka/Chr. Schäfer(ed.), *Platon als Mythologe. Neue Interpretation zu den Mythen in Platons Dialogen*, Darmstadt, 2002, pp.99-114; 임성철, 「플라톤의 『법률』 제10권에 나타난 신화와 로고스」, 『가톨릭철학』 제10호, 한국가톨릭철학회, 2008, p.372 재인용.

10) Th. Kobusch, "Die Wiederkehr des Mythos. Zur Funktion des Mythos in Platons Denken und in der Philosophie der Gegenwart", G. Binder/B. Effe(ed.), *Mythos. Erzählende Weltdeutung im Spannungsfeld von Ritual, Geschichte und Rationalität*, Trier, 1990, pp.13-32; S. Büttner, *Die Literaturtheorie bei Platon und ihre anthropologische Begründung*, Tübingen/Basel, 2000; K. A. Morgan, *Myth and Philosophy from the Presocratics to Plato*, Cambridge/New York, 2000, pp.155-291.

3. 플라톤의 신화에 나타난 철학적 진실성 고찰의 의의

(a) 서구 사상사에 있어서 형이상학, 윤리학, 우주론, 존재론, 미학, 정치철학 등 사상 전반의 문제점을 그 논의의 정점까지 끌어올린 플라톤의 철학적 논증에 나타나는 신화적 묘사의 고찰은 서구 문화의 사상적 원형과 그 콘텐츠를 확인하는 것은 물론 서구 유럽의 문화를 특징짓는 이성주의와 이를 기반으로 형성된, 그리고 삶의 지배적인 형태에 담긴 비이성적인 측면, 즉 미학적, 감성적, 그리고 직관적 관점을 이해하는 해석의 지평을 확장시켜 줄 수 있을 것으로 필자는 판단한다.

(b) '신화' 혹은 '신화적인 것들'에 대한 매혹은 작금에 유행하는 시대적 현상만이 아니라, 서구 근대의 학문적 출발점에서도 두드러진 특징이다. 서구의 로고스 중심주의적 사유 방식은 신화적 설명의 풍부함을 통해 그 사상적 다채로움을 형성할 수 있었고, 이는 경험적이며 검증적 이성이 배제된 영역, 즉 사후 영혼의 삶, 세계 창조, 정치철학적 기본 원리들의 실현가능성, 사유의 선험적 전제 조건 등을 다각적인 관점에서 이해할 수 있는 기회를 마련해 줄 것이다.

(c) 이러한 시각에서 플라톤의 신화적 묘사 혹은 '신화적 시가'의 특징을 고찰하는 일은 시대와 문화를 초월하여 인간과 세계 그리고 우주와 자연의 다양한 양상과 영역을 다양한 수준에서 그리고 여러 가지 양식에서 그 진실성을 인간 삶의 조건을 넘어서 혹은 그 조건 하에서 천착할 수 있는 토대를 제공해 준다는 점에서 서구 문화적 원형을 확인하고 그 콘텐츠의 활용 가능성을 살펴볼 수 있는

기회라고 필자는 확신한다.

4. 플라톤의 대화편에 나타난 네 가지 신화적 묘사의 내용과 그 의미

1) 지구 구형 신화

소크라테스는 『파이돈』편의 결말 신화[11]에서 '참된 우주'의 모습을 아래와 같이 묘사한다.

> "지구 둘레의 곳곳에는 온갖 모양과 크기의 우묵한 곳(분지)들이 많이 있어서, 이곳으로 물과 안개 그리고 공기가 함께 흘러 들어간다고 하니까. 하지만 지구 자체는 순수한 것으로 순수한 하늘(천구) 안에 놓여 있는데, 바로 이 안에 별들이 있거니와, […] 많은 사람들이 바로 이것을 에테르라 일컫는다고 말일세. 바로 이것(sc. 에테르)의 찌꺼기가 그것들(sc. 물, 안개, 공기)이고, 그것들은 언제나 지구의 우묵한 곳(분지)들로 함께 흘러 들어가는 거라고. 따라서 우리의 우묵한 것(분지)들에서 살고 있다는 것도 모르고서, 지구의 위쪽에 살고 있는 것으로 생각하고 있다고 말일세. […] 하지만 우리가 나약함과 굼뜸으로 해서 대기(공기)의 한계를 넘어서 나갈 수 없는 건 똑같은 거지."

11) 『파이돈』, 109b-111b.

"만약에 누군가가 이 대기의 꼭대기에 이르거나 또는 날개가 생겨 날아오를 수만 있게 된다면, 그땐 머리를 내밀고서 볼 수 있을 것이기 때문에, 마치 여기에서 물고기들이 바닷물 밖으로 머리를 내밀고 이곳의 것들을 보게 되듯, 이처럼 그곳의 것들을 바라보게 될 거고. 그리고 만약에 그의 천성(Physis)이 그것들을 바라보는 것을 능히 견디어 낼 수만 있다면, 그는 그것이 참된 하늘이며, 참된 빛이오, 참된 땅(흙)이라는 것 알게 될 것이라 믿네."

"만약에 지구가 구형(球形)의 것(peripheres)으로서 하늘(천구: ho oranos) 한 가운데에 있다면, 그것이 떨어지지 않기 위해 공기가 필요한 것도 아니며 또한 그 밖의 이런 유의 그 어떤 억제력(Ananke)이 필요한 것도 아니니, […]."

"[…] 이 지구는 […]
누군가가 위에서 본다면,
마치 열두 조각의
가죽으로 된 공(구형체:
Sphaira)들과도 같아서,
[…]."

[왼쪽 그림은 필자에
의한 것임][12]

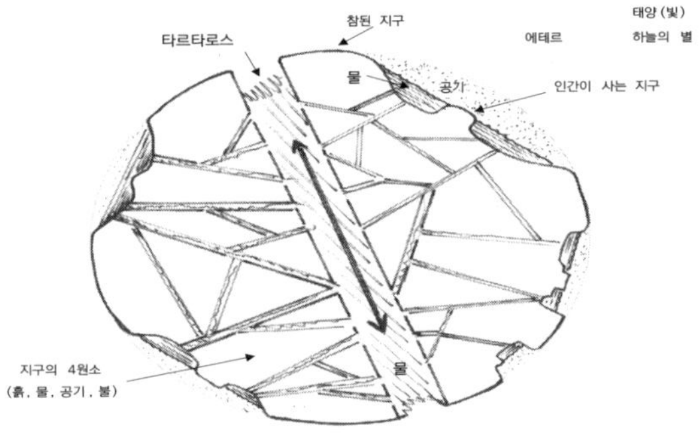

12) 임성철, 「플라톤 『파이돈』 결말 신화(107c-115a)의 존재론적 의미와 진실성」, 『철학』 제81집, 한국철학회, 2004, p.35.

“한데 그 땅 위에는 다른 많은 생물도 있지만 인간들도 있는데, 일부는 내륙에 살고 있지만, 일부는 마치 우리가 바다 주변에 살고 있듯이, 대기 주변에 살고 있는가 하면, 또 다른 일부는 대기와 감돌아 흐르며 대륙에 가까운 섬들에 살고 있다는 거야. 그러니까 한 마디로 말해서, 우리에게 있어서 물과 바다가 우리에게 소용되듯, 그곳에서는 대기(공기)가 소용되고, 우리에게 있어서 공기에 해당하는 것이 그곳 사람들에겐 에테르라는 거야. 그리고 또 그들(sc. 참된 땅)에게 있어서의 기후는 그들로 하여금 무병하게 하며 이곳 사람들보다도 훨씬 더 오랜 세월동안 살게 하는 그런 혼합 상태의 것이며, 또한 그것이 시력과 청력, 지혜 그리고 이런 모든 능력에 있어서 그들로 하여금 우리보다도 월등하게끔 하는데, 그 격차는 공기가 물에 비해서 그리고 에테르가 공기에 비해서 그 순수함에 있어서 격차가 지는 것과 똑같은 정도의 것이라네.”

소크라테스는 지구 구형 신화 소개를 마치면서 『파이돈』 114d에서 다음과 같이 말한다. “그렇다고 해서 이것들이 내가 이야기한 그대로라고 자신 있게 주장한다는 것은 지각 있는 사람에겐 적절치 않으이. 그렇지만, 혼은 어쨌든 죽지 않는 것인 것 같기에, 우리는 혼들과 그 거처들에 관한 한, […] 적절하고 모험을 할 가치가 있다고 내게는 생각되거니와 이 모험은 훌륭한 것이니까 이와 같은 것들은 자신에게 주문을 외듯 해야만 하네.”(박종현 譯) 이 설명에 따르면, (a) 첫째로 신화는 검증받는 로고스의 성격과 부합한다. 그 이유는 신화는 로고스의 특징처럼 적절하고, 가치 있고, 훌륭한 것이기 때문이다. (b) 신화는 정의가 요구하는 것, 즉 도덕적 올바름과 부합한다.[13] 신화의 내용에 따르면, 사후 모든 영혼은 그것의 아레테(aretē, 훌륭함)와 카키아(kakia, 악함)에 따라 정해진 운명을 받아들여야 한다. 순수하고 절도 있는 인생을 산 영혼은 훌륭한 삶의 보금자리를 얻게 되고, 그렇지 못한 영혼은 나쁜 거처에 머무르게 된다. 이러한 의미에서, 신화는 영혼의 운명이 머무르는 영역과 지구의 영역을 훌륭한 곳과 그렇지 못한 곳으로 각각 대비시키고 있다. (c) 『파이돈』 신화 내용은 플라톤의 '존재론'과 부합한다. 질서와 순수함으로부터 무질서와 불순함에로의 체계적인 등급은 지구의 영역뿐만 아니라 영혼의 운명 구분에서도 확인되는 플라톤의 철학적 근본 확신이다.

2) 인간 본성에 대한 신화

아리스토파네스는 인간의 본성에 대한 자신의 궁금증을 자신의 이야기 시작 부분에서 밝히고, 아주 먼 옛날 인간의 본성은 지금과는 다른 종류였다는 점을 배워야한다고 말하면서 아래와 같이 인간의 본성을 언급한다.[14]

> "[…] 인간은 오늘날처럼 남성과 여성의 여성이 아니라 세 종류로 나뉘어 있었음을 알아야 하네. 그런데 이 세 번째 종류의 인간은 남성과 여성 모두와 공통점을 지니고 있으며 그것을 지칭하는 이름은 오늘날에도 남아 있지만 그 실재 자체는 사라졌다네. 사실

---

13) 비교. 『고르기아스』, 526d-527a, 527c-e; 『국가론』, 618b-619b, 621b-c.
14) 『향연』, 189d-192d.

자웅동성은 그 옛날에는 하나의 독립된 종이었으며, 형태상으로나 이름 상으로 모두 남성과 여성의 공통점을 지니고 있었다네. 어쨌든 그 종은 오늘날에는 사라져서 존재하지 않고, 그 명칭만 이 특정의 사람을 비난할 때 쓰이고 있다네."(189e)

"[…] 이 종이 한 몸으로 이루어져 있어, 둥그런 등과 원형의 옆구리를 지니고 있었다는 사실이라네. 그들은 네 개의 손과 네 개의 다리를 지니고 있고 완벽하게 둥그런 목 바로 위에 완전히 서로 똑같은 두 개의 얼굴이 반대로 놓여 있고 그 위에 하나의 머리가 붙어 있다네. 그들의 귀는 네 개이고 수치스러운 부분도 두 개인데, 그 나머지 것들은 모두 지금까지 살펴본 것들로부터 상상할 수 있을 것이네."(189e-190a)

"사실 남성은 본래 태양의 자식이고 여성은 지구의 자식이며, 그 두 종의 성질을 모두 지닌 이 세 번째 종은 달의 자식인데, 그 이유는 달이 그 두 행성에 모두 관여하고 있기 때문이라네."(190b)

"나는 인간들이 지금보다 약해져서 더 이상 오만하지 않도록 만드는 방법을 발견했노라! 이제 나는 인간들 각각을 둘로 나누겠다. 그러면 인간들은 더 약해질 것이고 또한 동시에 그 숫자가 증가함으로 인해서 우리 신들에게 더 유익하게 될 것이니라. 그리하여 인간들이 두 다리로 똑바로 서서 걸어 다니게 만들겠노라."(190c-d)

“그리하여 아폴론은 사람의 얼굴을 돌려놓고 온 신체의 피부를 오늘날 배로 불리는 부분으로 당겨서, 마치 염낭을 묶듯이, 배 중앙에 하나의 주둥이가 만들어 지도록 단단히 묶었다네. 이 주둥이가 바로 우리가 배꼽이라고 부르는 부분이라네. 그리고 주름의 대부분을 펼쳐서 가슴에 붙여주었는데, 그러기 위해서 그는 가파치가 나무로 된 목형위에 가죽을 올려놓고 펴듯이 그와 비슷한 도구를 사용하였네.”(190e-191a)

“그래서 그들은 팔로 상대방을 껴안고 서로 얼싸안으며 한 몸이 되기를 원하고, 상대방 없이는 아무것도 하려 하지 않아서 굶주림 또는 무기력으로 죽을 지경에 이르렀다네. 그리하여 그 반쪽들 중에는 하나가 죽고 다른 하나가 살아남게 될 때마다, 그 살아남은 반쪽은 다른 상대방을 찾아서 그 상대방과 결합을 하려고 드는데, 그 상대방이 순전한 여성의 반쪽이든 […] 순전한 남성의 반쪽이든 상관하지 않았기 때문에, 결국 그 종은 사라질 수밖에 없게 되었다네. 사실 그때까지는 그 수치스러운 부분들이 밖에 있었기 때문에, 인간들은 상대방 몸속에 생식을 하여 아이를 낳는 것이 아니라, 매미처럼 땅 속에 생식을 하여 아이를 낳아왔다네.”(191b-c)

“즉 남성과 여성의 만날 경우에는 그 결합을 통해 아이를 낳음으로써 종의 재생산이 일어나도록 하고, 남성과 남성이 만날 경우에는 그 결합으로부터 서로 함께 있음에 대한 포만감에 질려 그 자체를 중단하고 오히려 어떤 보람된 행위를 향하여 지금까지와는

전혀 다른 삶에 전념하도록 만들어주려는 데 있었지."(191c-d)

"그들은 소년 시절에는 진정한 남자의 축소형 같아서, 성인 남자들을 사랑하고 그들과 동침하는 육체적 결합 속에서 즐거움을 찾기도 하네. 이들이야말로 가장 남성다운 자들이기 때문에 청소년들 중에서도 가장 훌륭한 자들이라고 할 수 있다네. 어떤 사람들은 그들을 불손하다고 이야기하기도 하나 그 말은 틀린 것이네. 왜냐하면 그들은 불손한 동기에서가 아니라 자기 확신과 용기 그리고 남성다움 때문에 자신들과 비슷한 사람들을 사랑하기 때문이지. 그 가장 커다란 증거는 그 같은 소년들만이 나중에 성장했을 때 국가를 위해 헌신하게 된다는 사실 속에서 찾아볼 수 있다네. 그들은 성인이 되었을 때 자연스런 본성상 소년들을 사랑하고 결혼과 자식 낳은 일에는 관심을 기울이지 않지만, 관습상 할 수 없이 결혼을 하고 아이를 갖는 것이라네."(192a-b)

"자네들이 밤낮으로 서로 떨어지지 않고 붙어 있으면서 정말로 원하는 것은 가능한 한 서로가 하나기 되려는 것이 아니겠는가? 그대들이 원하는 것이 진정으로 그렇다면, 나(sc. 헤파이스토스)는 둘인 자네들이 하나가 되도록 만들어 즉 그대들이 살아 있는 동안에는 각자가 모두 하나가 되어 살고, 죽음도 동시에 맞이하여 죽은 후에도 저 피안의 세계에서 하나로 살 수 있도록, 자네들을 녹인 다음 화로의 불을 함께 불어서 하나로 만들어주고자 하네. 그러니 자네들이 원하는 것이 바로 그것이고, 그러한 운명과 마주했을 때 자네들이 만족해할지 한 번 살펴보게나."(192c-d)

위에서 언급한 『향연』편의 아리스토파네스 이야기에서 플라톤은 역사적-종교적 시각에서 인류의 본성과 기원에 대한 물음을 제기한다. 이 물음에서 아리스토파네스가 묘사한 신화적 설명에 따르면, 플라톤은 (a) 신들과 인간의 종교적 관계, (b) 인간 본성에 대한 역사적 시각, (c) 전체와 분리된 존재와의 관계, (d) 인간의 불행과 에로스의 도움의 의미를 드러낸다. 플라톤은 희극 작가 아리스토파네스를 통해 인간의 비극적 상황을 희극적으로 이야기하게 함으로써 문학적 묘사를 넘어서 자신의 철학적 의도를 드러낸다.

3) 개연적 신화(eikos mythos)로서의 우주에 관한 이야기

『티마이오스』편의 서문(27c5-29d3)[15]에서 피타고라스주의자이자 대화의 주도적인 진행 인물로 등장하는 티마이오스는 우주에 관한 논의를 시작한다고 언급하면서, 신들을 불러 도움을 요청하며 두 가지 존재 방식과 그 대상에 대해 다음과 같이 말하기 시작한다. "'언제나 존재하는 것'이되 생성을 갖지 않는 것은 무엇이고, '언제나 생성되는 것'이되 결코 존재(실재)하지는 않는 것은 무엇인지 말씀입니다. 분명히 앞엣것은 '합리적 설명(logos)과 함께하는 지성에 의한 앎(이해)'에 의해 포착되는 것으로서 '언제나 같은 상태로 있는' 것인 반면에, 뒤엣것은 '비이성적인 감각'과 함께 하는 의견(판단: doxa)의 대상으로 되는 것으로서, 생성·소멸되는 것이요, 결코 '참으로 존재하는 것'이 아닙니다. 한데, 생성되는 모든 것은 또한 필연적으로 원인이 되는 어떤 것에 의해 생성됩니다. 어떤 경우

15) 『티미아오스』, 27c5-29d3.

에도 원인 없이는 생성될 수가 없기 때문입니다."

그러고 나서 티마이오스는 논의의 대상인 우주와 이를 만든 세계 제작자인 신적 데미우루고스에 대해 언급한다. "그런데 무엇을 '만드는 이'(匠人, 匠色: demiourgos)이건 간에, 그가 '언제나 같은 상태로 있는 것'을 바라보며, 이런 걸 본(paradeigma)으로 삼고서, 자기가 만드는 것이 그 형태(모습: idea)와 성능(dynamis)을 갖추게 할 경우에라야, 이렇게 완성되어야만, 모든 것이 필연적으로 아름다운 것으로 됩니다. 하지만 그걸 만드는 이가 이 생겨난 것을 바라보며, 이 생성물을 본으로 삼는다면, 그건 아름다운 것이 못 됩니다. 바로 '온 천구—혹은 이를 우주(세계: kosmos) 또는 도대체 그밖에 다른 무슨 이름으로든 그렇게 부르는 것이 제일 받아들여짐 직한 것이면, 그 이름으로 부르도록 하죠—에 관한 고찰을 함에 있어서는, 그러니까 모든 것과 관련해서 처음에 탐구해 마땅한 것부터 먼저 해야만 합니다. 즉 그것이 그 어떤 생성의 시초(arche)도 갖지 않고 언제나 있었는지, 아니면 어떤 시초에서 시작해서 생성을 보았는지를 말씀입니다. 그것은 생성되었습니다. 그것은 볼 수 있고 접촉할 수도 있는 것이며, 몸통(몸: soma)을 갖고 있기 때문입니다. 그리고 그런 모든 것은 감각에 의해 지각될 수 있거니와, 감각에 의해 지각될 수 있는 것들은 감각과 함께 판단(의견: doxa)에 의해 포착되는 것들로서, 생성되는 것들이며 생겨날 수 있는 것들로 밝혀졌기 때문입니다. 다른 한편으로 생성되는 것은 원인이 되는 어떤 것에 의해서 생성되는 게 필연적이라고 우리는 말합니다. 그런데 이 우주(to pan)의 창조자(만든 이: poietes)와 아버지를 찾아내는 것은 힘든 일이거니와, 찾아낸다 하더라도 모두를 상대로 이를 말해 준다는 것도 불가능합니다. 그래서 우주와 관련하여서는 이 문제를 다시금 생각해 보아야만 합니다. 즉 우주를 구성한 이가 본들 가운데서 어떤 걸 바라보면서 우주를 만들어 냈는지, 말하자면, '똑같은 방식으로 한결같은 상태로 있는 것'을 바라보면서 그랬는지, 아니면 생성된 것을 바라보면서 그랬는지를 말씀입니다. 만약에 이 우주가 과연 아름답고 이를 만든 이 또한 훌륭하다면, 그가 영원한 것을 바라보고서 그랬을 것이라는 건 분명합니다. 하지만 만일에 누군가가 그런 말을 하는 것이 가당치도 않다면, 그는 생성된 것을 바라보고서 그랬을 것입니다. 그가 영원한 것을 바라보고서 그랬을 것이라는 것은 실로 누구에게나 명확합니다. 왜냐하면 생겨난 것들 중에서 가장 아름다운 것이 우주이며, 원인들 중에서도 가장 훌륭한 것이 그걸 만든 이기 때문입니다."

이어서 티마이오스는 가시적인 우주에 가장 적합한 설명으로서의 개연적 로고스 혹은 개연적 신화를 지적한다. "우주는 바로 이렇게 해서 생겨났기에, 그것은 합리적 설명(logos)과 지혜(phronesis)에 의해 포착되며 '똑같은 상태로 있는 것'에 따라 만들어졌습니다. 이런 점들이 이러할진대, 이 우주가 어떤 것의 모상(摸象: eikon)일 것임이 또한 전적으로 필연적입니다. 그러면 모든 것의 시작은 그것의 본성에 따라 시작하는 것이 아주 중요합니다. 따라서 설명들은 그것들이 설명하고 있는 바로 그 대상들과 동류의 것들이기에, 모상 및 그것의 본과 관련해서는 다음과 같은 식의 구분을 해야 합니다. 물론 한결같고 확고하며 '지성(nous)과 함께 라야' 분명해지는 것에 대한 설명들은 한결같고 변하지 않는 것들이어야 합니다. - 그러는 것이 가능한 한, 그리고 논박될 수 없고 흔들릴 수 없는 설명들에 적합한 한, 이에 그 어떤 모자람도 없게끔 해야만 합니다. - 반면에 그것을 본뜬 것에 대한 설명은, 이것이 모상이기에, 앞의 설명들에 대해서도 역시 상응하게 '그럼직한 설명들'(eikotes logoi)이어야 합니다. 생성에 대한 존재(실재성: ousia)의 관계는 바로 믿음(확신: pistis)에 대한 진리(aletheia)의 관계이니까요. 그러니 소크라테스님, 설령 우리가 많은 것, 즉 신들 및 우주의 생성에 관해서 여러 가지 점에서 전적으로 모든 면에서 일관되고 정확한 설명을 실상 할 수 없게 될지라도, 놀라시지는 마십시오. 하지만 우리가 누구 못지않게 그럼직한 설명을 제시하기만 한다면, 우리는 만족해야 합니다. 말하는 저나 판정자들인 여러분이 인간적 본성을 갖고 있음을 기억하고서, 이런 것들에 관해서 '그럼직한 이야기'(eikos mythos)를 받아들이고, 그것을 넘어 더 이상은 탐구하지 않은 것이 적절합니다." 여기에서 중요한 점은 생성 : 존재 = 믿음 : 진리라는 관계 설정이다. 무엇보다도 서론의 마지막 부분에서 티마이오스는 우주에 관한 이야기는 필연적이며 정확한 체계로 전달되지 못하며 그것은 원상(原狀) 그 자체의 모상, 즉 모상적이며 개연적으로밖에 논구될 수 없다고 밝히며, 우리는 인간이 한에서 개연적 이야기에 만족해야만 한다고 언급한다.

티마이오스가 주장한 우주에 대한 논의가 함축하고 있는 핵심적 주제와 목적은 우주가 존재론적으로 그리고 인식론적으로 어떻게 규정될 수 있는가 이며, 이에 부합해 가시적 우주에 대한 서술을 위한 적합한 이야기 방식이어야만 하는가에 있다. 결국 이는 존재 단계와 이를 다루는 서술 방식의 관계를 규명하려는 데에 그 주안점이 있다고 할 수 있다. 다시 말하면 가시적 우주는 영원한 원상, 즉 이데아 세계의 모상이기 때문에, 『티마이오스』편에서 티마이오스가 언급한 우주에 대한 이야기는 '모상의 모상'이다. 이를 도식적으로 표현하면 다음과 같다.

존재론적 관점	인식론적 관점		서술 방식
존재 ↓모상 생성	지성에 따른 생성 ↓모상 감각에 따른 억견	진리 ↓모상 믿음	신빙성 있는 로고스 ↓모상 개연적 로고스 (=개연적 신화)

4) 문자 발명 신화

"발명에 가장 재주가 뛰어난 테우트님, 학술에 속한 것을 발명할 수 있는 사람과, 그것을 필요로 하는 사람들에게 그것이 해악이 되는지 아니면 유용한 것으로 판별할 수 있는 사람은 다릅니다. 그런데 당신은, 문자의 아버지로서 [sc. 문자에 대해] 지나친 호의를 갖게 된 나머지 [sc. 문자가] 할 수 있는 것과는 반대되는 것을 말씀하셨습니다. 즉 그것을 배우는 사람들은, 문자에 지나치게 의존하기 때문에, 외부로부터 낯선 기호에 의해서 상기되고, 내부로부터 자신의 힘으로 상기하지 않게 되며, 곧 바로 기억하려는 노력을 하지 않기 때문에, 문자는 배우는 사람들의 영혼에 오히려 망각의 습성을 갖게 할 것입니다. 당신은 기억의 수단이 아니라, 상기시키는 수단을 발견한 것입니다. 즉 당신은 당신의 제자들에게 진리가 아닌 단지 외형적인 지혜만을 가르쳐 준 겁니다. 그러니까 제자들은 사실 당신에게서 배우는 것은 없고 이야기를 많이 주워듣기만 하여, 따라서 대부분의 진실을 알지도 못하고 이해력이 없는 데도, 많이 알고 있는 것으로 생각할 것입니다."[16]

플라톤은 문자를 '처음으로' 발명한 이집트의 신 테우트(Theuth) 신화를 소개한다. 첫 발견자라는 신화적 모티브는 플라톤이 자신의 본질적인 관점을 드러내려함을 짐작하게 한다. 테우트 신은 수, 계산, 기하학, 천문학, 장기, 골패<骨牌>와 같은 발명품과 더불어 '문자'를 타무스(Thamus) 왕 앞에 내보이며, 문자가 이집트인들을 "더욱 현명하게 그리고 그들의 기억력을 더욱 강하게" 증진시키는 도구이자 수단임을 자랑스럽게 밝힌다. 이에 타무스는 '문자'에 이르자 위의 인용문과 같이 테우트에게 대꾸한다. 이 인용문에서 플라톤은 테우트를 영혼에 낯선 표기인 문자를 통해 지혜와 명철함을 외견상 얻을 수 있다는 망상을 대표하는 인물로 등장시킨다. 플라톤은 문자가 기억을 오히려 해치는 것으로 간주한다.

플라톤에게서 철학적 지식은 경험이나 인간적 총명함을 통해서 얻어지는 것이 아니라, 오로지 변증술(dialektik)에 대한 힘겨운 탐구를 통해서만이 가능하다. 그래서 플라톤은 문자사용의 타당성을 특별한 문제로 다룬다. 플라톤에 따르면, 오로지 개인적 교제를 통해서만이 분명하고 신뢰할 수 있는 지식을 전달할 수 있다.

문자 발명 신화와 연관하여 주목할 만한 사실은 플라톤은 그가 살던 당시 구두로 전승되는 문화적 자산이 문자로 확정되어 가는 과도기적 상황에서 철학적 의사소통의 문제점을 직시하고, 이를 위한 대안으로 드라마적 기법에 바탕을 둔 대화적 형식을 통해 자

16) 『파이드로스』, 274e7-275b2.

신의 철학적 지식을 전개해 나간다는 점이다. 이는 플라톤이 문자적 전달의 한계와 그 문제점을 인식하고 자신이 전달하고자 하는 철학적 핵심은 오로지 개인과 개인 간의 구두적 대화를 통한 변증술적 방식을 통해서만이 가르쳐질 수 있다는 것을 의미한다. 그 결과 플라톤은 자신의 아카데미아 내부의 구성원을 위한 철학적 지식이 별도로 있음을 자신의 대화편 『파이드로스』편(274a-278e)과 『제7서한』(340b-345a)에서 암시하고, 자신이 저술한 대화편들은 이를 이해하고 이에 대한 소통 가능성을 마련하기 위한 준비 단계 과정으로 여긴다.

5. 플라톤의 신화에 나타난 신화의 철학적 진실성

앞서 살펴 본 플라톤의 네 가지 '예증하는' 신화는 비유적이며 원인론적인 성격을 띤다. 이러한 성격을 확인하는 과정에서 중요한 점은 플라톤이 신화를 통한 설명에 있어서 종교적 전승 자산을 활용한다는 사실, 자신의 윤리학적 이론을 영혼론과 결부해 이데아론을 설명한다는 사실, 그리고 무엇보다도 『파이돈』에서는 자연과학적 구상을 기저로 해 우주론적 요소를 드러낸다는 사실이다.

플라톤의 신화를 그의 철학함의 맥락에서 고찰할 때, 그가 제시한 신화적 철학적 진실성은 다음과 같다. (1) 신화는 이성적 사유의 보충이며, 종교적 신앙의 지식이다. (2) 신화의 모상적이며 비유적인 성격을 통해 신화는 영혼의 저승 심판이 이승에서의 올바른 삶을 영위하도록 타이르는 도덕적 훈계이다. (3) 또한 플라톤은 자신의 우주론을 '개연적 신화'(eikos mythos, 29d2, 59c6, 68d2; 비교. 69b1)로 부르며, 우주론은 지식이 아닌 단지 억견(doxa)만이 존재하는 생성 세계를 다룬다고 주장한다. 이러한 점에서 플라톤에게서 신화는 운명을 다루기에 생성 과정을 말하며 그러한 의미에서 엄밀한 지식으로는 접근하기 어렵다.

신화와 로고스의 관계 설정 가운데 신화와 로고스가 동일한 가치를 지닌다는 입장을 따를 경우, 진리를 인식하는 일에서 신화와 로고스는 각각 특별한 장단점을 갖게 된다. 즉 신화는 전체를 조망할 수 있게 하나, 영혼이나 신성(神性)을 본질상 구체적으로 설명해주지 못한다. 반면 로고스는 사상의 명확성, 차이점, 정확성을 제공해주나, 그러한 사상을 인상적으로 생생하게 묘사할 수 있는 힘을 갖지는 못한다. 따라서 신화와 로고스의 공존을 인정하는 일은 인간의 인식 능력으로 접근하기 어려운 대상이 있는 것을 의미한다. 결국 우리는 플라톤에게서 신화와 로고스가 상호 보충적이며, 그 어느 것으로도 다른 형식을 대체할 수 없다는 결론에 도달한다. 이에 근거해 콘라드 가이저(Konrad Gaiser)는 로고스의 형식으로 신화의 진실성을 재현할 수 있을지라도 신화적 설명이 내포한 특별한 힘은 상실되고 만다고 지적한다. 가이저에 따르면, 그러한 이유로 신화와 로고스의 관계는 플라톤이 신화를 통해 묘사한 '대상 영역'이 무엇인가를 해명함으로써 이해가능하다.[17]

전체적인 주제 고찰에서 플라톤의 다음 언급은 그가 주장하는 신화가 내포한 철학적 진실성을 이해하는 데에 그 시사 하는 바가 많다(『고르기아스』 523a). "내가 생각하기에, 네가 신화로 간주하게 되

17) K. Gaiser, *Platone come scrittore filosofico*, Napoli, 1984, pp.125-152.

는 매우 아름다운 이야기(logos)를 들어보게. 하지만 나는 그것을 로고스로 보네. 왜냐하면 내가 막 말하려고 한 것을 나는 자네에게 진실한 것으로 말하고 싶네." 여기에 덧붙여 플라톤에게서 신화와 지식(로고스)의 관계를 고찰하는 일에서 아르보가스트 쉬미트(Arbogast Schmitt)의 다음 표현은 필자에게 의미심장하게 다가온다[18].

"Der beste Mythos ist also ein didaktischer Logos, der beste Logos ein rationaler Mythos."	"최고의 신화는 결국 교훈적인 로고스이며, 최고의 로고스는 합리적 신화이다."

18) A. Schmitt, "Mythos und Vernunft bei Platon", M. Janka/Chr. Schäfer(ed.), *Platon als Mythologe. Neue Interpretation zu den Mythen in Platons Dialogen*, Darmstadt, 2002, p.309.

참고문헌

임성철, 「플라톤 『파이돈』 결말 신화(107c-115a)의 존재론적 의미와 진실성」, 『철학』 제81집, 한국철학회, 2004.

______, 「에피쿠로스의 神觀」, 『철학탐구』 제17집, 중앙철학연구소, 2005.

______, 「아리스토파네스의 희극적 비극 이야기(『향연』 189a-193d)에 드러난 플라톤의 철학적 의도」, 『철학연구』 제31집, 고려대학교철학연구소, 2006.

______, 「플라톤의 『법률』 제10권에 나타난 신화와 로고스」, 『가톨릭철학』 제10호, 한국가톨릭철학회, 2008.

______, 「플라톤 대화편의 해석학적 원칙(I)」, 『인문학연구』 제34집, 충남대학교인문과학연구소, 2007.

플라톤, 『국가』, 박종현 역주, 서광사, 1997.

______, 『티마이오스』, 박종현 역주, 서광사, 2000.

______, 『플라톤의 네 대화편: 에우티프론, 소크라테스의 변론, 크리톤, 파이돈』, 박종현 역주, 서광사, 2003.

______, 『향연』, 박희영 역주, 문학과지성사, 2003.

Alt(K.), “Diesseits und Jenseits in Platons Mythen von der Seele”, *Hermes* 111, 1983.

Burkert(W.), “Art. Mythos, Mythologie”, Ritter(J.)(ed.), *Historisches Wörterbuch der Philosophie*, Bd. 6, Basel/Stuttgart, 1984.

Büttner(S.), *Die Literaturtheorie bei Platon und ihre anthropologische Begründung*, Tübingen/Basel, 2000.

Brisson(L.), *Les mots et les mythes*, Paris 1982.

_______, *Einführung in die Philosophie des Mythos*, Aus dem Franz. übers. von Achim Russer, Darmstadt, 1996.

Buxton(R.), *Imaginary Greece. The contexts of mythology*, Cambridge, 1994.

Cürsgen(D.), *Die Rationalität des Mythischen. Der philosophische Mythos bei Platon und seine Exegese im Neuplatonismus*, Berlin/New York, 2002.

Görgemanns(H.), *Platon*, Heidelberg, 1994. [『플라톤 철학을 위한 첫 걸음』, 임성철 옮김, 한양대학교 출판부, 2006].

Janka(M.)/Schäfer(C.)(ed.), *Platon als Mythologe. Neue Interpretation zu den Mythen in Platons Dialogen*, Darmstadt, 2002.

Jaeger(W.), *Paideia. Die Formung des griechischen Menschen*, Bd. 3, Berlin, 1947.

Hegel(G. W. F.), *Vorlesungen über die Geschichte der Philosophie* I, *Werke in zwanzig Bänden*, Bd. 18, Frankfurt a. M., 1971.

Kobusch(T.), "Die Wiederkehr des Mythos. Zur Funktion des Mythos in Platons Denken und in der Philosophie der Gegenwart", G. Binder/B. Effe(ed.), *Mythos. Erzählende Weltdeutung im Spannungsfeld von Ritual, Geschichte und Rationalität*, Trier, 1990.

Morgan(K. A.), *Myth and philosophy from the Presocratics to Plato*, Cambridge/New York, 2000.

Most(G.), "Platons exoterische Mythen", Janka(M.)/Schäfer(C.)(ed.), *Platon als Mythologe. Neue Interpretation zu den Mythen in Platons Dialogen*, Darmstadt, 2002.

Müller(G.), "Die Mythen der platonischen Dialoge", *Nachrichten der Giessener Hochschulgesellschaft* 32, 1963.

Pietsch(C.), "Mythos als konkretisierter Logos. Platons Verwendung des Mythos am Beispiel von Nomoi X 903B-905D", Janka(M.)/ Schäfer(C.)(ed.), *Platon als Mythologe. Neue Interpretation zu den Mythen in Platons Dialogen*, Darmstadt, 2002.

Schleiermacher(F.), "Einleitung zu *Platons Werke*", Berlin, 1804.

Schmitt(A.), "Mythos und Vernunft bei Platon", Janka(M.)/ Schäfer(C.)(ed.), *Platon als Mythologe. Neue Interpretation zu den Mythen in Platons Dialogen*, Darmstadt, 2002.

제2장 언어와 지식 — 소쉬르의 숭고한 대상

:차이의 우주로서의 랑그*

최용호

[내용요약] 이 글에서 우리가 다룰 주제는 언어와 지식이다. 우리는 이 주제를 미시적으로 소쉬르의 언어 개념을 통해 조명하고자 한다. 소쉬르는 언어를 하나의 체계로 정의한다. 언어학은 이러한 체계에 대한 지식의 총체와 다름 아니다. 우리는 소쉬르 텍스트에 대한 미시적 분석을 통해 소쉬르의 체계가 스스로에 대해 물음을 제기하는 방식으로 존재함을 밝히고자 한다. 소쉬르의 언어는 단순히 하나의 체계가 아니라 '체계-?'로 존재한다. 이러한 존재 방식 덕분에 언어는 지식을 넘어 사유의 힘으로 존재할 수 있는 것이다.

* 이 글은 『기호학 연구』 33권(2012)에 실린 논문을 수정 보완한 것임.

1. 페르디낭 드 소쉬르는 우리에게 누구인가?

20세기 사상의 지형도를 바꾼 『일반언어학 강의』가 출간된 지 100주년을 맞이하는 2016년 페르디낭 드 소쉬르는 우리에게 누구인가? 그가 우리에게 물려준 지적 유산은 무엇인가? 주지하다시피 실제로 그가 남긴 것은 한 권의 책이 아니라 텍스트들이다. 그의 사유는 무엇보다도 텍스트의 형태로 존재한다. 조금 거칠게 말해 『일반언어학 강의』는 조각난 텍스트의 편린들을 짜깁기한 하이퍼텍스트와 다름 아니다. 구조주의 명제들로 일목요연하게 간추려진 그의 사상은 오늘날에도 여전히 아름답기는 하지만 더 이상 그렇게 매력적으로 보이지는 않는다. 20세기 지성사에 한 획을 그은 구조주의자 소쉬르는 이미 과거의 인물이 된 셈이다. 반면 파편화된 텍스트 속에 거주하는 소쉬르는 위대한 사상가이기 이전에 지금 이 순간 이 텍스트의 편린들을 마주 대하고 있는 누군가의 수수께끼다. 이 누군가는 소쉬르의 독자일수도 있고 소쉬르의 저자일 수도 있다. 구조주의로 잘 포장된 소쉬르라는 역사 속의 인물을 기념하는 것이 아니라면 이러한 독서의 체험, 아니 좀 더 정확히 표현하자면 편집의 실험과 무관하게 그의 사상을 재구성 혹은 짜깁기(bricolage)하는 것은 사실 거의 불가능하다. 소쉬르의 문헌학자들이 한 목소리로 비난하듯 『강의』의 편집인들이 스승의 사고를 근본적으로 왜곡한 것은 물론 사실이지만 실은 근본적으로 왜곡할 수밖에 없었다. 오독을 비난할 수는 있어도 위대한 오독을 폄훼할 수는 없지 않은가? 처음부터 소쉬르 연구는 소쉬르 읽기였으며, 소쉬르 읽기는 언제나 소쉬르 (다시)쓰기였다. 오늘날 이 '누군가'의 수만큼 여러 명의 소쉬르가 등장하고 있는 이유는 그의 사유가, 그의 이론들이, 그의 유산이 이처럼 텍스트적 양식으로 존재하기 때문이다.

이 글에서 다루려 하는 주제는 소쉬르의 랑그 개념이다. 구조주의적 관점에서 랑그는 하나의 체계로 정의된다. 체계는 비교적 안정된 관계를 전제한다. 소쉬르의 텍스트들을 짜맞춰가며 이러한 랑그의 안정된 관계가 어떻게 흔들리게 되는지를 살펴보고자 한다. 언어가 하나의 지식으로 존재한다면 이 지식은 끊임없이 스스로를 물음에 회부하는 방식으로 존재한다는 것이 우리의 독서 가설이다.

2. 행복한 순간

먼저, 함께 읽고자 하는 소쉬르의 텍스트는 『일반언어학 노트』(2002)에서 발췌한 것이다.

> "이러한 사실이 제시되는 수많은 모습 중의 하나는 다음과 같다. 한 기독교 선교사가 한 야만족에게 '영혼'(âme)이라는 관념을 불어넣어 주어여야겠다고 생각한다. 그는 토착어 속에서 두 개의 단어가 이러한 목적을 위해 활용 가능하다는 점을 알게 되었는데, 이를테면 하나는 일종의 '숨결'(souffle)을, 다른 하나는 일종의 '호흡'(respiration)을 뜻하는 것이다. 선교사가 토착어에 완전히 능숙하고, 그가 소개하고자 하는 관념이 전혀 알려진 바 없는 것임에

도 불구하고 '숨결'과 '호흡'이라는 두 단어의 이러한 단순한 대립은 어떤 비밀스러운 이유 때문에 이 둘 중 어느 하나에 '영혼'이라는 관념이 자리 잡도록 강력히 시사한다. 그래서 가령 그가 두 번째 단어 대신 섣불리 첫 번째 단어를 선택함으로써 포교의 성공에 심각한 장애가 발생할 수도 있을 것이다. 그런데 이 비밀스러운 이유란 소극적인 이유에 불과한 것인바, 이는 '영혼'의 적극적 관념이 이 종족의 지각에는 전적으로 벗어나 있기 때문이라고 할 수 있다."[1]

소쉬르의 텍스트는 하나의 문제라기보다 문제제기적인 지점들로 가득 차 있다. '문제'(problème)란 쉽든지 어렵든지 어쨌든 해결(solution)되어야 하는 것이다. 이와 달리 프랑스어로 '문제제기'(problématique)라는 말은 '해결'이 아니라 오히려 '물음'(question)을 재촉한다는 점에서 사뭇 흥미롭다. 위에서 소쉬르는 기독교 선교사가 처한 번역이라는 하나의 문제제기적인 지점에 주목한다.

'영혼'이라는 기독교적 관념을 이교도들인 토착민에게 과연 어떻게 성공적으로 주입할 것인가라는 문제는 '영혼'이라는 프랑스어를 토착어로 어떻게 번역할 것인가라는 문제와 깊숙이 관련되어 있다. 토착어에 능숙한 기독교 선교사는 번역가들이 그렇게 하듯 토착어 어휘 중에서 각각 '숨결'과 '호흡'을 뜻하는 두 단어를 놓고 깊은 고민에 빠진다. 최종적으로 그는 '숨결'을 선택한다. 바로 이 순간 과연 '영혼'이라는 관념이 토착어인 '숨결'에 곧바로 전이되는 것일까? 소쉬르는 위에서 이러한 선택이 '섣부른' 것일 수 있음

1) F. 소쉬르, 『일반언어학 노트』, 김현권/최용호 옮김, 인간사랑, 2008, p.78.

을 지적한다. 이는 신학적으로 또는 언어학적으로 번역가의 판단이 어긋나서라기보다 궁극적으로 모든 번역이 그저 '섣부른 선택'에 불과한 것이기 때문이다.

포교의 성패가 달려 있는 바로 이 문제제기적인 지점에서 랑그의 '비밀스러운 이유'에 대한 소쉬르의 집요한 물음이 시작된다. 구조주의 선구자에게 '비밀스러운 이유'란 '소극적(négatif) 이유'와 다름 아니다. 토착민은 '영혼'이 무엇인지 전혀 알지 못한다. '영혼'의 관념을 적극적으로 이해하는 것은 그들에게 불가능하다. 그렇다면 '숨결'을 뜻하는 토착어에 기대는 것은 과연 이 '무엇'에 도달할 수 있을 것인가? 소쉬르는 '포교의 성공에 심각한 장애'가 발생할 수도 있음을 경고하는 것으로 그의 대답을 대신한다. 이는 단순히 프랑스어 '영혼'이 토착어 '숨결'로 번역되었기 때문만이 아니다. 이제 토착민은 '영혼'이라는 기독교적 관념을 오직 소극적으로만, 좀 더 정확히 말하자면 토착어 '숨결'과 '호흡'이 맺고 있는 관계를 통해서만 접근할 수 있기 때문이다. 과연 이러한 차이의 망을 통해 토착민은 기독교적 이념에 도달할 수 있을 것인가?

3. 불가능의 가능

'영혼'이라는 순수한 관념은 플라톤의 이데아의 세계를 떠돌아다니는 것이 아니라 사실 프랑스어 '영혼'이라는 단어의 시니피에에 지나지 않는다. 토착어 '숨결'의 시니피에가 '호흡'과의 관계 속에서 결정되듯이 프랑스어 '영혼'의 시니피에도 말하자면 여전히 불순하게 오직 소극적으로만 정의된다. 『일반언어학 노트』에 등장하는 또 하나의 텍스트를 인용해보자.

> "'정신(esprit)' 속에 담겨 있는 내용을 '영혼(âme)'이나 '사고(pensée)'와의 대립을 통해 철저하게 파헤치거나, '가다(aller)' 속에 담겨 있는 내용을 '걷다(marcher)', '지나가다(passer)', '길을 가다(cheminer)', '향하다(se porter)', '오다(venir)', '나아가다(se rendre)' 등과의 대립을 통해 철저하게 파헤치는 일은 솔직히 평생이 걸릴 수도 있다."[2]

앞서 인용한 텍스트와 위에서 인용한 텍스트를 나란히 놓고 잠시 서로 대조해보면 기독교 선교사가 처한 언어학적 상황이 좀 더 복잡해지는 것을 곧바로 알 수 있다. '영혼'이라는 이데아가 별도로 존재하고 그것이 이편에서는 프랑스어 '영혼'으로, 저편에서는 토착어 '숨결'로 육화되는 것이 결코 아니다. 이데아로 구성된 보편언어는 그 어디에도 존재하지 않는다. 그저 이 땅에는 한편으로는 {영혼, 정신, 사고 (......) }라는 프랑스어 계열이, 다른 한편으로는 {숨결, 호흡, (......) }이라는 토착어 계열이 존재할 뿐이다. 태초에 말이 있었고 그저 계속 말이 있을 뿐이다. 이 세속적 상황 속에서 번역가의 과제는 단순히 '영혼'(프랑스어)과 '호흡'(토착어)을 일대일로 맞교환하는 것이 아니라 이들이 각각 속해 있는 두 계열을 통째로 마주치게 하는 것이다. 이러한 '우발적인 마주침'[3]을 통해 무엇보다

---

2) *Ibid.*, p.118.

3) '우발적인 마주침'이라는 개념은 알튀세르가 인과론적 결정론에 대한 대안

도 물음의 공간[4]이 서서히 열리게 된다. 번역가의 머릿속에서 펼쳐지는 이 공간은 단순히 출발어에서 도착어로 건너가는 움직임의 공간이 아니라 출발어와 도착어 사이를 끊임없이 오고가는 망설임의 공간이다. 이러한 망설임에는 항상 긴장이 따르기 마련이다. 물음의 공간을 거치지 않은 번역이란 존재하지 않는 모든 번역은 문자적이거나 의미적이기 이전에 우선 긴장적이라고 할 수 있다.[5]

토착어에는 없는 '영혼'이라는 프랑스어를 번역하려고 하는 순간 토착어 계열에, 전에 없던 하나의 빈자리가 기입된다. 이 자리에 한 번 물음표를 찍어보자.

{숨결, 호흡, ? (......) }

'숨결'과 '호흡'이라는 두 단어를 놓고 번역가가 깊은 고민에 빠지게 되는 이유는 바로 이 물음표의 대리보충적(suplémentaire) 기입 때문이다. 번역가가 '호흡' 대신 '숨결'을 선택하는 순간 '영혼'이라

으로 제시한 것이다. - 진태원 엮음, 『알튀세르 효과』, 그린비, 2011 참조.

4) Shin/Choi는 "La traduction comme trans-sémiosis: un essai de sémiotique pour une typologie de la traduciton", *Kodikas/Code* Vol.34, Gunter Narr, 2011에서 이 물음의 공간을 '번역공간'이라는 개념으로 정식화한다. 이들은 번역공간의 속성을 경계, 비결정, 역량이라는 세 가지 관점에서 서술한다.

5) 번역이 문자적이어야 하는가 아니면 의미적이어야 하는가라는 논쟁은 번역의 충실성 논쟁과 깊이 관련된다. 베르만은 『번역과 문자』, 윤성우/이향 옮김, 철학과 현실사, 2011에서 전자의 입장을 두둔한 반면, 라드미랄은 『번역: 번역을 위한 공리(Traduire: Théorems pour la traduction)』, 1994에서 후자의 입장을 옹호한다. 이에 대해 앞에서 인용한 Shin/Choi(*op. cit*)는 번역의 과정 속에 문자적이거나 의미적이기 이전에 긴장적인 차원이 존재함을 주장한다. 이 긴장의 차원은 이를테면 모든 번역의 선조건이라고 할 수 있다.

는 시니피에가 곧바로 '숨결'에 주입된다기보다 이 '숨결'에 하나의 물음표가 찍히는 것이다. '숨결'(토착어)은 정말로 올바른 대역어일까?

{숨결-?, 호흡, (......)}

이 물음표로 인해 지금까지 '숨결'과 '호흡'이 맺고 있던 비교적 안정적인 관계는 혼란에 빠지게 되고, 다시 안정을 찾으려는 모종의 의미론적 욕망이 형성되기 시작한다. 물음표는 하나의 계열이 사실은 온전한 것이 아니라는 사실을, 이 계열의 한계를 그대로 드러낸다. 소쉬르의 랑그가 기호들의 체계라고 할 때 이 체계 안에는 항상 물음표의 자리가 근원적으로 각인되어 있다.

그런데 이 순간 기독교 선교사의 머릿속에는 또 다른 물음이 긴장을 불러일으키는데 이번엔 그의 물음의 촉이 토착어가 아니라 프랑스어를 향한다. 프랑스어 '영혼'을 토착어 '숨결'로 번역할 수 있다는 그의 최종 판결은 '숨결'이 '영혼'일 수 있는가라는 물음뿐만 아니라 과연 '영혼'이 '숨결'일 수 있는가라는 물음을 동시에 제기하게 한다. '숨결'이라는 대역어의 존재 자체가 최소한 번역가에게 필연적으로 프랑스어 '영혼'에도 하나의 물음표를 찍게 한다는 말이다. 혹시 '영혼'(프랑스어)이 정말 '숨결'(토착어)이 아닐까?

{영혼-?, 정신, 사고, (......)}

'숨결-?'가 '영혼'이 '숨결'로 번역되는 순간 토착어 계열에 기입된 물음이라면, '영혼-?'는 역으로 '숨결-?'가 프랑스어 계열을 향해 되던지는 일종의 반문이다. 포교의 성패가 문제되는 이유는 물음표라는 바로 이 의심스러운 존재의 기입 때문이다. 그렇다면 이 물음표 기호의 가치에 대해 과연 어떻게 설명할 것인가?

앞서 인용한 두 텍스트에서 소쉬르가 다루고 있는 공통의 주제는 다름 아닌 언어학적 가치에 관한 것이다.[6] 소쉬르의 가치 개념은 윤리학적이라기보다 경제학적이다. 주지하다시피 소쉬르는 언어기호를 다루는 언어학을 상품을 취급하는 경제학과 마찬가지로 통시태가 아닌 공시태에 속한 이른바 가치의 학문으로 정의한다. 아담 스미스 이후 맑스에 이르기까지 고전 경제학에서 상품 가치는 크게 교환가치와 사용가치로 나뉜다. 교환가치는 하나의 상품을 다른 상품과 맞교환할 때 발생하는 상대적인 비율을 가리킨다. 주지하다시피 교환이 성공적으로 이루어지기 위해서는 절대적 기준이 사전에 마련되어 있어야 한다. 예를 들어 욕망의 절대적 가치를 대변하는 금이 그러한 역할을 수행할 수 있다. 금본위제가 폐지되고 나서도 하나의 화폐를 다른 화폐와 교환할 때에는 상대적 비율을 결정하는 외적인 기준들이 마련되어 있어야 한다. 교환가치가 이처럼 상품의 순환 가능성을 보장해주는 외적 가치라고 할 때 사용가치는 해당 상품이 지니고 있는 고유한 내적 가치라고 할 수 있다. 예를 들어 100만원을 지불하고 컴퓨터 한 대를 구입할 수 있는 것은 이 화폐의 교환가치 덕분이고 이렇게 구입한 컴퓨터를 가

6) 소쉬르의 가치 개념과 관련하여 Choi Y. H., "La valeur en discours chez Saussure", *L'information grammaticale* 95, 2002 참조. - Choi는 이 논문에서 소쉬르의 가치 개념이 오직 담화 차원에서 결정되는 것임을 주장한다.

지고 각종 다양한 문서작업을 손쉽게 할 수 있는 것은 이 상품의 사용가치 덕분이다. 사실 모든 상품은 나름대로 어느 정도의 교환가치와 어느 정도의 상품가치를 지니고 있다. 이를테면 금은 교환가치는 높지만 사용가치는 낮고, 물은 사용가치는 높지만 교환가치는 낮다. 요컨대 상품에는 사용가능성이라는 내적 가치와 순환가능성이라는 외적 가치가 존재한다. 다시 번역적 상황으로 되돌아가 보자.

'영혼'이라는 프랑스어를 '숨결'이라는 토착어로 번역하는 작업이 마치 하나의 상품을 다른 상품과 맞교환하는 것이라면 '숨결'이라는 언어기호에는 모종의 교환가치가 들어 있다고 볼 수 있다. 문제는 이 두 언어기호의 교환이 성공적으로 이루어지기 위해서는 금본위제와 같은 교환의 절대적 준거틀이 사전에 마련되어 있어야 한다는 점이다. 가령 '영혼'이라는 이데아가 실제로 저 너머 어딘가에 존재한다면 이 이데아가 교환의 비율을 결정해줄 수 있는 외적인 준거가 될 수 있다. 유감스럽게도 소쉬르의 세계에서 이데아는 무정형의 형태를 띠고 있을 뿐 절대적이든 상대적이든 간에 아무런 가치도 지니고 있지 않다. 따라서 두 언어기호 사이에 교환이 성립되기는 어렵다. 도대체 무엇이 프랑스어 '영혼'과 토착어 '숨결' 사이의 교환 가능성을 보장할 수 있다는 말인가? 라스티에의 말대로 언어기호에는 사실 교환가치가 존재하지 않는다.[7] 그렇다면 프랑스어 '영혼'을 토착어 '숨결'로 옮길 수 있는 것은 '숨결'의 교환가치가 아니라 오로지 사용가치 덕분인가? 언어기호에는 외적인 교

7) F. Rastier, "Valeur saussurienne et valeur monétaire", *L'information grammaticale* 95, 2002, p.48.

환가치가 아니라 내적인 사용가치만이 존재하는가?

상품의 사용가치는 그 상품의 유용성으로 정의된다. 한 상품의 유용성이란 그 상품을 구입한 구매자가 이를 통해 얻고자 하는 만족과 다름 아니다. 예컨대 컴퓨터는 이를 구매한 사람에게 문서작업의 효율성이라는 만족감을 제공해 준다. 이렇듯 일반적으로 상품은 무엇인가를 위해 쓸모 있는 것이어야 한다. 언어기호 안에 사용가치가 들어있다는 말은 결국 언어기호가 무엇인가를 위해 쓸모 있다는 것이다. 과연 언어는 무엇을 위해 존재하는가?

흔히 언어는 커뮤니케이션의 수단으로 정의된다. 커뮤니케이션은 누군가의 생각이 다른 누군가에게 전달되는 과정을 일컫는다. 언어는 이 과정에서 매개적 수단으로 사용된다. 그런데 앞서 여러 차례 지적했듯이 소쉬르적 관점에서 생각 그 자체는 무정형으로 존재할 뿐이며, 그것이 전달되기 위해서는 언제나 이미 언어적 형태로, 이를테면 한국어나 프랑스어의 형태로 존재해야만 한다. '시간이 없다'라는 생각은 한국 사람의 머릿속에서 떠오를 수 있는 생각이며, 'J'ai pas de temps'은 프랑스 사람의 머릿속에서 떠오를 수 있는 생각이다. 소위 명료하고 판명한 데카르트적 사유란 항상 언어적 형태를 띠고 떠오르는 생각일 뿐이다. 그렇다면 언어는 다른 무엇가가 아니라 스스로를 전달하기 위한 수단 아닌가? 페르디낭 드 소쉬르의 유작 『일반언어학 강의』가 출간된 1916년 바로 그 해에 발터 벤야민은 「언어 일반과 인간의 언어에 대하여」라는 논문에서 수단으로서의 언어가 지닌 고유한 속성을 다음과 같이 서술한다.

"즉, 모든 언어는 자기 자신을 전달한다, 또는 더 정확히 말해 모든 언어는 자기 자신 속에서 전달되며, 언어는 가장 순수한 의미에서 전달의 매체(Medium)이다. 이 매체적인 것, 이것이 모든 정신적 전달의 직접성(Unmittelbarkeit)이며 언어이론의 근본문제이다."[8)]

물론 언어는 전달의 매체다. 하지만 일반적인 매체가 아니라 '순수한' 매체다. '순수한' 매체라는 이 수수께끼와도 같은 말은 컴퓨터가 문서작업을 위한 것처럼 자기 자신 외에 다른 어떤 특정한 목적에 봉사하는 단순한 도구가 아니라 자기 자신을 위한 매체임을 가리킨다. 언어가 전달하는 것은 관념도 지시도 아니다. 그것은 '자기' 자신이다. 언어의 전달은 항상 자기 전달이며 스스로의 드러남이다.

그렇다면 한 언어기호의 사용가치는 그 언어기호 안에 축적된 시니피에와 다름 아닐 것이다. 예컨대 '영혼'이라는 프랑스어 단어에는 이 단어의 관념이나 지시는 아니더라도 이 단어의 시니피에가 들어 있는데 이 시니피에를 그 단어의 사용가치로 정의할 수 있을 것이다. 헌데, 앞서 살펴보았듯이 한 언어기호의 시니피에는 이 언어기호가 다른 언어기호들과 맺고 있는 소극적 관계들의 집적에 지나지 않는다. 이는 언어기호의 사용가치가 상품의 사용가치와는 근본적으로 다르게 전혀 내적이지 않음을 말해준다.

"'정신'(esprit)과 같은 단어 속에 담겨 있는 모든 것에 경탄했던

---

8) W. 벤야민, 『언어 일반과 인간의 언어에 대하여, 번역가의 과제 외』, 최성만 옮김, 길, 2008, p.75.

동의어주의자는 이 보고가 이를 사용한 세대들에 의해 언어의 기저에 축적된 성찰과 경험, 그리고 심오한 철학적 열매가 아니라면 결코 그 언어 속에 담겨 있을 수 없을 것이라고 생각한다. 어떤 의미에서 그리고 얼마나 동의어주의자의 생각이 옳은지에 대해서는 논의하지 않을 터인데, 왜냐하면 사실 이 문제는 어쨌든 부차적이기 때문이다. 보다 중요하고 근본적인 사실은 어떤 기호체계이든지 순환되는 순간 그 안에 곧바로 동의어 관계가 성립된다고 하는 점이다. 그 역은 성립될 수 없는데 이는 결국 대립적인 기호들에 대립적 가치들을 부여하지 않는다고 말하는 꼴이 되기 때문이다. 놀랍게도 하나의 가치가 부여되면서 형성된 관념들 사이의 대립이, 오직 다른 기호와의 대립 속에서만 존재하는 하나의 기호 안에, 또는 오직 한두 기호들과의 대립 속에서만 존재하는 두서너 기호들 안에 거주하게 되는 것은 피할 수 없다.

따라서 적극적인 관념의 총체 속에 한정되어 있으면서 동시에 이를 오로지 자기 자신 속에서만 응축시킬 것을 요청받는 그 어떤 기호도 존재하지 않는다."[9]

소쉬르에 따르면 "어떤 기호체계이든지 순환되는 순간 그 안에 곧바로 동의어 관계가 성립된다." 동의어주의자들은 동의어 관계에 놓여 있는 단어들 사이에서 동일성이 아니라 차이에 주목한 사람들이다. 이들에 따르면 엄밀한 의미에서 동의어란 존재하지 않는다. 크든 작든 오직 차이만이 존재할 따름이다. "정신과 같은 단어 속에 담겨 있는 모든 것"은 이러한 차이의 집적에 지나지 않는다.

9) F. 소쉬르, 『일반언어학 노트』, 김현권/최용호 옮김, 인간사랑, 2008, p.119.

따라서 언어기호의 사용가치에 해당하는 시니피에는 결코 내적이지 않으며 오로지 외적으로만 결정된다고 할 수 있다. 이를테면 프랑스어 '영혼'의 사용가치는 그것과 동의어 관계에 놓여 있는 '정신'이나 '사고' 등과의 소극적 관계에 따라 외적으로 결정되고, 토착어 '숨결'의 사용가치는 그것과 동의어 관계에 놓여 있는 '호흡' 등과의 소극적 관계에 따라 외적으로 결정된다.

그런데 그런 사용가치가 과연 어떻게 한 언어에서 다른 언어로의 번역을 가능하게 만들어 주는가? '영혼'이라는 프랑스어를 '숨결'이라는 토착어로 번역하는 것이 가능하기 위해서는 무엇보다도 '영혼'의 사용가치와 '숨결'의 사용가치 사이에 등가관계가 성립되어야 한다. 요컨대 사용가치의 존재만으로 번역 과정에서 이루어지는 모종의 거래를 온전히 설명하기에는 충분하지 않다. 일반적으로 두 계열 사이에 등가가 이루어지기 위해서는 이 두 계열 모두에 동시에 속한 무엇인가가 반드시 존재해야만 한다. 앞서 살펴보았듯이 '영혼'이라는 프랑스어를 번역하려고 할 때 하나의 물음표가 {숨결, 호흡, (......)}이라는 토착어 계열뿐만 아니라 {영혼, 정신, 사고, (......)}라는 프랑스어 계열에도 동시에 기입된다. 여기서 이 두 계열은 오직 물음표만을 '분유'(partage)할 뿐이다. 번역이라는 거래를 성사시키기 위해 두 언어계열 사이에 모종의 등가를 보장하는 것이 반드시 필요하다고 한다면 그러한 기능을 수행할 수 있는 것은 오직 '?'뿐이다. 이 '?'는 어떤 가치를 지니고 있는가? 아직 결정이 온전히 이루어지지 않은 상태만을 표지하는 이 기호에는 특정한 시니피에가 부여되어 있지 않아 구체적인 사용가치가 함유된 것으로 간주할 수 없다. 그렇다면 교환가치를 지니고 있다는 말인가?

소쉬르에 따르면 언어기호의 내부에는 "다른 모든 인간적 것들"과는 근본적으로 다른 이른바 "절대적 무가치성"만이 존재한다.

> "언어와 다른 모든 인간적인 것들과의 유추에서 결함이 존재하는 두 가지 이유가 있다. [1] 기호들의 내적 무가치성. [2] 그 자체로 무가치한 하나의 항에 집착하는 우리 정신의 능력."[10)]

'영혼'이라는 프랑스어 단어의 시니피에가 '정신'이나 '사고'와의 관계망에 의해 소극적으로 결정될 수밖에 없는 이유는 사실 이 단어가 텅 비어 있기 때문이다. 소쉬르는 위에서 이러한 텅 비어 있는 상태를 "내적 무가치성"이라는 말로 표현한다. 놀랍게도 인간은 이 무가치한 것에 집착하는 탁월한 정신적 능력을 보여준다. 납득하기 어려운 무모한 이러한 집착을 물음표 외에 달리 어떤 기호로 대신할 수 있을 것인가? "우리 정신의 능력"은 "그 자체로 무가치한" 모든 언어기호 안에 다름 아닌 물음표를 각인하는 능력이다. 텅 빈 기호가 닫혀있지 않은 이유는 바로 이 물음표 때문이다. 이 물음표 덕분에 다른 기호들과의 소극적 관계가 비로소 성립될 수 있는 것이다. 그토록 무가치한 것에 집착하는 그래서 너무나 인간적인 욕망의 기호로서의 물음표. 기호의 내부는 텅 비어 있는 것이 아니다. 거기에는 우리 정신의 집착이 물음표의 형태로 기입되어 있다. 그런 까닭에 기호는 단순히 스스로의 드러남이 아니라 항상 여분으로의 넘쳐남이다. 맑스가 상품에 투입된 노동력에서 잉여가치의

10) F. Saussure, *Cours de linguistique générale. Edition critique par Rouldolf Engler tome 1*, Otto Harassowitz, 1967, p.38

가능성을 찾고자 했다면 기호 안에 기입된 인간적 욕망의 투자로서의 물음표에서 기호학적 잉여가치의 의미론적 역량을 가늠해볼 수 있지 않을까? 하나의 기호에 끊임없이 새로운 의미가 부여될 수 있는 것은 바로 이 물음표라는 잉여가치 덕분 아닐까? 소쉬르가 산책하면서 겪은 흥미로운 에피소드를 하나 소개해보자.

> "산책하면서 나는 아무 말도 하지 않은 채 재미삼아 나무에다 하나의 홈을 새겨놓았다. 나와 함께 걷던 동행이 자연히 이 홈에 대해 생각을 하게 된다. 바로 이 순간부터 그 사람은 의심의 여지 없이 내가 새겨놓은 홈에 두서너 가지 생각들을 연결시킬 것이다. 나는 그냥 재미삼아 어떤 신비감을 주려고 했을 뿐인데도 말이다."[11]

언어기호에 내적인 것은 시니피에가 아니라 "어떤 신비감"이 감도는 바로 이 절대적 'x'로서의 '?'이다. 재미삼아 새겨놓은 홈에 집착하는 이른바 '?'라는 잉여가치는 윤리학적인 것도 경제학적인 것도 아니다. 그것은 전적으로 미학적이다. 미학적인 잉여가치 안에 의미론적 역량의 새로운 가능성이 잠재되어 있다. 인간적 욕망의 원인으로서 바로 이 '?'가 프랑스어 계열과 토착어 계열을 넘나들면서 이들의 마주침을 가능하게 하는 절대적 (무)가치다. '?'는 토착어 계열의 한계를 드러냄과 동시에 프랑스어 계열을 물음에 붙임으로써 이 두 계열을 매개하는 독특한 역할을 수행한다. 이 역할을 탈매개적 매개(médiation démédiatisée)라고 부르도록 하자. 상품 사

11) F. 소쉬르, 『일반언어학 노트』, 김현권/최용호 옮김, 인간사랑, 2008, p.167.

이의 교환을 허용하는 것이 절대적 가치를 상징하는 금이라고 할 때 언어기호 사이의 교환을 가능하게 하는 것은 또 다른 의미에서 절대적 가치를 상징하는 'x'로서의 '?'라고 할 수 있다. 금이라는 대상이 절대적 욕망의 가능성의 대상이라는 의미에서 절대적이라면, 'x'는 욕망의 절대적 불가능성의 대상이라는 또 다른 의미에서 절대적이라고 할 수 있다. 절대적 욕망의 가능으로서의 금이 존재하지 않는다면 상품들 사이에 아무런 교환도 일어나지 않을 것이다. 마찬가지로 욕망의 절대적 불가능으로서의 'x'가 존재하지 않는다면 언어기호들 사이에 아무런 교환도 일어나지 않을 것이다. 두 언어 사이에 번역이 가능한 것은 역설적으로 사용 불가능한 바로 이 'x'라는 잉여가치 덕분이다. 교환불가능성이 교환을 가능하게 하며 번역불가능성이 번역을 가능하게 한다. 데리다의 말을 빌리자면[12)]'x'로서의 '?'는 불가능의 가능이다. 이는 기호의 잉여이여 기호학적 존재 자체이다. 이런 상황 속에서 모든 번역은 항상 "선부른" 번역일 수밖에 없다.

4. 비밀스러운 이유

하나의 언어기호를 다른 언어기호들과 차이 나게 하면서 차이를 짓는 것은 이들의 사용을 가능하게 하는 사용불가능성으로서의 '?'

12) 데리다는 『법의 힘』에서 파스칼과 벤야민의 텍스트를 논평하는 가운데 해체 불가능한 정의를 x로 명명하면서 이를 불가능의 가능으로 정의한다. 그에 따르면 정의는 해체를 가능하게 하는 해체 불가능한 x이다.

이다. 그 자체로 무가치한 기호는 인간 정신의 집착, 즉 인간의 욕망이 투자됨에 따라 하나의 물음표 존재, 즉 '기호-?'가 된다. 여기서 '?'는 새로운 의미의 역량으로서 이 기호의 잉여가치를 나타낸다.

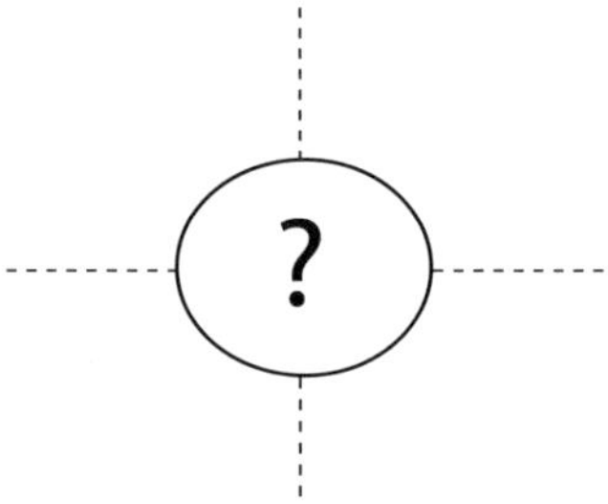

위의 그림에서 동그라미는 하나의 기호를 가리키고 이 욕망의 기호 안에 기입된 '?'는 기호의 내적 무가치성과 이에 대한 인간 정신의 무한한 집착을 표현한다. 이 기호에 연결된 선들은 그것이 다른 기호들과 맺고 있는 관계의 망을 표시한 것으로 아직 이 망이 확정된 것이 아니기 때문에 점선으로 나타낸 것이다. 이 그림을 참고로 해서 프랑스어 '영혼'의 관계 망을 그려보자.

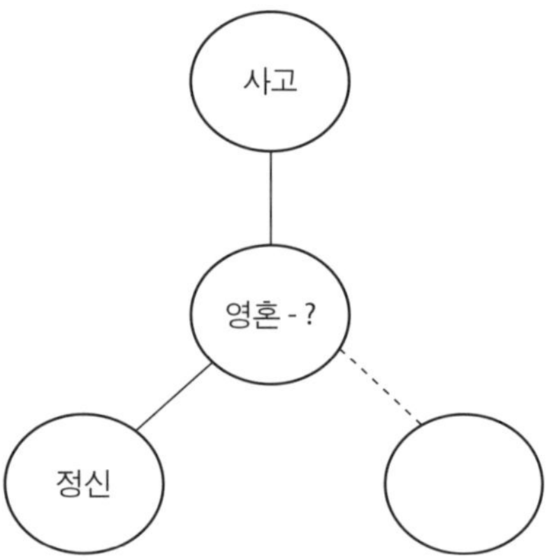

프랑스어 '영혼'의 가치는 이 단어가 속한 동의어 계열 속에서 다른 단어들과 맺고 있는 소극적 관계에 따라 결정된다. '영혼'에 물음표가 찍혀있는 것은 이 계열이 닫힌 것이 아니라 언제든지 새롭게 열릴 수 있음을 뜻한다. 토착어 '숨결'에 대해서도 동일한 그림을 그릴 수 있을 것이다.

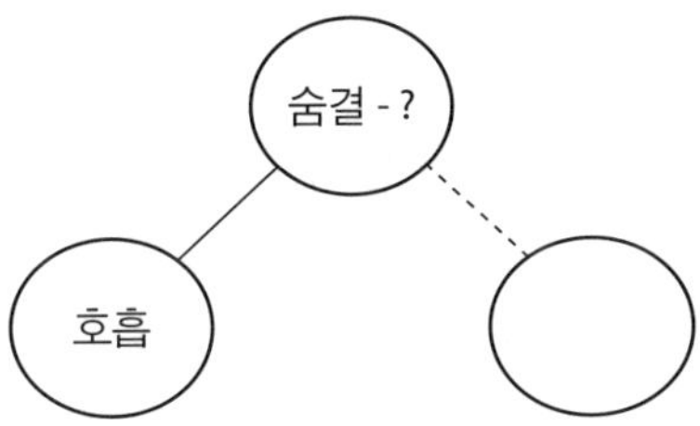

프랑스어 계열과 토착어 계열 사이에 번역이라는 거래가 성사될 수 있는 것은, 한편으로 프랑스어 '영혼'이 '정신'이나 '사고' 등과 맺고 있는 소극적 관계가, 다른 한편으로 토착어 '숨결'이 '호흡' 등과 맺고 있는 소극적 관계와 신학적으로든 철학적으로든 언어학적으로든 엇비슷해서가 아니라 이 두 계열의 우발적인 마주침을 통해 '?'라는 잉여가치가 발생했기 때문이다. 바로 이 '?'가 전혀 다른 두 기호, 즉 프랑스어 '영혼'과 토착어 '숨결' 사이에 동의어 관계를 성립시킨 것이다. 모든 번역이 소쉬르의 표현대로 '섣부른' 번역인 것은 바로 이 '?' 때문이며 또한 역설적으로 바로 이 '?' 덕분에 사실 번역이 가능한 것이다.

랑그가 기호들의 체계라면 이 체계는 상술한 바와 같이 결코 닫힌 체계일 수 없다. 랑그 안에 존재하는 모든 기호들은 물음표 기호들이며 이 물음표를 통해 언제든지 새로운 기호학적 관계가 채결

될 수 있다. 차이만이 존재하는 랑그의 실제 모습은 잘 정의된 하나의 체계가 아니라 아래와 같이 점선과 실선으로 서로 얽히고설킨 불안정한 하나의 네트워크라고 할 수 있다.

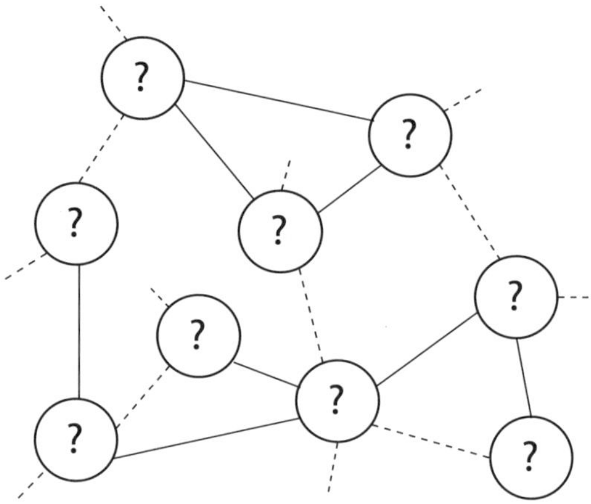

말하자면 모든 기호는 잠재적으로 '기호-?'이다. 하나의 기호에 하나의 연결선이 연결될 때 그 기호의 시니피에에 조그마한 변화가 발생한다. 또 하나의 연결선이 늘어나게 되면 또 다른 의미가 추가된다. 기호 자체는 텅 비어 있기 때문에 그 자체만으로는 아무 것도 의미할 수 없다. 오직 다른 기호들과의 관계를 표시하는 연결선의 수에 따라 자신의 색깔을 끊임없이 바꿀 수 있을 뿐이다. 하나의 기호는 결코 동일한 것으로 머물러 있는 것이 아니라 다른 기호들과의 관계에 따라 시시각각으로 변할 수 있는 것이다.

"'왕', '주교', '여인', '개'와 같이 그 지시가 명확한 것이라 하더라도 단어 안에 들어 있는 온전한 개념은 오직 다른 단어들과의 공

> 존에 의해서만 추론된다. '왕'은 '황제'나 '교황'이 존재하거나 '공화국'이 존재하거나 '기사'나 '공작'이 존재하거나 할 때 전혀 동일한 '왕'일 수 없다. '개'를 말과 대조할 경우 그리스에서처럼 파렴치하거나 천박한 동물로 간주되기도 하고 사냥감이 되는 야생 동물과 비교할 경우 켈트족에게서처럼 용감함과 충실함의 모델이 되기도 한다. 이 두 경우 '개'도 전혀 동일한 '개'가 아닌 것이다."[13]

'왕'이라는 단어가 어떤 단어들과 연결망을 형성하느냐에 따라 전혀 다른 '왕'으로 해석될 수 있다. '개'라는 단어도 마찬가지이다. '말'과 비교되느냐 아니면 '사냥감'과 비교되느냐에 따라 '개'는 전혀 다른 '개'가 될 수도 있는 것이다. 랑그의 '비밀스러운 이유'는 그것이 단지 기호들의 체계로 이루어졌다는 공리적인 명제 안에 들어 있는 것이 아니다. 물음표 존재로서 기호는 오직 다른 기호들과 맺고 있는 연결선의 수에 따라 전혀 다른 가치를 지니게 된다. 하나의 기호가 다른 기호와 맺고 있는 이러한 부정적 관계는 결코 헤겔이 언급한 모순적 관계로 환원되지 않는다. 오히려 하나의 연결선이 기호에 새롭게 첨가될 때마다 기존의 중심이 끊임없이 탈중심화되는 파국이 발생한다. 이러한 파국을 소쉬르의 용어로 풀이해보자.

> "랑그는 어떤 손상을 가하더라도 여전히 작동하는 하나의 기계에 비교될 수 있다."[14]

---

13) F. 소쉬르, *op. cit.*, pp.79-80.
14) F. Saussure, *Cours de linguistique générale. Edition critique par Rouldolf*

랑그는 하나의 기계인데 아주 성능이 뛰어나서 고장이 난다 하더라도 작동하는 기계이다. 소쉬르보다 좀 더 소쉬르적인 주장을 펴자면, 랑그는 역설적으로 오직 고장 날 경우에 본격적으로 작동하는 기계이다. 들뢰즈라면 이러한 소쉬르의 손상된 기계를 가리켜 '기관 없는 신체'라는 말로 표현했을 법하다. 프랑스어 '영혼'을 토착어 '숨결'로 번역함으로써 '숨결'이 '숨결-?'가 되는 것은 모국어의 외국어 '되기'에 다름 아니지 않은가? 모든 종교 텍스트가 원전을 고수하는 이유는 이러한 '되기'의 역량 때문이 아닐까. 기독교 선교사가 프랑스어 '영혼'을 토착어 '호흡'이 아니라 '숨결'로 번역하는 순간 포교의 성공에 심각한 장애가 발생할 수 있는 이유도 바로 여기에 있다.

5. 숭고한 대상

오래 전부터 소쉬르는 언어 일반에 대한 자신의 생각을 피력할 한 권의 책을 구상하고 있었지만 자신의 계획을 구체적으로 실행에 옮기지는 않았다. 우리가 오늘 읽은 『일반언어학 노트』의 몇몇 텍스트들은 이 책을 염두에 두고 소쉬르가 직접 작성한 노트들이다. 소쉬르는 자신의 생각을 왜 끝까지 천착하지 못하고 중간에 그만두고 말았을까? 오늘날 이 질문에 대한 명확한 답변은 존재하지 않는다. 여러 가지 - 때론 터무니없는 - 추측만이 조심스럽게 제시될 뿐이다. 그런데 과연 소쉬르는 정말로 자신의 생각을 끝까지 밀

Engler tome 1, Otto Harassowitz, 1967, p.192.

고 나가지 못하고 중도에 포기하고만 것일까? 앞에서 살펴본 바와 같이 소쉬르는 지금 랑그라는 거대한 차이의 망 앞에 서 있다. 그의 표현을 그대로 받아들이자면 이 모든 작업을 마무리하는 데에는 한 평생이 걸릴지도 모른다. 아니 한 평생이 걸린다고 해서 수많은 도주선들로 연결된 기호들의 망을 모두 망라하지는 못할 것이다. 그렇다면 혹시 소쉬르는 랑그의 절대적 크기 앞에서 자신의 무력감을 토로할 수밖에 없었던 것이 아닐까? 그는 자신의 작업을 완수하지는 못했지만 지금 그 끝을 보고 있는 것이다. 『판단력 비판』에서 칸트는 이성이 감성에게 요구한 재현의 임무를 감성이 더 이상 수행할 수 없는 무한한 크기 앞에서 숭고의 감정이 솟아오른다고 서술한다. 어쩌면 소쉬르는 바로 이 숭고한 대상 앞에서 언어학자로서의 임무를 기꺼이 단념했는지 모른다. 저 하늘 높이 끊임없이 팽창하는 랑그라는 차이의 우주 앞에서.

참고문헌

데리다(J.), 『법의 힘』, 진태원 옮김, 문학과 지성사, 2004.

______, 『일반언어학 노트』, 김현권/최용호 옮김, 인간사랑, 2008.

벤야민(W.), 『언어 일반과 인간의 언어에 대하여, 번역가의 과제 외』, 최성만 옮김, 길, 2008.

진태원 엮음, 『알튀세르 효과』, 그린비, 2011.

최용호, 『언어와 시간』, 박이정, 2000.

______, 「『일반언어학 노트』 : 기호에서 가치로 - 텍스트 없는 텍스트성과 텍스트성 없는 텍스트 간의 긴장」, 『기호학연구』 19권, 한국기호학회, 2006.

최용호/신정아, 『노랑신호등』, 인간사랑, 2012.

칸트, (I.), 『판단력 비판』, 백종현 옮김, 아카넷, 2009.

Cho(J.-R.), "Fondation de la poétique du traduire: de F. de Saussure à H. Meschonnic", 『불어불문학연구』 89집, 불어불문학회, 2012.

Choi(Y. H.), *Le temps chez Saussure*, Harmattan, 2002.

______, "La valeur en discours chez Saussure", *L'information grammaticale* 95, 2002.

Godel(R.), *Les sources manuscrites du Cours de linguistique générale de F. de Saussure*, Dorz, 1957.

Rastier(F.), "Valeur saussurienne et valeur monétaire", *L'information grammaticale* 95, 2002.

Saussure(F.), *Cours de linguistique générale,* Payot, 1916.[소쉬르(F.), 『일반언어학 강의』, 최승언 옮김, 민음사, 1990.]

________, *Cours de linguistique général,* Edition critique par Engler(R.) tome 1, Otto Harassowitz, 1967.

________, *Ecrits de linguistique générale*, Par Engler(R.)/Bouquet(S.), Gallimard, 2002.

Shin/Choi, "La traduction comme trans-sémiosis: un essai de sémiotique pour une typologie de la traduciton", *Kodikas/ Code* Vol.34, Gunter Narr, 2011.

제3장 상징과 지식*

신응철

[내용요약] 이 글에서 우리가 다룰 주제는 상징과 지식이다. 인간의 자기이해나 인간의 지식의 성격을 논의할 때, 상징(象徵, symbol)은 대단히 중요한 요소가 된다. 여기에서는 서양 철학에서의 인간의 자기인식의 문제가 어떤 식으로 변화되어 왔으며, 그와 같은 논의들을 통해서 카시러가 무엇을 말하려고 하는지, 왜 카시러는 인간을 '이성적 동물'이 아닌, '상징적 동물'로 정의하고 있는지, 그리고 상징과 자기인식, 나아가 지식의 관계를 살펴보고자 한다.

* 이 글은 『철학과 문화』 34집(2016)에 실린 논문을 수정 및 보완한 것임.

1. 시작하는 말

이 글에서 우리가 다룰 주제는 상징과 지식이다. 인간의 자기이해나 인간의 지식의 성격을 논의할 때, 상징(象徵, symbol)은 대단히 중요한 요소가 된다. 그래서 많은 철학자들과 예술가들은 상징에 대한 연구에 집중했으며, 그런 경향은 많은 분과 학문 영역에서 오늘날에까지 이어지고 있다. 여기서 우리는 상징과 지식의 관계를 문화철학자 카시러(Ernst Cassirer)의 시선을 좇아 하나씩 살펴보고자 한다.

카시러는 인간을 정의하기 위해서는 '인간이란 무엇인가?'라는 물음을 던져야 하고 그 질문에 대답함으로써 그것이 가능해진다고 말한다. 이 물음은 이미 고대 그리스 철학 이전부터 제기되어 온 물음이면서 오늘날 현대철학에까지 면면이 이어져 온 것이기도 하다. 여기에서는 서양 철학에서의 인간의 자기인식의 문제가 어떤 식으로 변화되어 왔으며, 그와 같은 논의들을 통해서 카시러가 무엇을 말하려고 하는지, 왜 카시러는 인간을 '이성적 동물'이 아닌, '상징적 동물'로 정의하고 있는지, 그리고 상징과 자기인식, 나아가 지식의 관계를 살펴보고자 한다.

2. 인간의 '자기인식'의 변모 과정

카시러는 『인간이란 무엇인가』의 첫 문장에서 인간의 철학적 탐구의 최고 목표는 '자기인식'(self-knowledge)에 있다고 말한다.[1] 그리고 이 목표는 모든 사상이 가지고 있는 아르키메데스의 점, 즉 고정불변의 중심이라고 한다. 가장 회의적인 사상가들조차도 자기인식의 가능성과 필요성을 부인하지는 않았다는 것이다. 카시러는 철학사에서 나타나는 자기인식의 문제를 인간의 자기이해의 과정으로, '인간이란 무엇인가?'라는 물음에 답하려는 인류의 끊임없는 노력으로서 파악하였다. 그래서 그는 이러한 자기인식의 문제가 철학사에서 어떠한 형태로 변화되어 왔는가를 살펴봄으로써, 그에 따른 인간관의 변모 과정을 이해하려고 하였다.

먼저, 고대 그리스 철학에서의 자기인식의 문제를 살펴보자. 플라톤주의와 아리스토텔레스주의는 서로 대립하는 두 개의 사상조류를 이루어 왔다. 플라톤에 의하면 우리가 경험하는 이 현실 세계는 그림자에 지나지 않고 불변하고 영원한 이데아의 세계만이 참으로 존재하는 세계이다. 이데아란 사물들의 원형이다. 그리고 감각은 우리에게 사물의 그림자를 보여줄 따름이므로 순수한 생각, 즉 상기에 의해서만 이데아를 볼 수 있고 진리를 인식할 수 있다. 이와는 반대로 아리스토텔레스는 인간의 모든 지식이 감각, 특히 시각에서 시작된다고 보며, 또한 이상적 세계와 경험적 세계가 연

---

1) Ernst Cassirer, *An Essay on Man: An Introduction to a Philosophy of Human Culture*, Yale University Press, 1944, p.1.[에른스트 카시러, 『인간이란 무엇인가』, 최명관 옮김, 서광사, 1988, p.15.]. 이후 원본은 EoM으로, 번역서는 [인간]으로 표기함.

결되어 있다고 보았다. 플라톤에 있어서 감각 생활과 예지의 생활은 넓고 건널 수 없는 심연에 의하여 갈라져 있다. 그에게서 인식과 진리는 초월적인 질서, 즉 순수하고 영원한 관념들의 영역에 속한다. 아리스토텔레스 역시 과학적 인식이 지각만을 통해서는 가능하지 않다는 데 대해 확신을 가지고 있다. 그러나 아리스토텔레스가 이상적 세계와 경험적 세계 사이의 플라톤적인 단절을 부인할 때 그는 생물학자로서 말하는 것이었다. 그는 이상적 세계, 즉 인식의 세계를 '생명(삶 life)'의 측면에서 설명하려고 했던 것이다. 아리스토텔레스에 따르면, 이 두 영역에서 우리가 발견하는 것은 똑같은 끊임없는 연속이다. 인간의 지식에서와 마찬가지로 자연에서도 보다 낮은 형태에서 보다 높은 형태가 발전해 나온다. 감각 지각, 기억, 경험, 상상, 이성은 모두 하나의 공통되는 유대에 의하여 함께 연결되어 있다. 이것들은 그저 하나의 동일한 근본적 활동의 여러 가지 다른 단계, 다른 표현에 지나지 않는 것이다. 그런데 만일 우리가 이러한 생물학적인 견해를 채택하게 된다면, 우리는 인간 인식의 최초의 단계들은 무엇보다도 특히 외부 세계를 다루는 것이었다고 생각해야 한다. 말하자면, 인간은 그 모든 직접적 요구와 실제적 관심에 있어서 그의 물질적 환경에 의존하고 있는 것이 된다. 인간은 그를 둘러싸고 있는 세계의 조건들에 끊임없이 자기 자신을 적응시키지 않고서는 살아갈 수가 없다. 인간의 지적, 문화적 생활을 향해서 내딛는 첫걸음은 직접적으로 주어진 환경에 대한 일종의 정신적 조정을 내포하는 행동이라고 할 수 있다.[2)]

---

2) 여기에서 사실은 '문화(culture)' 개념이 생겨 나오게 된다. 그리고 '문화' 개념 속에 들어 있는 '교양', '성숙'이라는 의미에서 '자유' 개념과도 연결될 수

카시러는 소크라테스의 철학은 인간학적이었다고 말한다. 소크라테스의 중심 문제는 "인간이란 무엇인가?"에 있었다. 그런데 그는 이 물음에 대하여 직접적인 대답을 하지 않았다. 그는 반어(反語) 내지 대화를 통하여 이 물음에 접근한다. 물질적 대상들에 관해서는 그 객관적 속성들을 가지고 그 성질을 기술할 수 있으나, 인간에 대해서는 그렇게 할 수가 없었기 때문이다. 카시러는 소크라테스 철학의 독특성을 어떤 새로운 객관적 내용에서가 아니라, 사고의 새로운 활동과 기능에서 찾고 있다. 말하자면, 이제까지 지적인 독백으로 여겨져 온 철학은, 소크라테스적 반어법으로 인해, 비로소 대화로 변모하게 되었다는 것이다. 오직 대화적 사고 혹은 변증법적 사고에 의해서만 우리가 인간의 본성에 관한 지식으로 나아갈 수 있게 되었다는 점을 카시러는 강조한다. 소크라테스에게서 인간은 "합리적인 질문을 받았을 때 합리적인 대답을 할 줄 아는 존재"로 정의된다. 간단히 말해서, 인간은 이성적 동물인 셈이다. 인간은 항상 '자기 음미' 내지 '자기 비판'을 하면서 사는 동물이요, 따라서 책임을 지는 존재, 즉 도덕적 주체이기도 하다.[3] 카시러는 진리란 본래 변증법적 사고의 소산이라고 생각한다. 때문에 진리는 서로 묻고 대답하는 주체들이 끊임없이 협동하지 않고서는 얻어질 수가 없다. 그래서 카시러는 진리는 경험적 대상과 같은 그 어떤 것이 아니라, 사회적 행동의 산물로 이해해야 한다고 주장한다.

다음으로 중세 철학에서의 자기인식의 문제를 살펴보자. 로마의 황제요 철학자인 마르쿠스 아우렐리우스는 소크라테스의 정신을

가 있다.

3) *EoM*, p.6. [인간, p.22.]

따라 사색한 인물이다. 카시러에 따르면, 소크라테스와 아우렐리우스는 인간의 참된 성질이나 본질을 찾으려면 무엇보다도 먼저 인간 존재로부터 모든 외적 및 우연적 특성을 제거하지 않으면 안 된다는 확신을 공통으로 가지고 있었다. 그들은 외부로부터 인간에게 주어지거나 일어나는 것은 인간의 본질을 이루는 것이 아니라고 간주한다. 인간의 본질은 바깥 환경에 의거하지 않고, 자기가 자기 자신에게 주는 가치에만 의존한다는 것이다. 오직 중요한 것은 영혼의 경향, 즉 영혼의 내적 태도이다. 인간 자신의 핵심은 '이성'인데, 이 이성이 확고하게 서 있어서 판단하고 우리로 하여금 행동하게 하면 우리는 올바른 행위를 할 수가 있다. 이성은 인간의 자족적 능력이다. 다시 말해서, 우리가 이성적으로 생각하고 행동하기만 하면, 올바른 행위나 행복한 생활을 위하여 신의 도움 같은 것이 필요치 않다는 말이다. 아우렐리우스의 스토아 철학에서도 '자기 음미'는 인간의 근본적인 의무로 생각되고 있다고 카시러는 생각한다. 스토아 철학에 있어서는 자기 자신의 다이몬, 즉 자기 자신의 깊은 자아와 조화롭게 사는 사람은 또한 우주와 더불어 조화롭게 산다고 본다. 그 이유는 우주의 질서와 인격의 질서가 하나의 공통되는 근본 원리의 나타남이기 때문이다. 중요한 것은 이 두 질서에 있어서 지도적 지위에 있는 것은 우주가 아니라 바로 '자아'라는 사실이다.[4]

카시러에 따르면, 스토아 철학에서는 우리가 이 질서를 파악할 수 있는 것은 우리들의 감각 세계에서가 아니라, 오직 우리의 '판단력'에 의해서 가능하다. 말하자면, 판단은 인간에게 있어 중심적인

4) *EoM*, p.7. [인간, p.24.]

힘이요, 진리와 도덕이 한 가지로 거기서 나오는 근원이다. 왜냐하면 그것이야말로 인간이 그 속에서 자기 자신에게 전적으로 의지하는 유일한 것이기 때문이다. 카시러는 스토아 철학의 인간관의 최대의 장점은 인간과 자연의 조화, 자연으로부터의 인간의 도덕적 독립의 감정 둘 다를 '인간'에게 준다는 사실이라고 파악한다. 스토아 철학자의 마음속에서 이 두 가지 주장은 서로 충돌하지 않으며 오히려 서로 밀접한 관계를 가지고 있다. 인간은 자기 자신이 우주와 더불어 완전한 균형 속에 있음을 발견하며, 또 이 균형이 외부의 어떤 힘에 의해서도 혼란케 되어서는 안 된다는 것을 알고 있다. 이것이 바로 스토아 학파의 이상인 '안정부동', 즉 '아타락시아'(ἀταραξία)의 이원적 성격이다.[5)]

한편 아우구스티누스의 『고백록』에 보면, 그리스도가 태어나기 전의 모든 철학은 하나의 근본적인 과오를 저지를 수밖에 없었고, 또 모두 하나의 동일한 이단에 물들어 있었다. 이성의 힘은 인간의 최고의 힘으로 찬미되었다. 그러나 인간이 특별한 신적 계시로 계몽될 때까지 전혀 알지 못하였던 것은 이성 자체가 이 세상에서 가장 의심스럽고 모호한 것들 가운데 하나라는 사실이다. 이성은 우리에게 환한 곳으로 나아가는 길, 즉 진리와 지혜의 길을 보여주지 않는다. 아우구스티누스에게 있어서 이성은 하나의 단순하고 독특한 성질을 가지고 있는 것이 아니라, 오히려 이중의 그리고 분열된 성질을 가지고 있다.[6)] 인간은 신의 형상으로 창조되었으며, 그 처음 상태에 있어서, 즉 그가 신의 손에서 막 나왔을 때 그는 신

---

5) *EoM*, p.8. [인간, p.26.]
6) *EoM*, pp.8-10. [인간, pp.27-28.]

의 원형과 똑같았다. 그러나 이 모든 것은 아담의 타락으로 말미암아 잃어버렸다. 이 때 이후로 이성이 처음에 가지고 있었던 모든 힘은 희미하게 되었다. 그리고 이성은 절대로 단독으로는 자체의 능력을 가지고서 본래로 돌아갈 수가 없게 되었다. 이성은 자기 자신을 재건할 수 없으며, 그 자신의 노력에 의하여 전의 순수한 본질에로 더 이상 돌아갈 수가 없다. 만일 그 일이 가능하다면 그것은 오직 초자연적인 도움에 의해서, 신적 은혜의 힘에 의해서만 가능하다. 이러한 것이 아우구스티누스에 의해서 이해된, 그리고 중세 사상의 모든 위대한 체계 속에 유지된 하나의 새로운 인간학이었다고 카시러는 파악하고 있다.

또한 토마스 아퀴나스는 인간 이성에 대하여 아우구스티누스가 인정한 것보다도 훨씬 높은 능력을 인정하고 있으나, 그는 이성이 신의 은혜에 의하여 인도되고 빛을 받게 되지 않는 한, 이 능력들을 바로 사용할 수 없다는 데 대하여 확신을 가지고 있었다. 카시러는 지금까지의 논의를 통해서 그리스 철학이 받들던 모든 가치가 완전히 전도되었음을 보고 있다. 한때 인간 최고의 특권으로 보였던 것이 이제는 인간에 대한 위험이자 유혹이 되었다. 인간의 자랑인 것처럼 보였던 것이 이제는 그의 가장 깊은 부끄러움이 되었다. 인간에게서 자기의 내적 원리, 자기 자신 속에 있는 다이몬에게 복종하고 이를 존경해야 한다는 스토아 학파의 교훈은 이제 위험천만한 우상 숭배로 생각되기에 이르렀다는 것이다.

다음으로 근세 철학에서의 자기인식의 문제를 살펴보자. 파스칼은 합리주의적인 사고방식이 지배적으로 되어 가던 17세기에 오히려 인간의 신비적 성격을 긍정하고 종교를 옹호하였다.[7] 파스칼에 따르면, 인간에 대한 모든 정의는 그것들이 인간에 대한 우리의 경험을 기초로 하며, 또 이 경험에 의하여 확립되지 않는 한, 한낱 공허한 사변에 지나지 않게 된다. 그렇기 때문에 인간의 생활과 그 행동을 이해하는 것 이외에 달리 인간을 아는 방도는 없는 것이다. 파스칼은 인간의 본성은 모순으로 가득 차 있다고 말한다. 인간은 단순한 혹은 자기 동일적 존재를 가지고 있지 않다. 인간은 존재와 비존재의 이상한 혼합물이다. 인간의 위치는 정반대되는 이 두 극 사이에 있다. 따라서 인간성의 비밀로 나아가는 길은 오직 하나밖에 없는데, 그 길은 바로 종교라고 한다. 파스칼에 따르면 종교는 우리에게 '이중의 인간', 즉 타락 이전의 인간과 타락 이후의 인간이 있음을 보여준다. 인간은 가장 높은 목표를 향해서 나아갈 운명을 짊어진 자였으나, 그 지위를 잃게 되었다. 타락으로 말미암아 인간은 힘을 잃어버렸으며, 그의 이성과 의지는 그릇된 길로 빠져 들어가게 되었다.

그리고 몽테뉴는 개인들만 아니라 개인들이 살고 있는 나라도 우주 전체에 비하면 붓으로 찍은 가장 작은 점 같은 것에 지나지 않는다고 말함으로써 회의론으로 나아가게 되었다. 몽테뉴의 회의론은 코페르니쿠스의 태양 중심설을 기초로 하는 것이었는데, 코페르니쿠스의 체계는 16세기와 17세기의 새로운 인간관의 출발점이 되었다.[8] 이 시기에는 인간의 과학적 정신에 의하여, 다시금 인간의 이성의 힘에 의하여, 우주의 신비와 인간의 신비를 파헤치려

---

7) *EoM*, pp.13-14. [인간, pp.33-34.]
8) *EoM*, p.14. [인간, p.35.]

는 노력이 전개되었다. 카시러는 근대의 모든 형이상학의 길을 연 최초의 인물은 브루노(Giordano Bruno)라고 말한다. 브루노 철학의 특색이 되는 것은 '무한' 개념에 있고, 그에게서 그 말의 의미가 바뀌고 있음을 카시러는 지적한다. 그리스 고전 사상에 있어서 무한은 하나의 부정적인 개념이었다. 무한한 것은 끝이 없는 것이거나 불확정한 것이다. 그것은 한계를 가지고 있지 않으며, 또 형태도 가지고 있지 않다. 플라톤에게 있어서 '무한'은 인간의 이성으로써는 알 수 없는 부정적인 것이었으나, 브루노에게 있어서는 그것이 현실의 헤아릴 수 없고 그침 없는 풍요함과 인간의 예지의 한정 없는 힘을 의미하였다. 브루노에 의하면, 코페르니쿠스의 학설은 인간의 자기 해방에로 나아가는 최초의 그리고 결정적인 일보였다. 그 결과 인간은 이제 물리적 우주의 좁은 벽 틈에 갇혀 사는 수인(囚人)이 아니라 공중을 횡단할 수 있으며, 또 그릇된 형이상학과 우주론이 세워온 천체들 간의 공상적 경계들을 모두 깨트려버릴 수 있게 되었다. 즉 인간의 이성은 그 무한한 힘에 의하여 무한한 우주의 신비를 알 수 있었다.[9]

17세기에 새로운 우주관과 인간관이 확립되는 데에는 갈릴레이, 데카르트, 라이프니츠, 스피노자 등의 공동 노력 덕분이라고 카시러는 파악한다. 갈릴레이의 경우, 인간이 알고 있는 수학적 진리의 확실성은 신에 의한 그 진리 인식의 확실성에 못지않다. 데카르트는 모든 것을 의심하는 데서 출발하였으나 결국 무한하고 완전한 존재인 신에게서 인간 인식의 확실성의 근거를 찾았다. 라이프니츠

---

9) Ernst Cassirer, *Individuum und Kosmos in der Philosophie der Renaissance*, Leipzig, 1927, p.197.

는 미·적분학의 규칙들에 의하여 물리적 우주의 신비를 파헤칠 수 있다고 생각하였는데, 이 규칙들은 이성의 일반적 법칙들의 특별한 경우에 지나지 않는다. 스피노자는 인간의 감정과 정서의 세계, 도덕의 세계까지도 수학적으로 해명하려고 하였다. 요컨대, 17세기의 위대한 사상가들은 수학적 이성에 의하여 우주와 인간의 문제를 해결하려고 하였던 것이다. 그렇기 때문에, 파스칼 같은 예외가 있었음에도 불구하고 17세기는 합리주의의 시대라 할 수 있다고 카시러는 말한다.[10)]

마지막으로 현대철학에서 자기인식의 문제를 살펴보자. 19세기에는 생물학적 사상이 수학 사상보다 우위를 차지하고, 종래의 인간관을 뒤집어엎은 듯싶은 혁신이 일어난다. 다윈의 진화론은 창조론을 믿어오던 사람들에게는 청천벽력과도 같은 것이었다. 진화론은 경험적 사실들을 수집하여 관찰하고 그 관찰 위에서 인간에 관한 과학적 이론을 내어놓는다고 자부하였다. 그러나 경험적 사실들을 그저 수집하는 것만으로는 과학이 되지 못한다. 거기에는 해석이 따른다. 그런 면에서 진화론의 해석도 결국 형이상학적임을 면할 수 없었다. 그런데 진화론적 사상은 이미 아리스토텔레스에게도 있었다. 그러나 아리스토텔레스의 그것은 형상적 의미의 진화론이었고, 다윈의 진화론은 물질적 의미의 그것이었다. 즉 아리스토텔레스의 그것은 모든 생명체가 인간을 목적으로 삼고 진보한다고 보는 목적론적인 것이었는데 반해, 다윈은 아리스토텔레스가 '우연한 것'으로 본 질료(質料), 즉 물질을 가지고서 생명 현상을 설명하였다. 오랜 세월에 걸쳐 모든 생물의 생명에서 생기는 우연한

10) *EoM*, pp.15-16. [인간, pp.37-38.]

변화들이 생명의 가장 낮은 단계들로부터 가장 높고 가장 복잡한 인간에게로의 진화를 가능케 한다. 다윈은 생물의 굉장히 많은 형태의 차이가 '단순한 가변성'에서 생겼으며, 유익한 변화는 쌓아 올리고 불리한 것이 배제되는 '도태(淘汰)'가 생물 세계의 최고의 힘이라고 말하고 있다.[11]

이상과 같이 카시러는 고대 그리스 철학으로부터 19세기의 진화론에 이르기까지의 인간의 자기인식과 관련한 인간관의 변천 과정을 살펴보았다. 현대에 들어와서도 인간의 사상과 의지의 메커니즘 전체를 움직이게 하는 숨은 추진력을 발견하기 위한 노력들은 계속되었다. 니체는 '힘에의 의지'가, 프로이트는 '성적 본능'이, 맑스는 '경제적 본능'이 인간의 모든 행동의 근본 동기라고 주장하였다. 이렇듯, 인간에 대한 현대의 이론은 그 지적 중심을 상실해 버렸고, 그 대신 사상의 완전한 무정부 상태에 직면하게 되었다고 카시러는 지적한다. 카시러의 다음의 말은 인간의 자기인식 문제와 관련하여 오늘날 우리가 어떤 태도를 취해야 할지에 대한 좋은 메시지이다.

"현대철학은 이상야릇한 상황 속에 있다. 예전의 그 어느 시대도 인간성에 관한 우리 지식의 자료적인 면에서 이토록 좋은 처지에 있지는 못했다. 심리학, 민족학, 인간학 및 역사학은 놀랄 만큼 풍부한 그리고 끊임없이 증가하는 사실들을 쌓아 놓았다. 관찰과 실험을 위한 우리들의 기술적 기구는 크게 개량되었고, 우리의 분석들은 더욱더 날카롭고 투철하게 되었다. 그럼에도 불구하고 우

11) *EoM*, pp.18-19. [인간, pp.40-41.]

리는 아직도 이 재료를 구사하고 조직하는 방법을 발견하지 못하고 있는 것으로 보인다. 우리들 자신의 풍족함에 비길 때 과거는 빈약하게 보일지 모른다. 그러나 우리의 사실들에 있어서의 풍부함이 반드시 사상의 풍부함은 아니다. 우리가 이 미궁에서 빠져 나오게 하는 아리아드네(Ariadne)의 실을 찾는 일에 성공하지 못하는 한, 우리는 인간 문화의 일반 성격에 대한 참된 통찰을 가질 수 없다. 또 개념상의 통일이 없어 보이는 자료들, 즉 서로 아무 연락도 없이 흩어져 있는 자료들의 한 가운데서 길을 잃은 자가 될 것이다."[12]

현대에는 자연과학과 인문과학이 세분화되어 크게 발달하였고, 그에 따라 과학자들과 사상가들은 각기 자기의 전문 분야의 입장에서 인간을 바라보게 되었다. 그 결과 오늘날에는 인간관의 초점이 사라지게 되었다. 이러한 상황은 인간의 '윤리적 생활'과 '문화적 생활'에 커다란 위기를 가져다주었다. 그래서 카시러는 현대까지 진행된 인간의 자기인식에 관한 논의는 심각한 위기에 직면하게 되었다고 단정한다. 그래서 카시러는 풍부한 자료들과 개량된 기술들을 통해서 이제 인간 문화의 일반적 성격을 규명하려고 시도하였던 것이다. 카시러의 이러한 일련의 계획에서 가장 중요한 것은 그 중심적인 관점이다. 말하자면, 문화의 성격을 규명하기 위한 하나의 잣대를 카시러는 제시하고 있다. 그는 문화를 만들어낸 인간, 그 인간을 다시 규정함으로써, 문화에 대한 새로운 이해를 하려고 하는 것이다. 인간에 대한 새로운 규정, 그것은 바로 인간이 더

12) *EoM*, p.22. [인간, pp.45-46.]

이상 '이성적 동물'이 아니라, '상징적 동물'이라는 것이다. '상징적 동물'이라는 새로운 인간 정의를 토대로 카시러는 인간의 자기인식, 자기이해, 나아가 인간이 만들어 놓은 정신활동의 총체인 문화 이해를 시도하고 있는 것이다.

3. '상징적 존재'로서 인간과 '상징적 지식'

가. '이성적 동물'에서 '상징적 동물'로

카시러는 자신의 문화철학을 전개함에 있어서, 먼저 그 밑바탕이 되는 인간관을 정리하고 있다. 말하자면, 지금까지 인정되어 오던 인간에 대한 정의, 즉 '인간은 이성적 동물이다'라는 고전적인 정의를 새롭게 수정하고 있다. 왜냐하면 '이성'이라는 관점은 앞에서 살펴본 바와 같이 인간의 자기인식의 문제를 해결해 주기보다는 오히려 혼란과 위기, 사상의 무정부 상태를 초래하게 되었다고 카시러는 판단했기 때문이다. 그래서 이제 그는 '상징'이라는 틀을 통해서 자기인식의 문제, 더 나아가 '인간이란 무엇인가?'라는 문제에 대답하려는 것이다. 그렇다면 카시러가 '상징적 동물'로서의 인간을 말할 때 사용하고 있는 '상징'이라는 개념은 어디에서 나온 것인가? 카시러는 생물학자 윅스퀼(Jakob von Uexküll)의 견해를 받아들이고 있다. 윅스퀼은 매우 독창적인 생물학적 세계의 도식을 전개시킨 인물인데, 그는 객관적이고 행동주의적인 방법에 따라 비교 해부학의 사실들을 가지고 생명에 대한 견해를 펼쳤던 학자이다. 윅스퀼은 해부학적 구조에 따라 모든 생명체에는 메르크네츠(Merknetz)와 비르크네츠(Wirknetz), 즉 '인지계통'과 '작용계통'이 있다는 주장을 하였고, 이 두 계통의 협동과 평형이 없으면 유기체는 살아남을 수 없게 된다고 말하였다.[13] 이 두 계통은 사실상 동물들에게 있어서 기능 고리 역할을 하는 것이다.

그렇다면 이제 "인간 역시 이 도식에 해당될 수 있는가?"라는 것이 우리의 관심사다. 카시러는 인간 세계도 기본적으로는 인지계통과 작용계통으로 이루어져 있지만, 인간 세계에서만 나타나는 하나의 새로운 특징이 있다고 주장한다. 그것은 바로 '상징계통'이라는 제3의 연결물이다. 이것을 통해서 인간은 다른 동물보다 더 넓은 세계에서 살아갈 수 있고, '새로운 차원' 속에서 살 수 있게 되었다는 것이다. 생물들에게서 나타나는 반작용과 인간에게서 나타나는 반응 사이에는 분명한 차이가 있다고 카시러는 말한다. 생물의 반작용의 경우에는 외부로부터의 자극에 대해서 직접적이고 즉각적인 응답이 주어지는데 비해, 인간의 반응의 경우에는 느리고 복잡한 사고 과정에 의해 응답이 지체된다고 한다. 인간의 반응의 이러한 특성으로 인해서, 인간은 상징계통을 통해 비로소 한갓 물리적인 우주에만 머물러 사는 것이 아니라, 상징적인 우주에서도 살 수 있게 되었다. 언어, 예술, 종교, 역사, 과학은 이러한 상징적 우주를 이루고 있는 것들로서, 이것들은 상징의 그물을 짜고 있는 가지각색의 실이자, 인간 경험의 엉클어진 거미줄이라고 카시러

---

13) J. von Uexküll, *Theoretische Biologie*, 제2판, Berlin, 1938; *Umwelt und Innenwelt der Tiere*(1909), 제2판, Berlin, 1921; *EoM*, p.24. [인간, p.48.]

는 말한다.[14)]

인간은 언어적 형식, 예술적 심상, 신화적 상징, 종교적 의식에 깊게 둘러싸여 있기 때문에 이러한 인위적인 매개물의 개입에 의하지 않고서는 아무 것도 볼 수 없고 또 알 수 없다고 카시러는 말한다. 인간의 이러한 형편은 이론의 영역과 실천의 영역에서도 마찬가지라고 한다. 실천의 영역에서도, 인간은 딱딱한 사실들의 영역에 살지 않으며, 혹은 그의 직접적인 요구와 욕망을 따라 살지도 않는다. 오히려 상상적 감정들 한 가운데에서, 희망과 공포 속에서, 환상과 환멸 속에서, 공상과 꿈속에서 살아간다는 것이다.

바로 그런 의미에서 카시러는 인간의 지식은 본성상 '상징적 지식'(symbolic knowledge)이라고 말한다.[15)] 이 상징적 지식이 인간의 인식의 힘과 그 한계를 특징짓는다고 한다. 그리고 상징적 사고에 있어서는 현실적인 것과 가능적인 것, 실제로 있는 사물과 이상적인 사물 사이에 날카로운 구별을 짓는 것이 불가피한 일이다. '상징'은 물리적 세계의 일부로서 현실적 실존을 갖고 있지 않다. 그것은 '의미'를 가지고 있다. 원시인의 사고에 있어서는 아직 존재와 의미의 두 영역 사이를 구별 짓는 것이 매우 어렵다. 이 두 영역은 끊임없이 혼동되고 있으며, 상징은 마치 마력 혹은 물리적인 힘이 부여되어 있는 것처럼 생각되었다. 그러나 인간 문화가 좀 더 발전하면서 사물과 상징 사이의 차이가 분명히 느껴지는데, 이것은 현실과 가능 사이의 구별이 또한 더욱더 뚜렷해졌다는 것을 의미한다. 카시러에 있어서 인간의 자연적 타성을 극복하고 그에게 새로운 능력,

---

14) *EoM*, p.24. [인간, p.49.]
15) *EoM*, p.57. [인간, p.95.]

그의 인간 우주를 끊임없이 재형성하는 능력을 부여하는 것은 바로 이러한 '상징적 사고'이다.

한편 카시러는 '이성적 동물'이라는 인간에 대한 정의가 아직도 그 힘을 잃지 않고 있고, '합리성' 개념이 인간 활동의 고유한 모습으로 전해오고 있다는 사실도 인정한다. 그렇지만 예를 들어, 언어의 경우, 그것은 가끔씩 이성이나 이성의 원천과 동일시되어 왔음을 카시러는 지적한다. 그런데 이러한 정의가 전 분야에 걸쳐서 고루 들어맞는 것은 아니라고 그는 말한다. 왜냐하면, 개념적 언어와 더불어 정서적 언어가 있고, 논리적 혹은 과학적 언어와 더불어 시적 상상의 언어가 있기 때문이다.

이러한 사실들로부터, 카시러는 본래 언어란 사고나 사상을 표현하는 것이 아니라, 감정과 감동을 표현하는 것이라고 주장한다. 이 주장은 '이성'이라는 말이 인간의 문화생활의 여러 형태들을 그 모든 풍부함과 다양성에 있어서 전체적으로 이해하는 데는 매우 부적절하다는 의미이기도 하다. 카시러가 볼 때 인간 문화의 여러 형태들은 '상징적 형태'로 되어 있다. 그렇기 때문에 카시러는 인간을 '이성적 동물'로 정의하는 대신, '상징적 동물'(animal symbolicum)로 새롭게 정의하고, 그것에 근거해서 인간의 문화 현상들을 이해하고 있는 것이다. 이상과 같은 카시러의 인간에 대한 새로운 정의는, 신화, 예술, 언어, 역사, 과학에 대한 논의의 근간이 되고 있다.

나. 문화를 통한 '인간' 정의(定義)

인간에 대한 관심은 고대로부터 지금까지 계속되어 온 문제이다.

소크라테스는 '너 자신을 알라'라는 델포이의 신의 명령을 따라 자기검토와 자기인식에 정진하였다. 그는 개인적 인간을 문제 삼았다. 그런데 플라톤은 이러한 소크라테스의 인간 탐구 방법의 한계를 깨달았다. 개인의 생활과 경험만을 살피는 일로는 인간이 무엇인지를 알 수가 없다. 그래서 플라톤은 인간이 무엇인지 알기 위해서는 인간의 사회생활과 정치생활을 연구해야 한다고 생각하였다. 인간의 본성은 개인의 경험 속에는 작은 글씨로 씌어 있으나, '국가' 생활 속에는 굵은 글씨로 씌어 있다는 것이다.[16)]

카시러는 이러한 플라톤의 사상에 대하여 정치 생활이나 국가만이 인간의 공공적 생존 형태가 아니고, 오히려 '문화'를 통해서 인간이 정의되어야 한다고 주장한다. 국가는 인류의 개화에 있어서 후기의 산물이다. 카시러에 따르면, 인간은 국가를 가지기 이전에 자기들의 감정, 욕망, 사상을 표현하고 조직화하려는 여러 시도들, 즉 '문화'를 가지고 있었다. 이 문화는 신화, 종교, 언어, 예술, 역사, 과학 속에 간직되어 있다. 물론 여러 문화의 발전은 국가의 발전과 밀접하게 얽혀 있다. 그러나 그것들은 그 스스로의 목적과 가치를 지니고 있다. 카시러는 국가보다도 더 오랜 생명을 지니고 있고 인간의 생명력을 나타내고 있는 여러 가지 '문화의 본성'을 찾아 거기에서 인간의 본성을 파악해야 한다고 생각하고 있는 것이다.

카시러는 '인간이란 무엇인가?'라는 문제와 관련하여, 심리학적, 생물학적, 역사학적 방법을 간단히 고찰한 후, 이것들 외에 '상징형식의 철학'을 내놓았다. 이 방법은 이전의 모든 방법들을 폐기하는 것이 아니라 그것들을 보충하여 완전하게 하려는 것이다. '상징

---

16) *EoM*, p.63. [인간, p.108.]

형식의 철학'은 만일 인간의 본성 혹은 본질에 관한 그 어떤 정의가 있다면, 이 정의는 오직 '기능적인 것'으로서 이해될 수 있고, '실체적 것'으로서 이해될 수는 없다는 가정에서 출발한다.17) 여기서 '기능적'이라는 말은 '관계', '작용', '행위'의 측면에서 이해되고 규정되어야 한다는 의미이다.

> "우리는 인간을 그의 형이상학적 본질을 구성하는 그 어떤 '내재적 원리'에 의해서 정의할 수 없고, 또 '경험적 관찰'로써 찾아낼 수 있는 그 어떤 선천적 능력이나 본능에 의해서도 정의할 수 없다. 인간의 두드러진 특색, 그의 독특한 성질은 그의 형이상학적 혹은 자연적 성질이 아니라, 그가 행하는 바 그의 일이다. '인간성'의 범위를 정의하고 한정하는 것은 이 일이며, 인간 활동들의 체계다. 언어, 신화, 종교, 예술, 과학 역사는 이 범위의 성분들이요, 그 갖가지 부분들이다. 그러므로 '인간에 관한 철학'은 이 인간 활동들의 하나하나의 근본 구조를 우리로 하여금 들여다보게 하는, 그리고 그와 동시에 우리로 하여금 이 활동들을 하나의 유기적 전체로서 이해하게 할 수 있는 철학이어야 한다."18)

언어, 예술, 신화, 종교는 고립되어 있거나 제멋대로 만들어진 것이 아니다. 그것들은 하나의 '공통적인 유대'에 의하여 결합되어 있다. 그것은 바로 상징 개념이다. 그러나 이 결합은 스콜라 철학의 사상에서 생각되고 기술된 바와 같은 실체적 결합이 아니라, 기능

17) *EoM*, p.68. [인간, p.114.]
18) *EoM*, p.68. [인간, p.114.]

적 결합이다. 그러므로 인간이 무엇인지를 알려면, 인간의 여러 활동들 하나하나의 근본적 구조를 이해하는 동시에 이 모든 활동들을 하나의 '유기적 전체'로서 이해해야만 한다고 카시러는 말한다. 따라서 인간에 관한 철학은 언어, 신화, 종교, 예술 등의 온갖 형태 상징들 배후 깊숙이 파고 들어가 그 근본 기능을 밝히는 동시에 그 모든 기능의 공통되는 근원을 찾지 않으면 안 된다고 카시러는 주장한다. 이것은 또한 카시러 자신의 '상징형식의 철학'의 과제이기도 하다.

카시러는 우리가 인간 문화의 개별적 형식들을 분석하는 것만으로는 만족할 수 없고, 그 모든 형식을 전체적으로 이해해야 한다고 말한다. 그런데 인간 문화의 각 형식들은 언뜻 보면, 통일되어 있지도 않고 조화를 이루고 있지도 않아 보인다. 가령, 종교와 과학은 서로 모순되기도 하고, 또 역사적으로 자주 충돌하여 왔음을 알 수 있다. 그리하여 인간 문화의 통일과 조화란, 사건들의 현실적 진행에 의하여 줄곧 좌절되고 마는 하나의 '경건한 희구'에 지나지 않아 보인다.[19)]

의심할 것 없이 인간 문화는 서로 다른 선을 따라 전진하며, 또 서로 다른 목적들을 추구하는 갖가지 활동으로 나뉠 수 있다. 만일 우리가 이 활동들의 결과들, 예컨대 신화의 창작들, 종교적 의식, 예술 작품, 과학적 학설을 고찰하는 것으로써 스스로 만족한다면, 이 결과들을 하나의 공통분모로 환원하는 것은 불가능하게 될 것이다. 그렇지만 카시러는 철학적 종합이 의도하는 것은 이와는 다르다고 말한다. 카시러에 따르면, 철학적 종합에서 우리가 추

19) *EoM*, p.70. [인간, p.117.]

구하는 것은 결과들의 통일이 아니라, '행동의 통일'이며, 소산들의 통일이 아니라, '창조적 과정'의 통일이다.[20] '인간성'이라는 말에 무슨 의미가 있다면, 그것은 그 갖가지 형식들 가운데 존재하는 차이들과 대립들에도 불구하고, 이 형식들은 모두 하나의 공통되는 목적을 향하여 움직이고 있다는 점이다. 결국에 가서 이 모든 것이 합일되고 조화를 이루는 하나의 두드러진 모습, 하나의 보편적 성격이 반드시 발견되고야 만다.

따라서 신화, 예술, 종교, 언어, 심지어 과학까지도 이제 하나의 공통되는 뿌리에서 뻗어 나온 여러 지엽으로 생각되는 바, 철학의 임무는 이 뿌리를 뚜렷이 볼 수 있고 이해할 수 있도록 해야 한다. 카시러는 이제 자신 있게 말한다. 그 뿌리는 다름 아닌 '인간의 상징적 기능'이라고. 이제 철학적 종합은 이러한 기능의 통일, 인간 정신의 창조적 기능의 통일을 밝혀내는 일을 담당해야 한다는 것이 카시러의 생각이다. 이러한 그의 생각은 앞으로 진행될 다양한 상징 형식들, 즉 신화, 예술, 언어, 역사, 과학에 대한 논의에서 구체화될 것이다.

---

20) *EoM*, p.70. [인간, p.118.]

4. 상징적 형식, 상징적 지식을 통한 인간 이해[21)]

우리는 카시러가 인간을 '이성적 동물'이 아닌 '상징적 동물'로 정의 내리고 있음을 살펴보았다. 인간은 늘 언어적 형식, 예술적 심상, 신화적 상징, 종교적 의식에 깊게 둘러싸여 있기 때문에 이러한 매개물의 개입을 통해서 세계를 인식하게 된다. 신화, 예술, 언어, 역사, 과학은 인간에게서 상징적 우주를 이루고 있는 갖가지 요소들이다. 이제 우리가 궁금하게 생각하는 점은 '도대체 상징과 상징적 기능, 상징형식은 어떻게 연결되어 있는가?'하는 점이다.

앞에서 우리는 이미 카시러가 인간을 상징적 동물로 정의하면서, 인간의 상징은 물리적 세계가 아니라 '의미'의 세계를 지칭한다는 사실을 살펴 본 적이 있다. 여기에서는 그 말이 뜻하는 바를 다시 한번 언급하고자 한다.

카시러에 따르면, 상징이란 첫째로 정신적 의미가 함축된 일체의 감각적 현상들을 말한다. 둘째로 관계적 사고를 근거로 하는 상징은 그것이 의미하는 대상의 총체적 경험 내용을 재현한다는 성격을 가지고 있다.[22)] 그리고 카시러의 문화철학의 논의에서 '상징적 기능'이라 함은, 세계를 향한 우리들의 객관화 관점이나 의미실현 방향들의 차이에 의해서 의식의 상징적 기능이 '표현적 기능', '직

---

21) 이 부분과 관련된 논의는 다음을 참조하라. - 신응철, 『카시러의 문화철학』, 한울출판사, 2000.; 신응철, 『카시러 사회철학과 역사철학』, 철학과현실사, 2004; E. 카시러, 『언어와 신화』, 신응철 옮김, 지식을만드는지식, 2015.

22) Ernst Cassirer, *Philosophie der Symbolischen Formen*. Reprint. Vol. l, *Die Sprache,* 1923, Vol.2: *Das mythtische Denken,* 1925, Vol.3: Die *Phänomenologie der Erkenntnis,* 1929. Reprint, Wissenschatliche Buchgesellschaft, 1964. Vol.3, p.109, p.133.

관적 기능', '개념적 기능'으로 구분되는데, 그것에 따라 각기 다른 의미 세계들로, 다시 말해 신화, 언어, 과학, 등의 세계가 우리 앞에 나타나게 된다.[23] 이 상징적 기능은 상징이론에 대한 카시러의 견해를 살펴보면 더욱 쉽게 이해될 수 있다. 상징 개념을 중심으로 형성된 카시러의 상징이론은 세 가지로 요약될 수 있다.[24] 첫째, 인간의 세계 이해는 우리가 만들어 낸 상징을 통해 간접적으로 이루어진다. 둘째, 모든 상징은 우리 의식의 선험적 능력인 상징적 기능과 그 형식인 상징적 형식에 의해 만들어진다. 여기서 상징적 기능이라 함은 우리의 의식에 주어진 경험 내용을 조직화하고, 의미화하는 구성적 종합 행위를 말한다. 그리고 상징적 형식은 상징적 기능에 의해 만들어진 결과물들, 예컨대 신화, 예술, 언어, 과학 등등을 말한다. 셋째, 모든 상징은 인간의 단순한 의사소통의 매개체가 아니라 인식행위의 산물이고, 세계 이해를 향한 인간의 관점을 형성한다.

그리고 카시러의 '상징적 형식'이라는 개념은 1921년 바르부르크 연구소의 강연회에서 「정신과학의 구조에서 상징적 형식 개념」에서 처음으로 사용되고 있다. 그 논문에서 카시러는 "모든 정신의 에네르기(Energie des Geistes)는 '상징형식' 하에서 이해되어져야 하며, 정신적 의미 내용은 상징형식을 통해서 구체적인 감각적 기호와 연결되어진다." 라고 말한다.[25] 카시러는 독일 관념론에서의 언

23) Donald Phillip Verene(ed.), *Symbol, Myth, and Culture: Essays and Lectures of Ernst Cassirer*, 1935-1945, Yale University Press, 1979, p.187.

24) Paul Arthur Schilpp(ed.), *The Philosophy of Ernst Cassirer*, Open Court Publishing Company, 1973, pp.75-119.

25) Ernst Cassirer, *Wesen und Wirkung des Symbolbegriffs*, 1956, Reprint,

어에 대해 언급하면서, 그 부분에서 '정신의 에네르기'에 관해 말한다. 우선 '정신'이라는 말은 헤겔주의에서 가져온 것이며, '에네르기'라는 말은 독일의 언어학자인 훔볼트에게서 가져왔다. 훔볼트는 형식적인 규칙들의 체계로서의 언어와 살아있는 형성적인 힘으로서의 언어를 구분하면서, 전자를 'ergon' 후자를 'energia'라고 했다.[26] 이 구분은 이후의 소쉬르의 'langue'와 'parole'이라는 표현, 촘스키의 'competence'와 'performance'라는 용어와 유사한 것이다. 카시러가 상징형식을 '정신의 에네르기'와 관련시킬 때, 그것은 훔볼트의 진행과정으로서의 언어 개념을 떠올리고 있는 것이다. 카시러의 상징형식이라는 개념은 자연 언어에 국한되는 것이 아니라, 모든 형태의 기호들을 지칭하는 것이다. 따라서 정신의 에네르기란 의미를 찾거나 의미를 부여하는 모든 해석 행위를 의미한다. 그렇다면 카시러에게서 '구체적인 감각적 기호'는 어떻게 이루어져 있는가? 카시러는 경험되어질 수 있는 것이라면 그것은 어떤 것이든지 기호일 수 있다고 말한다. 이렇게 말한다고 해서, 곧장 상징형식이 무한정 존재한다는 의미는 결코 아니다. 구체적 감각 기호들이 '의미 내용'을 담고 있을 때에만 상징형식이 된다는 뜻이다. 이러한 측면에서 볼 때, 카시러가 말하는 의미내용을 담고 있는 상징형식이란 인간의 언어, 예술, 역사, 과학 등 인간의 문화현상들이 된다.

카시러의 상징 개념에 기초한 '상징적 인간관'은 그의 문화철학

Wissenschaftliche Buchgesellschaft, 1969, p.175.

26) Wilhelm von Humboldt, *Linguistic Variabilty and Intellectual Development*, Miami Linguistics Series, No.9, George C. Guck/Frithoj. A. Raven(tr.), University of Miami Press, 1971, p.21.

전체를 꿰뚫고 있는 핵심 관점으로서, 신화, 예술, 언어, 역사, 과학에 대한 논의 속에서 시종일관 나타나고 있다. 카시러는 현대인이 이룩해 놓은 이성 중심의 사고, 합리성 중심의 과학적 사고가 인간에게 어느 정도의 삶의 질적인 변화와 풍요를 가져다 준 사실은 인정하지만, 그에 반해 현대인이 상실해 버리고 망각하고 있는 여러 근원적인 측면을 이러한 관점을 통해 지적하고 있다. 다시 말해 카시러는 현대인들의 사고 속에서 평가절하 되고 있는 신화적 사고, 예술적 직관, 상징, 상상력 등을 통해서 보다 다양하고 폭넓은 인간 이해를 시도하고 있는 것이다.

참고문헌

신응철, 『카시러의 문화철학』, 한울출판사, 2000.

______, 『카시러 사회철학과 역사철학』, 철학과현실사, 2004.

카시러(E.), 『인간이란 무엇인가』, 최명관 옮김, 서광사, 1988.

______, 『언어와 신화』, 신응철 옮김, 지식을만드는지식, 2015.

Cassirer(E.), *Individuum und Kosmos in der Philosophie der Renaissance*, Leipzig, 1927.

______, *An Essay on Man: An Introduction to a Philosophy of Human Culture*, Yale University Press, 1944.

______, *Wesen und Wirkung des Symbolbegriffs*, 1956, Reprint, Wissenschaftliche Buchgesellschaft, 1969.

______, *Philosophie der Symbolischen Formen*. Reprint, Vol. l: *Die Sprache*, 1923; Vol.2: *Das mythtische Denken*, 1925. Vol.3: *Die Phänomenologie der Erkenntnis*, 1929, Reprint, Wissenschatliche Buchgesellschaft, 1964.

Humboldt(W.), *Linguistic Variabilty and Intellectual Development*, Miami Linguistics Series, No.9, George(C. G.)/Frithoj(A. R.)(tr.), University of Miami Press, 1971.

Schilpp(P. A.)(ed.), *The Philosophy of Ernst Cassirer*, Open Court Publishing Company, 1973.

Uexküll(J. v.), *Theoretische Biologie*, 제2판, Berlin, 1938; *Umwelt und Innenwelt der Tiere*, 1909, 제2판, Berlin, 1921.

Verene(D, p.)(ed), *Symbol, Myth, and Culture: Essays and Lectures of Ernst Cassirer*, 1935-1945, Yale University Press, 1979.

제4장 해석과 지식

서동은

[내용요약] 이 글에서 다룰 주제는 해석과 지식이다. 서양의 학문은 다양한 앎의 차원을 지나치게 좁혀서 이해하고, 수학을 기초로 설명되는 객관성을 가진 지식만을 타당한 지식으로 간주하였다. 여기에서는 고대 그리스 전통에서의 지식과 근대과학이 어떤 연관을 가지고 있는지를 살펴보고, 이러한 지식에 대한 입장을 비판하면서 등장한 과학 이해의 역사적 과정을 조망하면서 근대적 지식의 한계로서의 과학의 한계를 밝히고, 새로운 지식 기반으로서 이해에 기초한 해석학의 과학이 어떻게 가능할 수 있을지를 검토해 보고자 한다.

1. '안다'는 것의 의미

서양의 지식인들은 일찍이 그리스에서 시작하는 개별적인 앎의 차원을 넘어선 보편적인 앎을 추구해 왔다. 그들은 감각적인 지각에서 나오는 지식과는 별도로 수학적 기하학을 바탕으로 한 보편적 지식을 추구해 왔다. 피타고라스를 시작으로 하는 플라톤의 전통에서는 감각을 통한 지식은 추론이나 검증에 의한 지식과는 다른 차원으로 간주된다. 이들은 인간이 온갖 감각적인 오류를 벗어나려면 인간이 타고난 이성을 발휘해야 한다고 생각하였다. 탈레스로부터 시작된 고대 그리스인들의 지식(인식)은 이성을 가진 인간만이 발견할 수 있는 영역이었다. 수학적 기하학적인 앎이 진정한 지식이라는 생각은 서양 근대의 데카르트 사유에서 정점에 이르게 된다. 데카르트는 명석판명한 지식이 수학과 기하학이라는 뿌리에서 구축될 수 있다고 생각했다.

우리는 보통 어떤 것을 배워서 "안다"라고 생각한다. 우리가 어떤 것에 대하여 "안다"[1]라고 말할 때 그 앎은 어떠한 앎일까? 그 앎의

---

1) 앎 또는 이해와 관련된 한자어는 '譯'이라는 글자와 '解'자가 있다. 한자어에서 '譯'이라는 단어에서 '睪'이 음역된 단어인데, 이 단어는 '飜譯'에서의 '睪(역)'을 뜻한다. 이 '睪'이란 하나의 언어를 다른 언어로 옮기는 것을 뜻한다. 원래의 뜻 그 자체는 알 수 없지만 이미 알고 있는 것으로 바꾸는 것을 뜻한다. 여기서 '역'은 음역에 지나지 않지만 '이끌어 내다 혹은 끄집어내다'라는 뜻을 가지고 있다. 여기에서 '繹(역)'라는 단어가 되면, '끄집어내어 묶다'라는 의미가 된다. 여기에서 어떤 일반적인 것에서 개별적인 것을 끄집어낸다는 '演繹'이라는 말은 바로 이러한 뜻으로 결합된 단어라고 할 수 있다. '擇(택)'자는 '선택해서 끄집어내다'라는 뜻이고, '驛(역)'자는 '말을 끄집어내는 곳'이란 뜻이다. '釋(석)'자는 '알기 쉽게 설명 한다'는 뜻이고, '澤(택)'자는 '물을 윤택하게 한다'는 뜻이다. 이러한 뜻 가운데 중요한 것은 '譯(역)'과 '釋(석)'이다. 이 말은 이해하다(혹은 해부하다)라는 뜻을 가진 '解(해)'와 주

차원은 서로 같은 것일까 아니면 다른 것일까? 우리가 "안다"라고 말할 때의 뜻은 어떤 의미영역에서 이해되어야 할까? 우리는 어떤 것을 들어서 알기도 하고 보아서 알기도 하고 만져서 알기도 한다. 머리로 암기해서 아는 것도 있고, 몸으로 익히거나 특정 스포츠를 배워서 혹은 어떤 악기를 배워서 악기를 다룰 줄 "안다"고 말하기도 한다. 우리의 앎의 차원은 이처럼 다양하다. 앎에 이렇게 다양한 차원이 있듯이, 앎의 깊이도 다양하다. 초보적인 수준의 앎이 있는가 하면, 보다 깊은 차원의 앎도 있다. 특정한 분야의 전문적인 지

낼 註(주)자와 결합하여 '註釋(주석 혹은 註解:낱말이나 문장의 뜻을 알기 쉽게 풀이함)' 과 '解釋(해석)'이라는 말이 되었다. 여기에서 '해(解)'자는 칼로 소를 잘라낸다는 모양에서 나온 글자이다.[坂本賢三, 『"分ける"こと "わかる"こと』, 講談社, 2006, p.52 참조.] 즉 분해(分解)하고 해부(解剖)한다는 의미가 담겨 있다. 해석이란 어떤 것을 분해하고 해부해서 알기 쉽게 풀이한다는 의미를 가지고 있다. 그러니까 解釋이나 飜譯은 어떤 것을 나름대로 분해하고 해부해서 알기 쉬운 말로 풀이해서 설명하는 것이라는 의미가 된다. 어원적으로 이 두 단어는 우리가 어떤 것을 '이해한다' 혹은 '안다'라는 의미를 가지고 있는 것이다. '이해'라는 단어도 '사물의 이치를 분해'한다는 의미이다. 본문에서 후술하겠지만, 갈릴레오는 자연을 거대한 하나의 책으로 간주하고 자연의 언어를 인간의 언어로 바꾸는 것이 '자연을 이해'하는 것이라고 보았다. 그리고 그 자연의 언어는 수학의 언어로 쓰여 있다고 말한 바 있다. 수학이든 언어이든 이것을 사람들이 분해하여 인간의 언어로 바꾸는 작업이 해석이고 번역이다. 이것이 우리가 말하는 '이해' 혹은 '앎'의 행위이다. 그러니까 해석, 번역 그리고 앎은 같은 근원의 뜻을 간직하고 있는 말인 것이다. 영어의 'Hermeneutics(독일어Hermeneutik)'이란 말도 그 어원으로 거슬러 올라가면 이러한 의미가 담겨 있다. 그리스인들은 인간의 이해능력이 의미를 파악하고 이를 다른 사람들에게 전달하기 위해 사용하는 도구인 언어가 헤르메스라고 하는 날개달린 사자신(使者神) 덕택이라고 믿었다. 고대 그리스어의 '헤르메네웨인'과 '헤르메네이아'가 함축하고 있는 의미가 '표현하다', '설명하다', '번역하다'의 의미를 담고 있다고 한다. - Helmut Seiffert, *Einfuehrung in die Hermeneutik,* Tuebingen, 1992, p.9; 리차드 E. 팔머, 『해석학이란 무엇인가?』, 이한우 옮김, 문예출판사, 1989, pp.34-35.

식과 초보적인 지식에는 질적인 측면에서 차이가 있다. 보통 우리는 어떤 사람의 말을 듣거나 책을 읽고 나서 그 내용을 다른 사람에게 말로 표현하거나 글로 적으려다 보면 실제로 읽거나 들을 때에는 많이 알고 있다고 생각했는데, 이를 전달하거나 표현하려고 하면서, 자신이 알고 있는 것이 매우 적다는 느낌을 갖게 되기도 한다.

때로는 내가 말로 표현하지 못해서 상대방에게는 모르는 사람으로 취급되기도 한다. 외국에 가서 다른 나라 언어로 나의 지식을 전달하려다 보면 자주 경험하게 되는 것은 실제로 내가 모국어로는 많이 알고 있다고 생각했는데, 막상 외국어로 표현하려다 보니 어휘나 표현력이 부족해서 잘 전달하지 못하게 된다. 이럴 때 상대방은 나의 표현력 차원에서만 나를 이해하고 실제로는 모르는 사람으로 간주하기도 한다. 그래서 앎은 콘텍스트(con-text)의 문제이면서 언어의 문제라는 생각이 들기도 한다. 객관적인 지식이나 앎이 있는 것이 아니라, 특정한 문화와 상황에서만 "앎"의 차원이 규정된다는 생각이 들기도 한다. 모국어로는 아무리 많이 알아도 외국어로 표현되지 못하면, 외국 사람에게 나는 모르는 사람일 뿐이다. 이러한 앎(지식)의 상황성의 문제는 이해를 돕기 위하여 어떤 예(例)를 들거나 구체적 활용의 맥락에서 잘 드러나기도 한다.

어떤 사람이 말을 할 때 혹은 자신이 알고 있는 지식을 말할 때, 구체적인 예를 들지 못하면 그 사람은 추상적으로는 알고 있을지 몰라도, 구체적으로는 모르고 있을 수도 있다. 헤겔이 예를 들고 있듯이, 과일 가게에 가서 과일 가게 주인에게 과일을 달라고 하면 과일 가게 주인은 "무슨 과일을 드릴까요?"라고 구체적으로 물어보게 된다. 만약에 이 사람이 계속해서 "과일 달라니까요?"라고 반문한다고 하면, 그는 일반 명사 혹은 추상 명사로 과일을 알고 있을지 모르지만, 구체적인 지시대상인 개별적인 사과나 귤을 모르고 있기에 "과일"이 무엇인지 모르고 있다고 말할 수 있다. 즉 우리는 보편적인 것, 추상적인 것과 구체적인 것을 병행해서 이해하고 있을 때 어떤 것에 대하여 안다고 말할 수 있는 것이다. 이와 같이 "안다"라고 하는 차원에는 구체성과 보편성이 맞물려 있고, 또한 언제 어떤 상황에서 특정한 단어와 동사가 쓰이는지 아는 것과 밀접하게 연관된다. 이렇듯이 앎에는 다양한 차원이 있다. 서양의 학문은 위에서 언급한 다양한 앎의 차원을 특정한 시각적 인식의 차원으로 좁혀서 이해하고 이에 따라 객관성을 가진 지식만이 타당한 지식으로 간주하였다. 이 글에서는 고대 그리스 전통에서의 지식을 이해하는 과정에서 어떻게 근대 과학이 탄생했고, 그것을 비판하면서 성립되는 과학 이해의 역사 과정을 조망하면서 근대적 지식의 한계로서의 과학의 한계를 밝히고, 새로운 지식 기반으로서 이해에 기초한 이해의 과학 혹은 해석학의 과학이 어떻게 가능할 수 있을지를 시론(試論)적으로 검토해 보고자 한다.

2. 지식의 객관성과 상대성

잘 알려져 있듯이, 플라톤은 앎의 차원을 4가지로 나누었다. 그는 독단(doxa)에서 인식(과학, episteme)[2]에 이르기까지의 차원으로 분류하면서 변하지 않는 불변의 지식을 현상계가 아닌 이데아의 세계에서 찾았다. 그가 말하는 객관적인 지식(episteme)은 시간과 장소의 제약을 떠나서 존재하는 어떤 것이었다. 그의 저작 『티마이오스』에 따르면 이러한 불변적인 지식의 전형이 기하학(mathemata)[3]이였다. 예를 들어 개별 사과는 여러 가지 다양하지만, 사과를 사과되게 하는 것 자체의 보편적인 mathemata의 특성은 변하지 않고 존재한다는 것이다. 서양의 역사에서 다빈치나 갈릴레오, 케플러, 뉴턴에 이르기 까지, 그리고 토마스 홉스와 데카르트에 이르기까지의 학문의 관점은 피타고라스와 플라톤이 객관성의 척도로 삼은 기하학에 기초한 것이었다.

갈릴레오는 과학을 눈앞에 보이는 거대한 우주라는 책을 읽고 이해하는 행위라고 보고 이 우주라는 책은 수학의 언어로 써졌으며, 그 문자들은 삼각형이나 원을 비롯한 기타의 도형들이라고 보았다. 그래서 과학은 하나의 비인격적인 세계관 즉 우주의 언어를

---

2) Frederick Coplestons, *A History of philosophy* Vol.1 *: Greece and Rome*, New York, 1962, p.176.

3) 하이데거의 해석에 따르면 그리스어의 이 'mathemata'에서 수학을 뜻하는 'mathematics'라는 단어와 나왔다. 이것은 플라톤이 아카데미아 정문에 "기하학을 모르는 자는 들어오지 말라"고 말했을 때에 사용한 단어이기도 하다. 이 말의 원래 뜻은 변화하지 않는 어떤 것을 의미했지만, 나중에는 이것이 수학으로 고정되었다고 한다.

새롭고 절대적인 기호체계에 의해 읽는 방법이 되었다[4]. 갈릴레오를 비롯한 베이컨, 데카르트, 뉴턴 등은 모두 이러한 수학이라는 언어로 쓰인 자연을 이해하고 해석하는 것을 과학의 임무라고 생각하였다. 우주 혹은 자연을 책으로 묘사하고 이 책이 수학의 언어로 써졌다고 생각한 것은 서양 근대의 과학적 입장이다. 이러한 수학의 객관성을 인식의 객관성 차원에서 그 정당성을 입증하고자 한 시도가 칸트의 『순수이성비판』이라고도 할 수 있다.

언어적 차원에서 이러한 논의가 뒷받침 되었는데, 이러한 시도 또한 수학에 기초한 검증가능성의 틀에서 벗어난 것이 아니었다. 자연이 수로 되어 있듯이, 사물에는 그에 대응하는 단 하나의 명칭만이 허락된다고 생각하는 대응설적인 진리관은 이러한 사유 패턴에서는 당연한 것이었다. 도서관에 있는 책 가운데 사실에 관련된 내용이 들어 있지 않으면 불살라 버리라고 단언했던 흄이나 사실 명제 혹은 원자적 사실에 기초한 사실과 조회할 수 없는 모든 문장은 무의미한 것으로 간주한 초기 비트겐슈타인 등의 논리실증주의자들의 사고는 모두 플라톤이 생각했던 수학적 모델에 입각한 사유 범주를 크게 벗어나지 않는다.

이들은 인간의 일상 언어는 자연을 그대로 서술하기에는 문제가 있다고 본다. 그래서 수학처럼 언어를 명료화하는 것이 필수적이라고 보았다. 논리실증주의자들은 한 언어는 대상을 그대로 묘사한다고 생각하였다. 즉 이들은 사물과 이름은 언제나 1:1로 대응한다고 하는 전제에서 출발한다. 이들은 가급적 콘텍스트에 따라 달라

---

4) 브로노브스키/매즐리시, 『서양의 지적전통』, 차하순 옮김, 학연사, 2003, p.153.

질 수 없는 일의적인 명료한 단어와 문장을 추구하였다. 이러한 시도의 정점에 솔 크립키(S. A. Kripke)가 있다. 그는 어떤 이름은 반드시 필연적으로 하나의 속성 혹은 본질을 담고 있는 이름을 가지고 있다고 본다. 그러니까 명사들은 우연히 이렇게도 불릴 수 있고 저렇게도 불릴 수 있는 다양한 이름들을 가지는 것이 아니라, 필연적으로 하나의 단어 혹은 이름만이 그 사물의 본질에 해당한다고 말한다. 예를 들어 "금"이라고 한다면 금이 원자번호 79라고 하는 금의 본질적인 속성을 가지고 있다고 과학자들에 의해서 결정이 되면 이 이외의 비슷한 것들은 엄밀하게 "금"이라는 말로 불릴 수 없다는 것이다. 노랗거나 혹은 금이 가지고 있는 어느 정도의 속성을 가지고 있다고 할지라도 이러한 것들은 금은 아닌 것이다. 즉 이것들은 기껏해야 사이비 금일 뿐이라는 것이다.[5)]

이들에게 있어 어떤 것에 대해 "안다"는 것은 어떤 것이 실제로 존재하는 것을 그대로 모사(模寫)할 수 있다는 것과 연결된다. 아무리 내가 많은 언사로 수식을 하고 나열하여도 그 문장의 기초가 되는 지시체가 존재하지 않으면, 공허한 말로 간주된다. 이에 따라서 이들에게 있어 객관성의 척도는 수학을 토대로 한 시각적인 것에 정위되었다고 말해도 과언이 아닐 것이다. "볼 수 있음"과 "잴 수 있음"이 객관성의 기준이 되며, 여타 다른 지식은 아직 지식이 되기에는 부족한 것이었다. 어떤 것에 대해서 말하는 것이 의미가 있으려

---

5) 솔 크립키, 『이름과 필연』, 정대현/김영주 옮김, 서광사, 1986, p.140; 루돌프 카르납, 타르스키 등도 이러한 입장에서 언어의 통일을 통한 과학의 통일성을 추구하였다. - Sinnreich, Johannes(ed.), *Zur Philosophie, der idealen Sprache-Texte von Quine, Tarski, Martin, Hempel und Carnap*, Muenchen, 1972 참조.

면 이러한 "볼 수 있음"과 "잴 수 있음"이라는 검증원칙을 통과해야 한다. 우리가 "안다"라고 말할 때, 여기서 앎은 여기서 누군가에게 눈에 보이는 형태로 보여줄 수 있는 가능성이 있다는 것을 함축한다. 이러한 생각에 기초한 과학의 전통은 여타 다른 학문에도 채용되어 존 스튜어트 밀(J. S. Mill)과 같은 사람은 윤리학도 수학적으로 증명하고 예측 가능한 학문이 될 수 있다고 생각하기도 하였다[6]. 서양에서 17세기 이후에는 이러한 수학적 지식의 정신에 입각해서 많은 학문들이 개별 학문으로 독립하기 시작했다. 사회과학은 물론 인문과학도 최소한 기상학 정도의 예측성을 가질 수 있도록 그 학문성을 자연과학적 모델에 입각해서 수립되어야 한다고 주장되기에 이른다. 수학에 기초한 객관성의 추구는 결국 서양의 근대 과학에서 그 정점에 이르게 된 것이다. 이러한 사유는 여전히 현대의 학문방식을 규정하고 있다. 하지만 수학에 기초한 절대성 혹은 객관성이 아닌, 지식의 역사적 상대성을 말하는 사유의 전통도 있었다.

서양 근대 이후 사람들은 점차 지식의 문제가 물질의 인과관계나 사실성에 입각해서 설명되고, 여기에서만 객관성이 보증될 수 있다고 믿는 과학주의에서 벗어나 우리의 근대적 지식이 역사 가운데서 존재했던 세계에 대한 하나의 설명임을 자각하기에 이른다. 사실 근대 과학은 그 이전의 세계관과 분리되어 생각될 수 없다. 그리스 철학적 정신과 근·현대 과학 사이에는 오컬트(occult) 현상이 있었다. 오컬트 현상의 대표는 파라셀수스 등이 시도한 근대의 연

6) H-G. Gadamer, *Wahrheit und Methode-Grundzuege einer philosophischen Hermeneutik-*, Tuebingen, 1986, p.9.

금술이라 할 수 있을 것이다. 근대에 이르러 객관성과 이성의 종교가 된 과학은 사실 그 근원으로 거슬러 올라가면, 오컬트와 그 이전의 그리스적 형이상학 및 신화적 사유와 그다지 멀리 떨어져 있지 않았다.[7] 근대과학은 오컬트의 차원에서 점차 실험을 통해 제한적 영역에서의 객관성을 확보하는 방향으로 나아가 과학에 이르게 된 것이다. 포괄적으로 인과론을 적용하던 신화적 오컬트적 사유방식에서 실험을 통한 제한적인 공간에서의 인과론으로 축소된 것은 이러한 근대의 과학과 무관하지 않다. 고대 그리스의 신화적 사유 및 형이상학적 사유와 오컬트적 사유에서는 자연에 어떤 힘이 작용하고 있다고 생각되었다. 그러나 이 힘이 근대에 이르러 제한된 영역에서의 인과법칙으로 축소되면서 객관적 지식이 된 것이다. 토마스 쿤은 이러한 무시간적인 객관성 추구의 이 정신에 시간성의 과학을 말한다.

그는 『과학혁명의 구조』에서 과학적 객관성 자체에 문제를 제기하면서 과학의 역사적 상대성을 말한다. 그는 과학 혹은 과학 행위는 특정한 역사적 상황과 무관하지 않다고 본다. 기존의 과학적 이론으로 설명할 수 없을 때, 이미 존재해 왔던 정상과학의 위기가 일어나고 이때 새로운 과학 이론이 설득력을 얻으면서 새롭게 부각되고 급기야 정상과학의 위치로 나서게 될 때 이른바 패러다임(paradigm) 전이가 일어난다고 말한다. 그에 따르면 과학 혹은 과학 행위란 무시간적으로 보편타당한 진리에 관여하는 것이 아니라,

7) 이게다 히요히고(池田清彦)는 엄밀한 의미에서 19세기 말까지만 해도 오늘날의 의미에서의 과학은 존재하지 않았다고 한다. 근대이후의 과학은 오컬트가 대중화 되어서 공공성을 획득하면서 성립한 것이라고 말한다. - 池田清彦, 『科學とオカルト』, 講談社, 2007, p.35.

특정한 사회와 삶의 역사적 상황과 분리되어서 생각될 수 없다. 즉 관찰자의 역사적 상황에서 떠난 과학행위는 존재할 수 없다는 것이다. 이 입장에서 더 나아가 과학의 이데올로기적인 측면에 주목하면서 과학의 다원주의 시대를 예고한 사람이 폴 파이어아벤트(P. Feierabend)이다. 파이어아벤트는 과학은 특정 사회와 문화에서 통용되는 지식체계 가운데 하나일 뿐인 것이며, 모든 방법론은 언제나 그 자체 안에 한계를 가지고 있다고 지적한다.[8)]

이러한 시도에 대응하면서 미국의 실용주의 철학자 찰스 퍼스(C. S. Peirce)는 지식의 상대성에 빠지지 않는 과학의 역사성을 강조한다. 그는 과학 혹은 객관적인 진리란 특정한 과학적 사실의 검증에 있다기보다는 여러 가지 과학 이론들을 검토하고 검증하는 과학자 집단들에 의해 인정 된다고 보았다. 또한 그는 그들에 의해 인정된 과학적 이론만이 진리치를 가질 수 있다고 주장한다. 쿤이나 파이어아벤트의 입장이 과학적 영역에 있어 다원주의자라면, 칼 포퍼나 찰스 퍼스는 플라톤 이후의 전통이라 할 수 있는 객관성 지향의 학자라고 말할 수 있다. 칼 포퍼는 시행착오(Trial and Error)[9)]를 통해 과학은 발전해 왔으며, 과학은 특정의 문화적 산물로 간주할 수 없

---

8) Paul Feyerabend, *Wider den Methodenzwang*, Frankfurt am Main, 1979, pp.47-52.

9) 포퍼는 『과학적 발견의 논리』, 『열린사회와 그 적들』, 『역사주의의 재난』 등에서 이미 '부정가능성', '반박가능성'이라는 과학 방법론을 제창, 이에 입각해서 과학의 발전과 역사의 발전을 이야기 한 바 있다. 그의 출발점은 '인간은 실수를 한다'는 소박한 사실에서 나온다. 과학적 발전은 기존의 이론이나 전제가 반박되면서 이루어진다고 보고 있다. 『파르메니데스의 세계』에서 포퍼는 파르메니데스나 원자론자들이야 말로 기존의 설명방식에 이의를 제기하고 새로운 설명방식을 제안함으로서 오늘날의 물리학과 맞물리는 '지식의 진보'를 가져왔다고 보고 있다.

다고 주장한다. 이러한 문제와 관련해서 포퍼와 쿤 사이에 논쟁[10)]

10) 쿤은 『과학혁명의 구조』에서의 자신의 입장은 과학적 발견의 논리나 모순과 반박 등에 나타난 포퍼의 입장과 근본적인 측면에서 다르지 않다고 말한다. 우선 자신은 포퍼와 똑같이 기존의 '실증주의 과학관'과는 거리가 있다는 데서 일치한다고 주장한다. 객관적인 관찰이 가능하고 이에 입각해서 과학이 발전한다고 보는 태도와는 다르며 포퍼 또한 자신과 같은 기반 위에 서 있다고 전제한다. 따라서 기존의 패러다임 혹은 기존의 이론이 도전을 받아서 새로운 과학적 발전이 형성되어 간다고 보는 점에서 포퍼와 자신은 같은 선상에 있다고 말한다. 하지만 쿤은 근본적으로 포퍼가 과학에 대한 잘못된 견해 위에서 출발하고 있다고 비판하고 있다. 쿤이 포퍼를 비판하는 핵심은 여기에 있다. 포퍼가 말하는 '부정을 통한 실험'은 과학사가의 입장에서 볼 때 과학사의 상식에 부합하지 않는다고 쿤은 말한다. 사실 프톨레미우스의 천동설은 기존이 입장에 대한 반박과 실험을 통해 형성된 것이 아니라고 말하면서 포퍼가 말하는 '부정의 실험'을 통해 과학이 진보한 경우는 전체과학사에서 그저 에피소드에 불과하다고 쿤은 말한다. 또한 쿤은 '인간은 실수를 한다'라는 평범한 사실에서 출발하는 그의 '부정가능성' 이론도 정상과학 안에서는 무수히 많이 일어나는 평범한 일에 해당되며 단순히 '부정의 실험'을 통해서 과학적 진보가 이루어진 경우는 그렇게 많지 않다는 견해다. 쿤의 입장에서 볼 때, 포퍼는 '정상과학행위'와 '비정상과학행위'의 구분을 하지 못하고 있다. 따라서 포퍼가 부분적인 경험을 과학사 전체 인류역사 전체에 확대하는 '보편화의 오류'를 범하고 있다고 쿤은 본다. 포퍼는 쿤의 이러한 비판에 몇 가지 언급을 한다. 첫 번째로, 그는 쿤이 말하는 '정상과학' 행위라고 하는 것을 간과했음을 인정한다. 그러면서도 포퍼는 쿤을 비판하기를 쿤이 보는 "정상과학 행위"는 사실 1차세계 대전 이후에 보편화된 현상이라고 전제한다. 포퍼는 쿤이 최근의 과학행위 현상을 과학사 전체에 도입하는 오류를 범하고 있다고 비판한다. 두 번째로, 포퍼는 쿤이 정해진 규칙을 공유하면서 퍼즐문제 풀이를 수행하는 실천가들의 집단이 있다는 사실에서 과학적 행위의 특징을 보고 있는데 만약 이러한 입장을 따르면 점성술은 과학이어야 한다고 말한다. 그러면서도 점성술이 과학이 아니라고 말하는 쿤의 주장은 서로 모순된다고 말한다. 세 번째로, 포퍼는 쿤이 합리적 과학의 기준을 사회학적인 기준으로 대치하려는 오류를 범하고 있다고 비판한다. 마지막으로 포퍼의 비판점은 쿤이 포퍼를 비판하는 글의 제목이 보여 주듯이 '발견의 논리(Logic of Discovery)'를 '연구의 심리학(Psychology of Research)'으로 대체하려고 한다는 점이다. 이러한 모든 비판을 관통하는 지점은 이른바 '과학 행위'를 보는 관점이 차이에서 연유한다. 즉 포퍼는 엔지니어나 기술자들이 실험을 통해서 수행하는 행위는 정상과학 안에서의 일상적인 퍼즐

이 있었는데, 포퍼와 쿤 사이의 논쟁은 결국 과학의 역사성 개념과 그 개념의 범주 차이로 귀결된다. 즉 포퍼는 과학행위가 역사적으로 끊임없는 시행착오를 거쳐 진보해 왔고 객관성에 접근해 가고

문제 풀이정도가 아니라 이미 그 자체가 과학적 혁명의 행위가운데 하나라고 보고 있는 반면에 쿤은 이것은 지극히 미미한 '정상과학' 안에서 일어나는 무수한 에피소드 가운데 하나에 불과하다는 것이다. 이것을 가지고 과학혁명 혹은 과학적 진보가 일어난다고 보기에는 어렵다는 것이다. 쿤의 '정상과학'과 '(비)정상과학(extraordinary Science)'의 구분에 입각해서 볼 때, 포퍼는 지나치게 비정상과학행위를 과학전체의 행위로 보고 있는 것이고, 포퍼의 입장에서 볼 때, 쿤은 과학행위를 너무 광범위한 시대구분에 입각해서 보고 특정한 연구 집단의 정해진 '연구행위'만을 과학행위로 보고 있는 것이다. 즉 진정한 의미의 '과학적 발견의 논리'에 관심하는 것이 아니라 특정한 사회현상과 그 현상 속에 있는 연구자들의 심리현상을 지나치게 '과학적 발견의 논리' 위에 두는 오류를 범하고 있는 것이다. 이러한 차이에도 불구하고 내가 보기에 이 두 과학철학자가 본 근본 동기는 같다고 여겨진다. 이미 쿤이 스스로 말했듯이 이들은 '실증주의적 과학관'과는 달리 '지식의 진화'나 특정한 '패러다임의 전이'를 말하지 '객관적 사실'로의 입증에서 과학의 진보를 보지 않는다. 하지만 여전히 포퍼는 주관을 배제한 객관적 지식으로의 진화를 말하고 있으며 쿤은 과학적 지식이 변화를 한 시대가 주는 세계관과 그에 따른 설명방식의 위기와 보다 낳은 설명방식의 출현 그리고 이에 따른 패러다임의 전이라고 하는 '인간의 역사성'을 강조하고 있다. 쿤은 지식사회학에서의 이데올로기와 이데올로그의 변증법처럼 지식의 역사성을 강조하면서 이에 따른 비약을 말하는 반면에 포퍼는 이러한 역사성 보다는 지식에 있어서의 '비약'만을 보고 있는 듯하다. 자연(의)과학 기초에는 '인간(의) 과학'에 뒷받침 되어 있다고 하는 쿤과는 달리 포퍼는 '자연(의) 과학'에는 '인간'은 개입할 여지가 없으며 또 그래야 한다고 주장하고 있는 셈이다. 여전히 '지식의 객관성'과 '지식의 상대성' 논쟁이 여기서 계속되고 있는 셈이다. 쿤의 입장은 하이데거나 가다머 등의 현상학적 해석학의 전통과 맞물려 있다고 볼 수 있으며, 포퍼는 '논리실증주의' 등의 전통과 맞물려 있다고 볼 수 있다. 쿤과 포퍼 사이의 논쟁은 다음을 책을 참조하여 요약한 것임. - Thomas S. Kuhn, "Logic of discovery or psychology of research?", Paul Schilpp(ed.), *The Philosophy of Karl Popper*, La Salle, 1887, pp.798-816.; Karl Popper, "Replies to my critics, Kuhn on the Normality of Normal Science", Paul Schilpp(ed.), *The Philosophy of Karl Popper*, La Salle, 1887, pp.1114-1148.

있다고 주장하는 반면에 쿤은 과학행위가 상대주의나 혹은 다원주의적 차원에서 이해되어야 한다는 것이다. 쿤과 파이어아벤트 그리고 포퍼와 퍼스 사이의 입장 차이는 근본적으로 넘어설 수 없는 세계관의 차이에서 나온다고 말할 수 있다. 이 차이는 한 마디로 어떤 인식이든 사회 문화적 역사적 제약에서 벗어날 수 없다는 입장과 문화 사회 역사적인 것을 미래의 보다 나은 객관성의 토대 위해서 이해하고 있는 것의 차이이다. 그런데 포퍼와 퍼스류의 객관성은 사물을 지나치게 인공적이고 실험적인 제한된 상황에서나 가능한 추상적 보편성에 불과하다고 볼 수 있다. 이러한 객관적 지식은 "보여줄 수 있음"과 "계량화"라고 하는 두 가지 축 위에서 성립 가능한 것일 뿐이다. 그리고 이 지식은 사물에 대한 환원 위에서 성립한다.

3. 근대적 지식(과학)의 한계

근대 이후의 과학적 입장은 다음의 몇 가지 점에서 비판될 수 있다. 첫째로, 이들은 인과율의 범위를 지극히 제한된 물질의 영역에만 제한시켜서 이해하고 있다. 물질의 인과 법칙은 제한된 특정한 실험적 상황 하에서는 잘 설명된다. 하지만 통제된 상태가 아닌 상황에서는 많은 변수가 존재한다. 이미 아리스토텔레스의 인과율만해도 4가지이다[11]. 단지 특정 원인과 결과라고 하는 두 개의 인

11) 아리스토텔레스는 4가지 원인에 대하여 말한다. 어떤 사물이 '무엇'인가를 결정해 주는 형상인, 사물을 구정해 주는 질료인, 사물을 만들어 주는 작용

과율에 따라서만 사물을 보는 것은 지나치게 협소한 시각이라 볼 수 있다. 그러므로 특정 영역에서만 잘 설명될 뿐인 과학적 설명을 모든 지식의 객관성으로 간주하기에는 무리가 따른다. 두 번째로, 근대 과학은 요소론적인 사유와 환원주의적 사유를 바탕으로 하고 있다. 사물은 유기적으로 연결되어 있기에 사물일 수 있다. 그런데 특정 부분을 모든 것의 원인으로 설정한 다음, 인과율을 적용하면 물론 그 부분에 대한 정교한 설명은 나올 수 있지만, 전체적이고 유기적 관계는 간과된다. 따라서 이러한 과학의 전통에서 "안다"라고 말할 때의 앎은 지나치게 특정한 사물 그것도 시각적이고도 물질적 사물에 제한되어 있다고 할 수 있다.

"안다"라는 말이 특정한 언어 및 문화와 밀접하게 연관되어 있다고 주장한 사람들은 쿤과 파이어아벤트 이외에도 언어철학의 영역에서도 있었다. 길버트 라일을 비롯한 후기 비트겐슈타인의 말놀이 개념이나 오스틴의 수행발화이론[12] 등은 지금까지 앞에서 논의한 이른바 자연과학적 형이상학에 대한 비판이라고 할 수 있다. 이들은 언제나 사물을 지나치게 고정시켜서 보고, 생활세계와 떨어트려서 추상화 시킨 다음, 이를 다시 현실에 적용하려고 하는데서 현실과의 괴리가 일어난다고 주장한다. 이러한 형이상학에 대한 경고는 비트겐슈타인이 그의 후기 철학저서인 『철학적 탐구』의 처음 부분에 잘 나타나 있다. 비트겐슈타인은 아우구스티누스의 『고백

인, 사물이 만들어진 목적인이 이것이다. - 사무엘 스텀프, 『서양철학사』, 이광래 옮김, 종로서적, 1985, p.127.

12) 오스틴의 수행발화이론의 대표적인 사후 저작인 이 책은 우리말이나 일본어 번역판은 『말과 사물』이라고 번역되어 나온바 있는데, 원제는 다음과 같다. - J. L. Austin, *How to do things with words*, Oxford, 1976.

록』에 나오는 시간에 대한 물음을 상기시킨다. 우리가 보통은 시간에 대해서 너무나 잘 알고 있지만, 종종 시간이 무엇인지 몰라 당황하게 되는 경우는 시간이란 무엇인가라고 물을 때라는 것이다. 이미 아무런 무리 없이 잘 이해되고 있는 사태에 대하여 갑자기 무엇인가라고 묻기 시작할 때부터 어려운 형이상학이 시작된다는 것이다.[13] 하이데거도 이점에 동의하고 있다. 서양 형이상학의 역사는 "무엇(was)"의 물음에 정위되어서 "무엇"을 묻기 전에 잘 알고 있는 "있다"의 문제를 소홀히 해 왔다고 한다. 일상생활에서 "안다"는 것은 언제나 상황과 맥락의 문제이고 결국은 해석의 문제로 귀착된다. 그리고 근본적으로 우리의 말은 이미 존재하는 언어놀이 규칙에 편입되어 있다. 여기서 놀이 규칙에 참여한다는 것은 물론 기계적으로 어떤 규칙을 따르는 것을 의미하지 않는다. 같으면서도 다른 해석의 영역이 존재하기에 우리는 동일성과 차이의 역학 속에서 어떤 것에 대하여 "안다"라고 말할 수 있다는 것이다.

하이데거의 제자 가다머는 이러한 해석학적인 앎에 대하여 예술이나 놀이 기타 상징 그리고 축제 개념을 통해 설명하고 있기도 하다. 이미 존재하고 있는 언어의 규칙에 편입되면서도 새롭게 해석되는 사건 속에서 지식이 성립된다고 보고 있다. 물론 가다머는 지식이란 말을 사용하지 않는다. 앎이란 말 대신 "이해" 혹은 "해석"이라는 말을 더 선호한다. 가다머는 이러한 우리의 지식의 차원을 지칭해서 말하기를 "해석학적 동일성"[14]이라고 말하고 있다. 이는 이

13) Ludwig Wittgenstein, *Tractatus logico-philosophicus*, Werkausgabe Band1, 1995, p.237.

14) H-G. Gadamer, *Die Aktualitaet des Schoenen*, Stuttgart, 1998, p.33.

미 존재하는 언어와 상징이지만 새롭게 해석되면서 그 자체의 동일성을 유지해가는 기제를 일컫는 말이다. 이러한 차원에서 보면 우리의 지식은 각자의 문화적 경험에 따른 다양한 해석학적 현재의 지평일 뿐이다.

앞에서 언급했듯이, 우리의 앎의 차원은 다양하다. 손으로 만져서 대상을 이해하는 차원의 앎과 음악을 통해서 알게 되는 차원, 그리고 느낌과 몸 전체를 통해서 대상과 접하는 앎의 차원이 있다. 한 마디로 시각과 청각 그리고 후각은 일정한 거리를 유지하여서 성립되는 지각의 차원 즉 지식의 차원이라면, 손이나 피부 혹은 혀 등은 접촉 즉 거리 줄이기를 통해서 성립되는 지식의 형식이라고 말할 수 있다. 그러므로 우리는 어떤 대상을 안다고 할 때 소리를 통해서 접근할 수도 있고, 시각을 통해서 접근할 수도 있고, 손으로 만져서 접근할 수도 있다. 이러한 다양한 접근 가능성에 따라 다양한 지식의 영역이 나올 수 있다. 문제는 지금까지 우리의 앎 혹은 지식의 체계가 지나치게 서양의 시각 중심의 인식론에 정위되어 있다는 점이다. 손끝 맛으로 김치 맛을 살려내는 김치 담그기의 기술과 체계적인 문법을 통해 객관적으로 접근하기 보다는 반복적인 독서를 통해 그 의미를 구현해 내는 전통적인 학문 전수의 기법도 서양적 객관적 과학성의 범주에 들어 올 수 없지만, 여전히 지식으로 전수되는 지식의 전통이다. 악기를 배우거나 운전을 배우거나 하는 것도 수학적인 법칙성에 입각해서 논리적인 계산 뒤에 이루어지기 보다는 감으로 이루어지는 나름의 지식 체계이다. 침술이나 사상의학도 마찬가지 일 것이다. 이러한 지식의 차원들이 더 이상 서양 그리스적 사유와 근대적 사유라는 척도에 맞추어 사이비

과학이나 비(非)과학으로 치부되어서는 안 될 것이다. 이렇게 지식에서 해석으로의 변화에 있어서의 철학적 추이에는 데카르트, 후설, 하이데거 그리고 가다머에 이르는 사유의 변천이 있다.

4. 지식에서 해석으로

앞에서도 언급했듯이, 인식을 통해 지식의 객관성을 확보하려는 노력은 데카르트와 후설에게 이르러 정점에 이른다. 데카르트는 수학과 기하학을 객관적 지식의 기준으로 설정하고, 모든 학문이 이러한 기준에 따라 통합적으로 지식체계가 구축될 수 있다고 생각했다. 후설 또한 이러한 데카르트의 방법적 회의를 통해 확실한 지식을 구축하고자 하였다. 그는 데카르트를 따라 사유하면서 전제 없는 학문이 어떻게 가능할지를 물었다. 그러나 후설이 데카르트적 성찰을 따라가면서 도달한 결론은 데카르트와 다른 곳에 있었다. 후설은 데카르트가 방법적 회의를 했음에도 수학과 기하학을 기초로 확실성에 도달했기에 전제 없는 학문의 가능성에 이르지 못했다고 비판한다. 후설이 데카르트를 비판하는 또 하나의 핵심은 그가 확실성에 도달한 지점이 대상이 없는 의식 그 자체였다는 데 있다. 후설은 데카르트의 의식이 어떤 구체적인 경험 대상도 포함하지 않은 독아론적 의식임을 비판한다. 이에 비해 후설은 의식이란 언제나 '어떤 것에 대한 의식'임을 말한다. 이것이 후설에게 가장 명증한 사실에 해당한다. 후설은 유럽학문이 이러한 명증한 사실에서 출발하지 않고, 자연적 태도에 입각하여 구축되었기 때문에 위기에 빠졌다고 진단한다. 후설은 일상의 태도이기도 하고 자연과학의 태도이기도 한 자연적 태도에 판단중지(epoche)를 통해 의식의 지향성에 이르러 학문적 지식의 명증한 시작점에 대해서 연구하고자 하였다.

데카르트와의 차이에도 불구하고 후설은 여전히 서구 전통에서 추구되어 온 객관적 지식의 추구에 정위되어 있었다. 후설에게 여전히 지식은 인식의 문제와 떼어서 생각할 수 없는 것이었다. 하이데거는 이러한 후설의 영향을 받아 후설과 유사하게 데카르트의 생각하는 주체를 비판한다. 하이데거는 후설이 도달한 명증한 지향성 의식을 어떤 대상을 인식하기 이전의 경험으로 파악한다. 하이데거에 이르러 데카르트의 명증한 의식은 어떤 대상에 대한 인식 이전의 경험을 선 이해로 파악한다. 하이데거에 이르러 더 이상 인식과 지식의 문제가 아니라, 이러한 인식을 통한 지식에 이르기 이전의 생활세계적 선(先)이해 구조가 주제가 된다. 그에게서 세상에 대한 경험이 문제가 아니라, 무엇보다도 우선해서 현존재의 존재이해의 구조 즉 해석학적인 현실성이 전면에 부각된다. 하이데거에게 이르러 후설이 말하는 의식의 지향성에 언어와 역사적 측면이 강조되면서, 지금 여기에서 세상을 바라보고 세상을 이해하며 살아가는 현존재의 시간경험과 역사성이 전면에 부각된다. 하이데거에게서 후설의 경험론 혹은 지식을 추구하는 인식론은 존재론의 범주로 이행한다. 가다머는 하이데거의 선 이해의 구조를 전면에 부각시키며 선입견을 정당화하고 이에 따라 철학적 해석학을 발전시킨다.

가다머는 하이데거가 말하는 선 이해의 구조를 선입견으로 수렴하여 인간의 세계 경험은 언제나 영향사(Wirkungsgeschichte) 가운데서 매 순간 해석의 상황에서 전제되는 선입견의 구조로 수렴된다. 그에 따르면 이미 우리는 전통의 영향 가운데 있기 때문에 선입견으로부터 자유로울 수 없다는 것이다. 인간은 이미 이전의 것을 해석하면서 선입견을 형성하고 이 선입견을 바탕으로 새로운 것을 해석하며 자기 자신을 실현해 가는 해석의 주체이다. 인간은 언어의 영향 가운데서 기존의 언어를 통해서 사유하고, 그 언어를 새로운 상황 속에 적용해가며 세상을 새롭게 해석한다. 인간의 정체성은 이런 의미에서 해석학적 정체성이다. 지금의 나는 나의 해석을 통해 전통과 연결되어 있으며 현재를 해석하며 미래와 연결되어 있는 것이다. 가다머는 이러한 관점에서 기존 해석학의 역사를 개관한다. 가다머에 이르러 철학에서의 관심 주제가 인식에 따른 지식의 문제에서 해석의 문제로 이동한다. 해석의 과학 혹은 해석학의 과학은 이러한 해석학적 전통에서 가능할 수 있을 것이다. 이렇게 해서 후설을 매개로 주관이 개입되지 않는 객관성의 지식추구로서의 과학이 새로운 전기를 맞이하게 된다. 그는 학문의 원천인 주관의 경험 그 자체를 비판적으로 성찰함으로써 보다 엄밀한 지식의 학문이 가능할 수 있다고 보았다. 즉 주체를 망각한 주관성 없는 객관성의 지식 담론에서 주관성이 개입된 '어떤 것에 대한 의식'으로 존재하는 인간의 근원적인 해석의 경험으로의 전이가 일어난 것이다.

5. 해석학으로서의 과학

근대 과학의 등장 이후 학자들에 의해서 과학과 여타 제반 학문 사이의 관계 설정과 관련하여 몇 가지 시도들이 있었다. 첫 번째로, 자연 과학의 기준에 따라 여타 학문도 그 학문성을 인정받아야 한다는 입장이 있다. 밀이나 칼 포퍼, 그리고 윌슨 등이 이러한 입장을 대표한다고 할 수 있다.[15] 그리고 이러한 전통은 여전히 많은 추종자들을 가지고 있다. 두 번째로는, 자연과학과 인문과학은 그 방식이나 범위 자체가 다르기에 다른 기준이 적용되어야 하고 이러한 서로 다른 기준에 입각해서 자신의 학문성을 보증 받아야 한다는 입장이다. 딜타이가 그 대표적인 사람이라 할 수 있다. 딜타이는 자연과학은 설명의 기제이고, 인문과학은 이해를 본질로 한다고 말하고 있다. 그러니까 그에게 있어 이 두 학문은 서로 간섭할 영역이 못되는 것이다. 세 번째로는, 자연과학적 사유의 토대에 인문학이 존재하기에 자연과학이 간과하고 있는 구체적이고 실질적인 삶의 차원을 보완해야 한다는 입장이다. 자연과학이 보다 충실한 과학이 되고 통일적인 과학이 되기 위해서는 인문학인 삶의 경험을 간과해서는 안 된다는 것이다. 하이데거와 가다머가 이러한 입장에 가깝다고 말할 수 있다.

---

15) 윌슨은 자연과학적 토대 위에서 언젠가 객관적 인식 즉 객관적 진리에 도달할 수 있다고 믿고 있다. 윌슨은 자연과학적 토대 위에서 지식의 대통합이 가능하리라고 보고 있다. - 에드워드 윌슨, 『통섭-지식의 대통합』, 최재천/장대익 옮김, 사이언스북스, 2005, p.124; 포퍼도 자연과학적 토대 위에서 인문학이나 사회학이 최소한 기상학 정도의 예측력을 가져야 한다고 주장하며, 자연과학에 입각하여 학문의 방법론이 통일되어야 한다고 주장한다. - Karl R. Popper, *Das Elend des Historizismus*, Tüebingen, 1971, p.102.

하이데거와 가다머는 자연과학의 토대에 존재 이해가 있다고 보거나 방법지상주의 이전에 철학적 해석학의 있다는 사실을 주지시키는데 그치지만, 이러한 입장을 좀 더 발전시켜 인문학의 토대 위에서 제반 과학을 새롭게 정립하려는 시도도 있다. 노에 게이지치(野家啓一)는 자신의 저서 『과학의 해석학』이라는 책에서 서양 근대 이후의 과학적 발견의 논리를 지양하고 개개인의 관찰자의 관심과 선입관에 의존하는 새로운 과학을 말하고 있기도 하다. 그가 말하고자 하는 것도, 기존의 과학주의자들의 입장과는 달리 인문과학이나 여타 과학의 자연과학화의 방향이 아니라, 자연과학의 인문과학화에 있다. 그는 인문학을 중심으로 한 새로운 학문의 수립을 통해 개별 분화학문의 편협성을 지향하고 보다 통합된 학문의 가능성이 열릴 수 있다고 본다. 삶을 이해하는 과학, 삶을 더 이상 어떤 다른 범주로 환원시키지 않고 있는 그대로 이해하고 접근하는 과학이 수립되어야 한다고 본다.[16)]

오늘날 각 분야의 의사들은 근대의 과학 전통에 서서 여러 질병 현상에 대해서 자신의 전문적인 영역의 관점에서 환자의 질병을 진단한다. 내과 의사라면 내장 기관에 관심을 가지며 이를 치료하려고 할 수도 있을 것이다. 오늘날 의사의 관심은 이러한 개별 분과학문의 것 이상을 넘어서 보려고 하지 않는다. 특별히 의사는 환자의 생활사나 직업 등에 관심도 없고 관심을 가질 필요도 없다. 심리학자라면 진단하기 위하여 그가 어떤 생각을 하면서 살아왔는지에 관심할 것이다. 사회학자라면 그 사람의 사회적 문화적 환경과 여타 경제적 문제에 관심을 기울 수 있을 것이다. 하지만 물질의

16) 野家啓一, 『科學の解釋學』, 筑摩書房, 2007, pp.40-55.

관계나 사회적 관계 그리고 정신의 관계에만 집중해서는 환자의 문제에 종합적으로 접근할 수 없다. 종합적으로 치료에 접근하기 위해 가장 중요한 것은 환자의 삶을 이해하는 데 있다고 할 수 있다. 환자의 생활사나 생활습관 그리고 상처나 꺼리는 것 등등을 종합적으로 고려하여 근본적으로 그를 이해하려고 함으로써 종합적이고 근원적으로 환자에게 접근하여 치료의 대안을 찾을 수 있을 것이다. 서양 17세기 이후 자연과학을 토대로 하여 발전한 여타 제반 과학은 이러한 접근에 이를 수 있는 무수히 많은 접근 방식 가운데 하나의 수단일 뿐이다. 만약 우리가 어떤 특정 학문의 입장에서만 바라보고자 한다면, 문제의 근원적 해결을 위해 필요한 총체적인 면을 간과하는 어리석음을 범하게 될 것이다.

이제는 개별 분과학문의 편협성을 지향하고 삶을 보다 포괄적으로 이해하고 환자를 물리적·정신적 차원에서 이해하려는 시도가 필요하다. 이 점에서 모든 학문을 같이 공부하는 종합 학문적 이해의 학문이 수립되어야 할 것이다. 지금처럼 모든 개별 분과 학문들이 분화되고 전문화 되어서 세부적인 부분은 정교하게 보지만, 유기적인 측면은 잘 보지 못하는 어리석음에서 벗어나기 위해서는 삶 혹은 생명 그 자체를 인과관계에 입각해서 설명하려고 하기 보다는 이해하려고 하는 시도가 있어야 한다. 미래의 학문은 자연과학으로 인문학이 통합되는 방식도 아니고, 자연과학과 인문학이 평행선을 달리는 방식도 아닌 새로운 관계 정립되어야 할 것이다. 자연과학과 사회과학 그리고 여타 학문들 모두가 이해의 학문인 인문학적 모델에 입각해서 사람을 이해하는 학문으로 통합되어야 한다. 여기서는 어떤 특징한 지식의 방향이 주도권을 행사하는 것이 아니라, 삶을 이해하는 측면에서 각 분과 학문의 독특성이 인정되어야 할 것이다. 이러한 지식의 다원적 접근을 우리는 에른스트 카시러의 상징주의 형식의 철학에서 발견한다.[17] 앞으로의 학문을 주도할 이해의 학문으로서의 인문학은 다원주의적 가치를 매개하고 종합하는 중심축이 되어야 할 것이다. 다원주의적 가치란 객관주의나 보편주의도 아니고 상대주의도 아니며, 각각의 놀이 형식

17) 에른스트 카시러는 칸트를 문화철학적으로 이해하면서 상징 형식의 철학을 전개한바 있다. 카시러는 칸트를 해석 할 때, 신칸트학파 처럼 어떻게 선험적 종합판단이 가능한가라는 물음에 기초해서 칸트를 이해하기 보다는 『순수이성비판』을 『판단력 비판』이나 『실천이성 비판』과 연계해서 이해한다. 이 세 비판서를 관통하는 칸트의 관심사는 자연과학적 인식론적 토대에만 있었던 것이 아니라, 다양한 인식의 영역 즉 다양한 문화의 차원을 보여주고자 하는데 있었다. 카시러의 입장에서 보면 칸트는 자연과학과 윤리 그리고 예술 영역 차원에서의 객관성의 차이를 보여주고자 했다는 것이다. 카시러는 이러한 칸트 해석에 기초해서 인간 삶의 모든 차원이 결국은 언어라고 하는 상징을 통해서 구체화 된다고 보았다. 인류는 신화적인 방식으로 세계를 설명하고, 때로는 합리적이고 이성적인 방식으로, 때로는 놀이를 통해서 혹은 과학 활동을 통해서 설명해 왔다는 것이다. 카시러는 이러한 다양한 상징 형식들의 차이 즉 인간이 상징을 통해서 의미 있는 세계를 만들어 내는 것에 주목한다. 신화의 언어라고 해서 과학의 언어보다 저급하거나 열등한 것이 결코 아니라는 것이다. 사람은 누구나 자신의 기호와 관심에 따라 특별한 상징 형식에 더 관심을 가질 수 있다. 카시러는 어떤 특별한 상징 형식이 과도하게 주도적인 역할을 할 때 균형을 상실하고 문제가 생긴다고 본다. 카시러의 이러한 이해는 결국 언어를 통한 이해의 과정으로 수렴된다. 다양한 삶의 형식들을 상징 차원에서 수평적으로 이해하고 서로의 상징들을 이해하면서 서로의 가치를 인정하자는 것이다. 이것이 바로 다원주의적 가치를 인정하는 태도라고 할 수 있다. - 에른스트 카시러, 『인문학의 구조 내에서 상징형식 개념 외』, 오향미 옮김, 책세상, 2002, p.128; 카시러는 있는 그대로의 사물을 상징화 하여 독특한 문화구조를 만들어 간다는 측면에서 인간을 상징적 동물(animal symbolicum)이라고 말하고, 이에 따라 신화, 언어, 예술, 종교와 과학 등을 모두 상징 형식으로 파악하였다. - Ernst Cassirer, *An Essay on Man-an introduction to a philosophy of human culture*, New Haven, 1947, p.25.

속에서 주어지는 앎의 다양성을 인정하고 서로 이해하려는 태도에 다름 아니다.[18] 이 점에서 우리는 어떤 것에 대하여 "안다"라는 의미를 새롭게 자리매김 시킬 수 있을 것이다. 이제는 "안다"는 것을 폭넓은 지평에서 이해할 필요가 있다. 혹은 앎의 차원을 이해 및 해석의 차원에서 이해할 필요가 있는 것이다. 지금까지의 서양의 학문은 이론적 보편성을 추구하는 대학(University)의 학문이 되어서 상아탑의 추상적 보편성에 경도되어 있었다고 할 수 있다. 보편성 혹은 객관성 지향의 학문 풍토에서는 자주 글쓰기와 논문에서 일인칭 단수는 보편성이라는 이름하에 억제되거나 자제되어야 했다. 글쓰기에서 일인칭 단수의 첨가는 보편성을 지향하는 서양 학문에서 피해야 할 것이었다. 또한 이 보편성은 개인의 손가락의 기민한 동작으로 이루어지는 아름다운 음악의 영역과 상징으로 표현되는 예술작품들을 가치 폄하하는 데로 이어졌다. 왜냐하면 이것은 우연성 이상의 아무것도 아니었기 때문이다.

서양의 과학과 그 학문 전통은 인과율을 물질의 영역에만 제한해서 이해해 왔고 또한 윤리적 실천의 결여된 가치중립적 지식을

18) 레비스트로스가 『야생의 사고』에서 말하고자 하는 바가 우리의 논의에 시사하는 바가 크다. 레비스트로스는 보편적인 것을 지칭하는 추상명사의 발전과 합리적이고 이성적인 사유는 밀접하여 연관되어 있다고 보고 추상명사나 보편명사가 없는 원시인들의 사고를 신화적인 사고 혹은 미개인의 사고라고 보는 서양인들의 일반적인 전제에 반대하여 이미 원시인들의 신화적 사유 안에 "구체성의 과학"이 존재하고 있다고 보고 있다. 다만 서양의 근대인들은 이에 비해서 "추상의 과학"을 가지고 있다고 보고 있다. 그러므로 이러한 원시인들의 사고를 미개인의 사고로 보고 마술이나 주술로 볼 것이 아니라, 개별적이고 구체적인 명사를 통해서 사물을 분류하는 '구체성의 과학' 혹은 '이전의 과학'이라고 불러야 마땅하다고 말한다. - 레비스트로스, 『야생의 사고』, 안정남 옮김, 한길사, 2007, p.69.

표방해 왔다. 하지만 이러한 이해는 인과율의 범위를 지나치게 좁혀서 이해한 것일 뿐더러, 이에 기초한 자연과학적 지식은 무수한 인간 경험의 일부에 불과하다. 서양의 학문은 실천적인 활동과 무관하기 지나치게 관조[19]적인 측면에만 경도되어 있었다. 그래서 학문의 원천인 인간의 해석 경험을 간과해 왔다. 이론과 실천, 사실판단과 가치판단의 분리는 이러한 학문의 전통에서는 당연시 된다. 하지만 우리의 일상의 해석경험과 사유의 경험에는 대상과 분리되지 않는다. 플라톤의 지식(episteme) 전통에서 발전한 서양의 학문은 인간 개별자의 이해에 기초한 이해의 학문으로 수렴될 때 인간의 얼굴을 가진 학문이 될 수 있을 것이다. 과학은 이제 인식에서 이해, 이해에서 인식으로, 앎에서 실천, 실천에서 앎으로의 쌍방향 소통이 가능한 새로운 학문이 수립되어야 할 것으로 보인다. 과학은 이름을 정의하고 이름에 해당하는 사물을 조회하여 검증할 수 있는 사실만을 가지고 지식의 토대로 삼아온 근대 이후의 입장을 넘어 일상의 삶의 규칙 속에서 작동하는 기호와 상징적 의미 영역을 수용하고 우리의 정신뿐만 아니라, 우리의 몸 전체가 참여하여 설명되는 통합적 지식을 추구해야 할 것이다. 과학 활동은 또한 사회 문화 역사적으로 복잡하게 얽혀 있는 삶의 복잡성과 다양성을 수용하여 설명하고 이해하는 학문이 되어야 할 것이다. 이러한 학문의 가능성을 실현하기 위해서는 어떤 것에 대하여 "안다"라고 말할 때, 그것이 의미하는 것이 무엇인지 다시금 진지하게 되돌아볼

19) 오늘날 이론을 뜻하는 단어인 영어의 'theory'는 그리스어의 'theoria'에서 나온 것이다. 아리스토텔레스에 따르면 'theoria'는 사물을 한발 뒤로 물러서서 바라보는 것을 의미했다. 이 점에서 보면 이 말은 '거리 두기' 혹은 '거리를 두고 바라보기'의 의미가 들어있다.

필요가 있다. 그리고 이 앎의 차원의 원천에는 세계-내-존재로서의 나의 해석이 개입되어 있다는 원천적인 사실을 자각할 필요가 있다. 그래서 그 누구의 지식도 아닌 추상의 과학에서 벗어나 구체성의 과학으로 발전시킬 필요가 있다.

참고문헌

브로노브스키/매즐리시, 『서양의 지적전통』, 차하순 옮김, 학연사, 2003.

스텀프(S.), 『서양철학사』, 이광래 옮김, 종로서적, 1985.

스트로스(L.), 『야생의 사고』, 안정남 옮김, 한길사, 2007.

윌슨(E.), 『통섭-지식의 대통합』, 최재천/장대익 옮김, 사이언스북스, 2005.

팔머(R.), 『해석학이란 무엇인가?』, 이한우 옮김, 문예출판사, 1989.

크립키(S.), 『이름과 필연』, 정대현/김영주 옮김, 서광사,1986.

Austin(J. L.), *How to do things with words*, Oxford, 1976.

Cassirer(E.), *An Essay on Man - an introduction to a philosophy of human culture*, New Haven, 1947.

Feyerabend(P.), *Wider den Methodenzwang*, Frankfurt am Main, 1979.

Gadamer(H-G.), *Wahrheit und Methode: Grundzuege einer philosophischen Hermeneutik*, Tuebingen, 1986.

________, *Die Aktualitaet des Schoenen*, Stuttgart,1998.

Kuhn(T.), *Logic of discovery or psychology of research?*, Schilpp(P.) (ed.), *The Philosophy of Karl Popper*, La Salle, 1887.

Seiffert(H.), *Einfuehrung in die Hermeneutik*, Tuebingen 1992.

Sinnreich(J.), *Zur Philosophie, der idealen Sprache - Texte von Quine*, Tarski, Martin, Hempel und Carnap, 1972.

Popper(K.), "Replies to my critics, Kuhn on the Normality of Normal Science", Schilpp(P.)(ed.), *The Philosophy of Karl*

Popper, La Salle, 1887.

______, *Das Elend des Historizismus*, Tuebingen, 1971.

Wittgenstein(L.), *Tractatus logico-philosophicus*, Werkausgabe Band1, Frankfurt am Main, 1995.

井筒俊彦, 『意識と本質』, 岩波文庫, 1995.

池田清彦, 『科學とオカルト』, 講談社, 2007.

黃松 涉, 『もの　こと　ことは』, 筑摩書房, 2007.

野家啓一, 『科學の解釋學』, 筑摩書房, 2007.

坂本賢三, 『'分ける'こと　'わかる'こと』, 講談社, 2006.

제5장 과학과 지식*

김윤재

[내용요약] 이 글에서 우리는 과학과 지식의 관계를 검토해보고자 한다. 가장 지지될 수 있는 믿음으로 생각되는 과학 지식은 과연 확고한 지위를 지니고 있을까? 오히려 현대 과학의 등장과 함께 과학 지식은 손쉽게 교정되고 폐기될 수 있는 것으로 이해된다. 이런 이유는 바로 현대 과학의 독특한 특징에 있는데, 여기서 우리는 실험과 이론의 측면에서 이를 각각 검토하고, 왜 현대 과학은 항상 진보할 수밖에 없는 이유를 양자를 매개하는 수학에서 찾아보고자 한다. 이를 통해 현대 과학에서 지식의 형성이 갖는 독특한 맥락을 살피도록 하자.

* 이 글은 『철학과 문화』 35집(2016)에 실린 논문을 수정 및 보완한 것임.

1. 새로운 물리 세계의 출현과 지식의 문제

16-17세기 시작된 과학혁명 이래로 지속되어 온 과학의 발전과 혁신은 지금의 문명을 가능케 한 주요한 원인 중 하나이다. 현재 인간이 누리고 있는 수많은 기술적 도구들은 직간접적으로 과학 이론의 성과와 밀접한 연관을 맺고 있다. 많은 이들이 이해하기 어려운 양자역학을 통해 전자를 제어하는 전자공학의 영역이 탄생했으며, 이것이 현대 문명의 많은 부분을 대신하는 컴퓨터와 스마트폰과 같은 기기들의 등장을 가능케 했다. 대체의 현대인들은 상대성 이론이나 양자 역학과 같은 현대 과학의 이론적 성과들이 무엇인지 알지 못함에도 그로 인한 풍요와 편리를 누리는 것이 지금 시대의 현사실인 셈이다.

그렇다면 이 불균형을 초래한 최초의 간극은 어디서부터 나타난 것일까? 이러한 물음 앞에서 우리는 먼저 과학적 활동의 역사를 생각해보도록 하자. 물리학의 주도 속에서 이루어진 과학혁명의 사상사적 의미는 인간이 물리 세계에 대한 지식을 계시에 의해 듣는 것이라 아니라, 자신의 정신적 능력을 통해 탐구해나가는 주도적 위치를 획득한 것이다. 그런데 인간이 주도적 위치를 차지했음을 진정으로 입증한 것은 그 탐구의 범위와 한계를 결정했다는데 있다. 에스펠트는 과학혁명을 완성했다고 볼 수 있는 뉴턴의 의의를 다음과 같이 평가하고 있다. "뉴턴의 역학 이래로, 우리는 보편적이고 근본적인 물리적 이론들에 대한 권리를 소유하게 되었다."[1)]

1) *Précis de philosophie des sciences*, sous la direction A. Barberousse/D. Bonnay/M. Cozic, Vuibert, 2011, p.144.

즉 과학혁명은 인간이 물리 세계 전체를 설명할 수 있는 법칙을 자유로이 탐구할 수 있는 권한을 획득하였음을 의미한다. 그렇게 고전 역학이 완성되었고 세계의 모든 물리적 현상들은 예외 없이 법칙들에 의해 설명되었다.

중력과 같이 실제 작용을 설명하기 곤란한 몇몇의 힘들을 제외한다면 고전 역학은 우리의 일상적 직관에 부합한다. 그에 따라 자연 전체의 질서가 온전한 지식이 되었다는 믿음이 한동안 지속되었으나, 20세기에 등장한 혁명적인 이론들은 물리 세계에 대한 새로운 관점을 제시하였다. 우주의 근본적인 법칙이 우연과 관련되어 있다는 양자 역학과 시간과 공간은 상호 연관되어 있다는 상대성 이론은 우주의 대한 기존의 전망을 완전히 뒤흔들었다. 적어도 과학자들에게 고전 역학이 제시한 항구적인 질서로 운행하는 물리 세계라는 믿음은 파괴되었기 때문이다.

여기서 놓치지 말아야 할 것은 새로운 이론들은 우리의 감각과 직관이 다가설 수 있는 영역에 대한 탐구로부터 출현하지 않았다는 점이다. 이들은 전자(electron), 광자(photons), 양성자(photon), 역장(force field) 등과 같은 우리가 볼 수도, 만질 수도 없는 미시적인 영역에 대한 검토를 통해 등장하였다. 감각과 이를 통한 직관으로 접근할 수 없는 영역에 대한 탐구는 직접적인 방법 대신 우회적이고 간접적일 수밖에 없다. 즉 특정한 장치의 도움을 통해 미시적인 세계에 접근할 수밖에 없는 것이다. 이처럼 새로운 이론들의 출현은 새로운 물리 세계의 출현과 밀접한 연관을 맺고 있다.

20세기에 등장한 과학 이론들과 맞물려 있으며 현대 과학을 가능케 한 필수 조건이라 할 수 있는 새로운 물리 세계는 그 자체로 논쟁의 주제가 되었다. 감각을 통해 지각하는 일상 세계의 직관이 통용될 수 없는 세계가 과연 실재하는 것인지 의구심을 불러일으켰기 때문이다. 따라서 과학에서 다루는 대상은 이 세계에 포함되는 실재라는 실재론과 그 대상은 허구이거나 이론적 존재자들(theoretical entities)일 뿐이라는 반실재론의 논쟁이 한 동안 과학 철학의 중심적인 주제였던 것은 그리 놀라운 일이 아니다. 물론 우리는 지나간 담론들 중에서 특정한 입장을 지지하면서 새로운 논쟁을 불러일으키려는 것은 아니다. 분명한 것은 실재론과 반실재론의 논쟁은 현대 과학의 성과와 새로운 물리 세계가 가져다 준 충격을 간접적으로 제시하는 사례라는 점이다. 그 충격은 물론 감각과 직관을 통해 파악하고 행동하고 판단하는 세계와 다른 세계가 적어도 과학적으로 실재한다는 사실이다.

이제 우리는 현대 과학의 이론이 우리에게 많은 풍요를 허락했음에도 많은 이들이 그 이론들의 함축에 대해 이해하지 못하는 이유를 알 수 있다. 최초의 간극은 바로 현대 과학의 이론들과 함께 나타난 새로운 물리 세계와 감각이 통용되는 일상적 세계 사이의 틈에서 비롯된다. 그리고 이 틈은 우리의 상식과 현대 과학의 탐구에는 근본적인 차이가 있음을 보여준다. 이에 대해 라이넨바하는 다음과 같이 말한 바 있다. “상식은 일상의 물음들에 대답하는데 있어서는 훌륭한 도구이지만, 과학적 탐구가 어느 정도 복잡한 단계에 이르렀을 때에는 불충분한 도구이다.”[2]

이상의 개략적 논의를 통해 우리는 현대 과학과 지식의 문제를

2) H. Reinenbach, *The Rise of Scientific Philosophy*, California Press, 1951, p.177.

도출해 볼 수 있다. 통상적으로 자연 과학은 인간에게 이론과 실험을 통해 자연에 대한 지식을 제시한다고 이해되어 왔다. 그런데 현대 과학의 지식은 우리의 상식이 통용되는 일상과 동일한 영역에서 형성된 것이 아니다. 감각이 통하는 일상 세계에서의 직관과 물리 세계에 대한 지식은 얼마든지 다를 수 있다.[3] 그렇다면 현대 과학에서 지식은 무엇이며 어떻게 형성되는가? 이 물음은 새롭게 다루어져야 한다. 그 이유는 현대 과학은 새로운 물리 세계의 탐사를 통해 지식을 형성하기 때문이다. 현대 과학의 활동에 상식적 지식의 기준을 적용하거나 상식의 영역을 과학에까지 확장하려는 시도는 근본적인 세계의 차이에 대한 몰이해를 드러내는 것이다. 따라서 현대 과학에서 지식이 어떻게 형성되는지에 대해서 독자적으로 다룰 필요가 있다.

현대 과학을 가능케 한 혁명적 이론들은 우리의 일상과 단절된 새로운 물리 세계를 근간으로 등장했으며, 이런 점에서 이 세계는 우리의 상식과 반드시 일치한다고 볼 수 없다. 따라서 현대 과학의 활동을 이해하기 위해서는 그 활동 속에서 지식이 어떻게 형성되는 지를 검토해야 한다. 우리는 이를 위해 과학적 활동의 두 축이라 할 수 있는 실험과 이론의 특징과 이들의 관계를 살피고, 이후 이들을 매개하는 동시에 과학 지식의 규범으로 기능하는 수학을 제시하면서 현대 과학의 활동에서 지식이 갖는 고유한 성격을 음미하고자 한다.

본격적인 논의에 앞서 말해둘 것은 이 논의가 갖는 한계이다. 최

3) B. Russell, *Our Knowledge of the External World*, coll. ≪Routledge Classics≫, Routledge, 2009, pp.80-82 참조.

근 자연 과학은 각 영역마다 고유한 방법과 분석을 통해 연구되고 있는 만큼, 논의의 귀결을 현대 과학의 전체에 섣불리 일반화해서는 안 된다. 또한 지금의 자연 과학에서 현행적으로 이루어지고 있는 연구들을 설명하기 어렵다는 점이다. 이로 인해 20세기까지의 물리학의 역사에서 나타난 사례들을 통해 현대 과학에서 지식은 무엇이며 어떻게 형성되는지를 다룰 수밖에 없는 점을 분명히 해둔다.

2. 과학적 현상과 실험

17세기 베이컨이 등장하기 이전까지 과학에서 경험은 큰 중요성을 갖지 못했다. 그리스 철학과 밀접한 연관을 맺고 있던 자연학, 즉 수론과 기하학에 기초한 자연 탐구는 이론을 중시하는 경향을 띨 수밖에 없었기 때문이다. 그런데 과학혁명의 초입에서 베이컨은 자연에 대한 관찰의 중요성만을 주장하는 것을 넘어서 필요에 따라 자연을 조작할 정당한 권리를 요구했다. 여기서 상식으로 자리잡는 일상적 경험이 아닌 과학적 경험의 개념이 나타나기 시작한다. 베이컨 이전의 자연학은 그 시대적 한계로 인해 경험은 어디까지나 자연 일반의 경향으로 이해되었다. 이와 달리 자연에 적극적으로 개입하면서 개별화된 경험이 나타나도록 조작하는 새로운 경향은 경험에 새로운 의미를 부여한 것이라 할 수 있다. 우리는 이것을 '실험(experiment)'이라 말한다. 이제 실험적 방법이 과학 지식을 형성하는데 주요한 역할을 수행하게 된다. 능동적으로 조건을 설정하면서 자연에 개입하고 충분한 반복을 통해 지식을 확립하는 실험은 과학 활동과 떼어놓을 수 없게 되었다.

현대 과학에서 실험의 중요성은 더욱 강화되었다. 우리는 그 근거를 다음과 같은 간명한 물음을 통해 찾을 수 있다. 실험의 역할은 무엇인가? 해킹은 이 역할이 너무나 무시되어서 우리들이 그 이름조차 기억하지 못한다고 말한다. "나는 그 역할을 현상의 창조(creation of phenomena)라 부른다."[4] 우리의 상식에 따를 때, 자연 현상이란 창조되는 것이라기보다는 주어지는 것이다. 태양이 동쪽에서 떠서 서쪽으로 지는 현상은 지구의 자전 운동을 설명하는 '주어진' 현상이다. 이러한 사례 이외에도 우리는 과학 이론을 설명하는 많은 일상적 사례들을 어렵지 않게 생각해볼 수 있다. 그렇다면 실험의 역할이 현상을 창조라는 것은 실험에 과도한 의미 부여를 하는 것이 아닌가라는 의구심을 불러일으키기 충분해 보인다. 그런데 현대 과학은 우리의 상식이 통용되는 세계만을 다루는 것이 아니다. 감각을 통해 관찰될 수 없으며, 일상에서 나타날 수 없는 현상들의 세계를 탐구 영역으로 삼기 때문이다. 따라서 현대 과학은 상식적 세계의 현상들과 변별되는 과학적 현상들에 고유한 이름을 붙인다. 이것이 '효과(effect)'이다. 과학의 역사에서 효과는 그 자체가 아니라 항상 수식과 함께 쓰인다. 광전 효과. 제만 효과, 콤프턴 효과, 조셉슨 효과와 같이 효과는 자신을 가능하게 한 특정한 실험과 연관된다. 예컨대 X선을 전자와 충돌시킴으로써 빛의 입자성을 증명한 콤프턴 효과는 X선의 광원과 스크린, 흑연판과 같은 장치를 통해 이루어진 특정한 실험과 실험의 결과를 의미한다. 여기서 우리

---

4) I. Hacking, *Representing and Intervening - introductory topics in the philosophy of natural science*, Cambridge University Press, 1983, p.220.

는 효과가 지시하는 바가 무엇인지 알 수 있다. 현대 과학에서 효과란 실험의 역할인 특정한 현상의 창조와 동의어인 셈이다.

지금까지의 논의를 요약하여 다음과 같이 정식화할 수 있다. 현대 과학에서 말하는 과학적 현상은 설계된 실험의 산출물이다. 여기서 우리는 현대 과학에서 지식이란 무엇인지 한 번 생각해 볼 필요가 있다. 지식과 지식이 아닌 것을 가르는 중요한 요소는 그것이 어떻게 검증될 수 있는가에 결부된다고 말할 수 있다. 적어도 과학적 현상과 실험을 검토하는 지금의 논의에서 과학 지식의 검증가능성이란 창조된 현상이 동일한 조건으로 수행되는 실험에 의해 반복적으로 창조될 수 있는가에 달려있다. 즉 그 현상이 규칙적으로 식별할 수 있게 나타날 수 있다면 하나의 지식이 될 수 있지만, 그렇지 않다면 우발적인 변칙 현상이거나 실험의 수행이 잘못된 것이다. 따라서 실험의 측면에서 볼 때 과학 지식은 실험을 구성하는 설계와 장치들의 조작과 무관할 수 없다. 말하자면 "현대 과학에서 과학적 현상이란 도구를 작동시키는 그 순간에 비로소 시작되는 것이다."[5] 현대 과학은 베이컨이 강조했던 감각에 주어진 현상들을 조작하는 단계를 넘어섰다. 현상을 창조하기 위해서는 장치들의 상태를 동일하게 유지해야 하며, 설계대로 정확하게 가동하고 있는지 주의를 기울여야 한다. 관찰에 앞서 정비가 선행되어야 한다. 과학 지식은 물리적 세계에 개입하기 위한 조작의 조건을 동일하게 유지하는 것에서부터 출발한다. 즉 실험적 설계의 정확한 수행을 통해 반복적으로 현상이 창조될 수 없다면 지식 역시 형성될 수 없다.

---

5) G. Bachelard, *L'activité rationaliste de la physique contemporaine*, PUF, 3e éd., 1977, p.11.

"Location Large Hadron Collider" by diverse contributors. 스위스 제네바 근방에 위치한 LHC는 세계 최대이자 최고의 에너지 입자 가속기이다. 약 50-150m의 지하에 27Km의 원형 터널로 이루어져 있으며, 대형 관측기인 ATLAS와 CMS, 특수 목적을 위한 나머지 4개의 관측기를 합쳐 총 6개의 관측기가 설치되어 있다. 힉스 입자는 ATLAS를 통해 관측되었다.

이와 같은 지식에 선행하는 장치의 정비에 대해 누군가는 과장된 것이 아니냐고 반문할 수도 있다. 혹은 과학 지식의 형성에서 전통적으로 중요한 역할을 담당했던 주의깊은 관찰을 폄하는 것이 아니냐는 물음을 던질 수도 있다. 이러한 물음들에 대해서 우리는 현대 과학은 정교하게 설계된 장치에 의한 실험이 뒷받침되지 않는다면 지식을 형성할 수 없다는 대답밖에 할 수 없다. 입자들에 관성 질량을 부여하는 메커니즘을 입증하는 증거이기에 '신의 입자'로 알려진 힉스 입자(Higgs boson)는 현대 과학에서 고도의 기술적인 장치의 중요성을 잘 보여준다. 2013년 CERN의 LHC(Large Hardron Collider: 대형 강입자 가속기)의 가속 실험을 통해 공식적으로 입증된 힉스 입자가 피터 힉스에 의해 이론적으로 예측된 것은 1964년이었다. 약 50년 동안 이론적 산물이었던 힉스 입자의 존재를 입증한 것은 정밀하게 설계된 LHC의 실험 결과이다.

그런데 입자 가속기와 같은 실험 장치를 인간의 감각을 범위를 연장하는 최초의 망원경이나 돋보기 정도로 생각해서는 곤란하다. 과학적 현상은 마치 부정확한 상을 선명하게 보기 위해 렌즈의 각도를 조절하거나 눈을 렌즈 가까이 이동하는 것 같은 간단한 조작에 의해 창조되는 것이 아니기 때문이다. 과학적 현상의 창조를 위해서는 공학적인 고안과 장비의 물리적 조건들을 유지하는 것이 필수적이다. 힉스 입자의 입증 이후 새로운 실험을 위해 입자 가속기의 충돌 에너지를 13-14테라 전자볼트로 증강시켜야 한다고 판단한 연구진은 2년 정도 가동을 중단시키고 정비와 증설의 기간을 갖은 바 있으며, 이는 과학적 현상을 창조하는 실험에서 장치의 작동 조건을 설정하고 유지하는 것의 중요성을 보여줌과 동시에 지식의 형성에 있어 실험의 역할이 결정적임을 보여주는 사례라 하겠다.[6)]

이제 실험에 대한 다음과 같은 정식화가 가능하다. '기술적 장치에 의한 현상의 창조'가 실험의 역할이며, 과학적 현상이란 기술적

6) LHC의 가동 중단과 재가동, 그리고 13테라 전자볼트의 출력이 왜 필요한지에 대한 CERN의 공식 보도 자료는 다음과 같다. http://home.cern/about/engineering/restarting-lhc-why-13-tev[검색일자: 2016년 5월 6일]

장치에 의해 창조된 현상을 의미한다. 우리가 지금까지 살핀 소립자 물리학의 대상인 입자는 이 점을 분명하게 보여준다. 입자는 우연히 발견되는 것이 아니다. 정교한 시험 설계와 장치의 정확한 작동을 통해 창조하는 것이다. 이를 라투르와 울가는 다음과 같이 강조한다. "현상이 특정한 물질적 장치에 의존한다는 것은 그렇게 단순한 것이 아니다. 오히려, 현상은 실험실의 물질적 설정에 의해 전적으로 구성된다(are thoroughly constituted)."[7]

우리는 지금까지 현대 과학에서 실험의 위상이 고유하다는 것을 검토하였다. 현대 과학의 이론들이 탄생할 수 있었던 토대인 새로운 물리 세계는 실험에 의해 나타나며, 이 점에서 과학적 현상은 창조되는 것이라는 점을 강조하였다. 이 창조는 기술적 실험 장치와 정확한 설계를 통해 이루어진다. 미립자들로 이루어진 새로운 물리 세계는 인간이 능동적으로 자연에 개입하면서 창조된 것이다. 이로부터 우리는 세 가지의 함축을 이끌어낼 수 있다.

먼저 현대 과학에서 지식은 적극적 개입과 조작의 산물이라는 점이다. 실험실에서 특정 현상을 경험하기 위해 기술적 장치는 배제될 수 없다. 과학적 현상은 적극적 개입의 산물이라는 점에서 자연적인 것이 아니며, 또한 주어진 것도 아니다. 100만 분의 2.2초 동안 과학적으로 실재하는 뮤 입자(μ)는 우리의 감각을 통해 접근하거나 지각할 수 없다. 따라서 뮤 입자에 대한 지식은 실험을 통해서만 형성될 수 있었으며, 이런 점에서 현대 과학의 지식은 현상의 창조와 떨어질 수 없는 관계를 맺고 있다고 하겠다.

---

7) B. Latour/S. Woolgar, *Laboratory Life – The Construction of Scientific Facts*, Princeton University Press, 1986, p.64.

아마도 혹자는 이러한 실험이 갖는 고유함을 검토하면서 우리가 과학 지식의 형성에서 중요한 역할을 담당해 온 작업을 언급조차 하지 않았다고 지적할 수도 있다. 그것은 주어진 현상들을 면밀하게 파악하고 해석하려는 작업으로서, 통상 관찰이라 불려왔다. 관찰은 그 어원으로부터 볼 때 대상을 면모를 세심히 살피는 것인데, 여기에는 관찰자의 주의가 포함된다.[8] 대다수의 과학 용어들이 그렇듯 관찰 역시 철학적 배경을 지닌다는 점을 고려한다면, 관찰은 감각과 판단이 오류를 범하지 않도록 주의를 기울이는 것을 의미할 것이다. 빛이 서로 다른 매질의 경계를 투과할 때, 빛의 속도가 변화하면서 굴절 현상이 나타난다. 종종 수영장의 깊이가 밖에서 보던 것과 달리 깊거나 물 속의 막대가 꺾어져 보이는 현상은 굴절 현상에 따른 감각의 혼동이라 할 수 있다. 관찰자가 주의를 기울여야 하는 것은 이러한 오류를 피하는 것이다. 그런데 현대 과학은 감각적 경험을 제공하는 물리 세계만을 다루는 것이 아니다. 현대 과학에서 관찰이란 탐구를 위한 우발적인 출발점 이상의 역할을 지니지 못한다. 지금의 실험 과학자들은 감각과 의식에 주의를 기울이는 대신 장치의 통제 조건에 정확성을 유지하기 때문이다. 현대 과학은 장치를 통해 관찰한다. 이런 점에서 현대 과학에서 실험은 관찰을 대신한다. 즉 실험에 의한 지식이 관찰에 의한 지식을 대체했으며, 이것이 실험이 갖는 또 다른 함축이라 할 수 있다.

---

8) 관찰(observation)의 라틴어 어원은 'observantĭa'로서 관찰, 주목, 주의, 감시, 준수, 경의 등의 의미를 갖는다. - D, p. Simson, *Cassell's Latin Dictionary,* Cassell, 1959, p.404; 이들의 어원적 관계에 대해서는 O. Bloch/W. von Wartburg, *Dictionnaire étymologique de la langue française,* PUF, 8e éd. 1989, p.439 참조.

마지막으로 자연 과학의 지식을 생각할 때 흔히 떠올리는 이론과의 관계를 생각해 볼 수 있다. 오랜 기간 과학 지식을 형성하는 데 있어 주요한 구분이었던 이론과 관찰에서 주도적인 위치를 차지했던 것은 이론이었다. 관찰은 이론을 시험하고, 이론이 성립하기 위한 자료를 제공하기 위한 작업이었다. 혹은 가설을 검증하기 위한 역할을 수행해왔다. 그러나 이러한 구도는 이론과 실험에서도 그대로 적용되는 것은 아니다. 실험은 이론과 긴밀한 관계를 맺고 있지만, 이론적 작업의 선행이 실험을 위한 선결 조건은 아니기 때문이다. 현대 과학에서 특정 실험의 결과가 가설을 포기하게 하거나, 기존의 이론의 지위를 뒤흔드는 사례는 어렵지 않게 찾아볼 수 있다. 또는 하나의 실험이 의도와는 정반대로 특정한 이론을 입증하는 경우도 있다. 아마 광전 효과에 대한 아인슈타인의 해석을 반박하기 위해 시도되었지만, 역으로 이를 입증해버린 밀리칸의 실험은 대표적 사례가 되겠다. 자연적이고 주어진 현상이 아니라, 기술적 장치를 통해 창조된 현상을 검토하는 현대 과학은 이론과 실험의 관계의 성격을 근본적으로 뒤바꿔 놓았다.

이상의 세 가지 함축은 새로운 물리 세계와 과학적 탐구의 지평이 이전과 동일하지 않다는 것을 보여준다. 현대 과학을 가능케 한 이론들이 혁명적인 이유는 여기에 있다. 전적으로 새로운 물리 세계는 일상과 상식이 통하는 세계에서 형성된 지식을 통해 설명될 수 없기 때문이다. 예를 들어 한 입자의 위치와 운동량은 특정 정확도 이상으로 측정될 수 없다는 하이젠베르크의 불확정성의 원리는 우리가 살아가는 일상에서는 상상하기 어렵다.[9] 이런 점을 미

9) 정확한 설명이라 할 수 없지만, 하이젠베르크가 직접 제시한 사례를 생각해

루어 볼 때, 20세기에 등장한 이론들이 혁명적이라는 것은 단순한 찬사나 수식이 아니다. 이 이론들은 새로운 물리 세계에 입각하여 기존의 이론들의 보편성에 심각한 손상을 가하고 더 나아가 전복시키기도 했기 때문이다. 이제 현대 과학의 실험과 함께 나타난 이론들이 갖는 혁신성을 구체적으로 살피고, 이론적 차원에서 과학 지식의 형성을 살피도록 하자.

3. 추측적이고 가설적인 이론에 의한 단절

우리는 새로운 물리 세계가 새로운 방법으로부터 출현했음을 강조하기 위해, 그리고 그 세계가 현대 과학에서 탐구 방법을 근본적으로 바꿔 놓았음을 제시하기 위해 실험에서부터 논의를 개진해 보았다. 새로운 물리 세계는 감각적 직관으로부터 마련된 상식으로 접근하기 어려워 보인다. 그렇다면 이러한 특이한 물리 세계에 대한 지식은 이론의 차원에서는 어떤 특성을 보여주는 것일까? 실

보자. 방 안에 헬륨 풍선이 하나 둥둥 떠다닌다고 해 보자. 방 안은 캄캄한 데다 당신은 안대를 차고 있기 때문에 앞을 전혀 볼 수 없다. 헬륨 풍선을 확인할 수 있는 방법은 손에 있는 막대기를 휘저어서 풍선을 치는 방법 밖에 없다. 헬륨 풍선은 매우 가볍기 때문에, 당신이 아무리 세심하게 막대기를 휘두른다고 해도, 풍선을 건드려서 위치를 확인하는 순간 헬륨 풍선은 다른 장소로 날아서 이동하게 된다. 따라서 당신은 헬륨 풍선의 정확한 위치를 알 수 없으며, 단지 어디쯤 존재할 것이라고 추측만 할 수 있다. 즉, 전자의 위치와 운동량을 전자로부터 직접 알아낼 수 있는 방법은 없으며, 빛 혹은 다른 입자를 전자와 충돌시켜서 알아내야만 한다. 그런데 빛이나 다른 입자를 전자에 충돌시키는 순간, 전자의 위치와 운동량은 변화하므로 우리는 현재 전자의 위치와 운동량은 알 수 없고, 단지 추측만 할 수 있을 뿐이다.

험으로 인해 이론의 지위가 실험에 대해 부차적인 것으로 간주되는 것은 아닌지 의문을 품을 수도 있으나 그렇지 않다. 물론 이론은 실험에 의해 창조된 현상을 설명하고자 한다. 그렇다고 해서 이것이 이론의 지위를 폄하하는 것은 아니다. 이론은 여전히 고유한 역할을 담당하고 있다. 현대 이론 과학자들은 새로운 물리 세계에 대한 여러 통찰들에 깊은 자극을 받았으며, 이를 통해 모험적인 사고를 시작하였다. 그리고 이 모험적인 시도를 검증할 정밀한 실험을 요구하였다. 이러한 과정에서 새로운 자연 과학을 가능케 한 혁신적 이론들이 나타났음을 우리는 확인할 것이다. 그리고 이를 통해 현대 과학에서 이론의 함축과 이론적 차원에서 지식의 형성이 어떻게 이루어지는지 검토해보자.

과학의 역사에서 1905년은 하나의 기념비로 기억된다. 한 논문의 발표가 많은 이들이 항구적이라 믿어왔던 절대 시간과 공간이라는 좌표계의 전복시켰기 때문이다. 아인슈타인의 특수 상대성 이론의 발표는 현대 과학을 출발시켰고 새로운 과학의 시대가 찾아왔음을 예감케 하는 사건이었다. 다음의 평가는 이 점을 잘 보여준다. "우리는 새로운 과학 정신의 시대인 1905년을 응시한다. 그 때 아인슈타인의 상대성 이론이 사람들이 영원히 불변하리라고 믿어왔던 주요한 개념들을 변형시키기 위해 왔다. 이때부터, 이성은 자신의 반론들을 복수화하며, 근본적인 기초지식들을 분리하고 다시 결합하며, 추상개념들을 아주 대담하게 시험하기 시작했다."[10] 이후 몇몇의 학자들이 제2의 과학혁명이라 부를 상대성 이론과 양자 역학의 시대가 개막되었다. 이 시대를 새로운 혁명이라

---

10) G. Bachelard, *La formation de l'esprit scientifique*, Vrin, 1980, p.7

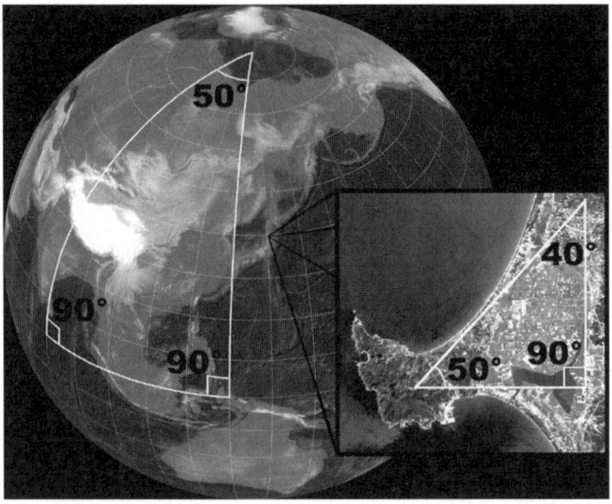

"Triangles (spherical geometry)" by Lars H. Rohwedder, Sarregouset. 유클리드 기하학은 평면에 가까워 보이는 국소 범위에서는 여전히 유효하지만, 엄밀히 말해 성립하는 이론은 아니다. 지구는 곡면으로 이루어진 구체이기 때문이다. 따라서 유클리드 기하학이 적용되는 공간은 '유사-유클리드 공간(Pseudo-Euclidean space)'이라 부른다.

간주할 수 있는 이유는 실험으로부터 창조된 새로운 물리 세계에 대한 통찰에 따라 가설을 세우고 이를 이론화했기 때문이다. 달리 말해 상대성 이론과 양자 역학은 자신들보다 앞선 시대의 이론인 뉴턴의 역학 체계를 물려받거나 참조한 것이 아니다. 감각으로 지각되는 세계와 실험을 통해 창조된 현상의 세계가 그렇듯이 새로운 혁명을 이끈 이론들은 과거의 이론들의 부정을 통해 나타났다. 우리는 이것을 '단절'의 양상이라 볼 수 있다.

새로운 이론들이 가져온 단절의 효과는 과학에 대한 통속적인 인상을 무너뜨리기에 충분했다. 오랫동안 과학은 관찰된 현상들의 관계를 해명하고자 하며, 이를 통해 관계들 일반의 법칙을 찾는 것을 목표로 한다고 이해되었다. 이러한 과학의 목표는 과학적 방법이 자연에 대한 총괄적 전망을 제시할 것이며, 과학적 방법은 모든 영역들을 탐구하는데 있어서 적용되어야 한다는 입장으로 자리 잡았다. 이와 같은 입장은 뉴턴의 고전 역학이 자연 세계의 현상 전체를 설명하는 범형이라는 점에 심리적 근거를 두고 있다. 이미 확증된 고전 역학과 그 방법 속에서 자연에 대한 새로운 발견은 점진적으로 누적하면서 전체 지식을 완성시킬 것이라는 믿음은 '일반 과학(general science)'이라는 말로 표현되었다.

현대 과학의 이론들은 바로 일반 과학이라는 믿음의 성립 근거가 더 이상 유효하지 않다는 점을 보여준다. 아인슈타인의 상대성 이론은 뉴턴 역학이 성립하기 위한 중요한 전제인 절대 시간과 절대 공간의 전제를 부정하면서 탄생한다. 비유클리드 기하학은 유클리드 기하학의 제5 공준인 평행선 공준에 대한 부정을 통해 나타난다. 이처럼 새로운 과학 이론들은 이전의 이론들이 아무리 오랜 기간 지배력을 행사해 왔다 하더라도 그 영향권에 속하지 않는다. 아인슈타인의 상대성 이론은 어떤 지점에서도 뉴턴을 반복하지 않았다. 파인만의 지적처럼 "상대성 이론에서 특히 난점이었던 것은 오랫동안 옳다고 받아들여졌던 뉴턴의 법칙이 궁극적으로 잘못되었다는 것을 처음으로 깨달아야 했기 때문이다. 또한 매우 그럴듯해 보이는 시간과 공간에 대한 일상적 관념들이 잘못되었다는 것을 받아들이기 어려웠기 때문이다."[11] 오히려 아인슈타인은 전적으로 새로운 방법들을 통해 이론을 고안한다. 갈릴레이 변환식이 아닌 로렌츠 변환식이, 유클리드 기하학이 아닌 리만 기하학이 가

---

11) R. Feynman, *The Character of Physical Law*, MIT University Press, 1967, p.162.

설을 성립하는데 쓰였으며 이는 과학의 점진적 발전을 주장하는 입장에 대한 반례가 된다.

현대 과학의 정립을 이끈 이론들은 전적으로 새롭다. 단순히 신선함을 의미하는 것이 아니라 이전에는 생각할 수 없었던 통찰이기 때문이다. 그런데 현대 과학의 이론들과 이전의 이론들의 관계를 생각할 때, 우리는 다음과 같은 물음을 던질 수 있다. 이론의 측면에서 볼 때, 과학 지식의 지위는 늘 위태로운 것이 아닐까? 포퍼는 그렇다고 말한다. "물리학과 생리학과 같이 자연 과학들을 구성하는 부분들은 성격상 본질적으로 추측적(conjectural)이거나 가설적(hypothetical)이다."[12] 현대 과학의 성립에 기여한 이론들은 기존의 이론들을 부정하고 그 토대와 단절하면서 출현했다. 그렇다면 이 이론들 역시 기존의 이론들과 같은 운명에 처하지 않으리라는 보장은 어디에도 없다. 이것은 그저 가능성에 대해 말하는 것이 아니다. 모든 과학적 이론은 얼마든지 그 지위를 시험받을 수 있다. 무엇을 통해서 시험받는가? 바로 실험이다. 플로지스톤설을 논박한 라부아지에의 연소 실험은 이에 대한 대표적 사례라 할 수 있다. 슈탈은 연소 현상이 플로지스톤이라는 물질의 방출에 의한 것이라 보았는데, 그렇다면 연소가 일어난 물질의 질량은 감소해야 한다. 그러나 라부아지에의 정량적 실험은 오히려 질량이 증가함을 보여주었다. 이러한 실험 결과는 플로지스톤설의 폐기로 이어졌다. 이처럼 실험에 의해 창조되는 현상은 언제나 이론의 지위를 논박할 수 있다. 이론은 실험의 결과에 따라 언제든지 수정되고 그것을 재

12) K. Popper, *Objective Knowledge – An Evolutionary Approach*, Oxford University Press, 1972, p.75.

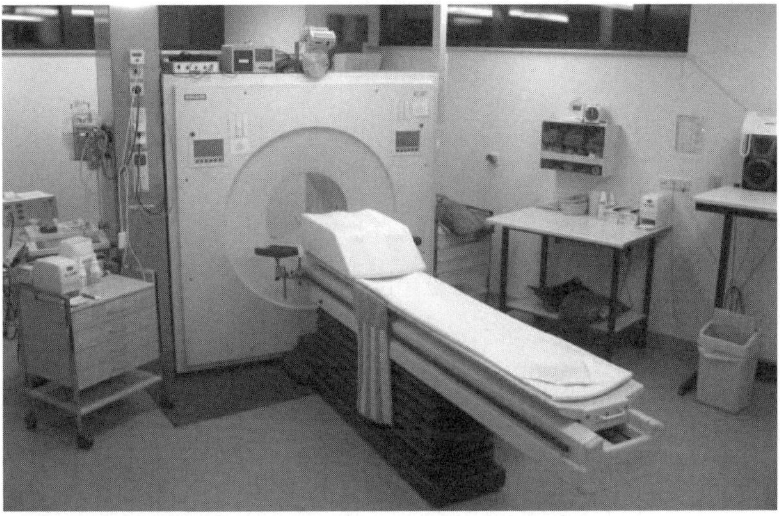

양전자 방출 단층 촬영기(Positron emission tomography: PET)

적용해야 한다.

더 나아가 실험 결과가 새로운 이론의 고안을 촉구하는 경우도 있다. 1911년 오너스는 절대영도보다 높은 온도에서 수은의 전기 저항이 없어지는 현상을 관찰하였다. 그러나 당시 이 현상을 설명할 수 있는 이론은 없었으며, 1936년 모트와 존스는 금속 물질에서 전기와 열의 전도를 설명하는 이론은 다음의 실험 결과를 설명해야만 한다고 주장했다. 특히 그들은 "(5) 초월전도성(supraconductivity) [초전도성]의 출현[13)]"의 이론적 설명이 필수적이라는 점을 강조한다. 결국 40여년이 지난 1957년에야 초전도성을 이론적으로 설명하는 논문이 발표된다. 이러한 예들은 하나의 이론은 얼마든지 현상들에 의해 반박될 수 있으며, 관찰 자료에 의해 이론의 성립이 촉구될 수 있다는 것을 알려준다. 현대 과학에서 새로운 이론들은 실험 결과

---

13) I. Hacking, *op. cit.*, p.165.

와 무관하거나 일방적인 관계를 맺는 것이 아니다.

그러나 이러한 사례들을 통해 이론의 지위는 그저 실험의 결과에 의해 좌우되는 것이 아니냐고 속단해서는 안 된다. 현대 과학에서 이론의 성격이 추측적이고 가설적이라는 포퍼의 규정은 이론의 위상을 단순히 약화시킨 것이 아니다. 오히려 그렇기에 과학자들은 대담한 가설들을 고안하고 이를 이론화하기 위해 노력을 기울일 수 있기 때문이다. 파인만은 현대 과학의 이론이 언제든 모험적이어야 한다고 말한다. "과학은 이전에 행해진 적이 없는 어떤 실험에 대해 말해줄 때에만 유용한 것이다."[14] 디락의 상대론적 양자역학은 이론의 모험적 성격을 잘 보여준다. 디락은 자신의 가설을 통해 음 에너지-질량을 지닌 양전자(positron)가 존재한다는 것을 예측한 바 있다. 이 가설은 우리의 상식과 전면으로 배치된다. 음 에너지-질량은 있는 것의 반대로서 없는 것이 아니라, 양수와 음수의 관계처럼 정반대 극의 질량의 존재함을 의미하기 때문이다. 이런 점에서 디락의 양전자 가설은 우리의 상식으로부터 출발해서는 상상조차 할 수 없는 물리 세계를 제안했다. 여기서 주목해야 할 점은 허구적인 것으로 여겨졌던 양전자가 1932년 앤더슨의 우주선 실험에 의해 입증되었다는 사실이다. 이를 토대로 현대 과학은 기본 입자들에 상응하는 반입자의 존재를 인정한다. 이는 이론에 의한 예측이 실험에 의해 입증된 사례이다. 흥미로운 것은 반입자의 입증을 통해 인체에서도 양전자가 생겨난다는 사실이 밝혀졌고, PET(양전자 방출 단층 촬영기)와 같은 실용적 도구가 사용되고 있다는 것이다. 자신의 이론이 반입자라는 떠올리기 어려운 가정을 포함

14) R. Feynman, *op. cit.*, p.164.

해야 한다는 사실에 고민했던 디락은 아마 이를 상상조차 하지 못했을 것이다.

지금까지의 논의를 정돈해보도록 하자. 현대 과학에서 이론의 지위는 이전과 달리 안정된 것이 아니며, 항구적이지도 않다. 그러나 '추측적이고 가설적'이기에 현대 과학의 이론은 대담하게 자연의 알려지지 않은 부분들을 가정하고 새로운 예측을 내세운다. 여기서 이론과 실험은 밀접한 연관을 맺는다. 실험은 이론을 수정하거나 폐기시키기도 하지만, 이론에 따라 실험 계획은 수립되고 장치들의 고안을 통해 이를 검증하고자 한다. 이런 점에서 이론은 분명 실험을 통한 입증을 요구한다. 그 요구에 의해 실험이 계획되고 진행된다는 사실을 부인할 수는 없다. 앞서 언급했던 힉스 입자의 실험 역시 이론적 요구에 실험 결과가 부응한 결과라 볼 수 있다. 그러나 모든 실험이 반드시 이론을 입증하는 것만이 아님을 우리는 살피었다. 이런 점에서 실험과 이론의 관계는 일방적인 것이 아니다. 이들은 서로 상관적으로 변화하고 영향을 주고받으면서 역동적으로 지식을 형성하고, 그 토대들을 재조직한다. 우리들이 검토한 사례들은 이론화를 위한 합리적 사고와 실험에 의한 현상의 창조가 맺는 관계를 잘 보여준다. 현대 과학은 이론적 측면과 실험적 측면의 중요성을 인정한다. 지금의 과학 지식은 실험과 이론의 상보적 관계에 의해 형성된다. 여기에 대해서는 바슐라르의 언급을 덧붙이는 것으로 충분할 것이다. "과학적으로 사고한다는 것은 이론과 실천 사이를 매개하는 인식론적 장에 위치하는 것이다."[15)]

---

15) G. Bachelard, *La philosophie du non*, PUF, coll. 《Quadrige》, 2005, p.5.

4. 실험과 이론의 매개로서 수학

우리는 앞선 두 절에서 현대 과학의 고유함을 실험과 이론이라는 논점에 입각하여 검토하였다. 새로운 물리 세계를 탐구하는 두 축인 실험과 이론은 긴밀하면서도 역동적인 상호 관계를 보여주었으며, 이를 통해 우리는 과학 지식은 이들의 상보적 관계에 의해 형성된다는 것을 제시하였다. 이쯤에서 우리는 다음과 같이 자문할 수 있다. 실험과 이론의 상보적 관계는 무매개적으로 가능한 것인가? 실험은 정밀한 기술적 설계에 의해 고안된 장치들을 정확한 지침에 따라 다루어야만 가능하다. 이론은 다양한 착상들을 하나의 정합적 체계로 구성하면서 정립될 수 있다. 두 활동은 동일한 영역에서 이루어지는 것이 아니다. 그렇다면 실험 과학자와 이론 과학자는 어떻게 자신들의 견해와 입장을 표명하고 교환할 수 있는가? 어떻게 탐구 영역을 가능한 일반화하는 이론과 개별적인 현상을 창조하는 실험이 서로 만날 수 있는가? 과학은 근본적으로 정량적인(quantitative) 학문이라는 점을 생각한다면 우리는 그 매개가 무엇인지 쉽사리 추측할 수 있다.

매개는 바로 수학이다. 수학은 기호들의 수적 관계 통해 다양한 현상들을 최대한 일반화하여 표현할 수 있다. 수리물리학이 탄생할 수 있었던 배경은 당대 과학자들이 수학이야말로 자연 현상을 설명하기에 가장 적합하다고 믿었기 때문이다. 수식으로 가득한 이론 물리학과 실험 물리학의 교과서들은 일반 대중에게는 과학에로의 접근을 어렵게 만들지만, 수학은 물리 현상을 탐구하는데 큰 이점을 갖고 있다. 수학은 가장 간결한 정리와 체계적 순서를 제공하며 광범위한 응용이 가능케 한다. 또한 종종 일상 언어에 마주할 수 있는 애매성을 가능한 배제하면서 확실하게 탐구의 범위를 한정짓는 것이 가능하다. 우리는 이에 대해 파인만의 권위에 기대는 것에 양해를 구하고자 한다. "자연을 배우고 자연을 올바로 인식하기 위해서는 자연이 이야기하는 언어를 이해하는 일이 필요하다. 자연은 오직 한 가지 형태로서 자신의 정보를 제공한다. 그리고 우리는 스스로가 어떤 관심을 보이기도 전에 자연에게 변하기를 요구해도 될 만큼 교만하지는 않다."[16]

수리물리학의 탄생의 큰 기여를 한 것으로 알려져 있는 뉴턴의 중력 법칙을 통해 수학적 설명의 장점을 엿보기로 하자. 나무에서 사과가 떨어지는 것과 태양 주위로 행성이 공전하는 것은 개별적인 현상이지만, 뉴턴 역학에서는 다음과 같은 중력의 법칙에 대한 개별적인 사례들이다.

$$F = G\frac{mm'}{r^2}$$

F=힘, G=중력상수

뉴턴의 중력의 법칙은 사과의 낙하 운동과 행성의 공전 운동을 간단한 하나의 수식으로 설명한다. 두 물체 사이의 힘은 질량의 곱에 비례하고 물체 사이의 거리의 제곱에 반비례한다. 우리의 눈으로 볼 수 있는 거리이든, 천체망원경을 통해서만 측정할 수 있는 먼 거리이든 모든 중력 현상에 작용하는 힘의 값은 이 법칙에 의해 설

16) R. Feynman, *ibid.*, p.58.

명될 수 있다. 과학은 개별적인 현상들을 일반화하여 설명할 수 있는 법칙들을 추구한다. 앞서 말했듯 뉴턴이 구성한 통합적 역학 체계는 현대 과학의 이론들의 등장과 함께 재고되었지만, 수리물리학의 탄생은 코이레가 말했듯 "17세기 과학적 사고의 가장 근원적이고 중요한 경향"[17)]인 동시에 수학이 자연 현상을 설명하는 언어로 정착했음을 의미했다. 현대 과학자들은 수학을 통해 사고하고 그 내용을 표현한다. 실험과 이론의 상보적 관계는 수학이라는 매개에 의해 성립한다. 만약 수학이라는 매개가 없다면 이론은 정성적인(qualitative) 담론이 될 것이며, 아마도 자연의 근원에 대해서 논하는 형이상학적 담론과 큰 차이를 보이지 못했을 수도 있다. 또한 실험 역시 작동의 조건을 정확하게 설정하지 못하고, 매번 하나의 현상을 창조하기 위해 유사한 시행착오를 반복했을 것이다.

이처럼 수학은 현대 과학에서 지식을 형성하는 데 결정적인 관계인 실험과 이론의 관계를 매개한다. 그렇다면 그 역할은 무엇인가? 우리는 매개항으로서 수학의 역할이 새로운 사고의 조건인 동시에 표현에 규범을 부여하는 것이라 생각해 볼 수 있다. 우리는 수학이 현대 물리학의 사고 자체이며, 사고의 내용을 표현하는 것이라는 주장하였는데, 이를 비유클리드 기하학과 상대성 이론의 사례를 통해 살피도록 하자. 유클리드 기하학의 제5 공준을 부정하면서 탄생한 비유클리드 기하학은 당대 물리학에 큰 영향은 미쳤다. 유클리드 기하학은 우리가 살고 있는 지구상의 공간을 설명하는데 유용하다는 점을 부인할 수 없지만, 비유클리드 기하학은 미시 공간과 극대 공간에 탁월한 해석을 가능하게 했기 때문이다. 특히 기

---

17) A. Koyré, *Etudes newtoniennes, Gallimard*, 1968, p.33.

하학에 곡률(curvature) 개념을 도입한 리만 기하학을 통해 구의 면과 같은 휘어진 공간을 수학적으로 다룰 수 있게 되었고, 이로 인해 우주는 평평한 공간이 아니라 시공간 안에 있는 물체들에 의해 변형된 공간이며, 중력은 시공간의 곡률과 연관되어 있다는 일반 상대성이론이 등장하게 되었다. 비유클리드 기하학의 물리학적 함축은 떨어진 두 물체가 상호작용한다는 뉴턴의 중력 이론을 시공간의 곡률로 새롭게 설명할 수 있게 되었으며, 절대 공간의 전제를 전복시킨 점이라 할 수 있다. 아인슈타인의 말을 직접 인용하는 것이 적절하겠다. "비유클리드 기하학의 발전은 사고의 법칙과 경험에 모순됨 없이 공간의 무한성에 대해 의심할 수 있게 하였다."[18)]

비유클리드 기하학과 상대성 이론의 사례는 수학이야말로 현대 과학의 언어라는 것을 적극적으로 보여준다. 수학은 물리적 현상과 운동을 새롭게 이해하는데 결정적인 영향을 가했기 때문이다. 유클리드 기하학-뉴턴의 중력 법칙의 연대가 비유클리드 기하학-아인슈타인의 일반 상대성 이론으로 대체되는 과정은 물리학 영역에서의 이론의 변화가 기하학적 이론의 변화와 불가분의 관계를 맺고 있음을 보여준다. 비유클리드 기하학이 없었다면 아인슈타인은 상대성 이론이 가능한 공간을 사고할 수 없었을 것이다. 역으로 유클리드 기하학에 따라 공간을 사고할 수밖에 없었던 뉴턴에게 절대 공간은 선택의 결과라기보다는 사고할 수 있는 유일한 가능성이었던 셈이다. 따라서 수학은 단순히 표현을 위한 언어가 아니라 과학적 사고의 가능성을 허락하는 동시에 규범으로 기능하

18) A. Einstein, *Relativity – The Special and The General Theory*, 15e éd, Crown publisher, p.108.

는 셈이다. 바슐라르의 언급을 빌려 표현하자면 다음과 같다. "수학적으로 표현하려는 노력만이 발견의 축을 형성하고, 수학적 표현만이 현상을 사고하는 것을 허락한다. [⋯] 새로운 수학적 기구(instrument)의 숙달이 없이는 새로운 인식들도 없다."[19]

수학의 규범성은 실험의 설계에서도 찾아볼 수 있다. 반 프라센은 "현장 과학자에게 이론의 진정한 중요성은 그것이 실험적 설계의 한 요소라는 점이다"라고 말한 바 있다.[20] 이론적 사고는 수학에 의해 규제된다. 따라서 이론을 검증하기 위한 실험에서도 수학의 규범성은 작동한다. 가장 유명한 실패로 알려진 마이켈슨과 몰리의 실험은 빛의 매질인 에테르의 실재를 입증하고자 시도되었다. 먼저 지구는 태양 주위를 29.76Km/s로 공전하며, 태양 역시 운동하기에 그들은 에테르가 있다면 행성의 운동에 의해 '에테르 바람'이 형성되어 있을 것이라 생각했다. 따라서 그들은 하나의 광원에서 반투명 거울을 통해 직각으로 나누고 하나를 에테르의 방향과 나란하게, 다른 하나를 직각 방향으로 쏘아서 검출되는 시간차가 있는지 측정하고자 했다. 이 실험은 마이켈슨과 몰리를 포함해 전 세계에서 1881년부터 1930년 동안 13번 이상 반복되었으나 시간차는 거의 0에 가까웠으며 결국 성공하지 못하였다. 그들의 실험은 지구의 공전 속도가 빛의 약 1/10,000이라는 점과 그에 따른 기댓값을 얻을 수 있도록 정교하게 설계되었으나, 원하는 값은 결국 얻지 못하였고 오히려 에테르는 존재하지 않는다는 것을 입증해버

---

19) G. Bachelard, *Le nouvel esprit scienfitique*, PUF, coll. 《Quadrige》, 2008, p.58.
20) Bas C. Van Fraasen, *The Scientific Image*, Oxford University Press, 1980, p.73.

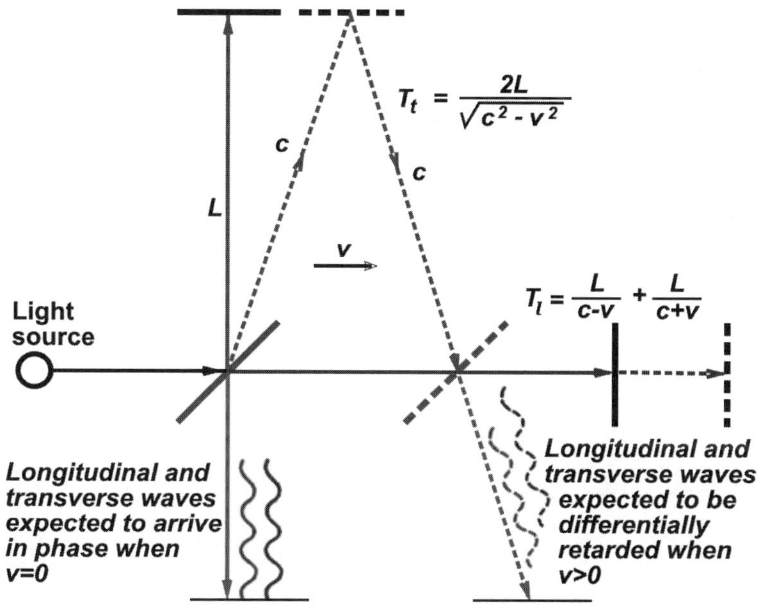

"Michelson-morley calculations" by Stigmatella aurantiaca at English Wikipedia. Licensed under CC BY-SA 3.0 via Commons. 마이켈슨과 몰리는 하나의 광원에서부터 두 개의 광선을 만들어 하나는 에테르 바람의 방향과 나란히, 다른 하나는 바람 방향과 직각으로 쏘아 이들이 반사되어 돌아오는 시간차를 측정하고자 했다. 실험의 설계는 정확한 수학적 계산에 의해 이루어졌다.

렸다. 그럼에도 불구하고 이들이 시간차를 정확하게 측정하기 위해 실험 장치를 지속적으로 개선하고 오차 범위를 축소하기 위해 노력한 길고 긴 과정은 하나의 실험에서 수학에 의해 설계된 조건과 절차들을 준수했음을 잘 보여준다. 한 가지 강조할 점은 이 실험의 실패가 역설적이게도 광속 불변의 법칙의 발견으로 이어졌다는 사실이다. 이는 실험에서 최초의 가설에서 기대한 것과 다른 변칙 현상들이 규칙적으로 반복된다면 그것은 가설을 재고해야 할 필요성으로 연결된다는 점을 강조하도록 하자.

실험과 이론의 상보적 관계는 두 항 사이를 매개하면서 규범적 역할을 수행하는 수학에 의해 성립된다. 현대 과학에서 지식은 현상의 창조와 과감한 이론적 사고의 지속적인 상호 작용 속에서 형성된다. 이미 여러 과학의 역사를 장식하는 사례들을 검토하면서 느꼈으리라 생각되지만, 과학 지식은 특정한 수명을 가지고 있는 것처럼 보인다. 자연 현상을 설명하는 이론적 시도는 예기치 못한 실험 결과에 의해 좌절된다. 또한 새로운 이론을 검증하기 위해 정교한 장치들이 고안하고, 정확한 실험을 위해 장치들의 작동 조건들을 이론에 비추어 정밀하게 설정하고 유지한다. 과학자들은 이런 지난한 공동 작업에서 사고의 법칙이자 소통의 매개인 수학을 활용한다. 과학적 사고의 확장을 허락하는 동시에 규범으로 작동하는 수학은 실험과 이론 사이를 매개하며 과학 활동 전체에 추동력을 불어넣는다. 그리고 현대 과학은 이러한 추동력을 통해 자연에 대한 새로운 지식을 형성해 나간다.

5. 자연 과학의 진보적 성격과 지식

우리는 지금까지 현대 과학에서 지식의 형성을 실험과 이론, 그리고 이들 사이를 매개하는 수학을 통해 우회적으로 제시하려 했다. 실험과 이론, 수학은 현대 과학의 활동에서 이전과 다른 독특한 함축을 지닌다. 먼저 실험은 우리의 감각으로 접근할 수 없는 물리적 현상들을 창조한다. 그리고 여기에서 기술적 장치를 조작하고 제어하는 활동의 중요성이 어느 때보다 강조되었다. 기술적 장치에 의해 현상을 창조하는 현대 과학의 실험은 자연에 적극적으로 개입하면서 새로운 물리 세계를 창조한다. 이러한 실험의 성격은 현대 과학에서 지식은 적극적인 조작과 개입의 산물이라는 점을 보여준다.

전통적으로 실험과 하나의 짝을 이루어 왔던 이론은 현대 과학에서는 항구적인 지위를 지니는 것이 아니다. 현대 물리학의 시대를 열어버린 새로운 이론들은 오랫동안 물리 세계 전체를 설명해 왔던 고전 역학에게 변제해야 할 어떠한 이론적 채무도 지지 않았다. 전적으로 새로운 토대에서 탄생한 이론들은 단순한 법칙들로 물리 현상 전체를 설명하던 체계를 전복시켰다. 이로부터 우리는 현대 과학의 이론들은 추측적이고 가설적 성격을 지니는 것으로 이해됨을 살피었다. 물론 이것은 현대 물리학을 가능케 한 새로운 이론들에도 역시 적용되며, 오히려 이 점이 현대 과학 이론의 대담한 가정들로 이어졌음을 제시하였다.

실험과 이론은 상보적 관계로 맺어져 있다. 더 정확하게 말해 현대 과학에서 실험과 이론은 나누어서 생각할 수 없다. 우리는 이것을 양자를 매개하는 수학을 통해 드러내고자 했다. 수학은 개별적 사례들을 가장 단순하게 일반화할 수 있으며, 이론의 검증을 위해 실험을 설계하는 지침이 된다. 그러나 수학은 과학자들의 사고를 표현하기 위한 언어 이상의 역할을 수행한다. 그것은 한 시대의 과학자들에게 새로운 사고의 가능성을 허락하는 동시에 한계로 작용하기 때문이다. 이는 실험 과학자와 이론 과학자 모두에게 부과되는데, 우리는 이 과정에 의해 물리 세계를 새롭게 설명하는 이론들이 등장했다는 것을 살피었다.

우리는 이상의 논의를 통해 현대 과학의 활동은 늘 진보로 향해 있음을 알 수 있다. 현상을 창조하는 실험은 새로운 이론의 정립을 요구하며, 새로운 추측과 가설을 시도하는 이론적 사고는 정확한 실험적 설계를 통해 이를 입증할 것을 요구한다. 그리고 수학은 그 사이를 매개하면서 새로운 사고의 가능성과 규범의 역할을 수행한다. 따라서 자연 과학은 분명히 진보적 성격을 갖고 있으며 지금까지 살핀 현대 과학의 여러 사례들은 이를 입증한다. "진보는 과학 문화의 추진력 자체이며 과학사가 써야 할 것은 이러한 추진력이다"[21] 아마 우리가 지금까지 검토한 바에 비추어본다면, 과학의 진보는 실험과 이론, 그리고 그 사이를 매개하는 수학이 맺는 상보적 관계에 따른 것이라 보아야 할 것이다.

그렇다면 과학 지식 역시 이러한 성격을 갖고 있다고 생각해야 하지 않을까? 물론 그렇기에 과학 지식은 언제든지 기존의 이론적 토대에서 단절되고 새로운 이론에 의해 그 지위가 변경되거나 폐기될 수도 있다. 즉 이론과 실험이 그렇듯 과학 지식 역시 항구적인 안정을 보장해 줄 어떤 근거도 갖지 못하는 것이다. 그러나 이를 과학 지식이 더 이상 물리 세계를 안정적으로 설명할 수 없다는 비관적 입장으로 받아들일 필요는 없다. 오히려 과학 지식이 언제든 새롭게 형성되고, 전적으로 다른 이론적 토대에서 재조직되고, 실험적 현상에 의해 반박된다는 것은 그만큼 자연 과학이 진보하고 있다는 방증이기 때문이다.

---

21) G. Bachelard, *L'activité rationaliste de la physique contemporaine*, PUF, 3e éd., 1977, p.34.

참고문헌

Bachelard(G.), *Le nouvel esprit scienfitique*, PUF, coll. 《Quadrige》, 2008.

________, *La philosophie du non*, PUF, coll. 《Quadrige》, 2005.

________, *La formation de l'esprit scientifique*, Vrin, 1980.

________, *L'activité rationaliste de la physique contemporaine*, PUF, 3e éd., 1977.

Bloch(O.)/Wartburg(von W.), *Dictionnaire étymologique de la langue française, PUF,* 8e éd. 1989.

Einstein(A.), *Relativity – The Special and The General Theory*, 15e éd, Crown publisher.

Feynman(R.), *The Character of Physical Law*, MIT University Press, 1967.

Hacking(I.), *Representing and Intervening - introductory topics in the philosophy of natural science*, Cambridge University Press, 1983.

Koyré(A.), *Etudes newtoniennes*, Gallimard, 1968.

Latour(B.)/Woolgar(S.), *Laboratory Life – The Construction of Scientific Facts*, Princeton University Press, 1986.

Précis de philosophie des sciences, sous la direction Barberousse(A.), Bonnay(D.)/Cozic(M.), Vuibert, 2011.

Popper(K.), *Objective Knowledge – An Evolutionary Approach*, Oxford University Press, 1972.

Reinenbach(H.), *The Rise of Scientific Philosophy*, California Press, 1951.

Russell(B.), *Our Knowledge of the External World*, coll. ≪Routledge Classics≫, Routledge, 2009.

Simson(D.P.), *Cassell's Latin Dictionary*, Cassell, 1959.

Van Fraasen(Bas C.), *The Scientific Image*, Oxford University Press, 1980.

K N O W L E D G E

제2부

지식과 인간 사회

제1장 역사와 지식

송석랑

[내용요약] 이 장에서는 현대에 이르러 지식의 새 조건으로 지목된 진리의 가변성, 탈주체성, 역사적 개체성 등이 어떻게 '요구/수용'되는지를 역사지식의 경우를 통해 살펴본다. 이를 위해 이 글은, 지식의 전통 조건을 극복하려했지만 '상대적 주관성'이라는 난제를 다 해소하지 못한 채 미완에 그쳤던 역사주의의 시도를 비판적으로 분석한 후, 역사주의를 '지양/극복'하는 자리에서 지식의 새 조건을 취하며 그 난제를 해소하는 역사연구의 새 양상들을 고찰했다.

1. 지식의 조건과 역사연구

적어도 서구에서의 지식은 전통적으로 진리와 이성, 그리고 역사에 대한 형이상학적 도그마에 의지해 발생했다. 이 경우 다음의 세 관념들은 지식을 가능하게 해주는 조건의 요체로 취해진다. 즉 (1) 플라톤에서부터 현대사상의 초입에 이르기까지 나타나는 "진리의 영원불멸성", (2) 데카르트 이래로 확산되어온 "이성주체의 보편성", (3) 헤겔과 맑스의 이론에 따라 무한한 진보의 과정으로 규정된 "역사의 총체성" 등이 그것이다.[1] 하지만 현대 이후, 지식의 전통적 가능조건은 이 관념들이 의존했던 형이상학적 도그마가 몰락하면서 균열된다.

지식의 '절대적 객관성'에 대한 종래의 신념을 와해시킨 이 균열은 무엇보다도 진리에 대한 영원불멸의 이념이 인간 '주체'의 유한성(시간성)에 밀려 퇴색함으로 인해 이성의 보편성이 의문의 대상이 되고, 이에 따라 목적을 지향하는 총체성으로서의 역사와 진보의 신화"[2] 역시 쇠락하는 국면에서 기인했다. 이후 지식의 조건은 영원불변의 진리에 상응하는 '보편적 이성의 객관성과 진보적 역사의 총체성'에서 진리의 가변성에 상응하는 '탈주체적 이해 및 담론 권력 혹은 무의식의 욕망'과 '역사적 개체의 우연성 혹은 단절성' 등으로 이행된다. 그러나 이 이행 앞에서 우리는 전통적 지식의 조건이 가장 유의미하게 반영된 사안, 즉 '인식의 객관성'에 연관한 하나의 주요한 물음을 제기하게 된다. 즉, 그렇게 이행된 지식의 조

---

1) J. 뤼스, 『지식과 권력2』, 황수원 옮김, 예하, 1993, p.7.
2) *Ibid.*, p.100.

건은 지식의 '절대적 객관성'을 '상대적 주관성'으로 대체할 뿐인가? 아니면, 전혀 다른 대안의 객관적 지식을 수반하는가?

이와 같은 물음은 물론 지식일반에 해당할 것이다. 하지만 여기에서는 그 물음을 지식일반이 아니라 역사에 대한 지식, 즉 역사지식의 경우를 통해 고찰할 것이다. 이 고찰은 지식일반에 새롭게 개입하는 조건들(진리의 가변성, 탈(脫)주체성 및 역사적 개체성)이 어떻게 지식에 '요구/수용'되었는지를 '역사연구'[3]의 역사인식에 대한 사적(史的) 접근을 통해 해명하는 가운데 수행될 것이다. 이를 위해 이 글은 우선, 지식의 전통적 조건을 극복하려했지만 지식의 '상대적 주관성'이라는 난제를 해소하기 위해 결국은 지식의 전통적 조건과 내통하며 미완의 시도에 그쳤던 역사주의의 인식론적 입장을 비판적으로 살펴본다. 그런 연후, 지식의 새 조건들을 충족하는 역사연구의 새 양상들을 논급하며 지식의 그 난제에 연관된 위의 물음에 대한 하나의 가능한 답변을 제시할 것이다.[4]

3) 이 글에서는 '일어난 사건의 과정으로서의 역사'(res gestae)와 '기록으로서의 역사(rerum gestarum memoria)'를 각각 '역사'와 '역사연구'로 썼다. 하지만 설명상의 제시나 표현상의 부연이 필요한 곳에서는 그대로 썼다.

4) 이런 측면에서 '역사지식'에 대한 이 글의 논의는 '지식의 역사성'을 함축적으로 포괄하게 될 것이다. 이후의 내용은 『인문학연구』 34권, 2호(2007)에 실린 논문, 「역사연구의 '과학-예술성'과 객관성」를 수정 보완한 것임.

2. 역사연구의 '과학-예술'성과 인식주관의 양면: 긍정적 주관성과 부정적 주관성

역사의 사실은 역사연구의 내용, 즉 역사지식으서 현존한다. 그러나 이 경우 역사지식의 진실을 우리는 무엇으로써 가늠할 수 있을까? 사료로써 그 진실의 정도를 재려드는 것은 사뭇 단순하다. 시대들의 기호 같은, 그것도 역사가에게 유효성을 평가받아야하는 사료가 역사의 사실에 대한 지식의 진실성을 보증할 궁극의 수단일 수 없기 때문이다. 이에 대해 한 논자는 이렇게 썼다. "예컨대 문서나 코인 그리고 소송절차와 같은 '과거의 자취'는, 사료라는 측면에서 볼 때, 어떠한 의미나 확실성을 겉으로 나타내고 있지 않다. 역사가가 한 시대의 증거로 수집한 사료들을 읽는 일은 탐구이지 기계적인 수용이 아니다."[5]

이와 연관해 또 한 논자는 이렇게 말했다. "따지고 보면, 역사가의 작업은 구체적으로 발생한 사실들이 아니라 사료들로부터 시작한다. 그는 가능한 모든 사료들 중 주어진 것을 통해 우리가 역사적 사실들이라 부르는 것을 구성한다. 다시 말해서, 역사가는 몇몇 중요한 기준들을 사용하여 자신의 의도에 따라 수집한 사료들을 적절히 고르는 한편, 그렇게 선택된 사료들을 역사적인 사건들이 되기에 적합한 형태로 연결 조합하며 가공한다. 따라서 겉으로는 그렇지 않아 보임에도 불구하고 역사적 사실들은 출발점이 아니다. 그것들은 차라리 종착점이자 결과다. […] 만일 어느 역사가

---

5) W. H. Walsh, *Philosophy of History : An Introduction*, Harper/Row Publishers, 1968, p.20.

가 있어 자신은 구체적으로 발생한 사실들에서 출발한다고 주장한다면, 그 주장은 단지 하나의 환상일 뿐이다."[6] 여기에서 '구체적으로 발생한 사실들'은 가능한 '역사적 사실들'을, 그리고 '역사적 사실들'은 "역사연구의 어떤 사건"에 대한 지식을 통해 비로소 실재성이 입증되는 "역사의 일부 사건"으로서 그 가능성이 실현된 것들을 이른다.[7] 이런 면에서 '역사적 사실'은 '기록된 것'과 '일어난 것' 모두를 뜻한다.

그러나 그렇다고 해서 위에서 인용된 구절들이 '역사'의 사실은 관념론적 정신—정확히 말하자면, 주관주의적 정신—의 산물이라는 내용을 말하진 않는다. 그것은 오히려 역사의 사실이 역사연구의 지식을 통해서만 인식될 수 있다는 의미를 말한다. 흔히 생각하듯 역사가는 역사의 사실을 갖고 역사연구를 기술할 수 없다. 만일 그럴 수 있다면, 역사의 사실은 사변적인 추상에 그치고 만다. 역사의 사실은 연구의 주체에 '앞서 주어지는' 실물이 아니지만, 그렇다고 그 주체 밖에서 존재하지 않는 것도 아니다. 그것은 분명 외적인 존재이되, 사료에 대한 탐색을 통해 알려질 어떤 것으로서만 존재한다. 역사적 사실은 어디까지나 역사연구의 구성적 지식에서 자신의 존재를 드러낼 수밖에 없기 때문이다.

'역사적 사실'로서의 역사지식은 역사연구의 피할 수 없는 운명, 즉 "역사가는 경험적 증거물에 결부됨과 동시에 자신의 주제를 멀리 떨어진 곳에서 간접적으로 살펴야한다"[8]는 진술이 함축하는

6) A. Schaff, *History and Truth*, Pergamon Press Ltd., 1976, p.257.
7) *Ibid*., pp.173-184.
8) H. S. 휴즈, 『과학과 예술로서의 역사』, 이순영 옮김, 풀빛출판, 1981, pp.20-21.

'과학적 분석'과 '예술적 상상' 사이에 설 처지를 가리킨다. 역사가는 과학과 예술이 맞닿은 자리에서 역사연구를 쓰며 역사의 사실들을 구성해야할 계기가 확인된 셈이다. 그러나 이 경계의 처지는, 역사의 사실들이 역사연구의 종착점 내지 결과로서 확인된 객체일 뿐 인식과 탐구에 앞서 주어진 대상이 될 수 없다면 역사가는 '역사'의 사실들로 향하되 그 행보가 자신 내부로부터 출발할 것이기에 하는 말인데, 역사가의 피할 수 없는 또 하나의 운명인 '주관 안의 처지'와 맞물리며 진실에 대한 자신의 위상을 결정할 다음의 물음들을 유발한다. 즉, 역사연구의 과학적 분석이 어떻게 역사가의 주관성으로부터 도출될 수 있으며, 동시에 그것의 예술적 상상은 어떻게 그 주관성의 위험으로서 존재할 허구의 덫을 비껴갈 수 있는가? 양자 간 진실의 우위성은 차치하고, '과학-예술'적인 역사연구는 주관성 속에서 기록된 역사적 사실에 대한 지식을 어떻게 진실로서 주장할 수 있는가?

이 물음들 앞에서 '과학-예술'적인 역사연구에서 지식의 진정성을 주장할 방도는 인식의 객관성—"가치의 보편성이라는 의미에서의 객관성"[9]—을 보증해줄 어떤 지침(指針)을 역사가가 자신의 주관 속에 <긍정적인 의미의 주관성>의 요인으로서 정립하여 역사의 사실을 향한 인식의 과학적 태도와 예술적 태도를 일원론적으로 수렴할 기준으로 삼아야 한다는 역설에 있다. 이 역설을 감당하지 못할 경우 우리는 역사연구의 '과학-예술'성이라는 양면성이 '소박한 절충'의 구조로 떨어지면서 기록된 역사의 사실이 진실과 멀어지는 '전락'을 목도하거나, 아니면 차라리 객관성을 위한 어

---

9) A. Schaff, *op. cit.*, p.235.

떤 지침도 갖지 않는 역사가의 주관을 취하든지 혹은 그 지침을 역사가의 주관 외부에서 찾든지 해서 그 양면성을 해체한 후에 어느 한 면에서 역사의 사실을 이야기하자는 '유혹'에 직면할 것이다. 앞의 전략이야 문제의 역설이 확보되면 저절로 해소될 성질의 것이지만, 뒤의 유혹은 그렇지가 않다. 말이 '유혹'이지, 사실은 그 유혹의 주체가 임의적 정서는 아니기 때문이다. 그것은, 정확히 말하자면, '역사'의 사실을 '초(超)주관의 사유'와 '개인의 창조적 자유'로 다루는 철학적 이론들, 말하자면 실증주의와 현재주의의 역사인식론이다.

그렇게 보면 지금 문제가 되고 있는 '유혹'은 객관성을 보증해줄 어떤 기준과 이 기준에 의거할 인식의 방법을 역사가의 주관 속에 정립하는 성과를 얻는 순간에 저절로 상쇄될 그런 것은 아니다. 실증주의와 현재주의의 역사인식론에는 인식주관의 객관성자체를 처음부터 거절하며 역사지식의 진실과 역사연구의 '과학-예술'성 사이의 고리를 자르는 정교한 논리의 힘이 있기 때문이다. 따라서 문제의 역설을 풀어 얻을 인식의 '지침'은 또한 그 힘의 파괴력을 견딜 수 있어야 한다. 아니, 그 정교한 논리 속에 감추어져있는 역사인식의 철학적 함정을 짚어내 불신의 이유로 삼을 수 있어야 한다. 이럴 때 비로소 '과학-예술'성을 갖는 역사연구의 진실성이 갖는 우위가 주장될 수 있다.

역사연구의 '과학-예술'성이 역사가의 '주관 안의 처지'와 맞물리며 요청한 것은 '긍정적 의미의 주관성'을 보증해 줄 인식의 '지침'이었다. '주관의 객관성'으로 인도할 이 '지침'은 "역사라는 대상의 통일성의 조건"[10]으로 일컬어지는 역사의 보편적인 리얼리티에 다름 아니다. 그렇다면, 결국 역사연구의 '주관의 객관성'은 '역사'의 사실들을 꿰는 보편적인 리얼리티로서의 어떤 존재에 대한 견해가 역사가의 주관 내부에 인식의 '지침'으로 정립되었을 때 주장될 수 있다. 정립될 인식의 '지침'은 그러므로 역사에 대한 어떤 존재론으로서의 철학이다. 이 철학은 하나의 역사철학일 것이지만, 역사가의 주관에 바쳐지는 한, 그것은 헤겔에서 체계화된 종래의 독단적 사변의 형이상학이 아니라 어디까지나 '또 다른' 형이상학이어야 한다. 전자를 통해 역사의 보편적 리얼리티로서의 존재에 대한 견해가 역사가의 주관에 주어질 경우, 역사연구의 인식내용(역사의 구체적 사실로서의 지식)이 역사철학의 인식내용(역사의 추상적 원리론)에 압도되어 존재가치를 상실하기 때문이다.[11]

역사가의 주관에 정립되어야할 '또 다른' 형이상학으로서의 역사철학은 "역사연구의 사유와 탐구가 가야할 올바른 길"[12]을 제

10) H. Schnädelbach, *Geschichtsphilosophie nach Hegel: Die Probleme des Historismus*, Karl Alber, 1974, p.48.

11) 이러한 현상은 '역사'의 외부에서 찾은 진리에 입각하여 '역사'를 재단하는 사변적인 역사철학자들의 태도에서 유래한다. "그들은 일어난 사건의 실제 과정에 비추어서 자신이 갖고 있는 이념의 옳고 그름을 판별함이 없이, 그리고 아무런 망설임도 없이 일어난 모든 사건을 자신의 이념 아래에 종속시키는 일을 감행해왔다. 정말로 그들은 역사의 진실성이란 자신들의 이념에 귀속되는 한에서만 성립될 수 있다고 믿었다. […] 만일 이러한 수단이 정당한 것이라고 한다면 역사는 독립성을 상실하고 철학이 도출한 전제에 지배당해 그 전제의 진실성 여부에 따라 존망이 좌우될 것이다. 그 결과 역사연구 특유의 모든 관심은 사라지고, 모든 가치 있는 역사지식은 철학적 원리가 어느 정도 역사의 상에 반영되어 있는가를 찾아보는 일이 되어 역사연구는 무용한 것이 된다." - 길현모, 『서양사논문 선집 II』, 일조각, 1981, p.312.

12) H. Schnädelbach, *op. cit.*, p.90.

시하기 위해 '역사'의 보편적 리얼리티로서의 존재를 초월적인 관점이 아니라 내재적인 관점에서 설정할 그런 것이다. 물론, 분류하자면 역사연구의 '과학-예술성'이 요청하는 '주관의 객관성'을 보증할 인식의 '지침'을 정립하는 일은 '역사의 존재'를 독단적 사변의 형이상학으로써 다루었던 전통의 '실질적인(material) 역사철학'이 아니라, '역사지식'을 인식이론의 수준에서 비판적으로 다루는 역사철학인 '형식적인(formal)' 역사철학의 일에 해당한다.[13] 그러나 이때 비판의 초점이 역사에 대한 인식에서 수렴되는 한, 이 일은 역사의 존재론과 통한다. '형식적 역사철학'은 역사의 존재를 내재적으로 다루는 '또 다른' 철학 내지 형이상학으로 변형된 '실질적 역사철학'을 최소한 은밀하게 전제하여, 다음 두 사항의 중첩이 된다. 즉, (1)독단의 사변을 깨는 '내재적' 관점으로써 역사존재론의 토대를 구축하기. (2)그렇게 구축될 토대 위에서 역사인식의 본성에 대한 비판적 규명을 통해 "역사연구의 사유와 탐구가 가야할 올바른 길"을 모색하기.

"일어난 사건들의 과정['역사']을 기록['역사연구']의 영역에서 체계화할 수 있도록 해주는 가능조건들"[14]을 탐구하는 것이 '형식적 역사철학'이라면, 이 구축과 모색의 요체는 '내재적' 관점에서 생산될 역사존재론에 근거한 비판적인 역사인식이론일 것이다. 그러니까 '형식적인 역사철학'이라 해서 역사의 존재와 무관하게 역사연구의 인식을 취급하는 것은 아니다. 헤집고 보면, 철학의 하나인 이상 '실질적'이든 '형식적'이든 역사철학은 존재와 인식이라는 두 계

---

13) William H. Dray, *op. cit.*, p.1.
14) H. Schnädelbach, *op. cit.*, p.15.

기의 결합체이기 때문에 "역사존재론과 역사인식론은 서로 별개의 것이 아니다. 양자는 유기적으로 통일되어 있다."15) 따라서 '역사연구'의 '과학-예술'성에 진실성을 붙이기 위해 역사가가 자신의 주관에 들여야 할 인식의 '지침'이 '역사'에 대한 일정(一定) 존재론으로서의 철학이라는 사실은 문제가 되지 않는다. 정작 문제가 되는 것은 "역사연구의 사유와 탐구가 가야할 올바른 길"이 과학과 예술의 경계에 놓여있음을 입증할 '주관의 객관성'을 '역사'에 대한 '내재적' 관점에서 끌어낸 보편적 리얼리티로 말해줄 그 존재론이 무엇인지에 있다.

그런데 이 문제가 난감하다. 시간을 타고 흐르는 '개체들'의 다양한 과정에 다름 아닐 '역사' 안에서 보편적 리얼리티라는 '객관성의 지침'을 정립하는 일은, 예컨대 헤겔이 말했던 '보편이성 혹은 세계정신에서 구현되는 절대자의 이념'과 '역사'를 종합하는 초월적 작업에 기대지 않는 이상, 희망이 없는 일처럼 보이기 때문이다. 그렇다고 해서 "역사의 특이하고 고유한 성질과 어울릴 수 없는 [⋯] 추상성, 무시간성, 그리고 불변의 타당성 등을 갖는 절대의 가치들"16)에 집착한다면, 아무리 내재적 관점으로써 보편적 리얼리

15) "철학에 있어서의 인식론과 존재론의 상호관계는 역사인식론과 존재론에 대해서도 그대로 타당하다. 논자에 따라 역사인식론에 치중하기도, 역사존재론에 몰두하기도 할 뿐이다." - 이수윤, 『역사철학』, 법문사, 1988, pp.257-258; 여기서 필자는, (인용된 문구에 든 저자의 의도가 어떤지는 모르겠지만) '존재론'과 '인식론'이라는 말을 근대의 이분법적 패러다임에서 뿐 아니라 현대의 철학들, 즉 현상학이나 해석학적 철학, 그리고 해체론 등에서 나타나는 '존재론'과 이 존재론에 상응하는 넓은 의미에서의 '인식론'까지 포괄하는 것으로 읽었다. 그리고 사실 그렇게 읽을 때 이 문장은 일반성을 띨 것이다. 역사철학이 근대의 전유물은 아닐 것이기 때문이다.

16) Georg G. Iggers, *The German Conception of History : The National*

티를 모색하려고 해도 의지에 그칠 뿐 사변적 독단의 형이상학과 그에 따른 <부정적인 의미의 주관성> 혹은 '주관의 주관성'을 면하기 어렵다. 이렇게 되면 역사연구의 예술성은 가능해도—하지만 그렇다 해도, 핏기 없는 관념의 "개념적인 도식"[17]에 눌려 역사적 진실에 근접하진 못할 것이다—과학성은 요원하다. 형이상학의 사변적 독단으로부터 "역사지식을 하나의 학문으로 해방시키기 위해 주장된 인간의식의 역사에 대한 유한성"[18]에 상응하는 <보편적 리얼리티의 이념과 개체 사이의 연관성>을 제시하며 "과학과 예술의 성질을 동시에 갖는 역사연구를 주창"[19]하는 가운데 '역사연구'의 새 장을 열었던 랑케의 '역사주의'[20] 기획이 미완의 가능성으로 끝난 것도 사실은 그 때문이었다.

Tradition of Historical Thought from Herder to the Present, Wesleyan University Press, 1983, pp.191-192.

17) *Ibid*, p.66.

18) H. Schnädelbach, *op. cit.*, p.47

19) L. Krieger, *Ranke: The Meaning of History,* Chicago University Press, 1977, p.7.

20) 이 글에서는 '역사연구'의 '개체-보편'사상을 확립했던 랑케와 그를 '심화/계승'하려했던 '독일 역사학파', 예컨대 딜타이와 트뢸취와 마이네케 등의 역사철학적 입장을 이르는 용어로서 사용했다.

3. 역사지식의 과학적 객관성과 예술적 주관성: 랑케, 실증주의, 현재주의

랑케는 "전적으로 다른 사물을 위해 존재하는 사물도 없으려니와 누구도 타인의 존재에 전적으로 종속될 수 없다"[21]는 견지에 따라 역사의 속내인 개체들에 집중하며 역사인식의 대상을 종래의 초월적인 것에서 내재적인 것으로 전환시키려했지만, 이 내재성의 진실을 보증해줄 '객관성의 지침' 혹은 "역사라는 대상의 통일성의 조건"을 세우는 지점에서 그는 "사물들의 신(神)적인 질서"를 '개체들과 연관된 보편'적 리얼리티로서 상정함으로써 자신이 넘고자 했던 철학인 '독단적 사변의 형이상학'과 이 형이상학에 따른 '역사인식의 초월적 태도'에서 온전히 발을 빼지 못하는 한계를 빚었다. 물론 그런 랑케지만, 그는 다음의 두 측면에서 종래의 철학적 역사인식을 능가할 요소를 이미 품고 있었다.

첫째, "모든 시대가 직접 신을 향하고 있지만 그 시대의 가치는 신으로부터 흘러나오는 것이 아니라 신을 향한 '자신의 고유한 존재성 안에서'(in ihrem eigenen Selbst) 유래"[22]한다는 생각을 갖고 역사의 개별적 사실에 천착했다는 측면. 둘째, "인간정신과 신 사이의 동일성을 부인하며 '신적인 질서'를 인간의 통제력 너머의 것으로 규정한 후에 역사가에게 무한한 이성의 '전능'(全能)성 대신 유한

---

21) Georg G. Iggers, "The Image of Ranke in American and German Historical Thought", *Theory and History*, Vol.2, No.1, Wesleyan University Press, 1962, p.38.

22) L. v. Ranke, *Über die Epochen der neueren Geschichte*, Flex Meiner, 1970, p.7.

한 직관의 '가능'(可能)성을 요구"[23]했다는 측면.

역사연구로 하여금 "시대의 가치"로서 나타날 이념을 통해 역사의 객관적 지식을 파악할 것을 주장하되, '역사'와 역사의 진실을 이성적인 정신의 노동과 원리로 환원시키며 역사인식의 장에서 '역사연구'에 대한 '철학의 우위'를 주장했던 헤겔[24] 같은 이와는 달리, 철학과 대등한 자격을 갖고 그렇게 할 수 있도록 길을 터준 랑케의 성취가 위의 두 측면에는 들어있다. 그러나 그의 이러한 성취는 이념의 배후에 설정된 보편적 리얼리티의 '반(半)내재적인 속성'[25]에 막혀 '역사연구'를 "사변적인 독단의 철학과 별반 다르지 않은 신학적인 철학의 인식을 토대로 역사지식을 추구하는 것"으로 여김으로써 미완의 결론에 그친다.[26] 그리고는, "일어난 사건과정으로서의 역사의 총체성을 일어난 사건에 대한 기록으로서의 역사의 총체성과 함께 절대자의 영역에 가두는"[27] 헤겔의 관념론을 비합리주의적 차원에서 유사하게 반복한다.

'과도기의 이중성과 한계'로 불리는 이 같은 귀결로 인해 랑케의 꿈이었던 "있었던 그대로"의 역사지식은, 비록 개체와 결부된 것이라 해도 어쨌든 '역사'를 초월해있는 보편적 리얼리티의 비합리적

---

23) Georg G. Iggers, *op. cit.*, p.77.

24) G. W. F. Hegel, *Die Vernuft in der Geschichte*, 5 Aufl., herausgegeben von J. Hoffmeister, Felix Meiner Verlag, 1955, pp.4-27.

25) 랑케에서 "신은 세계와 구별되지만, 세계 속에서 전능을 행사한다." 이러한 신은 "'역사'의 총체적 과정"으로서의 '역사' 초월자가 아니다. 그것은 '역사' 초월자이되, "결정의 시간마다 우연'이나 '운명'처럼 개체에 개입"[Georg G. Iggers, *op. cit.*, p.69]하는 비합리적 섭리로서 '역사'에 내재하는 초월자다.

26) L. Krieger, *op. cit.*, pp.12-15.

27) H. Schnädelbach, *op. cit.*, p.47.

이념을 종교적인 신앙과 예감에 따라 '직관적으로 이해'하는 유한한 인간의 인식 위에서 비로소 가능한 그런 것이 된다. 주어진 자료에 대한 '과학적 관찰'과 '예술적 상상'의 '지침'("사건들 이면의 객관적 질서"[28])을 세우기 위해 "방법론적 맥락에서 취해진 신성(神性)에의 이 같은 의존"은 자신이 주장했던 '과학-예술'적인 역사연구의 역사인식 및 역사지식에 내포된 진실을 결국은 '신비적 관념의 절대적 객관성'이라는 '부정적 의미의 주관성'에 빠뜨리며 "역사주의적 계몽주의"의 회의 앞에서 무력해질 랑케를 예고한다. 이 파국의 근본원인은 따지고 보면 독단적 사변의 형이상학에 종속된 역사인식에 대한 비판의 미진함에 있다. 때문에, <역사연구가 철학적 인식을 수행한다는 사실자체>에 문제가 있었던 것은 아니었다.

"경험적 귀납의 방법으로써 관찰하는 과학"과 "사라져버린 것들을 재창조하는 예술"의 양면성을 갖는 역사연구는, "'존재들의 정수(the core of Existence)', 그 객관적 질서를 파악하는 철학"의 태도로 나가야한다고 주장한 랑케[29]의 생각만큼은 처음부터 정당했다. 그렇다면 철학적 인식을 수행하되, 어떤 철학적 인식을 어떻게 수행하는지가 문제다. 아무리 일원성을 띤다 해도 '과학-예술'적인 인식의 양면성 자체가 역사연구의 진실에 곧바로 진정성을 제공하진 않을 것이다. 그 양면성은 역사에 더 가까이 닿길 바라는 역사연구의 중요한 기회일 뿐이다. 만일 랑케의 보편적 리얼리티에 입각한 그 양면성에도 불구하고 과도기의 그 이중성과 한계를 벗어날 수 없다면, 역사연구의 '과학-예술'성은 '역사'의 사실에 대한 지식의

28) Georg G. Iggers, *op. cit.*, p.77.
29) *Ibid*, pp.76-79.

진실성을 철학의 차원에서 제대로 주장할 수 없게 된다. 따라서 중요한 것은 다음의 물음이다. 즉, 일원성도 일원성이지만, 어떤 보편성을 띤 리얼리티에 의거한 일원성인가?

관건은 랑케의 부족한 비판을 더욱 밀어붙여 '역사'의 보편적 리얼리티를 역사가의 주관에 들어와야 할 '과학-예술'적인 인식의 '지침'으로서 재정립하는 일과, 이에 따른 새 이념을 통해 객관적 진실로서 역사지식을 생산하는 일에 있다. "있었던 그대로"라는 랑케의 강령을 한층 더 깊은 내재성의 차원에서 재해석하게 될 이 일은 어디까지나 역사연구의 "유한한 의식에 바쳐질"[30] '역사라는 대상의 통일성의 조건'에 대한 물음, 즉 역사 내지 '일어난 사건과정'의 사실들을 꿸 인식의 새 끈을 찾는 새 형이상학의 존재론적 탐구와 직결되어야한다. 적어도 그 일이 랑케가 "모호한 유산"[31]으로 남긴 '역사주의 기획'의 연장인 한 그래야만 할 것이다. 독단적 사변의 형이상학에 종속된 '과학-예술'적 역사인식 내지 역사지식에 대한 비판의 미진함을 보충하는 과제는 그러나, 랑케의 역사주의를 그렇게 '심화/계승'하는 자리에서 역사가로 하여금 역사의 '이념적 진실'을 쓰게 했던 철학, 즉 랑케 이후 역사주의의 전유물이 아니다. 랑케 이후 전개된 역사주의의 역사에 대한 존재론적 견해를 나름의 논리로 극복하며 역사가로 하여금 역사연구의 '과학-예술'적인 인식의 '현실적 진실'을, 아니면 '과학'적인 혹은 '예술'적인 인식의 '현실적 진실'을 쓰도록 하기 위해 그 과제에 매달린 철학들도 있다. 이것들 중에 우선 후자의 경우(말하자면 '독단적 사변의 형이상학에

30) H. Schnädelbach, *op. cit.*, p.48.
31) L. Krieger, *op. cit.*, p.13.

종속된 역사지식에 대한 부정적 입장에서 역사연구의 '과학-예술'성 대신 '과학'성 혹은 '예술'성을 주장하며 역사지식의 현실적 진실성을 추구한 경우)는 실증주의와 현재주의였다. 이들의 주장과 한계는 다음과 같다.

① 실증주의의 주장 : '역사'의 보편적 리얼리티를 인식의 전제로 삼을 경우 '역사연구'는 철학 혹은 형이상학의 가정을 수용해야하는데, 이 가정은 아무리 애써도 '부정적인 주관성'을 피해갈 수 없으므로 "역사라는 대상의 통일성의 조건"을 새로이 찾으려는 역사주의나 그 밖의 어떤 경향의 존재론적 시도도 헛되다. 철학 혹은 형이상학으로 말해지는 '역사'의 보편적 리얼리티에 따른 역사지식의 '이념적 진실'은 무의미하다. 물론 그러한 리얼리티를 부정할 경우 역사연구는 예컨대 '현재주의'에서처럼 결국은 회의의 재앙을 초래할 지식의 상대성과 직면할 수도 있겠지만, 주관성의 그 노골적 재앙을 피할 더 나은 '지침'이 있다. '주어진 상태'에서 역사가를 기다리는 "어떤 구체적인 역사적 사건"[32]과 등치될 "사건자체", 즉 '역사'의 사실로서 주관 밖에 존재할 무수한 단편의 리얼리티가 그것이다. '역사'는 전체로서의 과정이 아니다. 그것은 일련의 "사건자체"로서 주어진, 그것도 "완성되고 종결된 그리고 고정된 과거"[33]로서 주어진, '사실들'의 산술적인 총체일 뿐이다.

그렇기에 역사지식의 객관성을 얻는 길도 다를 수밖에 없다. 역사가는 역사지식의 객관성을 추구하되, '긍정적 의미의 주관성으로서의 객관성'이 아니라 "주관성 자체를 넘어선 곳에 흡사 눈앞의

32) A. Schaff, *op. cit.*, p.257.
33) C. Read, "The Social Responsibilities of the Historian", *the American Historical Review*, Vol.LV, No.2, 1950, p.289.

사물처럼 '대립하여(counter posing)' 존재하는 외적 사실들의 객관성"[34]을 추구해야한다. 랑케의 바람이었던 '있었던 그대로'의 엄정한 객관성이라는 것도 사실은 "형이상학적 리얼리티를 가정함으로 인해 그에게 개입된 역사주의의 철학적 면모"를 없앨 때 비로소 '역사연구'의 '역사지식'에서 실현될 수 있다.[35] 물론 이 실현의 관건은 '어떻게 그럴 수 있는가?'일 것이지만, 이 관건은 '역사연구'가 역사주의를 비롯한 모든 종류의 '과학-예술'적 인식의 객관적 진실—그 본질이 이념적이든 현실적이든—을 폐기하고 예술성이 배제된 '순수한' 과학적 인식의 객관적 진실, 말하자면 포퍼와 헴펠이 그랬듯 "설명의 포괄법칙(covering law of explanation)"[36]과 같은 자연과학의 성공적인 연구방법을 적용하는 경험주의의 '현실적 인식'에 입각한 역사지식의 과학적 객관성을 취하면 풀리게 된다.

---

34) A. Schaff, *op. cit.*, p.191.

35) 랑케에 대한 실증주의자들의 이러한 생각은 랑케의 경험에 대한 "경험주의적 오해"에서 유래한다. 그러나 경험은 "방법론적 입장과 상응할 뿐 아니라 실재에 대한 철학적 개념과도 상응하므로 [···] 철학적 의미에서 본다면, 역사 현상 배후의 궁극적 리얼리티를 믿었던 랑케는 경험주의자가 아니라 철학적 실재론자다."[Georg G. Iggers, *op. cit.*, p.76]. 하지만 그럼에도 불구하고 '실증주의적 랑케'는 여전히 잔존하고 있다. 이러한 현상은 주로 실증주의자들의 견해에서 찾아볼 수 있지만, 그들과 입장을 달리하면서도 그들이 만든 랑케의 상(像)을 받아들이는 그 밖의 논자들, 예컨대 베어드 같은 현재주의자나 샤프 같은 지식사회학자 등의 견해에서도 나타난다.

36) 종래의 실증주의가 역사인식에서 형이상학뿐만 아니라 자연과학까지 결국엔 배격한다고 생각하며, 형이상학에서 온전히 풀려난 자연과학적인 역사인식의 일반법칙을 '가설-연역'적인 설명의 형태로써 추구했던 포퍼의 신(新)실증주의적 논지를 헴펠이 체계화한 역사인식이론의 요체다. 이에 따르면, '역사연구'의 "설명은 설명될 사건의 발생을 증언하는 하나의 진술이 일반적인 법칙들과 선행조건들에 대한 진술들 모두를 포괄하는 일련의 전제들로부터 연역이 가능한 것임을 보여주는 데에 있다." - P. Gardiner(ed.), *The Phiosophy of History*, Oxford University Press, 1974, p.6 이하.

② 현재주의의 주장 : 아니, 그렇지가 않다. 실증주의의 주장은 비어드의 표현대로 "고상한 꿈"[37]에 지나지 않는다. "사건자체로서의 '역사'의 사실은 아무것도 이야기하지 않으며, 어떤 의미도 강요하지 않는다. 말하면서 의미를 부여하는 것은 역사가"[38]일 것이기에 그러하다. '사건자체' 혹은 '역사의 사실'로서의 리얼리티는 '마음의 상징'에 불과하다. '역사의 사실'이나 '사건자체'는 역사가의 주관에 따라 서술된 역사지식을 통해서만 자신의 존재를 드러낼 뿐이다. 그러나 그렇다고 해서, 예컨대 역사주의 철학의 '형이상학적(존재론적) 모색'이 가리킬 '역사'의 어떤 보편적 리얼리티를 역사가가 자신의 주관 내에 들여서는 안 된다. "아무래도 역사가는 개인의 '사적인 오차(personal equation)'를 제거할 수 없으며, 설령 자신을 한껏 정화시킨다 해도 그는 여전히 시간과 장소와 환경, 그리고 관심과 편애와 문화의 산물인 인간"[39]의 굴레를 벗지 못할 것이기 때문이다. 이러한 사실은 결국 역사인식의 객관성을 위한 더 나은 '지침' 내지 지표가 될 역사의 어떤 보편적 리얼리티를 <랑케의 역사주의 기획을 좇거나 극복함으로써 역사가의 주관 내에 재정립> 하려는 이들이 말할 역사지식의 '이념적 진실' 또한 실증주의가 말하는 역사지식의 '현실적 진실'과 마찬가지로 "고상한 꿈"에 지나지 않는다는 것을 가리킨다.

---

37) C. A. Beard, "That Noble Dream", *The American Historical Review*, Vol. XLI, No.1, 1935, p.74

38) C. L. Becker, "What is Historical Facts?", H. Meyerhoff(ed.), *The Philosophy of History in Our Times,* Doubleday & Company Inc., 1959, p.131.

39) W. H. Dray, *op. cit.*, p.22.

'역사'의 사실은 역사가의 주관자체를 넘어선 곳에서 '사건자체'로 이미 있는 것도 아니며, 또 그의 주관에 든 보편적 리얼리티를 통해 장차 모습을 드러낼 그런 '가능사건'도 아니다. 정말이지, '역사'의 사실의 존재성은 중요하지 않다. 중요한 것이 있다면 '나름의 신념'에 따라 착상하고 가공하는 주관의 이미지로서 생성될 다양한 '역사'의 사실이다. 리드가 생각하듯 "기억된 경험들의 축척된 자료 위에 투사된 '현재'의 이념들과 관심들로써만 '과거'의 존재성이 확인된다는 점에서 '역사'는 현재의 입장에 따라 선택한 사료를 통해 '현재의 분출된 요구'를 구성하는 역사가의 고안"[40]으로 변형된다. 이는 결국 '역사'의 사실에 대한 '역사연구'의 인식이 '역사'의 외적인 객체성을 제거하거나 고려하지 않는 현재의 현실적 사유에 포섭되는 사태를 가리킨다. 그러니까 이때의 '역사연구'는 '역사'의 어떤 보편적 리얼리티(역사라는 대상의 통일성의 조건)나 개체적 리얼리티(사건자체로서의 '역사'의 사실)를 통해서는 자신이 생산할 역사지식의 객관성을 보증 받을 수 없게 된다. 아닌 것이 아니라 전자는 그것이 종래의 '사변적인 것'이든 새로이 정립될 '비판적인 것'이든 모두 '주관의 독단'이며, 후자는 '초(超)주관의 허구'에 지나지 않을 수 없게 된다. 따라서 역사연구는 역사의 사실에 대한 '긍정적 의미의 주관성으로서의 객관성'을 주장하는 "과학-예술'적인 인식의 결과물이 아니며, 또한 '주관성자체를 넘어선 사건자체의 객관성'을 주장하는 '순수과학'적인 인식의 결과물이라 할 수도 없다. 우리는 차라리 이렇게 말해야 한다. 즉, 역사연구의 역사지식은 "하나의 상상력에 입각한 창작물, 달리 말해 우리들 각자가 자신의 경험

40) C. Read, *op. cit.*, p.280.

위에서 저마다의 감성 혹은 정서의 욕구에 따라 각색하고 개개인의 '미적 취향들(aesthetic tastes)'에 맞춰 그때그때 지어낸 사적 소유물"[41]로서 과학성과 무관한 예술적 인식의 산물이다.

③ 두 주장들의 한계 : 역사지식의 과학적 객관성과 예술적 주관성을 각각 주장하는 실증주의와 현재주의는 '역사가의 운명'과 "역사연구의 사유와 탐구가 가야할 정당한 길"을 분명히 처음부터 달리 생각하고 있다. 주어진 '역사'의 사실에서부터 출발해 '역사연구'에 도달할 행보에 상응하는 '주관외부'의 처지. '역사연구'에서 시작해서 '역사'의 사실과 단절된 역사연구에서 끝날 행보에 상응하는 '주관내부'의 처지. 실증주의와 현재주의는 역사가의 운명을 순서대로 그렇게 달리 믿는다. 그 두 사조가 "역사연구의 사유와 탐구가 가야할 정당한 길"로서 각각 지목하며 주장했던 '과학적 인식'과 '예술적 인식'은 흡사 양극(兩極)처럼 대립하는 그 믿음들의 귀결이었다. 그러나 이렇게 되면 역사연구의 역사지식은 더 이상 외적 사건들의 실재 과정으로서의 '역사'의 사실이 아니라, '공허한 객관주의의 환상'이나 '상대적 주관주의의 관념'의 산물로서의 '역사'의 사실에 대한 것이라는 한계에 부닥치게 된다.

왜냐하면 우선 실증주의의 요구대로 "인식의 객관성을 얻기 위해 개개인의 특이한 인격성을 제거해야한다면, 그리고 인식의 공정성을 확보하기 위해 사람들의 고유한 입장과 가치들의 체계를 배제한 채 어떤 사실을 평가해야한다면, 또한 하나의 보편적 가치판단이 개별적이고 집단적인 모든 것들의 차이들을 일소할 때 존재할 수 있는 것이라면, 이는 인간이 '초인간(a superhuman)'이어야 한다

---

41) C. L. Becker, *op. cit.*, p.228.

는 것을 가정해야하기에 역사지식의 객관성은 단지 허구에 불과할 것"[42]이 되기 때문이다. 한편, '역사'란 과거라는 스크린에 비춘 '지금'일 뿐이라는 현재주의자의 견해를 받아들인다면, 그래서 '역사'는 끊임없이 새로 쓰이는 것이며 단순히 서로 다른 정도가 아니라 심지어 모순의 관계조차 보이는 역사들이 공존한다는 주장을 인정할 수밖에 없다면, 샤프가 책 『역사와 진실』에서 현재주의의 한계를 지적하며 썼던 다음의 말의 타당성도 승인해야할 것이다. 즉, "그렇게 되면 우리는 역사인식이 관계할 객체적 역사과정을 잃고, 이에 따라 주관주의라는 불모의 땅에서 인식의 객관성과 객관적 진실을 잃게 된다. 진리에 대한 고전적 정의가 와해되고, 그 자리엔 기껏 제임스같은 이의 실용주의에서 나타나는 공리주의적 정의가 들어서게 되어 우리는 '무엇이 진실인가?'라고 묻는 대신 하나의 '유용성'을 달리 말하자면 '어느 것이 각 시대의 관심과 요구에 부응하는 것인가?'를 물어야한다. […] 현재주의는 주관주의와 상대주의라는 불치의 병에 시달리고 있다."[43]

역사연구에 대한 실증주의와 현재주의의 이와 같은 한계는 무엇보다도 다음의 두 사태, 즉, ① "역사라는 대상의 통일성의 조건"이라는 '긍정적인 의미의 주관성'을 폐기하고, ② 역사의 사실이 역사지식을 통해 역사의 리얼리티에 대한 철학의 존재론적 해명에 따라 자신의 실재성을 드러낸다는 철학적 견해자체를 부정한 데서 유래한다.

42) A. Schaff, *op. cit.*, p.235.
43) *Ibid*, pp.103-104.

4. 역사지식의 '과학-예술'적 객관성과 절대성: 역사주의의 심화, 한계, 극복

역사지식에게 '긍정적 주관성'을 제공해줄 형이상학의 가능성까지 부인했던 실증주의와 현재주의의 역사연구는 '주관성 자체를 넘는 초(超)주관의 절대성'과 '주관주의적 주관의 상대성'을 띤다는 점에서는 서로 달리 갈라진다. 그러나 '일어난 역사'의 사실과 '역사연구로 알려진 역사'의 사실 사이의 통로를 상실한 채 결국은 '독단적 사변의 형이상학적 원리'에서 '자연과학의 경험주의적 인과율에 따른 설명의 포괄법칙'으로 이행된 추상의 초월에 붙들린다는 점에서는 전자[실증주의]에 입각한 역사인식 역시 후자[현재주의]의 그것처럼 역사지식으로 흘러드는 '부정적 의미의 주관성'을 차단할 수 없게 된다.

혹자는 이러한 평가에 대해 —이들[실증주의와 현재주의]의 비판적 옹호자 혹은 이들 자신이 "설명의 포괄법칙"과 "각 시대의 관심과 요구에 부응할 역사가의 '사회적 책무'"를 각각 "그릇된 판단을 배제하는 사유의 법칙"[44]과 "자의적 선택의 위험을 방지하는 사유의 좌표"[45]라는 긍정적 의미의 주관성으로서 해명하고 있는 실태에 주목하며—반박한다. 그러나 그렇다하더라도 '역사'의 리얼리티에 대한 "불가지론적인 태도"를 묵인하는 실증주의나 현재주

---

44) M. Mandelbaum, "The Problem of Covering Laws", P. Gardiner(ed.), *The Philosophy of History*, Oxford University Press, 1974, pp.53-54

45) J. H. Randall, *Nature and Historical Experience*, Columbia University Press, 1958, pp.60-61.

의[46] 모두의 '역사연구'에서 인식의 그 부정적 처지는 별반 달라지지 않는다. 잘해야, '역사'의 실재모습을 미지의 영역에 묻은 주관의 자연적 합리성 위에서, 역사적 지식의 '과학성' 또는 '과학-예술'성을 주장하며 진실의 "가정적 객관성" 혹은 "객관적 상대성"을 취할 수 있는 '초(超)주관'의 본질고백과 '주관주의적 주관'의 자기변명이 첨가될 뿐이다.[47]

실증주의나 현재주의가 말하듯 <인간의 행위인 이상 '과학'과 '예술'은 명백한 사실에 대한 인식에서조차 '주관의 주관성'이 주는 지식의 상대성으로부터 자유로울 수 없기에 역사가는 그 주관성을 없애거나 체념적으로 끌어안을 길을 찾아야한다>는 생각도 물

46) 실증주의에서처럼 '역사'의 사실이 역사가와 대립한다면, "흔적을 남기지 않은 '역사'의 사실들은 '역사연구'의 사실들이 되는 대신에 칸트가 인식불능의 것이라고 말한 '물자체'의 전형이 된다." - A. Schaff, *History and Truth*, p.184; 또한 주관주의의 상대적 주관으로 '역사'의 사실이 환원되는 현재주의의 경우, "창조적 예술가 개인의 자유"[C. L, Becker, "Every Man his Own Historian", p.229]가 할당된 숱한 역사가의 주관들이 '역사'의 리얼리티를 '대신'하거나 '은폐'하게 되여 역시 불가지론적인 태도를 피할 수 없게 된다.

47) 여기서 '가정적 객관성'은 필자의 임의적 표현으로서, 실증주의자들의 사관에 대해 부정적인 레니어의 다음 문장을 염두에 두고 쓴 것이다. "포괄법칙의 인과관계는 역사적 사건을 예측 가능한 것으로 여기는 미신적 신념을 정당화하는 '가정(postulate)'과 같다." - G. J. Renier, *History; It's Purpose and Method*, George Allen & Un-win Ltd, 1961, p.181; 이에 비해 '객관적 상대성'은 '주관적 상대주의'를 해소하려했던 현재주의자들 스스로가 자신들의 인식을 규정하기 위해 취한 용어다. 그들 중 예컨대 랜달은 각 시대의 사회성에 걸린 "특정한 목적과의 관련" 혹은 "특정한 목적에의 '적용'(application)" 등의 말들로써 "나름의 '당파성에 입각한' 역사서술 및 역사이해의 객관성"[J. H. Randall, "On Understanding the History of Philosophy", *The Journal of Philosophy*, Vol.XXXVI, No.17, 1939, p.472]을 선명히 논증하며 '객관적 상대주의(objective relativism)'를 표방한다.

론 가능하다. 그러나 '주관의 주관성'은 긍정적인 의미의 것일 수도 있다. 단, 그렇기 위해서는 '과학'이나 '예술'의 주관이 자신의 객관성을 보증해줄 '지침' 내지는 '인식대상의 보편적 리얼리티'에 대한 하나의 철학적, 아니 형이상학적 입장을 미리 갖고 있어야한다. 하지만 '실증주의와 현재주의의 생각에 반(反)할 그런 과학과 예술'[48] 이라고 해도, '역사연구'가 그 둘 중 어느 하나로 규정되기가 곤란한 것은 마찬가지다. 왜냐하면, '역사'의 사실은 과학적 주관의 관찰 대상으로 이미 주어지거나 예술적 주관의 상상력으로 비로소 창조될 사건들이 아니라 사료로서 남겨진 '역사'의 흔적을 분석하는 과학적 주관의 '엄밀한 정신'과 그 흔적의 공백을 메우는 예술적 주관의 '자유로운 정신'을 통해 자신의 모습을 드러낼 사건들이기 때문이다. 물론 '과학으로서의 역사연구'와 '예술로서의 역사연구'가 서로 분리된 영역에서 '역사의 보편적 리얼리티'에 상응하는 인식을 수행하며 객관성을 주장하는 것은 논리상 충분히 가능한 일이다. 그렇지만 그럴 경우 역사지식의 객관성은 '상상의 빈곤'과 '분석의 결핍'이 각각 초래할 '환원적 공식'과 '소설적 픽션'의 것이 된다. 이는 곧 역사연구가 자신의 '고유한 대상', 즉 '역사의 사실'을 포기하거나 상실하는 우(愚)를 범한 형국이다.

---

48) 이때의 과학과 예술은 <"랑케에서 헥스터(J. H. Hexter)에 이르기까지의 '과학적 역사학' 옹호자들"이 생각했던 것[김영한, 「실증주의 사관 : 꽁트와 버클을 중심으로」, 차하순 편집, 『사관이란 무엇인가』, 청람, 1992, p.61]처럼 철학의 자리를 대체한 실증주의적 과학이 아니라 철학에 근거를 두고 있는 과학>과 <"비전, 혹은 사물의 본질에 대한 예술가의 '특정한 통찰(a certain vision)'을 담아 전달함으로써 진실성과 객관성을 주장하는 예술"[W. H. Walsh, *op. cit.*, p.23]>에 각각 호응한다. 이러한 과학과 예술은 '하나의 주관'의 서로 다른 표현양식으로 존재하며 '역사연구'라는 공간에서 몸을 섞는다.

일찍이 괴테는 "시인은 자신의 세계를 자신만의 심상에 따라 마음껏 창조하기에 자신의 세계를 완벽한 종결의 형태로 현존시킬 수 있지만, '역사'가 우리를 위해 보존하고 있는 모든 편린들을 갖고 '역사'를 드러내야만 하는 역사가는 자신의 세계를 '제약' 없이 건립할 수 없다"[49]고 말했는데, 여기서 역사가의 주관에 가해질 "제약"은 '예술의 자유로운 정신'을 수반하며 한정하는 '과학의 엄밀한 정신'과 다르지 않을 것이다. 아무래도 '역사'의 사실은 '과학-예술'적 주관의 인식으로써 접근할 것이지만, 문제는 부정적 의미의 주관성을 해소할 '지침' 내지는 '보편적 리얼리티'를 이야기해줄 하나의 형이상학적 입장이다.

랑케 이후, 그의 역사주의 기획을 '심화/계승'하려고 했던 역사주의자들은 그런 면에서 매우 고무적이었다. 랑케의 '과도기적 한계'를 물려받은 그들은 헤겔 류(類)의 형이상학적 주관과 실증주의의 경험적 주관에 따르는 역사인식의 방법을 극복하는 동시에, 훗날 현재주의가 초래할 몰락을 막아낼 새로운 형이상학을 꿈꾼다. 그리고는 '절대의 초월자'와 '인식불능의 물자체' 및 '상대적 주관' 등의 초월적, 불가지론적인 리얼리티들과 '역사'의 사실이 분리될 길을 탐색한다. 예컨대 딜타이와 트뢸취와 마이네케는 그렇게 꿈꾸고 탐색한 전형의 역사주의자들이었다. 특히, "역사가들은 과학적 확신이라기보다는 개인적 신앙의 입장, 달리 말해 인격적인 신이 '이념들' 뒤에서 자신을 현시한다는 신비주의적 개념에 잡힌 태도를 버리고 역사의 추이에 대한 경험적 연구로 선회해야한다"[50]고 말

---

49) A. Schaff, *op. cit.*, p.231.
50) Georg G. Iggers, *op. cit.*, p.197.

하며 랑케의 실증주의적 일면에 천착하려했던 람프레히트 같은 이들의 주장을 "저급한 접근"이라 반박하는 가운데, 이 역사주의자들은 '이념적 진실'의 객관성을 확보하기 위한 인식의 형이상학적 '지침'을 경험적 과학으로 대체하지 않고 '비판적 혹은 역사 내재적 존재론'으로써 재구성하려했다. 역사지식의 '과학-예술'적 객관성을 부여해줄 그 존재론은 무엇보다 '헤겔적인 옛 역사철학의 존재론'과 '실증주의의 불가지론'을 거부하며 '역사연구'를 독단적 사변과 초(超)주관적 경험으로부터 해방시키려는 인식론적 요청의 산물이었지만, 이 요청이 역사지식의 객관성 확보에 걸려있던 까닭에 거기에는 나중에 도래할 현재주의의 주관성을 이기며 '역사연구'의 상대적 예술성을 불허하는 논리 또한 선취되어 있었다. 그러나 '보편이성' 혹은 '세계정신'의 이념 배후에 놓였던 역사초월적인 절대자를 제거하고 그 자리에 반(半)내재적인 랑케의 "신적인 질서"를 비판적으로 지양/극복한 역사의 보편적 리얼리티들, 구체적으로 다시 말하자면 "삶의 '구조연관(die Strukturzusammenhang)'"[51] 속에서 정치와 경제와 사회와 문화 등의 제도나 체제의 객관적 가치로서 나타날 '이념'의 본체라 할 수 있는 "생의 심층"과 "불가지한 절대자" 및 "개체 속의 영원성" 등을 각각 앉힘으로써 결국 역사주의자들의 모색은 랑케를 재해석하며 랑케의 문제를 희석하는 데에

51) 니체의 생철학과의 교감에서 나온 이 말은 딜타이가 자신의 저서인 『정신과학에서 역사적 세계의 구축』에서 썼던 표현이다. 그러나 이 말은, 딜타이의 또 다른 주요 개념인 '이해'가 그러하듯 트뢸취와 마이네케 등에게 전승되어, 논의의 고유성에 상응하는 차이를 갖지만 본질적으로는 동일한 의미를 갖는 삶의 '연관(die Zusammenhang)' 및 '원리들' 등의 용어로서 변형된다. 이에 대해서는, *ibid.*, p.139 참조.

서 그친다.[52)]

덜타이가 가리켰던 "생의 심층"이나 트뢸취가 제시했던 "불가지한 절대자", 그리고 마이네케가 주장했던 "개체 속의 영원성" 모두는 분명 랑케의 종교적 신념을 초과하는 '끝없는 상대주의의 심연'에 대항할 일정한 힘을 갖고 있었다. 그러나 '개체를 관통할 보편적 리얼리티를 흐르는 시간 속에서 찾아내 객관적인 역사인식의 좌표로서 정초하는 과제'를 해소하기엔 그것들 역시 끝내는 역부족이었다. 요컨대, 그들이 말한 역사의 리얼리티 모두는 다음의 두 측면, 즉 ① 인간인식의 유한성에 맞갖던 '랑케의 비합리성'을 강조함으로써 사변적인 철학으로부터 역사지식의 해방을 더욱 진전시키며 직관적 이해의 '비판적 경험'성을 굳혔다는 측면과 ② '시간(die Zeit)'의 운명에 처한 '삶의 연관성 내지 통일성'이라 규정됨으로써 랑케의 성취에 든 초월의 한계를 약화시키며 역사지식의 '이념적 진실'에 개체 내재성을 더 가까이 끌어댔다는 측면에서 뚜렷한 성과를 가져다 준 새 역사인식의 형이상학적 토대였다.

그러나 랑케의 것을 '심화/계승'한 그 리얼리티들의 '강조된' 비합리성과 '약화된' 초월성은 '신학적인'[트뢸취] 혹은 '철학적인'[딜타이, 마이네케] 직관의 이해와 어울리는 '신비적 관념의 절대적 객관성'을 다시 혹은 달리 부르면서[53)] 부정적 의미의 주관성에 갇힌

---

52) *Ibid*, pp.124-228.

53) 하지만 여기에는 정도의 차이가 있다. 왜냐하면, 트뢸취에 비해 딜타이와 마이네케가 말하는 '역사의 보편적 리얼리티'가 랑케의 한계를 더 많이 깨뜨렸기 때문이다. 이 가운데 특히 누구보다 먼저 "역사는 이념의 역사가 아닌 총체적인 삶의 표현물"[Georg G. Iggers, *op. cit.*, p.140]이라 주장하며 역사의 보편적 리얼리티를 '순수하게 이념적인 것'에서 '구체적이고 객관적인 삶과 연관된 것'으로 전환시키며 "삶의 자기해명으로서의 이해"를 체계적으로 역

역사지식의 '이념적 진실'을 관념론의 수준에서 수락한다. 비록 '불변의 것들과 상응하는 이성의 세계에 진리가 있다'는 사변적 관점 위에서 독단적으로 가정된 전제가 아니라 '끊임없이 변화하는 것들과 엉켜있는 삶의 세계에 진리가 있다'는 경험적 관점 위에서 비판적으로 가정된 전제라 하더라도,[54] 그 리얼리티들은 랑케의 것이 그러했듯 그 독단적으로 가정된 전제의 관점이 말하는 "절대자의 영역"을 크게 벗어나지 못하기 때문이다. 이 경우 차이가 있다면 그 리얼리티들은, 초월성을 역사의 '총체적 진실'로서 드러내며 역사인식에서 투명한 '사변적 관념'의 절대적 객관성을 요청했던 헤겔의 합리적 리얼리티와는 달리, 자신들의 비합리적 초월성을 역사의 '개체의 진실'로서 개입시키며 역사인식에서 모호한 '신비적 관념'의 절대적 객관성을 유도한다는 데에 있었다. 그리고 이러한 까닭으로 인해 랑케 이후의 역사주의는 결국, "객관주의의 탈로써 가장한 주관적 관념론의 본질" 내지 "불가지론적인 주관의 '의사

설했던 딜타이의 폭발력은 단연 크다. 그러나 그가 말하는 '삶'엔 초월적인 배경이 비친다. 역사주의를 위기에서 구출할 '내재성'의 기반일 수밖에 없는 '삶'은 단연 중요하지만 더 중요한 것은 '어떤 삶인가?'인데, 그의 '삶'은 "헤겔의 것과 가까운, 그러나 그것과는 달리 신비화된 정신의 활동"에 달려있는 것이다[H. Schnädelbach, *op. cit.*, pp.128-129]. 그러니까 결국 양상이 다를 뿐, 예의 역사주의자들 모두는 "특정한 하나의 형이상학에 기댄 채, 입증되어야 마땅할 것들을 논증이 불필요한 전제로서 가정해 버리는"[A. Schaff, *op. cit.*, p.161] 신비적 절대성의 한계를 공유한다.

54) 이 점은 '개체들의 본질에 대한 공정한 관찰' 및 '개체는 인과적 방법으로 파악될 수 없다는 확신' 때문에 "역사가는 결국 형이상학적 배경을 가정할 수밖에 없다고 생각했던 마이네케"[E. Anderson, "Meinecke's Ideengeschichte and the Crisis in Historical Thinking", J. L. Cate/E. N. Anderson(ed.), *Medieval and Historiographical Essays in Honor of James Westfall Thompson*, The University of Chicago Press, 1938, p.377]에서 또렷이 나타난다.

(pseudo)' 객관성"을 추궁하는 극단의 논박들[55]에 몰려 역사지식의 과학성이 박탈되는 재앙의 국면을 맞게 된다.

한 논자는 이와 연관해서 이렇게 말했다. "역사주의는 여정의 끝에 다다랐다. 영원한 궁극의 가치와 의미는 와해되었고, 역사적이고 일시적이며 상대적인 것만 남아버렸다. 신조차 죽었고, 역사연구는 인간이 결코 초월할 수 없는 조건인 '역사성'과 '시간성'에 투항하였다. 흐르는 시간 속에서 변하지 않는 것은 인간실존의 조건들뿐이며, 이 조건들은 이제 더 이상 어떤 '내용'도 갖지 않는다. 단지 하나의 '구조' 혹은 '형태(die Gestalt)'를 가질 뿐이다."[56] 이 귀결에서 멈출 수 없다면, 또 다시 모색이 있어야 할 것인데, 문제는 '신비적 관념의 절대적 객관성'을 유발하며 역사인식을 '부정적 의미의 주관성'에 빠뜨릴 보편적 리얼리티의 '비합리적 초월성'을 해소할 길이다. 철학의 현 단계에서 이 해소의 가장 유력한 길을 찾아야한다면, 그것은 개체를 초월하지 않는 보편적인 리얼리티—이것이 합리적인 것이든 비합리적인 것이든—로 "단지 무한한 과정의 끄트머리에나 존재할 '극한치'(limes)로서의 절대적 진실을 지향하는 역사인식과, "비록 상대적이지만 '외적인 실재'의 진실을 반영하기에 객관적이라는 의미에서의 '상대적 객관성'[57]을 띠는 역사지식

55) G. Lukács, *Die Zerstörung der Vernunft*, Aufbau Verlag, 1954[게오르그 루카치, 『이성의 파괴』, 변상출 옮김, 백의출판, 1996, pp.492-503.]

56) Georg G. Iggers, *op. cit.*, p.244.

57) '상대적 객관성'은 샤프가 이 인용문[A. Schaff, *op. cit.*, p.253]에 부여한 의도를 초과한다. '종래의 역사인식론에 대한 비판'의 타당성과 '새로운 역사인식에 바친 논리'의 생산성을 '상대적인 객관성'의 개념을 통해 보여주었음에도 불구하고, 그것의 기준을 여전히 근대적인 주관의 '보편적 리얼리티'에서 찾음으로써 근대적인 조망 안에 자신의 그 생산적 결론을 가두고 있는 샤프

을 취하는 길일 것이다.

실증주의나 현재주의에서와는 다른 의미의 ‘현실적 진실’을 내줄 새로운 이질의 형이상학을 통해 <인간실존의 불가피한 조건인 “시간성과 역사성”에 굴복했던 역사주의의 ‘이념적 진실’>을 극복하며 역사연구의 ‘과학-예술’성을 새로이 정당화시켜줄 역사인식에 따라 역사지식을 취할 길의 간선(幹線)은 두 가지다. 역사주의를 무너뜨린 바로 그 ‘시간성’과 ‘역사성’ 속에서 각각 ‘합리적 내재성을 띤 역사의 보편적 리얼리티’와 ‘비합리적 내재성을 띤 역사의 보편적 리얼리티’를 통해 역사주의를 전혀 달리 재건함으로써 역사주의의 ‘신비적 관념의 절대성’으로부터 역사지식의 ‘과학-예술’적 객관성을 구출하려했던 두 모색의 경향이 그것이다.[58] 그러나 길은 엉키거나 막히기도 한다. 그러니, 역사주의는 어디까지 극복될 수 있을까? 역사지식은 얼마만큼 더 견고해 질 수 있을까?

의 이 인용된 문장들을 필자가 ‘탈’근대적인 역사인식론의 입장에서 전용했기 때문이다. ‘상대적 객관성’은 ‘근대적 주관의 리얼리티가 말하는 보편성’을 돌파할 ‘탈근대적인 주관의 어떤 리얼리티’가 ‘상대성의 차원’에서 ‘외적인 실재의 진상’을 인식하는 ‘지침’으로 작용할 때 얻을 수 있다는 점이 고려될 때, ‘상대적 객관성’은 샤프가 씌운 근대의 멍에를 벗으며 ‘역사주의 극복’의 키워드가 될 수 있다.

58) 역사주의를 극복하되 ‘지양적으로 극복’하려했던 이 두 경향과는 달리 역사의 보편적 리얼리티를 거부하며 ‘단절적으로 극복’하려했던 실증주의와 현재주의의 입장은 ‘역사주의에 대한 지양적 극복’의 활로를 지향하는 이 글의 논리구조에 따라 앞의 <3장 : 역사지식의 ‘과학’적 객관성과 ‘예술’적 주관성> 부분에서 먼저 언급했다.

5. 역사지식의 새 지평

우선, 그 두 모색의 경향 중 하나는 '맑스와 그의 계승자들'로 구성된 맑스주의 역사철학이다. 이 철학은 역사주의에 든 '헤겔적 초월성'과 '반(反)헤겔적 비합리성'을 동시에 비우는 유물론적 '형이상학 혹은 존재론'의 논리로써 '과학-예술'적인 역사연구에 바쳐질 더 단단한 '지침', 즉 '역사의 합리적이고 내재적인 보편적 리얼리티'를 확보한다. 물질의 토대 위에서 규정된 법칙에 따라 움직이는 '삶의 세계'로서의 '사회존재'가 그것이었는데, 맑스주의 역사철학은 그러한 '지침'을 '실천'의 이성으로 반영하는 주체의 주관을 내세워 역사지식의 탈(脫)관념화된 객관성을 주장한다. '시간에 묶인 삶의 세계'의 '특정한 계급적 현실성'에 의거해 도출된 것이라는 점에서 이 객관성은, "유동 변화하는 과정의 시간 속에서 아르키메데스의 점을 찾았던 역사주의자들의 딜레마"[59]를 관념론적 인식태도의 밖에서 해소하는 한편, "이해"의 한계였던 '신비적 관념의 절대성'과 단절하며 '구체적 현실의 상대성'을 취한다. 하지만 그 논리의 과정 속에서 맑스주의는 "완벽한 역사적 상대주의"[60]를 통해 프롤레타리아의 당파적 입장을 절대화함으로써 결정적인 결함, 즉 "부분을 전체로 여기는"(pars pro toto)[61] 오류를 범하며 헤겔의 '사변

---

59) F. Meinecke, *Zur Theorie und Philosophie der Geschichte*, K. F. Koehler Verlag, 1965, p.309.

60) P. Hamilton, *Knowledge and Socal Structure*, Routledge & Kegan Paul, 1974, p.128.

61) W. Stark, *The Sociology of Knowledge*, Routledge & Kegan Paul, 1974, p.156.

적 이성의 관념성'을 변주한다. 이렇게 보면 맑스의 존재론적 '지침'에 따른 역사인식의 진실이 도달한 '구체적 현실의 상대적 객관성' 또한 부정적 의미의 주관성을 피할 수 없게 된다. 역사지식의 '과학-예술'적 객관성이 제대로 옹호될 수 없기는 그러니까 여기서도 마찬가지였다.

'신비적 관념의 절대적 객관성'에 갇힌 역사주의의 역사인식을 극복하고 역사지식의 '과학-예술'적 객관성의 정당함을 새로이 입증할 모색의 또 다른 경향의 맥은 '비합리적 내재성'을 두른 '역사의 리얼리티'다. 이것은 특히 후설의 현상학적 '생활세계'를 탈(脫)근대 혹은 탈(脫)주체의 자리에서 직간접적으로 전용함으로써 '역사주의의 초월성'과 '맑스주의의 완벽한 부분성'을 제거한 후 확보한 리얼리티의 비합리적 내재성에 기대어 신비적 관념성과 당파적 관념성이 지워진 "이해"— 이러한 '이해'는 "인간 삶의 근원적인 존재특성"을 뜻하지만, 해석학의 "자기이해"라는 측면에서 뿐만 아니라 해체론의 "타자이해"라는 측면에서도 그렇다[62] — 의 역사지식을 취하려했던 현대의 철학들(여기에는 예컨대 하이데거와 메를로-퐁티의 실존론적 현상학과 푸코와 들뢰즈 같은 이들의 '후기구조주의' 해체론이 속한다)에서 선명히 다루어진다. '헤겔에서 정점에 달하고 맑스주의를 통해 그 형이상학적 위상이 마지막으로 실험된 이성'의 '근대적 욕망'에 저항했던 이 철학들의 자리에서 보면, 역사주의의 역사지식을 극복할 역사인식의 새 '지침'은 아무래도 합리적일 수 없었다. 아닌 게 아니라, '근대와의 단절성 정도'에 따른 논리의 질적 차이

62) 정기철, 「해석학과 해체주의: 가다머와 데리다의 논쟁」, 한국해석학회 엮음, 『해석학은 무엇인가』, 지평문화, 1995, pp.277-312.

를 유보할 경우, 이 철학들이 가리키는 '역사의 보편적 리얼리티'는 "반성 이전의"(avant la réflexion)[63] '삶의 세계'로서 전(前)규정적이고 비합리적인 '의미구조'(존재의 세계/ 권력 혹은 욕망의 사회체계)로 환원된다.

따지고 보면 후설의 현상학에 연원을 둔 초월론적 '형이상학 혹은 존재론'의 리얼리티라 할 수 있는 '의미구조'는 역사주의에서처럼 삶의 해명을 매개로 인식될 것이지만, 그렇다고 역사주의에서처럼 '근대의 욕망'이 은밀하게 반영된 인간주체의 초월성과 결탁해 어떤 '신비적 관념'으로 떨어지진 않을 것이다. 왜냐하면 그 '의미의 구조'는 가령 "정신의 실존형태"[64]와 같은 것이 아니라, 일상의 시간에서 펼쳐지는 탈(脫)주체의 "생활세계"(die Lebenswe)의 차원에 어쨌든 —예컨대 자신의 기원을 '언어'에 두든, '몸'에 두든— 닿아있는 '경험적 실재'로서의 구체의 역사 내재성을 갖는 것이기 때문이다. 합리성자체를 부정하는 반(反)이성주의가 아니라, 오히려 합리성의 새 차원을 열어줄 비합리성에 걸려있는 이 내재성은 당파성의 덫에 걸린 '맑스주의의 합리적 내재성'을 능가하며 역사주의의 딜레마로부터 더 멀리 벗어날 삶의 현실성을 부른다. 그러나 그 '의미구조'에 비추어 기록될 역사지식의 '과학-예술'적 객관성이 문제다. 사실, 어떤 '단일개념'으로도 온전히 나타낼 수 없는 그 '의미구조'에 대해 완전한 전체의 역사지식을 얻을 수는 없다. 우리는 단지 그것의 부분만을 해석할 수 있을 뿐이며, 따라서 '차이'를 허락할

---

63) M. Merleau-Ponty, *Phénoménologie de la Perception*, Gallimard, 1945, pp.i-xvi.
64) H. Schnädelbach, *op. cit.*, p.129.

상대성을 맞게 된다.

하지만 이러한 국면이 역사지식을 꼭 상대주의 쪽으로 내모는 것은 아니다. 무엇보다 다음의 두 사실 때문에 그러하다. 즉 (1) 적어도 신비적 관념성과 당파적 관념성이 지워진 역사지식을 취하려했던 탈근대의 철학들에 걸려있는 것인 한, 역사의 보편적 리얼리티가 띠고 있는 비합리성은 합리성 이전의 합리성을 어떤 식으로든 가리킬 것이다. (2) 또한, 부분적 혹은 상대적인 역사지식이라도 '역사의 보편적 리얼리티'에서, 그것도 "반성에 앞서 존재하는" 구체적 현실로서의 '역사의 리얼리티'에서, 획득된 것이라면 그것은 충분히 객관성—정확히 말하자면, "상대적 객관성"—을 주장할 수 있다. '차이의 경제학'으로써 입증될 이러한 역사지식의 '과학-예술'적 객관성은, '반성되지 않은 삶'의 자기해명으로부터 나온 것이라는 점에서, 역사주의와 맑스주의를 비롯해 근대적인 욕망의 "에피스테메"(인식의 요소들이 일정한 방향으로 배치되는 무의식적 배경) 위에 건축된 모든 철학의 '인식론적 주관' 및 이 주관의 주·객관적 관념성과 분리되어, 역사지식의 새 지평을 열 새 주관의 "상대적 보편성" 내지 "신종의 객관성"[65]이 된다.

이렇게 보면, 후설의 현상학 이후에 근대를 이탈하는 다양한 논리로써 전개된 탈(脫)주체의 철학들은 우리에게 다음과 같이 고지할 수 있을 것이다: 삶의 세계에서 "이해"될 현재의 삶이 내줄 '공통의 의미', 그 '움직이는' 가변의 리얼리티를 인식의 객관적 '지침'

65) R. E. Palmer, *Hermeneutics: Introduction Theory in Schleiermacher, Dilthey, Heidegger, and Gadamer*, Northwestern University Press, 1969, p.179.

으로 삼아 사료를 해석하며 역사를 쓸 것. 그리하여, "과거와의 부단한 대화"[66]에 맞갖을 역사지식의 부분적 진실을 누적해 갈 것. 이러한 전언들은 지식의 현대적 가능조건, 즉 <"진리의 가변성에 상응하는 '개체(실존)적 이성'과 역사의 우연성 혹은 단절성">을 취할 역사연구를 가리키는 동시에, 상호주관적인 '상대적 객관성'과 함께 역사의 진보를 예컨대 "역사의 이중성(우연성과 합리성)"[67]이나 "불연속성의 합리적 과정(특별한 유형의 연속성)"[68]으로써 달리 제시할 역사지식의 새 지평을 함축하고 있을 것이다.

---

66) Edward H. Carr, *What is History?*, Macmillan & Co Ltd, 1962, p.24. - 카아의 이 말은 그러니까 역사주의를 새로운 이질의 형이상학적 입장 위에서 '지양/극복'하려는 탈근대의 철학 쪽에서 보면 '현재주의'자들의 상대주의적 역사인식을 표상하는 것이 아니라 객관적 상대성에 맞는 말이 된다.

67) M. Merleau-Ponty, *Primacy of Perception*, Northwestern University Press, 1964, pp.211-28

68) M. Poster, 『푸코와 맑스주의(Foucault, Marxism & Histor)』, 조광제 옮김, 1989, 민맥, p.106 이하.

참고문헌

김영한, 「실증주의 사관 : 꽁트와 버클을 중심으로」, 차하순 편, 『사관이란 무엇인가』, 청람, 1992.

뤼스(J.), 『지식과 권력2』, 황수원 옮김, 1993.

이수윤, 『역사철학』, 법문사, 1988.

정기철, 「해석학과 해체주의: 가다머와 데리다의 논쟁」, 한국해석학회 엮음, 『해석학은 무엇인가』, 지평문화사, 1995.

휴즈(H. S.), 『과학과 예술로서의 역사』, 이순영 옮김, 도서출판 풀빛, 1981.

Anderson(E.), "Meinecke's Ideengeschichte and the Crisis in Historical Thinkingis", J. L. Cate/E. Anderson(ed.), *Medieval and Historiographical Essays in Honor of James Westfall Thompson*, The University of Chicago Press, 1988.

Beard(Ch. A.), "That Noble Dream", *The American Historical Review*, Vol.XLI, No.1, 1935.

Becker(C. L.), "Every Man his Own Historian", *The American Historical Review*, Vol.XXXVII, No.2, 1973.

______, "What are Historical Facts?", Meyerhoff(H.)(ed), *The Philosophy of History in Our Times*, Doubleday / Company Inc., 1959.

Carr(E. H.), *What is History?*, Macmillan & Co Ltd, 1962.

Dray(W. H.), *Philosophy of History*, N, J. / Prentice Hall Inc, 1964.

Gardiner(P.), "Introduction", Gardiner(P.)(ed.), *The Philosophy of History*, Oxford University Press, 1974.

Hamilton(P.), *Knowledge and Socal Structure*, Routledge / Kegan Paul, 1974.

Hegel(G. W. F.), *Die Vernuft in der Geschichte*, 5 Aufl., herausgegeben von J. Hoffmeister, Felix Meiner Verlag, 1955.

Heidegger(M.), *Zur Sache des Denkens*, Max Niemeyer, 1976.

Hempel(C. G.), "Reasons and Covering Laws in Historical Explanation", Gardiner(P.)(ed.), *The Philosophy of History*, Oxford University Press, 1974.

Heussi(K.), *Die Krisis des Historismus*, J. C. B. Mohr, 1982.

Hofer(W.), *Geschichtschreibung und Weltanschauung: Betrachtungen zum Werk Friedrich Meineckes*, R. Oldenbourg, 1950.

Iggers(G. G.), *The German Conception of History : The National Tradition of Historical Thought from Herder to the Present*, Wesleyan University Press, 1983.

______, "The Image of Ranke in American and German Historical Thought", *Theory and History*, Vol.2, No.1, Wesleyan University Press, 1968.

Krieger(L.), *Ranke : The Meaning of History*, University of Chicago Press, 1977.

Lukàcs(G.), *Die Zerstörung der Vernunft*, Aufbau Verlag, 1954[루카치, 『이성의 파괴』, 변상출 옮김, 백의출판, 1966.]

Mandelbaum(M.), "The Problem of Covering Laws", Gardiner(P.)(ed.), *The Philosophy of History*, Oxford University Press, 1974.

Meinecke(F.), *Zur Theorie und Philosophie der Geschichte*, Werke IV, K. F. Koehler Verlag, 1965.

Merleau Ponty(M.), *Phénoménologie de la Perception*, Gallimard,

1945.

_______, *Primacy of Perception*, Northwestern University Press, 1964.

Palmer(R. E.), *Hermeneutics, Introduction Theory in Schleiermacher, Dilthey, Heidegger, and Gadamer*, Northwestern University Press, 1969.

Popper(K. R.), *The Poverty of Historicism*, Routledge & Kegan Paul, 1974.

Randall(J. H.), *Nature and Historical Experience*, Columbia University Press, 1958.

_______, "On Understanding the History of Philosophy", *The Journal of Philosophy*, Vol.XXXVI, No.17, 1939.

Read(C.), "The Social Responsibilities of the Historian", *The American Historical Review*, Vol.LV, No.2, 1950.

Renier(G. J.), *History; It's Purpose and Method*, London: George Allen & Un-win Ltd, 1961.

Schaff(A.), *History and Truth*, Pergamon Press Ltd., 1976.

Schnädelbach(H.), *Geschichtsphilosophie nach Hegel: Die Probleme des Historismus*, Karl Alber, 1974.

Stark(W.), *The Sociology of Knowledge: An Essay in aid of a Dipper Understanding of the History of Ideas*, Routledge / Kegan Paul, 1974.

Walsh(W. H.), *Philosophy of History: An Introduction*, Harper / Row Publishers, 1968.

제2장 국가와 지식

: 국가발전과 지식의 역학적 관계에 관하여

권영우

[내용요약] 본 글은 동서양을 막론하고 국가가 형성되는 과정에서 국가의 발전과 형성에 지식이 중요한 역할을 수행했다는 점을 밝히는 데 있다. 이를 위해 고대 근동의 문명사와 고대 중국사를 통해 지식과 국가의 관계를 살펴볼 것이다. 또한 오늘날에도 근본적으로 지식이 국가의 발전에 핵심적 역할을 수행한다 점을 강조할 것이다. 하지만 이 글은 '지식이 국가의 발전에 종속되어야 하는가?'라는 질문을 던짐으로써 지식발전의 고유한 자율성에 관해서 역설하고자 한다.

1. 들어가는 말

오늘날 '국가'는 일반적인 인간 공동체의 한 형태로 보편화되었으나, 역사적으로 살펴보았을 때 인류가 지금과 같은 국가를 형성하면서 살게 된 지는 얼마 되지 않는다. 물론 고대국가를 염두에 둘 때 '국가'라는 제도는 이미 상당히 오래된 인류의 공동체적 삶의 방식이라고 생각할 수도 있을 것이다. 하지만 인류가 지구상에 출현한 시기까지 거슬러 올라간다면 고대국가의 출현도 최근의 일이라 할 수 있을 것이다.

이러한 국가는 자연 발생적으로 생겨난 것이 아니라 인간의 피나는 노력과 많은 시행착오를 거쳐 생겨났다는 점은 주지의 사실이다. 그 노력과 시행착오란 인간집단의 냉혹한 경쟁 속에서 이루어진 인간의 피와 땀으로 범벅된 실패와 좌절을 함축한다. 원시시대부터 인류는 무리생활을 하였다. 그 때의 무리집단을 '국가'라고 부르지는 않고, '부족'이나 '씨족사회' 정도로 부른다. 일반적으로 우리가 '국가'라고 부르는 인간 공동체의 형태가 등장하는 과정은 부족이나 씨족사회가 경쟁과 전쟁을 통해 통합되고 강력한 지배자가 생기면서 부족이나 씨족사회보다 훨씬 다양한 성격을 지녔을 뿐만 아니라 보다 많은 수의 사람들과 영토를 지배하는 소수의 권력계층 또는 왕의 등장으로 설명될 수 있다. 이른바 고대문명의 출현이 부족사회에서 고대국가사회로의 진입한 결과라 할 수 있을 것이다.

그런데 고대국가의 출현은 무기나 도구를 사용하는 재료의 변화와 매우 밀접한 관련성을 지닌다. 부족들 간의 침략과 전쟁은 늘 있었겠지만 어느 순간 석기를 사용하는 부족과 청동기를 사용하는 부족 간의 전쟁이 벌어지면 석기를 사용하는 부족은 몰락하고 청동기를 사용하는 부족이 승자가 된다. 그리고 청동을 제련하는 기술은 그 부족의 고유한 기술이자 '지식'이었을 것이며 다른 경쟁 부족에게 쉽게 알려주지 않았을 것이다. 청동을 사용하는 부족은 청동을 제련하는 '지식을 독점함'으로써 부족들 간의 경쟁에서 우위를 점하고 다른 부족들을 복속시켜 강력한 지배세력을 구축했다. 이러한 청동기를 사용하는 강력한 지배세력의 등장이 우리가 소위 말하는 고대 문명권들에 해당한다. 그리고 다시 청동기에서 철기시대로 넘어오면서 위와 같은 동일한 과정을 거치게 되고 '철을 제련할 수 있는 지식'을 갖춘 국가가 이전의 청동기 시대를 마감시키고 새로운 지배세력으로서 등장했다. 이것을 두고 흔히들 '문명발전사'라고 부른다. 이러한 문명발전사의 외면은 단지 더 진보된 기술력을 바탕으로 무력을 행사할 수 있는 집단이 고대국가를 건설하고 이러한 생존경쟁에서 살아남기 위해 보다 더 강력한 무기군사체계와 통치체계를 구축한 역사로만 보일 것이다. 하지만 그 문명발전사의 내면에는 위와 같은 강력한 국가체제(무기군사체계와 통치체계)를 갖추도록 만든 '지식'의 역할이 필수적이었을 것이다. 이 글은 문명발전사 속에서 국가의 외형적 발전 속에서 작용한 지식의 역할에 관해서 살펴 볼 것이다.

그런데 이러한 고찰은 자칫 지식이 국가발전의 '도구' 즉 '이데올로기'로만 기능한다는 주장을 정당화하려는 의도로 보일 수 있다. 왜냐하면 앞에서 언급했듯이 강력한 국가의 등장과 국가세력의 확장 속에 놓여 있는 '국가-지식'의 외형적 관계는 고대국가에서부터 현대에 이르기까지 근본적으로 크게 바뀌지 않았기 때문이다. 21세기 현재 지구상의 모든 국가들은 '국가경쟁력', '국가브랜드', '국가품격' 등 여러 신조어를 만들어 내며 경쟁하고 있다. 그 경쟁에서 우위를 점하기 위해 가장 중요한 '지식'으로 오늘날 소위 말하는 '과학기술'을 꼽고 있다. 과학기술은 '과학'이라는 학문적 지식 체계와 '기술'[1]이라는 도구적인 개념이 결합된 말이다. 따라서 본래 '과학기술'이라는 말 속에서 '과학'과 '기술'을 구분하는 것이 타당하겠으나 오늘날 '과학'은 '기술'과 불가분의 관계를 맺고 있기 때문에 사실상 이 둘을 정확히 분리하기가 모호한 상황이 되었다.[2] 어찌되었든 '과학기술'은 하나의 지식의 형태로서 첫째 강력한 무기와 둘째 시장을 지배할 수 있는 상품, 셋째 그 지식 자체의 독점적 가치, 넷째 국가 및 기업의 효율적인 조직운영 체제를 산출하는 데 결정적 요인으로서 작용하고 있다. 그 밖에도 과학기술은 오늘날 모든 경쟁에서 우위를 점할 수 있게 만들어 주는 '마법의 힘' 처럼 여겨지고 있다.

그런데 작금의 현실 속에서 '과학기술의 발전은 과학적 지식의 연구로부터 출발하며, 과학적 지식의 토대는 철학이었으며 또한 지금도 그렇다!'라는 매우 상투적이고 당연한 말을 되풀이하고 강조할 수밖에 없는 지경이 되었다. 특히 한국적 상황에서 더더욱 그렇다. 왜냐하면 그 이유는 다음과 같다. 과학적 지식의 연구와 과학적 지식의 토대를 마련하는 소위 순수학문의 연구와 교육을 담당

1) 아리스토텔레스, 『니코마코스 윤리학』, 최명관 옮김, 서광사, 1984, 1140a 이하.

2) 임홍빈, 『기술문명과 철학』, 문예출판사, 1996, p.74 이하.

해야 하는 곳은 다름 아닌 '대학'인데도 불구하고 이상하게도 '인문학 열풍'이라는 작금의 유행은 대학과는 무관한 일인 것처럼 보이고 오히려 인문학을 새로운 자본의 한 종류로 보면서 돈벌이의 수단이자 돈벌이가 되는 내용물로만 보려는 세태처럼 보인다. 그 가운데 과학적 지식의 토대로서의 '철학'의 뿌리와 의미는 사라지고 '지식' 일반은 국가경쟁력 강화의 수단으로만 생각하는 세태 때문이다.

국가와 지식의 관계에서 지식의 역할을 단지 국가의 발전의 도구로서만 이해하게 된다면 모든 교육과 연구는 자국의 이익을 위한 이데올로기 생산기능만 수행하는 것으로 오해될 것이다. 역사의 발전은 여러 가지 관점으로 이해될 수 있을 것이다. 하지만 역사발전 속에서 한 개인의 실제적 삶의 터전으로 기능하는 것은 바로 공동체며, 즉 '국가'라는 점에서 국가의 발전은 역사발전의 총아로서 자리매김한다는 점은 부인할 수 없는 현실일 것이다. 그런데 그러한 국가의 발전에 미친 '지식의 역할'은 예나 지금이나 변함이 없다.

바로 이 지점에서 우리는 첫째 '지식이 국가발전을 위한 이데올로기로 사용되어왔다는 사실'에만 초점을 두고 볼 것인지, 아니면 둘째 '지식의 연구와 발전은 국가발전과 독립적으로 이루어졌으되 국가가 지식을 자신의 발전을 위해 사용한 것이라는 관점'에 초점을 두고 볼 것인지 곰곰이 생각해 볼 필요가 있을 것이다. 전자의 경우라면 국가는 모든 교육과 학문연구를 오로지 국익에 도움이 되는 방향으로만 강요할 것이다. 그리고 그 국익이란 현재 국가의 부를 형성하는 기업자본의 증가를 토대로 이루어진다고 오늘날 대부분의 사람들은 생각한다. 왜냐하면 예를 들어 외교안보적 분쟁에서 승리하기 위한 중요한 조건인 군사력도 국부가 없이는 불가능하기 때문이다. 따라서 첫 번째 경우에 초점을 둘 경우 오늘날과 같은 국가 간의 무한경쟁체제에서 '지식'은 국가경쟁력의 결정적 열쇠라고 생각할 것이고 따라서 정부는 최대한 효율적으로 모든 교육 및 연구 체계를 빈틈없이 국부와 국익에 도움이 되도록 교육 정책을 펴나가야 한다고 주장할 것이다. 이런 경우 학문은 매우 효율적으로 정부의 지원을 받으며 정부가 원하는 방향과 목적에 따라 발전하게 될 것이다. 하지만 학문연구의 자율성은 사라질 것이고 국가가 원하는 방향으로 학문연구가 이루어지게 됨으로써 국익에 기여하지 못하는 것으로 판단되는 학문은 발전하기 힘들 것이다. 이런 경우 학문연구는 타율적으로 이루어지게 되고 모든 지식은 결과적으로 국가경쟁력 향상을 위한 이데올로기로서만 기능하게 될 것이다. 반면에 두 번째 경우라면 학문연구는 학자와 학계의 자유로운 연구 활동을 통해 이루어질 것이고 그 결과물인 지식을 국가나 다른 사회집단, 예를 들어 기업이 활용하는 형태가 될 것이다. 이런 경우 학문연구의 자율성이 확보되기 때문에 방대하고 다양한 학문적 지식이 만들어질 수 있다. 하지만 이러한 자율적인 학문연구 방식은 국가경쟁력 향상과 기업이윤의 증대를 목표로 하는 사람들에게는 비효율적인 지식생산 방식에 불과할 것이며, 그들이 당장 필요로 하는 지식을 얻는데 많은 시간이 소요됨으로써 국가 간의 경쟁과 기업의 시장경쟁에서 우위를 점하기 위해 필요한 지식을 적시에 획득하기 힘들 것이다. 따라서 국가 간의 경쟁과 기업 간의 경쟁이 더욱 치열해 지고 있는 오늘날 지식이 그러한 경쟁력 강화에 결정적 역할을 한다는 점이 부각될수록 자율적 학문연구는 경쟁을 해야 하는 국가와 기업에게 더욱 더 비효율적이며 시대착오적으로 보일 수밖에 없을 것이다.

위와 같은 상반된 입장은 국가-지식의 관계에 대한 서로 다른 견해라 할 수 있을 것이다. 그럼에도 이 두 가지 입장이 지닌 공통점은 국가의 발전에 지식이 지대한 영향을 끼친다는 점을 인정한다는 점이다. 앞으로 이 글은 역사발전의 과정 속에서 지식이 국가의 발전에 어떻게 영향을 미치고 기여했는지를 살피고 국가와 지식의 관계에 대해서 살펴보도록 할 것이다.

2. 국가의 형성과 지식의 역할에 관하여

가. 고대 근동과 서양에서 국가 형성에 미친 지식의 영향에 관하여

일반적으로 서양의 뿌리가 된 고대문명으로 고대그리스 문명과 로마 문명을 꼽는다. 물론 거대 왕국을 이룩한 이집트 문명이나 페르시아 문명을 꼽을 수도 있을 것이다. 이 모든 문명들이 거대한 왕국을 형성하면서 강력한 지배력을 확장시킬 수 있었던 데에는 표면적으로 강력한 군사무기체계가 결정적 역할을 했다고 생각할 것이다. 원시적 부족단위의 집단들을 모두 복속시키고 거대한 영토와 다수의 사람들을 지배할 수 있는 힘의 원천은 당시로서는 군사적 무력이 핵심적이었을 것이라는 점은 누구도 부인할 수 없을 것이다. 이러한 강력한 무기를 가진 군대를 지휘하고 이러한 무력으로 많은 사람들을 지배할 수 있는 강력한 지배세력의 등장은 뿔뿔

이 흩어져 작은 단위로 존재했던 부족들을 복속시켜 하나의 단일한 왕국과 문명이 인류사에 등장했음을 의미한다.

그런데 군사적 기술과 무기체계에서 우위를 점할 수 있었던 고대국가들은 다른 집단에 비해 자연에 대한 보다 많은 지식을 습득하고 발전시켰기 때문에 거대한 문명으로 발돋움할 수 있었다. 예를 들어 구리로부터 청동을 제련하기 위해 구리에 주석을 합금하는 지식과 기술을 알고 있어야 한다. 이러한 지식은 당시로서는 최고의 고급지식이었을 것이다. 이러한 지식을 갖춘 집단만이 청동무기로 무장한 강력한 지배세력으로 등장했을 것이고 또한 청동제 농기구를 사용함으로써 개간할 수 있는 면적을 확대하여 식량생산을 늘릴 수 있었을 것이다. 청동을 사용하여 만든 무기는 정복에 사용했을 것이고 금속제 농기구는 식량생산을 늘려 그 집단의 구성원들이 번영할 수 있는 토대가 되었을 것이다.[3)]

청동기 제작 지식과 기술을 예로 고대문명들이 어떻게 성장하고 인류사에 등장하게 되었는지를 아주 간략히 살펴보았다. 그리고 청동제작 지식보다 더 발전된 철기제작 지식과 기술을 보유한 집단이 기존의 왕국 및 문명과 경쟁하여 새로운 문명과 국가를 건설하는 역사적 과정을 거치게 되었다.

이러한 역사적 과정은 국가의 흥망성쇠의 과정으로 해석될 수 있고, 그 흥망성쇠를 좌우하는 중요한 열쇠가 '지식'이었다고 우리는 또한 해석할 수 있다. 따라서 지식이 국가발전에 큰 역할을 한다

---

3) 재레드 다이아몬드, 『총균쇠』, 김진준 옮김, 문학사상사, 2013, 2부. - 다이아몬드는 식량생산을 확대한 집단과 채집과 유목에 의존하면서 농경을 발전시키지 못한 집단 간의 차이와 그 경쟁에서 농경을 통해 식량생산을 한 민족이 번성할 수 있었던 이유에 대해서 설명하고 있다(특히 5장과 6장 참조).

는 점을 고대국가의 흥망성쇠 과정에서 우리는 쉽게 찾아볼 수 있고, 이를 통해 국가와 지식의 밀접한 관련성을 발견하게 된다.

그런데 위에서 언급한 국가와 지식의 관계에서는 국가의 외형적 발전과 강력한 지배력을 행사하게끔 하는 군사력에 지식이 기여한 점만을 살펴보게 되었다. 지식이 국가의 외적 발전과 확장에만 주요하게 기여한 경우는 오히려 과거로 갈수록 더욱 명확히 발견된다. 즉 고대왕국과 문명의 형성은 정복의 과정이었고 결국은 앞선 전쟁기술과 무기로 적을 제압한 집단이 그러한 고대왕국과 문명을 건설할 수 있었기 때문이다.

국가의 무력을 증강시키는 지식과 기술 이외에도 다른 종류의 지식이 필요한데, 그것은 여러 다른 집단들을 복속시킨 이후 하나의 왕국체제를 형성한 이후 필요한 지식으로서 하나의 나라를 통치하는데 필요한 지식과 기술이다. 그러한 통치를 위한 필요했던 것이 바로 '법률'과 '국가행정체계'다. 고대 함무라비법전을 예로 들 수 있듯이 거대한 영토를 가진 왕국이 군사력을 바탕으로 정복과 지배는 할 수 있지만 국가통치를 위한 법률이 마련되지 않으면 그 지배는 오랜 기간 존속될 수 없다. 따라서 강력한 군사력으로 고대문명을 건설한 뒤 지배자들은 넓은 영토와 많은 피지배 계층을 효율적으로 통치하기 위해 법률을 제정하고 강력한 왕권이 먼 지방에까지 효과적으로 발휘되기 위해 행정체계를 구축하여 국가통치 질서가 유지되도록 했다.

고대국가의 경우 광대한 영토를 정복하는 것은 그 영토에 대한 안정적이고 지속적인 통치를 유지하는 것보다 쉬운 일이었다. 물론 군사적 정복활동 자체도 쉬운 일은 아니었을 것이다. 하지만 오늘날과 같은 교통, 통신, 관료 및 행정체계가 발달하지 않은 고대시대에서는 정복 이후의 영토를 지속적으로 지배하는 것이 정복 자체보다 힘든 일이었을 것이다. 왜냐하면 거대한 문명이 생기기 이전에 사람들은 지금보다도 더 다양한 언어를 사용하는 부족집단의 형태로 삶을 살고 있었기 때문에 집단마다 자신들의 고유한 정체성이 제 각각이었을 것이며 거대한 하나의 왕국에 복속된 이후 자신들의 정체성을 되찾고자 여러 형태의 반발이 고대국가 내에서 많이 발생했을 것이다.[4] 그렇기 때문에 거대한 고대문명은 예외 없이 잔인한 형벌을 통해 통치방식을 구사해 피지배층의 반란이나 분란을 강력히 억제하고 진압함으로써 하나의 강력한 왕국을 유지했다. 알렉산더 대왕이 건설한 대제국이 오래 동안 유지되지 못한 이유에 대해 역사적으로 해석이 분분할 수 있을 것이다. 그럼에도 알렉산더 대왕이 거대한 영토를 강력한 군사력으로 정복한 이후 그 영토가 통일된 하나의 왕국으로 유지되지 못했던 이유는 그가 일찍 죽었기 때문이라고 말할 수도 있겠으나 사실 알렉산더 대왕이 오래 살았다고 하더라도 그와 같은 광활한 영토를 하나의 통일된 국가체제로 통치한다는 것은 지금으로서도 쉬운 일이 아닐 것이다. 더욱이 당시에는 교통이나 통신이 발달하지 않았을 뿐만 아니라 언어도 통일되지 않았기 때문에 강력한 전제군주가 정체성과 언어가 다른 많은 피지배층이 사는 넓은 영토를 지속적으로 통치하는 것이 쉬운 일일 수 없었을 것이다. 따라서 전제적 왕권지배를

4) 고대문명의 형성과정은 이와 같이 여러 다양한 문화복합체가 통합되는 과정이라는 점은 강력한 전제왕권을 중심으로 한 다른 문명과는 조금 성격이 다르지만 지중해 문명권에서도 발견된다. 이에 관해선 다음을 참조. 정수일, 『문명담론과 문명교류』, 살림, 2011, p.18 이하.

지속적으로 유지하고 다양한 언어와 정체성을 지닌 복속된 피지배층을 때로는 잔인한 형벌로 때로는 통합의 기술로 통치하는 지혜가 필요했을 것이다. 그러한 지배체제의 유지에 반드시 필요했던 것이 바로 법률과 국가행정체계였으며, 이 두 가지를 형성하기 위한 '지식'이 시급히 요청되었을 것이다. 이러한 고대 사회의 역사적 상황 속에서 플라톤이나 아리스토텔레스 같은 철학자들은 어떠한 국가체제가 보다 바람직한가를 고민하고 사유했던 것이다.[5]

고대 사회에서 정복을 위해 필요한 지식과 기술은 군사적 무기체계의 개발에 사용되었고, 국가통치 질서의 유지를 위해 필요한 지식과 기술은 법률과 행정체계를 갖추고 유지하는 데 사용되었다. 즉 고대 근동의 문명형성과정에서 지식이 국가의 형성과 발전에 기여한 바를 우리는 충분히 역사적으로 확인할 수 있을 것이다.

고대 그리스 문명을 중심으로 이루어진 지중해 문명은 알렉산더 대왕 이후 오리엔트 문명과 융합되면서 새로운 헬레니즘 문명을 형성한다.[6] 이 헬레니즘 문명의 형성은 알렉산더 대왕과 같은 강력한 군사력을 가진 정복자의 전쟁을 통해 이루어진 것이 아니라 고대 그리스 문명 속에서 발달한 학문과 문화를 바탕으로 이루어졌다는 점에 주목할 필요가 있다. 그래서 로마 문명이 등장하기 전까지 헬레니즘 문명은 다양한 문화들이 서로 공존하면서 복합체를 이루는 방식으로 발전했고 그 바탕에는 고대 그리스의 발달한 '지식'이 있었다. 그리고 그 '지식'의 정점에는 아직까지도 의미가 퇴색되

---

5) 플라톤, 『국가』, 박종현 옮김, 서광사, 1997, 8-9권; 아리스토텔레스, 『니코마코스 윤리학』, 1180b; 아리스토텔레스, 『정치학』, 천병희 옮김, 숲, 2009, 3-7권.
6) 정수일, *op. cit.*, p.19.

지 않은 학문체계를 형성한 아리스토텔레스나 플라톤 같은 철학자가 있었다. 먼저는 당시 소크라테스를 계승한 플라톤과 아리스토텔레스와 같은 철학자들이 국가체제에 관해 당시로서는 방대한 철학적 저술을 남겼기 때문이다. 특히 아리스토텔레스의 경우 논리학과 자연학의 체계를 확립했다. 그리고 그의 자연학은 약 1,500년 동안 서양을 지배한 자연과학으로서 역할을 수행하였고,[7] 그의 논리학은 프레게가 나오기 전까지 인류의 학문역사에서 변하지 않는 사유규칙에 관한 학문 즉 모든 학문의 방법(Organon)으로 자리를 굳히고 있었다.[8]

로마 문명이 등장하면서 넓은 영토를 효율적으로 통치할 수 있는 군사적 지식과 기술 그리고 동시에 로마법의 발달로 로마제국은 활발한 정복과 안정적 통치를 상당 기간 이어나갈 수 있었다. 헤겔은 이를 두고 "법적상태(Rechtszustand)"에 정신의 역사적 발전이 진입한 것으로 평가한다.[9] 로마법과 같은 법률의 발전은 국가를 안정적이고 일관성 있게 통치할 수 있는 기틀을 마련하게 된다. 즉 고대문명이 발생한 지역에서의 국가는 전제군주에 의한 자의적인 공포정치가 이루어졌을 것이다. 물론 당시에도 법률을 제정하려고 부단히 애를 썼을 것이지만 아직 법률적 지식이 발달하지 못한 이유로 로마법과 같은 법률은 생겨날 수 없었다. 그리고 법률이 절대적 왕권을 제한할 수 있기 때문에 전제적인 통치자이자 정복자는

---

7) 김영식/박성래/송상용, 『과학사』, 전파과학사, 2013, p.65 이하.

8) 안토니 케니, 『프레게』, 최원배 옮김, 서광사, 2002, p.15 이하; M. K. 뮤니츠, 『현대 분석 철학』, 박영태 옮김, 서광사, 1996, 3장.

9) G. W. F. Hegel, *Phänomenologie des Geistes*, Hegels Werke Theoretische Ausgabe Bd.3, Suhrkamp, 1986, p.355 이하.

법률에 의한 통치를 선호할 수 없었을 것이다. 그러다 고대 그리스 문명에 이르러 국가에 대한 철학적 성찰이 결실을 맺으면서 '지혜'와 '덕'에 의한 정치체제 즉 '국가'를 구축해야 한다고 주장하는 플라톤과 아리스토텔레스와 같은 철학자가 등장하게 된다. 이러한 고대 그리스 철학자들의 학문적 업적은 오늘날까지 이어져 오는 서양의 정신적 뿌리가 되었을 뿐만 아니라 '우리는 어떤 공동체를 만들어야 하는가?'라는 근본적인 물음에 의미심장한 답변을 학문적 체계로 답변함으로써 오늘날까지도 국가제도의 발전과 개선에 기여하는 지식으로서 의미를 갖고 있다.

이를 통해 우리는 매우 간략히 그리고 거칠게 고대 근동을 포함한 서양의 고대국가의 발전에 지식이 어떤 역할을 했는지 살펴보았다.

나. 고대 중국에서 국가형성에 미친 지식의 영향에 관하여

중국의 경우 진나라(기원전 221-206)가 등장하기 전 춘추전국시대를 겪으며 통일된 국가를 형성하지 못하고 있었다. 물론 춘추전국시대 이전에 하, 은, 주가 있었다고 전해지고 있다. 하지만 춘추전국시대를 마감하면서 중국 문명은 비로소 하나의 통일된 국가를 형성하고 한족 중심의 '중국'이라는 정체성을 뚜렷하게 발전시켰다고 평가할 수 있을 것이다. 물론 공자의 말을 인용하여 "중국문화는 주에 이르러 규모를 갖추었다"라고 평가를 내리는 풍우란의 입장[10]에 반대하는 것은 아니다. 하지만 만약 춘추전국시대를 극복하

10) 풍우란, 『중국철학사(상)』, 박성규 옮김, 까치, 2014, p.27.

지 못하고 진나라와 같은 하나의 통일된 국가를 형성하지 못했다면 오늘날과 같은 중국문화는 존재할 수 없었을 것이기에 본 필자는 중국이라는 국가발전과 정체성의 측면에서 진나라의 성립이 지대한 영향을 미쳤다고 생각한다. 물론 하나의 국가를 형성하지 않더라도 동일한 문화권을 형성할 수는 있을 것이다. 그런데 이 글은 지식과 국가의 관계를 살피고자하기 때문에 문화권이라는 포괄적인 영역이 아닌 '국가'라는 보다 구체적이고 영토와 지역 또는 법률 및 행정으로 구분 가능한 공동체와 지식의 역할을 고찰하고자 한다. 따라서 풍우란의 입장에 근본적으로 반대하지는 않지만 이 글은 다른 시각에서 즉 국가발전에 미치는 지식의 역할에 대해 살피고자하기 때문에 진나라의 형성이 '중국' 국가의 정체성 형성에 더 많은 기여를 했다고 본 필자는 생각한다.

그런데 아무튼 우리가 주목해야 할 점은 춘추전국시대라는 매우 혼란스러운 전쟁의 소용돌이 속에서 동아시아 사상의 근간이라고 할 수 있는 제자백가가 출현했다는 점이다. 제자백가가 출현한 시대를 "자학(子學)시대"[11]라고도 부르는데, 이 시기 여러 학자 혹은 대가(子)들이 보다 나은 정치체제를 구상하려고 노력하였다. 그리고 그러한 학문적 노력은 여러 학파의 등장으로 나타났으며, 이러한 당시의 학문적 성과가 오늘날까지도 그 영향력을 잃지 않고 여전히 동양을 지배하는 사상적 근간으로 작용하고 있다는 점은 주지의 사실이다. 이러한 여러 학파들이 고민했던 가장 중요한 문제는 어떻게 춘추전국시대를 종식시키고 하나의 통일된 국가를 형성하여 평화로운 시대를 열 것인가라는 시대적 과제였다. 따라

11) *Ibid*, p.29.

서 당시 여러 학파들은 우리가 이 글에서 주제로 삼고 있는 지식과 국가의 관계에 관해서 어느 누구보다도 심도 있게 고민을 했던 셈이다. 물론 이런 여러 학파들이 진나라의 등장 이후 쇠퇴하게 되는데 이를 두고 풍우란은 "자학시대의 종결"[12]이라고 부르고 있다. 왜냐하면 잘 알다시피 진시황이 분서갱유를 함으로써 여러 학파들의 지식을 제거하고 오로지 국가통치에 이익이 되는 지식만을 남기려 하였다.[13] 이것으로서 자학시대가 종결되어 중국의 고대철학이 종말을 고했다고 풍우란은 평가한다.[14] 하지만 진시황이 분서갱유를 통해 국가주도의 지식학문 통일은 완성되지 않았고 후대인 한나라에 와서 사상을 통일하려는 정책이 성공을 거두게 되었다.[15]

춘추전국시대의 종말과 진나라와 한나라의 등장은 중국역사에서 커다란 변화와 발전을 의미하는데, 그것은 바로 신분질서와 국가통치체제의 변화였다. 춘추전국시대는 귀족정치와 봉건제도가 몰락하는 시기였다. 따라서 이러한 시대적 변화 속에서 각 제후들이 각축을 벌이게 되었고 귀족이 아닌 자들도 정치에 참여하는 경우가 발생하게 되었다. 정치에 참여할 수 있는 귀족의 공고하고 특권적인 지배적 신분권위가 무너지면서 자유로운 사상가들이 출현할 수 있었고 그 사상가들은 보다 나은 국가를 만들기 위한 지식

12) *Ibid*, p.38.

13) 물론 분서갱유를 통해 모든 서적을 불사른 것이 아니라 민간에 있는 서적들을 불사른 것이며 국가가 소유한 서적은 불사르지 않았으며 각 학파에 대한 연구자도 두어 국가의 관리와 통제 하에 여러 학파의 사상을 연구하게 하였다. - 풍우란, *op. cit.*, p.38.

14) *Ibid*.

15) *Ibid*, p.41.

을 만듦으로써 정치에 참여하고자 한 것이다.[16] 그리고 이 시기 귀족정치가 붕괴되면서 정전제도(井田制度)도 함께 무너질 수밖에 없었으며, 제후가 받은 봉토에서 일하던 농노들도 해방되는 일이 벌어졌다.[17] 이를 두고 '예법'이 무너졌다는 평가를 내리기도 했지만 사실 이것은 새로운 시대가 도래하는 과정이었으며 새로운 시대를 준비하는 데에 중요한 역할을 담당했던 사람들이 당시의 사상가들(諸子)이었다. 공자도 그들에 포함된 한 명의 사상가였다. 비록 진나라의 등장으로 유가는 그 당시 당장 꽃을 피우지 못했지만 그 이후 중국을 포함한 동아시아 지역에서 가장 영향력 있는 정치 및 윤리사상으로 자리매김하고 있음은 분명한 사실이다.

춘추전국시대의 몰락은 또한 통치방식의 변화를 불러 일으켰다. 그 변화에 대해 풍우란은 다음과 같이 말하고 있다.

> "춘추전국시대에 귀족정치가 붕괴한 결과, 한편으로 평민은 해방되었고 한편으로 군주는 권력을 집중했다. 당시 현실의 정치추세는 귀족정치에서 군주전제정치로, 인물정치와 예치에서 법치로 향하고 있었다."[18]

즉 "家" 중심의 고대의 봉건귀족정치질서가 무너지면서 귀족 즉 제후의 특권이 약화되고 강력한 전제군주가 법으로 하나의 통일된 국가를 통치하는 방식으로 통치 질서가 변화하게 되었다는 점

---

16) *Ibid*, p.29 이하.
17) *Ibid*, p.34.
18) *Ibid*, p.497.

이다. 이러한 과정에서 국가의 법률 및 관료체계를 구축하는 것은 안정적인 통치를 지속하기 위한 중요한 과제였음에 분명했다. 그리고 그러한 과제를 이루기 위해 여러 諸子들의 사상은 중요하고도 핵심적인 역할을 수행하였다. 물론 여러 사상가들 사이에서 경쟁이 있었고 진나라 이후 이러한 다툼이 하나의 통일된 국가를 유지하는데 걸림돌이 된다고 판단되어 국가주도로 사상들을 통일하려는 시도가 있었다. 그러다 결국 유가사상이 중국의 여러 국가의 통치이념으로 수용되면서 중국뿐만 아니라 동아시아 전반에 걸쳐 국가발전에 큰 영향을 끼치게 되었다. 이로써 짤막하게나마 고대 중국에서의 지식과 국가의 관계에 관해서 간략히 살펴보았다.

3. 국가 발전의 이데올로기들: 종교와 과학

우리는 앞서 고대 서양과 동양의 예를 통해 간략히 국가의 발전에 지식이 지대한 영향을 미친다는 점을 살펴보았다. 그런데 서양은 중세를 거쳐 근대로 넘어 오면서 국가의 기틀을 마련하고 국가권력을 공고히 해준 것은 기독교 사상이었다. 칼 대제가 프랑크 왕국을 건설하면서 언어도 통하지 않던 다양한 부족들을 정복하고 하나의 공통된 국가적 정체성을 확립하는데 기독교가 중요한 역할을 수행하였다. 물론 정복과정에서 강압적인 기독교 전파과정이 있었기에 상당한 반발도 있었던 것이 사실이다. 광대한 영토를 정복하여 거대한 프랑크 왕국을 건설한 칼 대제가 죽고 난 뒤 오토 대제가 왕위를 물려받자 민족도 다르고 종교도 다르며 언어도 다른 여러 집단들을 통치하기 위한 절대적 권위를 확립하기가 쉽지 않았다. 더욱이 왕위를 이어 받는 과정에서 형제들 간의 왕위쟁탈전을 벌인 이후 오토 대제는 왕국을 다스리기 위한 절대적 권위를 확보하는 것이 시급했다. 그래서 로마의 교황으로부터 왕관을 받고 자신의 왕권이 신으로부터 온 것임을 천명하게 된다. 따라서 알프스 이북의 유럽에서 통일된 국가로 처음 등장한 프랑크 왕국은 신성로마제국이라는 명칭으로 기독교 사상을 근간으로 제국의 발전과 안정을 꾀했다.

기독교를 하나의 지식으로 볼 것인지에 관해선 의문점이 생길 수 있을 것이다. 하지만 당시 최고의 지식인은 수사들이었으며 이들이 유럽의 대학을 세운 장본인이라는 점을 잊어서는 안 된다. 하지만 이성보다는 신앙을 더 우위에 두는 종교적 전통 속에서 지식을 발전시켰기 때문에 근대 이성중심의 계몽주의와 종교의 갈등은 불가피하게 되었다. 그럼에도 19세기 중반까지도 유럽에서는 기독교 신앙을 거부하는 사상은 검열과 국가적 탄압의 대상이 되었다는 점을 상기할 필요가 있다. 그렇기 때문에 기독교 사상은 유럽의 학문과 지식을 발전시키는 중요한 원동력이 되었으며 중세 이후 유럽의 왕권을 강화하여 국가의 발전을 이루는데 커다란 역할을 수행했다.

갈릴레이 이후로 인간의 경험과 이성을 바탕으로 세계를 이해하고 탐구하려는 서양의 지적 노력은 상당한 기간 기독교와의 갈등과 탄압 속에서 조용히 그리고 꾸준하게 학문체계와 이성중심의 세계관을 구축하게 되었다. 그러한 이성중심의 학문발전의 여정은 서양의 기독교가 국가체제를 공고히 하는데 기여한 것과는 달리 당시 유럽의 왕권국가의 통치 질서와는 독립적으로 이루어졌다. 하지만 그 결과는 뜻하지 않게 유럽의 왕국들이 전 세계를 대상으로 강력한 식민지 정복활동을 가능하게 만들어 줬다. 왜냐하면 이성중심의 학문탐구의 결과물이 바로 수학과 자연과학이었기 때문이다. 수학과 자연과학에 힘입어 유럽은 강력한 무기와 함정과 건축물 등을 만들 수 있었다. 이를 통해 당시 유럽의 여러 나라들은 해양을 누비며 전 세계로 뻗어나가 정복활동을 펼쳐 많은 식민지를 건설하고 그로부터 얻은 부로 자국의 발전을 꾀했다. 잘 알다시피 이러한 유럽의 식민지 지배와 침략활동은 19세기 말 20세기 초까지도 지속되었다. 그리고 아편전쟁 이후 동양이 서구로부터 받은 충격은 실로 엄청난 역사적 경험이었고, 서양의 강력한 힘을 모방하기 위해 동양은 서양의 지식과 문물을 받아들이기 위해 발빠르게 움직였다.

이제는 오늘날 우리의 모습을 돌이켜 볼 차례다. 역사적으로 보면 국가는 자국의 발전을 위해 지식을 필요로 했고, 그렇게 필요한 지식을 자국의 발전을 위해 사용해 왔다는 점은 부인할 수 없는 '사실'이다. 그리고 지금도 마찬가지다. 국가경쟁력은 곧 과학기술경쟁력을 통해 좌우된다는 말은 이미 상식이 된지 오래다. 그렇다면 우리는 중요한 물음을 던져 볼 필요가 있다. "지식은 단지 국가의 발전을 위해 사용되어야 하는 수단 즉 국가발전을 위한 이데올로기로서만 가치를 지니고 또 그러한 목적으로 학문이 연구되어야 하는가?"라는 물음이다. 만약 '그렇다'라고 대답한다면 국가는 국가경쟁력을 좌우하는 고급지식을 생산하는 고등교육기관인 대학에 더 많은 예산을 투입해야 할 것이다. 하지만 참고로 한국의 경우 고등교육에 투자하는 정부예산은 OECD 국가 중에서 최하위에 속한다.[19] 이는 분명한 모순이며, 한국정부의 비일관적 모습을 보여준다. "지식강국"을 겉으로는 외치면서 가장 고급지식을 연구하는 대학에 투자하지 않는 것은 앞뒤가 안 맞기 때문이다. 반대로 만약 위의 질문에 "아니다"라고 대답한다면 국가주도로 국익에 필요한 학문만을 지원하려는 교육정책을 재검토할 필요가 있고, 최고 학문연구기관이자 고등교육기관인 대학에 학문연구의 자율성이 확보되도록 도움을 주는 것이 타당할 것이다.

'과거에 비해 역사가 발전했고 또 발전하고 있다'라는 말 속에는 여러 가지 의미가 함축되어 있을 것이다. 또 여러 관점에 볼 때 역사발전의 의미는 다양하게 해석될 수 있을 것이다. 그런데 피라미드를 지어 강력한 왕권을 과시하고 그러한 국가의 강대함을 자랑하기 위해 많은 사람들을 강제로 동원했으며 피라미드 건설에 필요한 토목 및 건축 지식과 기술을 가진 사람들을 단지 이용했던 고대 이집트 문명처럼 오늘날의 국가들도 과학기술을 바탕으로 국가경쟁의 헤게모니에서 우위를 점하기 위해 지식을 사용한다면 국가와 지식의 관계에 있어 역사의 발전은 근본적으로 없었다고 평가하는 것이 타당할 것이다.

본 필자는 지식 정확히 말해 학문의 발전이 국가의 발전에 기여한다는 점을 부인하지는 않는다. 하지만 지식이 국가 발전에 기여해 왔고 또 국가가 지식을 자국의 발전을 위해 이데올로기로 사용한 바가 역사적 사실로 드러나기 때문에 여전히 앞으로도 지식을

19) 권영우, 「한국의 인문학 소외현상과 한국학의 세계화 방안」, 『건지인문학』 10호, 전북대학교인문학연구소, 2013 참조.

국가발전을 위한 이데올로기로만 사용하려고 하거나 이데올로기로 사용해야 한다는 주장을 한다면, 이 시대의 모든 지식인은 근본적으로 파라오의 피라미드를 건설하는데 동원되었던 기술자와 다르다고 할 수 없을 것이다. 본 필자의 결론적 주장은 학문의 발전이 국가 발전에 기여하는 것이 바람직하다고 생각하지만 그렇다고 국가가 지식을 국가발전을 위한 도구로만 생각해서는 안 된다는 입장이다. 학문은 그 자체적 목적을 갖고 자율적으로 연구될 때 오히려 풍성한 학문적 결실을 맺을 수 있으며, 그 열매를 국가를 포함한 모든 인류가 풍성하게 공유하게 되는 것이다. 예를 들어 국가가 모든 물리학자를 수소폭탄을 만들기 위한 연구에 투입하여 군사적 성과를 이루려고 하는 것과, 무기개발과 무관하게 입자나 에너지 일반에 대한 연구를 자유롭게 물리학자가 하는 것을 비교했을 때 어느 경우가 장기적으로 볼 때 지식의 발전과 국가 및 인류의 발전에 기여할 수 있겠는가?

참고문헌

권영우, 「한국의 인문학 소외현상과 한국학의 세계화 방안」, 『건지안문학』 10호, 전북대학교인문학연구소, 2013.

김영식/박성래/송상용, 『과학사』, 전파과학사, 2013.

뮤니츠(M. K.), 『현대 분석 철학』, 박영태 옮김, 서광사, 1996.

아리스토텔레스, 『니코마코스 윤리학』, 최명관 옮김, 서광사, 1984.

______, 『정치학』, 천병희 옮김, 숲, 2009.

케니(A.), 『프레게』, 최원배 옮김, 서광사, 2002.

임홍빈, 『기술문명과 철학』, 문예출판사, 1996.

다이아몬드(J.), 『총균쇠』, 김진준 옮김, 문학사상사, 2013.

정수일, 『문명담론과 문명교류』, 살림, 2011.

풍우란, 『중국철학사(상)』, 박성규 옮김, 까치, 2014.

플라톤, 『국가』, 박종현 옮김, 서광사, 1997.

Hegel(G. W. F.), *Phänomenologie des Geistes*, Hegels Werke Theoretische Ausgabe Bd.3, Suhrkamp, 1986.

제3장 세계화와 지식

박치완

[내용요약] 세계화(globalizaion)는 경제 영역뿐만 아니라 사회, 문화, 정치, 기술 등 전방위적 영향력을 행사하고 있다. 이 과정에서 소위 영어(American English)를 무기로 지식 생산 및 소비의 획일화 또한 가속화되고 있다. 그런데 어쩐 일인지 지식의 세계화에 대해 로컬 국가들의 대응의식은 경제의 세계화나 문화의 세계화에 비해 약한 편이다. 본 챕터에서는 지식 또한 경제강국에 종속된 오늘날의 현실을 비판적으로 성찰하는데 목표가 있다. 전 지구촌을 단극화(monopolization), 획일화(uniformaliser)하려는 작금의 세계화 돌풍은 로컬 인문지식의 고유성 및 다양성 등을 척도로 재고될 필요가 있다고 생각해서다.

1. 세계화라는 달콤한 유혹

플라톤이 이데아의 세계를 상정함으로써 인간에게 비극을 안겨주었다면 아리스토텔레스는 피안의 세계를 엿볼 수 있는 경험과학적 사유의 문을 열어줌으로써 인간에게 희극의 문을 선물해주었다. 중세시대는 신에의 기도를 통해 인간의 비극은 예방되었는지 모르지만, 신의 세계가 합리적 언어와 인식을 통해 설명되는 것을 막기 위해 희극을 다시 봉쇄시켰다.[1)]

그런데 근대에 들어서면 세계에 대한 인간의 경험적 인식에 대한 평가는 철학의 무대 위에서 샛문(小門)에서 대문(大門)으로 변신한다. 이러한 배경에 힘입어 베이컨은 지식을 '자연을 지배하고 정복하는 힘'이라고 정의하기에 이른 것인지 모른다. 그리고 데카르트가 '근대의 상'[2)]을 주체(cogito)를 통해 세우게 됨으로써 중세의 신이 가졌던 무소부위의 초월적 권위는 급기야 인간의 내재 관념(idée innée)으로 전화(轉化)된다. 신의 존재는 근대에 들어 '기도'의 주제가 아니라 '철학적 논의'의 대상이 된 것이다. 뉴턴 과학의 탄생도, 자연세계의 질서와 법칙에 관한 다양한 연구들도 데카르트의 주체, 즉 코기토 개념의 등장과 궤를 같이한 것이라 할 수 있다. 단적으로 말해 "근대는 인간 스스로의 눈으로 세계를 관찰하고 그들〔근대인〕의 언어와 기호로 〔우주〕운행의 법칙을 만들어온 역사이자 장소"[3)]였다고 할 수 있다. 돌려 말해 "인간 주체가 담지하고 있

1) 이재성, 「근대와 탈근대의 담론에서 존재론적 '사이'로서의 로컬리티」, 『철학연구』 제126집, 대한철학회, 2013, p.241 참조.

2) M. 하이데거, 『세계상의 시대』, 최상욱 옮김, 서광사, 1995 참조.

3) 이재성, *op. cit.*, p.242.

는 이성의 기능은 근대적 사고의 핵심"[4]이었다고 해도 과언이 아니다.

'근대'의 신화는 이렇게 탄생된 것이며, 유럽의 과학-진보-기술의 신화가 전 세계로 유포되기 시작한, 다시 말해 유럽이라는 지리를 벗어나 세계화되기 시작한 것도 바로 이때부터이다. 데카르트적 주체 개념은 현대에 이르기까지 그러니까 근 4세기 동안 서양철학의 중심을 전유하고 있는 셈이다. 레비나스의 '제일철학으로서 타자'의 철학을 필두로 해서[5], 아가신스키가 모름지기 "사유는 타자, 타자들로부터 시작되는 것"이라고 선언하기 전까지는 말이다.[6]

하지만 '네트워크 사회', '디지털 시대'라는 21세기가 도래하자 인류는 전통적인 지식의 구획선과 경계들이 더 이상 유효하지 않다는 것을 자각·폭로하기 시작한다. 보드리야르의 주장대로라면, 디지털 가상세계가 아날로그적 현실세계를 지배하는 전대미문의 사태가 도래한 것이다. 주지하듯, 디지털 가상세계는 아날로그적 현실세계를 추상화(디지털화)하는 것을 제일의 특징으로 한다. 아날로그적 현실세계보다 더 실제적이라는 디지털 가상세계는 인간은 물론이고 심지어는 신까지도 소비되는 부호 또는 유희적 기호로 여기며, 보드리야르는 이를 '시뮬라크르'라고 명명하는데 주저하지 않는다.

디지털 가상세계의 '요물'이라고 해도 과언이 아닌 '시뮬라크르'

---

4) *Ibid.*
5) E. Levinas, *L'Éthique comme philosophie première*, Rivages, coll. «Rivages poche», 1998; *Hors sujet*, LGF, coll. «Biblio-essais», 1997 참조.
6) S. Agacinski, *Critique de l'égocentrisme - L'événement de l'autre*, Galilée, coll. «La philosophie en effet», 1996 참조.

는 전통의 '의미'며 '진리'며 '가치'를 전면 부인하는 것으로 요약될 수 있다. 자기증식을 통해 이동/확장되고, 이합집산을 밥 먹듯 하며, 급기야 전통의 모든 지식체계를 해체시키는 것이 시뮬라크르이다. 이런 상황에서 설상가상으로 전통의 모든 지식은 단순한 '데이터'로 전락해야 하는 운명에 처하게 된다. 디지털 강국들에서 최근 회자되고 있는 디지털 인문학(Digital Humanities)이 바로 그 전조다. 디지털 기술기반 인문학이 21세기의 인문학의 나아갈 방향이라는 것이다. 이러한 기술지배(technorègne)는 경제지배(ecorègne)라는 블랙홀과 쌍생아이다. 오직 경제적 효용성이 있는 지식만이 지식으로서의 가치가 있다는 것이 이 두 쌍생아의 지향점이다.

요의 '세계화'는 이렇듯 정치경제사회문화 전반을 지배하는 획일화의 이념이다. 이렇듯 지구촌은 점점 단일사회(a single society)로 통합되는 과정을 밟고 있다. 그렇다면 이 자리에서 우리는 묻지 않을 수 없다. 과연 세계화가 인류를 '새로운 유토피아'의 세계로 안내할 것인가? 세계화는 새로운 유토피아가 아니라 혹 '시민화의 유령' 또는 '새로운 난장(亂場)'은 아닐까? 홉스적 투쟁의 망령이 되살아난 21세기의 집단적 욕망의 표출이 세계화가 아니냐는 것이다.

전 세계의 거의 대부분의 국가가 세계화를 모토로 자국의 부국강병책을 도모하기 때문에 하는 말이다. 이는 부인할 수 없는 일종의 '집단적 욕망'과도 같다. 무한경쟁(투쟁)의 논리에 의해 수혜를 받는 사람들보다 고통을 받는 인류, 그 폐해가 더 큰데도 불구하고 이를 어느 국가도 깊이 고민을 하지 않고 있다. 해서 필자는, 실제로 그 방향을 되돌려놓을 수도 없기 때문에, '망령'이라고 감히 말하고 싶다. 본고에서 우리는 이와 같이 관점에서 세계화와 지식의 문제를 되짚어보게 될 것이며, 인문지식이 기술-경제의 획일화로부터 벗어날 수 있는 길은 정녕 없는 것인지 함께 고민해보고자 한다.[7)]

2. 세계화를 이끄는 4륜마차

영국과 미국이 중심이 된 <워싱턴 컨센서스>로부터 발정(發程)했다고 해도 과언이 아닌 세계화는 무한 경쟁의 논리에 근간한 경제 중심의 세계 재편을 꿈꾸는 21세기의 이데올로기이다. 해럴드 L. 서킨의 지적대로 "모든 곳에서 모든 것을 건 모두와의 경쟁"[8)]이 바로 세계화의 모토이고 논리이다. 하지만 이러한 경쟁은 불행하게도 공평하게 진행되지 않는다는데 문제가 있다. 승자독식(勝者獨食)의 논리, 즉 경제제국주의가 조장하는 이와 같은 비인도적 횡포에서 살아남을 국가가 과연 몇이나 될까?

승자가 이미 정해진 게임이기에 엄밀히 말해 이는 경쟁이라고 할 수도 없다. 게다가 상대를 고려·배려하는 것도 기대할 수 없어서 세계화는 공공선의 실현보다는 공공악을 자행하는 경향이 강하다.[9)]

---

7) 아래에서 전개될 내용은 필자의 다음 논문에 기초하고 있다 -「글로컬 시대의 철학」,『철학과 문화』 제25집, 한국외대 철학연구소, 2012;「지식의 세계화에 대한 재고」,『해석학 연구』 제29집, 한국해석학회, 2012;「지역과 세계, 상대성과 보편성의 경계에 선 철학」,『철학과 문화』 제26집, 한국외대 철학문화연구소, 2013;「글로컬 시대, 문화해석의 새로운 지평」,『철학탐구』 제38집, 중앙대철학연구소, 2015.

8) 해럴드 L. 서킨 외,『글로벌리티』, 김광수 옮김, 위즈덤하우스, 2010, 11쪽.

9) 박치완,「개입가치로서 공공선과 그 이면: 글로벌 공공선에 대한 비판적 해석

강국을 더욱 강하게 하고 약소국을 더욱 약하게 만드는 것이 경제의 세계화(globalization of economy)가 노정하고 있는 현실태라면, 지구촌의 대부분의 국가에서 이를 거부하지 못하고 마냥 추종하는 이유가 대체 뭘까? 글로벌 행위자들(global actors)은 왜 이와 같이 불공정하고 불평등한 게임을 거둬들이지 않고 계속 밀어붙이는 것일까? 폐해에 대한 대책은 강구하지 않고 장밋빛 환상만을 제시하는 것일까?

이유는 간단한데 있다. 그것은 바로 모든 국가가 경제의 '오직 성장(only growth)'만이 지상과제라고 여기기 때문이다. 하지만 우리가 꼭 기억해야 할 것이 있다. 경쟁의 논리, 아니 경제의 논리는 '번영의 비참'이라는 역설 위에서만 성립된다는 사실을![10] 오죽했으면 현대의 자본주의를 '축출' 자본주의라고 하겠는가![11] 세계화의 첫 번째 차륜인 경제의 세계화는 이렇듯 모든 경제 주체가 합리적 선택을 할 것이라는 자유 시장에 대한 절대 믿음에 기초한다. 하지만 그 결과는 정반대로 나타나고 있다. 국가 및 기업 간의 경쟁은 날로 치열해지고 있으며 G2에 해당하는 미국이나 중국도 세계시장에 개입해 폭력을 행사하기를 마다하지 않는 현실이다.

그렇다면 세계화의 두 번째 차륜은 무엇일까? 즉답을 하자면, 그것은 바로 문화의 세계화(globalization of culture)라 할 수 있다. 문화가 경제와 결합한 것은 21세기 들어 나타난 신경향이다. 그 핵심엔 문화의 산업화와 문화의 상품화가 자리잡고 있다. 문화가 시장의

을 중심으로」, 『해석학연구』 제34집, 2014 참조.

10) 파스칼 브뤼크네르, 『번영의 비참』, 이창실 옮김, 2003 동문선, 참조.

11) 사스키아 사센, 『축출 자본주의』, 박슬라 옮김, 글항아리, 2016 참조.

거래품목, 관광 상품 등으로 전시되어 소비자를 유혹하는 시대가 된 것이다. '평평한' 백지 위에 세계사를 성장경제를 중심으로 재기술해야 한다고 믿는 자들 말고는 이렇게 문화가 시장을 기웃거리는 사태를 받아들이기 쉽지 않으리라.[12] 문화의 세계화는 주지하듯 영국의 토니 블레어(Tony Blair) 정부시절 자국의 경제성장정책의 일환으로 제시한 창조경제(creative economy)와 맥을 같이 한다. 중국 정부도 시진핑 시절로 접어들면서 문화를 산업화해서 국부를 창출하려는 시책들을 전개하고 있으며, 유럽연합에서도 문화수도프로그램 등을 운영하며 침체된 유럽경제에 활기를 불어넣으려고 안간힘을 쓰고 있다. 미국의 할리우드 영화산업도 이미 병기(兵器)산업을 능가하는 규모로 성장한 상태다. 대한민국의 '한류로드'도 대한민국의 유무형의 문화자원을 발굴해 성장경제를 이끄는데 일조하겠다는 점에 있어서는 이들과 동일 노선을 걷고 있다고 할 수 있다.

이런 이유 때문에 우리는 문화의 세계화를 세계화의 첫 번째 차륜인 경제의 세계화와 구분하기 쉽지 않다. 경제의 세계화와 문화의 세계화는 경제만능주의의 대표적인 두 주주(株主)라 할 수 있다. 문화를 산업화하고 상품화하여, 즉 문화를 시장으로 끌어내 상리(商利)를 취하려는 문화의 세계화는 자연스럽게 지식의 세계화(globalization of konwledge)로 그 세력이 확장된다. 경제의 세계화가 전 지구촌의 국가를 상대로 시장과 금융의 단일시스템화(global governance)를 요구하는 것이라면, 문화의 세계화는 다양한 로컬 문

12) 토머스 L. 프리드먼, 『코드 그린: 뜨겁고 평평하고 붐비는 세계』, 최정임 옮김, 21세기북스, 2008 참조.

화를 탈영토화시켜 일종의 '문화적 글로벌화'를 꾀해보겠다는 취지에 다름 아니다. 문화적 글로벌화는 단순히 로컬의 토착문화만 탈영토화시키는데 그치지 않고 다양한 언어며 서로 연구 영역이 다른 지식까지도 점거(占據)하여 월가의 언어(American english)로 모든 것을 '말하고' '쓰게' 한다. 아래 <Scopus 등재 저널의 국가별 현황>에서도 그 단적인 예를 확인 할 수 있듯, 이는 지식전달자요 지식생산자인 대학의 교수들에게 모국어대신 영어(를 포함해 그밖의 세계어)를 사용해서 연구를 하라는 말과 다르지 않다. SCI, A&HCI, SCOPUS 등에 준해 교수의 연구 능력을 저울질하는 대학의 평가시스템을 가벼이 여겨서는 안 되는 이유가 여기에 있다.[13] 이들 소위 '국제적 학술지'는 당연 태반이 경제/문화의 종주국의 언어인 영어[더 정확히는 미어(美語)라 해야 옳다)로 기술된다. 보다 직접적으로 표현하자면, 영어로 기술된 논문이 아니고서는 국제적인 지식시장에서 아예 공들인 연구결과 자체를 인정받지 못하는 사태가 벌어지고 있는 상태다. 프랑스나 중국 정부에서도 해외유수저널에 논문을 게재하라고 요구하고 있으며, 심지어는 최근 북한에서도 이를 요구하고 있다고 한다. 소위 '글로벌 스탠더드'가 지식의 영역에서까지도 그 지배력을 행사하고 있는 모양새다.

아래의 <Scopus에 등재된 한국어 논문 비율> 또한 대한민국에서 생산된 지식이 국제사회에서 어떻게 평가받고 있는지를 간접적으로 보여준다 하겠다. 하지만 지식 영역에서의 글로벌 스탠더드란

---

13) 위 두 표에서 보듯, 엘스브어 코리아에서는 Scopus에 한국어(한국인) 논문이 얼마나 게재되는지 매년 분석 자료로 내놓고 있다. http://korea.elsevier.com [검색일자: 2016년 1월 2일]

ELSEVIER Elsevier Research Intelligence | 4

Scopus 등재 저널의 국가별 현황

- 우리나라 타이틀 200종이 등재되어 있으며 Scopus 전체 타이틀 대비 약 0.9% 비율
- 해외 출판사와 공동으로 발행되는 저널의 경우, 발행국이 해당 출판사의 국가로 분류될 수 있음

국가	등재 타이틀 수	비율
United States	6,103	27.5%
United Kingdom	4,618	20.8%
Netherlands	2,015	9.1%
Germany	1,506	6.8%
China	593	2.7%
France	528	2.4%
Spain	445	2.0%
Japan	434	2.0%
India	420	1.9%
Italy	403	1.8%
Switzerland	385	1.7%
Brazil	324	1.5%
Poland	312	1.4%
Canada	300	1.3%
Australia	283	1.3%
Russian Federation	229	1.0%
South Korea	200	0.9%
Others	3,134	14.10%
전체	22,232	100.0%

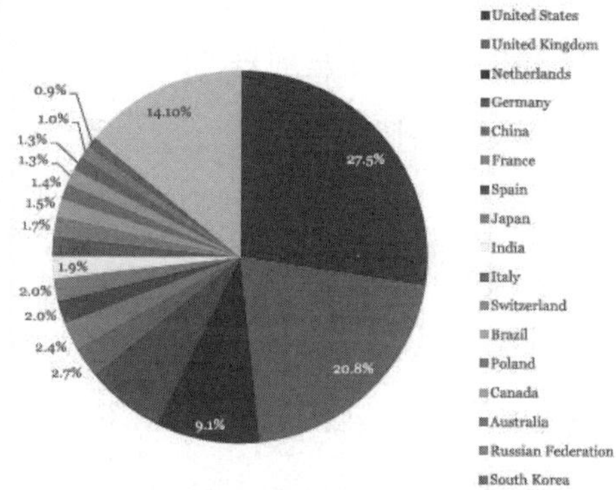

<Scopus 등재저널의 국가 비율>

ELSEVIER Elsevier Research Intelligence | 5

Scopus 등재된 한국어 논문 비율: 2005 – 2014년

- 지난 10년간 발표된 논문 중 한국어로 발표된 논문의 비율이 0.1%인 반면 영어로 작성된 논문은 89.5% 인 것으로 분석 됨

언어	논문건수	비율
English	21,024,503	89.5%
Chinese	976,222	4.2%
German	346,577	1.5%
French	293,736	1.3%
Spanish	251,513	1.1%
Japanese	164,907	0.7%
Portuguese	139,018	0.6%
Russian	105,883	0.5%
Polish	66,749	0.3%
Italian	65,611	0.3%
Turkish	41,310	0.2%
Dutch	35,160	0.1%
Korean	29,242	0.1%
Czech	28,500	0.1%
Croatian	19,336	0.1%
Swedish	12,332	0.1%
Hungarian	12,313	0.1%
Other	95,748	0.4%
전체	23,481,200	100.0%

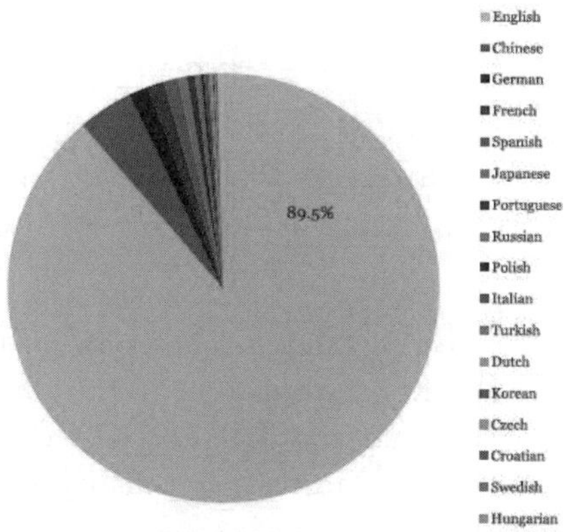

<Scopus 등재저널의 국가 비율>

프랑스를 대표하는 비교철학자 프랑수와 줄리앙이 정확히 지적한 대로, 획일화(uniformization)의 이명(異名)일 뿐이라는 것을 잊어선 안 된다. '보편'을 무기삼아 각 문화권에 내속된 차이, 로컬 지식의 고유성을 멸시하는 것이 곧 지식의 세계화의 본령이라고나 할까.[14] '울퉁불퉁함'을 그 본질로 하는 지구촌의 실상을 부정하고 경제-문화-지식의 단일-획일적 운영(유통)시스템을 공공선의 기치라도 되는 양 요구한다는 것은, 푸코가 일찍이 경고한대로, 필경 감시와 처벌을 위한 병략(兵略)이 아니고 무엇이겠는가.[15] 그럼에도 지식의 세계화를 지구촌 전체가 '지식정보사회'로 나아가기 위한 전략적 단계라며 허황된 수사를 마다하지 않는 자의 수가 부지기수에 이른다. 아래 <세계지식경영도>에서 재삼 확인할 수 있듯, 지식이 이제 비즈니스나 경영의 대상으로 전락한 것이다.[16] 필자가 「지식의 세계화에 대한 재고」에서 경제나 문화의 세계화 못지않게 지식(언어)의 세계화를 경계해야 할 때라고 역설한 이유가 여기에 있다.

그렇다면 이제 남은 세계화의 마지막 차륜은 무엇일까? 경제의 세계화, 문화의 세계화, 지식의 세계화를 하나로 연결시켜주는 매개체가 있으니, 이를 일러 우리는 기술의 세계화(globalization of

---

14) F. Jullien, *De l'universel, de l'uniforme, du commun et du dialogue entre les cultures*, Fayard, 2008; *L'écart et l'entre. Leçon inaugurale de la Chaire sur l'altérité*, Galilée, 2012 참조.

15) M. Foucault, *Surveiller et punir, naissance de la prison*, Gallimard, 1975 참조.

16) M. Antosova/A. Csikosova, "Intellectual Capital in Context of Knowledge Management", P. Pachura(ed.), *The Economic Geography of Globalization*, In Tech, 2011, p.128.

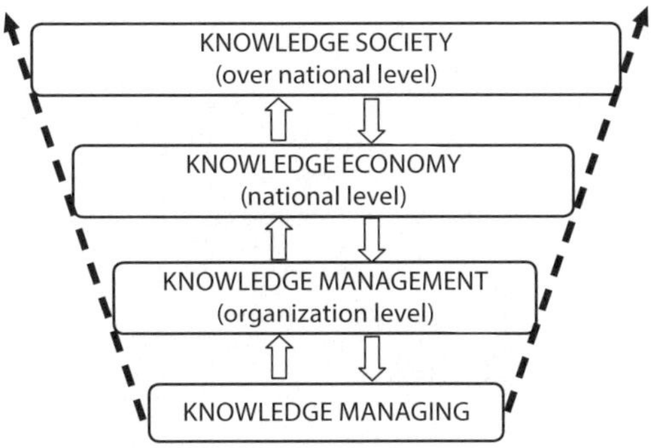

세계지식경영도

technology)라 명명해보고자 한다.[17] 그 기술은 응당 디지털 기술을 의미한다. 그런데 어떤가, 디지털 기술은 인류의 희망과 행복, 평화와 편의를 서로 나누고 공유하는데 목표를 두고 있는가 아니면 역으로 새로운 기술의 지배라는 미로(迷路)로 현대인을 도유(導誘)하고 있는가?

세계화의 네 번째 차륜에 해당하는 디지털 기술도 결국은 인간을 기술 종속적으로 도구화한다는 비판을 면하기 어려울 것이다. 그런데도 많은 사람들은 이 디지털 기술이 21세기의 '과학'이자 '효율성'의 상징이라도 되는 양 착각하고 있다. 쉬미트와 코헨이 공저한 『새로운 디지털 시대』에 명시된 대로 "역사적으로 이렇게 많은 사람과 이렇게 많은 장소가 누구라도 손쉽게 사용할 수 있는 〔디지털〕기술을 통해서 이렇게 많은 지배력(power)을 가진 적이 결코 없었다."[18] 그것도 "완전히 글로벌(fully global)"한 차원에서 말이

17) 이미 관련 저서가 1988년에 출판된 적이 있다 - Janet H. Muroyama, *Globalization of Technology*, Natl Academy Press, 1988.
18) E. Schmidt/J. Cohen, *The New Digital Age. Reshaping the Future of People, Nations and Business*, John Murray, 2013, p.4.

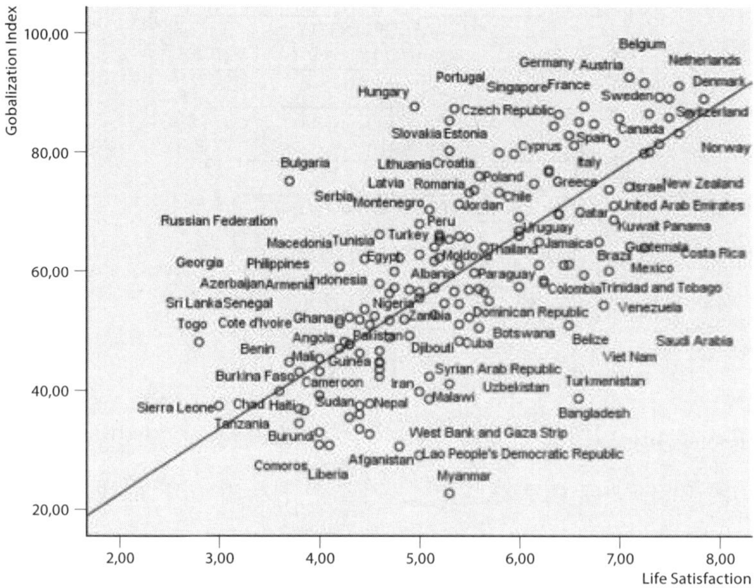

세계화지수와 삶의 만족도
(Richard Florida, in *The Atlantic*, mars 18, 2011)

다.[19] 필자가 '디지털 기술'을 감히 21세기의 '절대타자'라고 보는 이유가 여기에 있다. 한마디로 디지털 기술이 중세의 절대 신처럼 인간의 자율성을 마비시키는 기술제일주의 시대가 도래해 모든 것이 기술적 관리와 통제 하에서 움직이고 있는 것이다. 그렇다면 디지털 신기술의 영향력 확대와 경제환원주의적 문화 및 지식의 획일화 과정, 이것들로부터 현대인이 자유로울 수 있는가?[20] 작금의 '디지털제일주의'는 그렇다면 쉬미트나 코헨의 염려대로 지구촌의 미래와 지구촌 시민을 위한 장미빛 청사진이 아니라 거둬내야 하는 먹구름이 아닌가? 여기서 우리는 디지털 신기술 역시, 경제의

19) *Ibid.*
20) 이상의 논의는 다음을 참조하라. - 박치완(2014), *op. cit.*, pp.244-249.

세계화가 그랬듯, "시장의 합리적 제국주의"를 앞당기는 주력부대일 뿐이라는 J.-C. 기의보의 지적을 눈여겨볼 필요가 있다![21]

이상과 같은 4개의 차륜에 의해 항진(航進)하고 있는 '지구호'는 결국 "경제지배(écorègne)"[22]만을 유일한 목표로 하고 있다는 것을 우리는 직시해야 한다. 이런 가치관이 지배적이다보니 '경제기반지식(knowledge based on economy)'만이 세계화를 앞당기기 위한 지식의 상형(象形)인 것처럼 오해하게 되고, 경제성이 없는 지식, 다시 말해 지식시장에서 글로벌 기업이나 로컬 소비자가 원치 않는 지식은 지식의 무대에서 뒷전으로 물러나야 하는 신세가 된 것이다. 그렇다면 우리는 경제·문화·지식·기술 초강국들이 주문하고 요구한 대로 그저 꼭두각시 춤이나 추어야 할까? 위의 <세계화지수와 삶의 만족도>에 정량화되어 있는 것처럼, 세계화가 진척될수록 과연 삶의 만족도는 높아진다고 할 수 있을까?

3. 결코 표준화될 수 없는 로컬문화와 인문지식

세계는 울퉁불퉁하다. 지리적으로만 울퉁불퉁한 것이 아니라 역사적으로, 문화적으로 울퉁불퉁한 것이 세계의 본래 모습이다. 하지만 앞장에서 살펴본 세계화를 지지하는 자들은 이러한 굴곡과 대항력(對抗力) 자체를 인정하려들지 않는다. 그 이유는 자신들이

21) J.-C. Guillebaud, *La refondation du monde*, Seuil, coll. ≪Points≫, 1999, p.239.
22) *Ibid.*, p.97.

원하는 대로 시장이 관리·통제되지 않는다는 점 때문이다. 해서 심지어는 문화며 언어, 국경까지도 무시한 채 그들의 단일세계화론을 전파하는데 여념이 없다. 그들이 세계는 '평평'하고, 지구촌은 '하나'라고 역설하는 저의가 바로 여기에 있다. 한마디로 그들은 자신들이 원하는 방식대로 지구촌을 쥐락펴락하고 싶은 것이다. 타자와의 대화나 소통보다 자국이나 자국기업의 지배력의 확대 및 강화에만 온 에너지를 집중시키고 있는 것이다. 그런즉 이들이 말한 소통, 통합, 융합, 공감이란 개념들 속에 타자의 자리가 존재할 리 만무하다. 늘 그들 강자만을 위한 게임을 즐기며 지구촌의 전체 시민을 위한 윤리며 철학은 백안시한다.

인문지식의 관점에서 보자면, 이들의 파렴치하기 그지없는 행태는 로컬의 역사 및 문화에 대한 부정에 기반한 것이라 할 수 있다. 이를 부추키는 데는 앞서 언급한 '경제기반지식', '기술기반지식'이 절대적 영향력을 행사하고 있다. 하지만 주지하듯 인문지식은 각각의 지리적 토포스에 기반해 생산·향유되는 게 일반적이다. 세계화론자들의 암계(暗計)와 반대로 인문지식은 기본적으로 지리적 경로(démarche géographique)와 응일(應一)하기 때문에 근본적으로 탈영토화되거나 표준화될 수 없다. 인문지식의 표준화 및 보편화는 문자 그대로 '어불성설'이다. 인문지식은 경제-기술지식과 달리 철저히 '경계의 학'이자 '지역학'이다. 보편성(universalité)이나 세계성(globalité)보다 특수성(spécialité)과 지역성(localité)이 인문지식의 본질이란 뜻이다.

이런 기준에서 보면 작금에 국내외적으로 관심이 증폭되고 있는 '지식의 대통합' 논의도 인문지식의 특수성과 지역성을 간과한 것은 물론이고 학문들 간의 차이나 다양성을 무시한 태도라 아니 할 수 없다. 하나의 단일 시각으로 제 학문을 재편하려는 이와 같은 움직임은 인문지식의 토대를 무너뜨리는 주범이라 할 수 있다.[23] 인문과학과 자연과학 간의 소통을 오랜 기간 동안 연구해온 C, p. 스노우마저도 학문 간 통합의 어려움을 술회하고 있는 마당에[24] 시장의 트렌드를 좇아 제 학문 간에 통합을 마치 '정치적 구호'처럼 외치는 것은 인문지식의 함양에 정면으로 위배되는 태도다. 헌데 불행히도 작금의 대한민국 현실은 인문학자들을 '융합'의 시장 안으로 호출하고 있다. 이는 인문학의 대사회적 역할이 경제-기술기반지식에 밀리고 있다는 증거가 아닐 수 없다. 최근 대한민국의 대학에서 신설되고 있는 학과들을 보라. 철학상담학과, 인문기상학과, 디지털문화콘텐츠학과, 한방미술치료학과, 그린생명학과, 글로컬IT학과, e비즈니스학과 등 그 정체성이 의심되는 학과들이 부지기수로 생겨나고 있다.

해석적 인류학을 새롭게 정초한 기어츠의 다음 언급에 귀 기울어야 하는 이유다.[25] 그에 따르면 인간학, 사회과학, 자연과학 등 학문 간의 통합을 외치건 그렇지 않건 일반적으로 이들 학문 간에도 "약간의 막연한 유사성(some general resemblances)"이 있다는 점은 부인하기 어렵다. 하지만 이보다 더 중요한 것은 이 막연한 유사성이, 특히 인문지식의 경우는, "약간의 실제적 차이(some genuine differences)"로 인해 결국은 학문간 소통이 원활치 않다는 사실이

---

23) 에드워드 윌슨, 『통섭: 지식의 대통합』, 최재천, 장대익 옮김, 사이언스북스, 2005 참조.

24) C, p. 스노우, 『두 문화』, 오영환 옮김, 사이언스북스, 2001 참조.

25) C. Geertz, *The Interpretation of Cultures*, Basic Books, 1973 참조.

다.[26] 기어츠가 서로 다른 문화적 토양에서 출반한 인문지식이 해당문화권 사람들의 행동뿐 아니라 정신까지도 지배하고 있다고 본 이유가 여기에 있다.[27]

기어츠에게 지식은, 그것이 로컬지식이냐 글로벌 지식이냐를 따지기에 앞서 그 지식이 탄생한 장소(lieux du savoir)가 어디인가가 중요하며[28], 이런 점에서 볼 때 그의 장소 개념은 아래에서 언급하게 될 들뢰즈와 가타리의 '지리-철학' 개념과도 상통한다고 볼 수 있다. 인문지식에서 장소가 중요하다는 주장이 의미하는 바는 곧 지식의 표준화 또는 글로벌화가, 특히 그것이 인문지식인 한, 불가능하다는 말에 다름 아니다. 김남두도 정확한 지적하고 있듯, 지식의 글로벌화, 즉 지식의 통폐합에 대한 외침이 거셀수록 우리는 '새로운 형태의 지배'가 시작되고 있다는 사실에 주목할 필요가 있다.[29] '새로운 지식'의 추구가 문제가 될 수는 없다. 문제는 '새로운 형태

26) C. Geertz, *Local knowledge. Further Essays in Interpretive Anthropology*, Basic Books, 1983, pp.16-17 참조.

27) 물론 블로흐 같은 학자는 '사회집단적 현상(fait collectif, social)으로서 문화' 개념을 창안해 문화적 차이, 문화적 다양성을 새롭게 해석한 기어츠의 의견과 달리 인지과학적 입장에서 볼 때 '인간문화(cultures humaines)'는 '정신적 과정의 총체(un ensemble de processus mentaux)'로서 문화권 구분 없이 같은 경로를 겪는다는 주장을 펴기도 한다. 하지만 필자가 보기에는 이 또한 '과학'에 경도된 보편학의 환상이 아닌가 생각된다 - Maurice Bloch, "Du cerveau à la culture. Qu'est-ce que l'anthropologie cognitive?", *Anthropologie*, Hors-série("Nouveaux terrains, Nouveaux objets"), NO.23, Décembre 1998/Janvier, 1999 참조.

28) *Local knowledge*의 불어판 참조 - Clifford Geertz, *Savoir local, savoir global. Les lieux du savoir*, traduit de l'anglais par Denise Paulme, PUF, coll. ≪Quadrige≫, 2012.

29) 김남두, 「지식의 지배: 성격과 과제」, 『철학사상』 제10호, 서울대학교철학사상연구소, 2000, p.16 참조.

의 지배'에 있다. 새로운 지식이 만일 지식의 공유/확대에 기여하지 않고 특정인이나 특정 국가 또는 특정 기술의 강화에만 초점이 맞추어져 있다면 더더욱 그 새로운 형태의 지배에 대해서 우리는 침묵할 수 없다.[30)]

감히 말하지만, 보편지식(universal knowledge), 보편과학(universal science)을 위장해 추구된 인문지식은 신데카르트주의자인 후설의 현상학이 마지막 시도일 것이며[31)], 이제는 우리 모두가 로컬 인문지식에 대한 고민을 진지하게 할 때가 되었다고 본다. 월러스틴의 지적대로, 우리가 널리 이해하고 떠받들어온 보편주의(universalism)는 단지 유럽형 보편주의일 뿐이라는 자각이 필요하다는 것이다.[32)] 유럽 밖의 지역에서도 이제는 '보편'과 '객관', '과학'의 족쇄를 과감히 벗어던지고 인문지식의 생래적 특수성과 지역성, 즉 자신들의 문화적 고유성을 학문적으로 승화시키는데 박차를 가해야 할 때라는 것이다.

인문지식이 비유럽지역에서 지리적 고유성을 상실한 채 식민화된 것은 곧 비유럽인들의 정신이 식민화되어 있다는 증거라 할 수

---

30) 최근에 부상하고 있는 디지털 인문학의 명암에 대해서는 박치완 외, 『디지털 인문학이란 무엇인가?』, 꿈꿀권리, 2015 참조.

31) 후설의 현상학의 경우도 결국은 '지역학'이란 주장을 최경섭이 전개한 바 있다: 「엄밀한 학이 아닌 엄연한 지역학으로서 철학(제1부): 후설의 후기 현상학에서 생활세계 개념의 지역학적 개진」, 『哲學』 제103집, 2010; 「엄밀한 학이 아닌 엄연한 지역학으로서 철학(제2부): 학문과 예술의 초월론적 근간으로서 '지역'과 철학적 근본 문제들」, 『哲學』 제104집, 2010 참조.

32) 월러스틴이 '보편적 보편주의(universal universalism)' 개념을 제안하면서 기존의 서구적 보편주의가 갖는 한계를 이와 같이 지적한 바 있다 - 이매뉴얼 월러스틴, 『유럽적 보편주의: 권력의 레토릭』, 김재오 옮김, 창비, 2008 참조.

있다. 그렇게 정신이 식민화된 곳에서 인문지식이 창발할 수 있을까? 지식의 표준화를 우리는 앞서 세계화의 세 번째 차륜이라고 언급한 바 있다. 감히 말하지만, 인간이 로봇이 될 수 없는 것처럼, 인문지식은 기본적으로 수치화될 수 없는 지식(non-quantified knowledge)이기에 표준화될 수 없다. 모든 지식이 수치화되고 디지털 형식으로 전환 가능하다면, 표준화된 지식을 요청할 수 있고, 이는 당연한 주문일 것이다. 하지만 인문지식은 기본적으로 로컬에 기반해서 생산되고 소비되는 것이 일반적이다. 로컬 기반 인문지식이기에 형식도 내용도, 지향점도 목표도 다를 수 있는 것이다. 모든 로컬이 서로 다른 유토피아를 갖고 있는 것도 이 때문이다. 미국인의 유토피아가 중국인의 유토피아나 러시아인 또는 한국인의 유토피아와 같을 수 없다. 지리적 풍토도 축적된 역사도 소통의 언어도 삶의 스타일도 다르기 때문에, 즉 지식 생산의 토대와 조건이 전반적으로 다르기 때문에 인문지식은 지구촌의 모든 사람들을 독자나 소비자로 전제할 수 없는 것이다.

「지역과 세계, 상대성과 보편성의 경계에 선 철학」이란 논문에서 필자는 지역학으로서 철학(philosophy as a localology, philosophy as the study of localities)을 1차함수 y=f(x)에 빗대어 설명한 적이 있는데, 그 요지를 소개하면 다음과 같다.[33] 먼저 y=f(x)에 지역과 세계를 각각 x와 y에 대입해보라. 이는 인문지식의 로컬성이 곧 인문지식의 세계성을 결정한다는 것을 반증한다. y라는 보편성, 즉 철학의 세계성(globality)은 결국 x라는 상대성(특수성), 즉 철학의 지역성(locality)에 따라 영향력이 커지기도 하고 줄어들기도 한다는 뜻이다. 이는

33) 박치완(2013), *op. cit.*, p.47 참조.

결국 지역적 특수성이 공고할 때 비로소 보편성, 세계성을 넘볼 수 있는 길이 예비된다는 것을 말한다. 하지만 그 역은 성립하지 않는다. 그런데 어찌된 일인지 대한민국을 포함해 비유럽권의 많은 나라들에서 인문학에 몸담고 있는 학자들까지도 비장소적이고 비상황적인 지식의 불변성 및 보편성을 사유의 목표로 전제하고 또 이를 마치 '당위'처럼 여기고 있다는 점이다. 그 보편성이란 주지하듯 시공간을 초월한 것이며, 지구촌의 누구에게나 적용되는 것이다. 하지만 과연 그런 인문지식이 존재할까? 문제의 핵심은 결국 x를 망각하거나 간과한 채 y를 '아 프리오리'하게 연구의 목표로 전제하거나 또는 요청한다는데 있다. 이를 보다 직설적으로 표현하자면, 월러스틴이 비판한대로 유럽인들을 위한 유럽적 보편성을 보편성 일반으로 오인하고 있다는 사실이다. 그 결과 인문지식, 더 범위를 축소하면 철학은 동양문화권의 중국이나 한국에서도, 아프리카의 캐냐나 에티오피아에서도 타당하고 정당한 것이어야만 보편적 지식이라 할 수 있다고 착각하게 된다는 점이다. 하지만 유념하자, x값이 0이면, 역시 y값도 역시 0이라는 사실을!

그렇다. 특수성, 지역성에 근거하지 않은 인문지식이란 존재하지 않는다. 단적으로 말해 형식논리학을 제외한 가치론, 윤리학, 형이상학, 미학 등은 모두가 기본적으로 지역에 기반한 학문이란 뜻이다. 여기서 잠시 들뢰즈와 가타리의 조금은 낯설고 생소할 수 있는 지리철학(géo-philosohie)에 대한 정의에 주목해보도록 하자.

> "철학은 지리-철학(géo-philosohie)이다. 이는 정확히 역사가 지리-역사학(géo-histoire)인 것과 같다./ [철학의 모든] 개념은 대상

(objet)이 아니라 영토(territoire)이다."[34)]

지리-철학? 감히 말하지만 들뢰즈와 가타리 이전에는 아무도 '철학'이란 명사 앞에 '지리(지역)'라는 수식어를 붙인 적이 없다. 철학자도 철학도 익명적 대상, 즉 지리성이 탈색된 대상을 철학함의 목표로 하는 것이 아니라 '영토'에 기반한다는 이들의 주장은 앞서 언급한 월러스틴보다 더 직접적으로 인문지식의 특수성과 상대성을 강조한 것이라 할 수 있다. 들뢰즈와 가타리의 문제제기는 "철학이란 무엇인가?"라는, 인류가 2000년이 넘도록 궁구해왔던 철학의 근본적 질문(이데아, 실체, 코기토, 모나드, 존재, 정신, 신, 타자 등)에 대한 아주 명시적인 도전장이라 평가하기에 충분하다. 특히 데카르트-칸트-헤겔로 유습되었던 근대철학에 대한 일종의 반기로서 이들은 철저히 근대의 주객도식을 거부하면서 "사유함"이란 곧 사유영토(territoire)와 사유지(terre)의 관계 속에서 형성되는 것"[35)]이라는 점을 분명히 한다. 사유영토와 사유지가 철학적 물음의 핵심이 된 상황에서 사유 대상(objet)은 당연 문화권별로 차이를 보일 수밖에 없다. 그리고 그 대상(사유사물)의 지리·풍토적 차이 때문에 사유내용도 사유목표도 달라질 수밖에 없는 것이다.[36)] 후설처럼 '사물 자체

---

34) G. Deleuze/F. Guattari, *Qu'est-ce que la philosophie?*, Minuit, 1991, pp.97, 82. 관련 논의는 M. Antonioli, *Géophilosophie de Deleuze et Guattari*, L'Harmattan, coll. ≪Ouverture Philosophique≫, 2004; M. Carbone, P. Broggi, L. Turarbek, *La géophilosophie de Gilles Deleuze - Entre esthétiques et politiques*, Mimesis, 2012 참조.

35) *Ibid.*, p.82.

36) 물론 그렇다고 해서 들뢰즈와 가타리가 새롭게 제시한 '사유지(terre)'가, 상식적으로 우리가 기대하는 것처럼 '고정되어 있을 것'이라고 착각해서는 안 된

에로(revenir aux choses mêmes)'를 외치는 것보다 중요한 것이 그 사물이 어떤 사물인지, 그것이 치즈인지 김치인지, 밥인지 빵인지를 구분하는 것이 필요하다는 뜻이다. 그것이 구분되지 않으면 서로 다른 풍토, 서로 다른 환경에서 세계(우주)를 어떻게 해석하고 이해했는지를 알 수가 없기 때문이다. 중국학의 권위자로 평가받고 있는 프랑수와 줄리앙의 다음 언급을 보자.

> "존재론의 체계가 세워지지 않았던 중국에서는 지혜가 바로 도(道)였다. 다시 말해 현자, 즉 공자라는 현자는 편견을 가지고 있지 않기 때문에 '관념이 없는(sans idée)' 자라 할 수 있다. 그리고 이를 통해[즉 그 어떤 관념으로부터도 자유롭기 때문에] 공자는 개방된 정신을 견지하면서 각각의[대상이 갖는] '그러함(ainsi)'에 전적으로 열려있게 된 것이리라."[37)]

이 인용문에서 우리는 모든 철학에는 '지역의 색'이 배어있을 수

다. 사유지는 이들에 따르면 '끝없는 변화'를 본질로 한다. 이들의 의도는 결국 플라톤 전통의 존재, 일자, 동일자 중심의 존재론적·형이상학적 토대에 대한 철저한 해체를 통해 존재-다양성(multiplicité)으로 새로운 존재론을 제안하는데 있다. 에마뉴엘 알리아나의 해석대로, '들뢰즈 철학의 새로운 영토성'은 이렇듯 '위치지울 수 없는(non-situable)', 그리하여 '일정 장소에 국한될 수 없는(non-localisable)' 특징이 있으며, 그런즉 기본적으로 지리-철학은 '모든 고정된 영토성로부터 자유로울 때' 그 본질이 구현된다고 볼 수 있다. 한마디로 자유-사유, 사유-자유가 지리-철학의 본질인 셈이다 - S. B. Emmanuel Aliana, "Géophilosophie et déterritorialisation chez Gilles Deleuze: esquisse d'une nouvelle citoyenneté dans l'espace public postnational", *Afrique et développement*, Vol.35, NO.4, 2010, pp.24-27 참조

37) 프랑수와 줄리앙, 『현자에게는 고정관념이 없다』, 박치완/김용석 옮김, 한울, 2009, p.17.

밖에 없다는 사실을 재삼 확인할 수 있다. 소위 '철학'에도 "땅의 정령(genius loci)"이 작용한다고나 할까.[38] 땅의 정령을 고스란히 반영한 인문지식의 꽃인 철학이 금융경제의 단일화나 기술의 표준화와 같은 획일적 노선을 거부하는 길을 걸을 수밖에 없는 이유가 여기에 있다. 앞서 우리는 1차 함수 y=f(x)를 차용해 철학의 보편성-특수성, 세계성-상대성의 관계에 대해 언급하면서 x값이 0이면, y값도 0이라 했다. 그렇다. 철학의 고유성은 보편성, 세계성의 '개입'에 의해 좌지우지되지 않는다. 로컬문화의 특수성과 지역성이 변수가 아니라 상수라는 사실을 재삼 반찰(反察)할 때가 된 것이다. 로컬문화와 인문지식은 장소가 곧 인력(引力)이자 척력(斥力)이다.

4. 기술의 세계화와 디지털 인문지식

앞서 우리는 세계화를 경제의 세계화, 문화의 세계화, 지식의 세계화, 기술의 세계화로 구분한 바 있다. 많은 학자들은 주로 첫 번째 및 두 번째 세계화를 놓고 서로 찬반논쟁을 벌이고 있는 실정이다. 그 이유는 아무래도 사람들에게 경제와 문화가 삶의 피부에 작용하는 면이 넓어서일 것이다. 하지만 전 세계적으로 인문교육 자체를 황폐화시키고 있는 영어의 세계화, 즉 지식의 세계화는 차세대의 영혼을 '미국화'시킨다는 점에서 결코 가벼이 여겨서는 안 될 현안 중 현안이라 생각된다. 그리고 특히 최근 급부상하고 있는 인문지식의 '부친살해'에 가까운 디지털 인문학의 등장도 어떤 형태

38) 나카무라 유지로, 『토포스 - 장소의 철학』, 박철은 옮김, 그린비, 2012, p.5.

로건 반성의 과정이 수반되어야 할 것 같다.[39] 항간에서는 이를 '인문학의 위기' 극복의 담론으로 간주하는 경향이 있는데, 필자는 이에 대해 부정적 의견을 가지고 있다. 필자의 판단에 따르면 디지털 인문학 역시 새로운 형태의 지식의 세계화의 일환이면서 기술의 세계화의 연장성 상에서 탄생한 '별종인문학'일 뿐이다.

디지털 인문학의 가장 큰 문제점은 인문지식의 추구를 디지털기술 종속적으로 여긴다는 데서 발견된다. 다시 말해 디지털 인문학의 기본 전제는 바로 "모든 것이 디지털 방식으로 변환가능하다"는 데 닻을 내리고 있다. 이렇게 디지털 형식으로 변환된 정보, 즉 가공된 데이터로부터 디지털 인문학은 출발한다. 이점이 전통적인 인문학과의 결정적 차이이다. 물론 디지털정보기술을 활용하여 무수한 고전적 텍스트들 및 주요한 역사적 자료들의 입력과 저장, 분석과 의미 탐색의 과정을 조역(助役)하며 인문학 연구의 새로운 길을 열어보겠다는 취지에 이의를 제기하는 것은 아니다. 하지만 문제는 이에 그치지 않고 "인문학 자체를 디지털화해야 한다"는 주장으로 논의가 비약한다는데 있다. 한병철이 지목하고 있듯, 디지털 인문학은 모든 곳(everywhere)에 있는 모든 사람들(everyone)을 감시·통제하여 지배하려는 '디지털 파놉티콘'의 저의와 무관하지 않다.[40]

---

39) 박치완/김기홍, 「디지털 인문학, 인문학의 창발적 변화인가?」, 『현대유럽철학연구』 제38집, 2015, pp.185-219 참조. 아래 논의는 이 논문에서의 주요 언급을 요약한 것임.

40) 한병철, 『투명사회』, 김태환 옮김, 문학과지성사, 2014. "디지털 파놉티콘은 신뢰가 불가능하다. 아니, 그 이전에 신뢰에 대한 필요 자체가 존재하지 않는다. 신뢰는 믿음의 행위다. 그것은 어디서나 정보를 쉽게 구할 수 있게 된 현실로 인해 낡아빠진 관념이 되어버렸다. 정보사회는 모든 믿음을 불신한다."- *ibid.*, p.210.

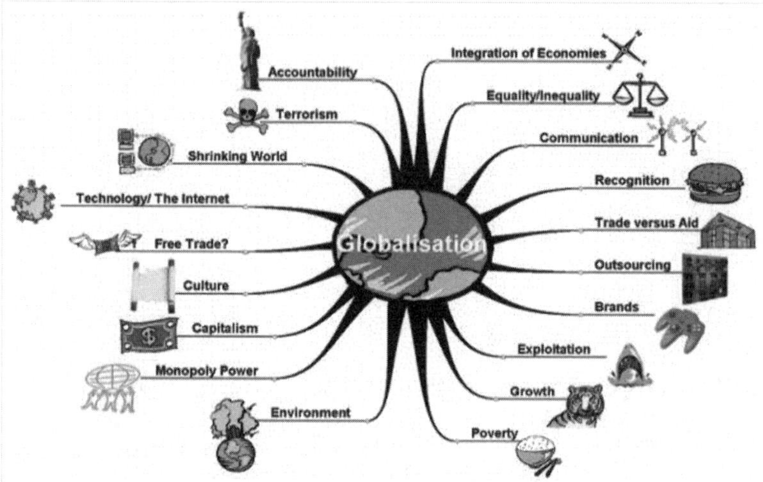

세계화의 전방위적 영향력을 표현한 그림
(see, ourworldinmyeyes.wordpress.com)

이는 그러니까 모든 지식을 디지털화, 정보화하여 준비된 컴퓨터서버에 넣어놓고서 공유하자는, 다분히 지식관리자 중심의 발상이라 할 수 있다. 게다가 디지털 인문학은 디지털 정보로 변환되지 않거나 변환이 불가능한 영역에 대해서는 철저히 논외로 한다. 어쩌면 바로 이 변환 불가능한 영역이 인문학의 고유 영역인지 모른다. 뿐만 아니라 디지털 인문학은 기본적으로 인문지식의 본령인 '인간'을 중심에 두지 않고 오로지 '지식 추구의 경제적 효용성'만을 중시하는 측면이 강하다. 다시 말해 문화의 세계화가 그랬듯 지식의 상업화 내지 산업화와 연계되어 있다는 것이다.

디지털 인문학 전도사들은 이렇게 '데이터베이스 가상국'을 만들어, 표면적으로는 지식의 공유를 강조하지만, 결국은 새로운 지식생산소비의 메커니즘으로 전통의 지식을 전환시키려는데 본래 의도가 숨어있다. 그리하여 그들이 원하는 바대로 전 세계에서 생산되는 지식을 그들 마음대로 관리/통제 조작/조정하고 싶은 것이다.[41] 하지만 우리 모두는 다음 사실을 환기할 필요가 있다. 인간은 늘 새로운 세계의 모색과 창조에 힘써왔지 결코 빅 데이터를 조작하고 재조직화하는 것으로 만족하는 동물이 아니라는 사실을! 필자가 「디지털 인문학, 인문학의 창발적 변화인가?」라는 논문에서 인문학의 미래를 "논리나 형식, 수치와 계산을 통해 모델화하려는 현금의 '비트적 트렌드'와 일정 거리를 유지할 필요가 있다", "엄지로 사고하고 행동하는 세대를 위한답시고 전통적인 지식의 종말을 고하는 것은 곧 인류가 그동안 오랜 세월에 걸쳐 공들여 구성하고 재구성해온 역사와 문화적 전통 및 기억과 서사를 부정하려는 것과 다르지 않다"고 강조한 것도 같은 이유 때문이었다.[42]

디지털정보기술의 비약적 발전에 힘입어 새롭게 열린 신생산업 분야는 굳이 언급할 필요가 없을 것 같다. 디지털정보기술은 산업 분야 뿐 아니라 사회, 정치, 교육, 예술 영역할 것 없이 막대한 영향력을 행사하고 있는 게 현실이다. 심지어는 인간관계 및 사회적 관계까지 바꾸어 놓고 있는 것이 디지털정보기술이다. 라르델리에의 통찰력이 옳다면, 그리하여 전통적으로 사회학의 핵심 주제이기도 했던 현실공동체에 대한 사람들의 관심은 점점 더 약해지고 있다. 아니 더 정확히 말하면 '신부족'을 위한 다양한 가상공동체들(communautés virtuelles pour le néo-tribalisme numérique)이 현실공동체

41) 이런 점에서 김욱동이 '디지털 문화의 빛과 그림자'를 동시에 고찰한 것은 본고와 연관해 볼 때 시사하는 바가 크다 하겠다 - 김욱동, 『디지털시대의 인문학』, 소명출판, 2015, pp.51-63 참조.

42) 박치완/김기홍, *op. cit.*, p.214; 디지털신세대에 대한 성찰은 미셸 세르, 『엄지세대, 두 개의 뇌로 만들 미래』, 양영란 옮김, 갈라파고스, 2014 참조.

를 협위(脅威)하고 있는 실정이다.[43] 하지만 이 자리에서 우리는 디지털정보기술로 할 수 없는 것 또한 만만치 않게 많다는 점을 간과해서는 안 된다. 현대의 정보사회에 대한 단순 추수를 넘어 심층적 이해가 필요한 이유가 여기에 있다. 지식까지 정보화, 디지털화, 시각화되어야 한다는 주장은 다소 성급하고 과장된 감이 없지 않다는 뜻이다. 유통방식이 디지털의 형태를 취하고 있다 보니 물리적 제약을 받지 않고 아무런 경계나 제재 없이 초국가적 수준으로 횡행활보하는 것이 정보의 전염력이다. 그러한 전염력이 인간의 이성적 판단을 흐리게 하는 것 또한 간과해서는 안 된다. E. 모랭의 정확한 지적대로 정보는 현대사회를 이해하는데 있어 "대단히 중요하고 또 필요불가결한 개념"임에는 틀림없다. 하지만 그럼에도 무수한 "문제를 제기할 뿐 〔결코〕 문제를 해결하는 개념은 아니라는 것"에 대해 우리는 왜 아무도 유의하지 않는 것인가.[44]

세계화는 그 영역이 미치지 않는 곳이 없다고 할 정도로 전방위적 영향력을 행사하고 있다. 이 자리에 이르러 필자가 세계화의 명암을 재삼 숙고해야만 할 때라는 점을 강조하는 까닭이 여기에 있다. 그리고 지식 추구의 본래적 역할을, 파스칼 브뤼크네르가 『번영의 비참』의 결론에서 강조하고 있듯, 탈세계화, 반세계화의 입장에서 재고해보아야 할 것이다. 인간이 희원하는 '진정한 부'는 '경제'나 '기술'이 척도가 될 수 없다는 사실을 각지(覺知)할 때가 되었다는 것이다. 소유되고 통제되는 지식은 '참지식'과는 거리가 먼

43) P. Lardellier, 「Le lien social à l'ère des réseaux numériques」, 『에피스테메』 제5호, 고려대학교응용문화연구소, 2011, pp.2-3.

44) 에드가 모랭, 『복잡성 사고 입문』, 신지은 옮김, 에코리브르, 2012, p.41 이하 참조.

'거짓지식'일 뿐이다.

"결코 고갈되지 않고 퍼져나가면서 증가하는 유일한 부가 있다면, 그것은 사상과 지식의 교류다. 앎에 대한 열정, 상상력의 작업들, 생활의 지혜인 삶의 예술 혹은 그저 예술, 이런 것들이야말로 값을 매길 수 없는 진정한 부다."

참고문헌

김남두, 「지식의 지배: 성격과 과제」, 『철학사상』 제10호, 서울대학교철학사상연구소, 2000.

김욱동, 『디지털시대의 인문학』, 소명출판, 2015.

나카무라 유지로, 『토포스 - 장소의 철학』, 박철은 옮김, 그린비, 2012.

모랭(E.), 『복잡성 사고 입문』, 신지은 옮김, 에코리브르, 2012.

박치완, 「글로컬 시대의 철학」, 『철학과 문화』 제25집, 한국외대 철학연구소, 2012.

______, 「지식의 세계화에 대한 재고」, 『해석학 연구』 제29집, 한국해석학회, 2012.

______, 「지역과 세계, 상대성과 보편성의 경계에 선 철학」, 『철학과 문화』 제26집, 한국외대 철학연구소, 2013.

______, 「개입가치로서 공공선과 그 이면: 글로벌 공공선에 대한 비판적 해석을 중심으로」, 『해석학연구』 제34집, 2014.

______, 「글로컬 시대, 문화해석의 새로운 지평」, 『철학탐구』 제38집, 중앙대철학연구소, 2015.

박치완/김기홍, 「디지털 인문학, 인문학의 창발적 변화인가?」, 『현대유럽철학연구』 제38집, 현대유럽철학회, 2015.

박치완 외, 『디지털 인문학이란 무엇인가?』, 꿈꿀권리, 2015.

브뤼크네르(P.), 『번영의 비참』, 이창실 옮김, 2003.

사센(S.), 『축출 자본주의』, 박슬라 옮김, 글항아리, 2016.

서킨(H. L.) 외, 『글로벌리티』, 김광수 옮김, 위즈덤하우스, 2010.

세르(M.), 『엄지 세대, 두 개의 뇌로 만들 미래』, 양영란 옮김, 갈라파고스, 2014.

스노우(C, p.), 『두 문화』, 오영환 옮김, 사이언스북스, 2001.

월러스틴(I.), 『유럽적 보편주의: 권력의 레토릭』, 김재오 옮김, 창비, 2008.

윌슨(E.), 『통섭: 지식의 대통합』, 최재천/장대익 옮김, 사이언스북스, 2005.

이재성, 「근대와 탈근대의 담론에서 존재론적 '사이'로서의 로컬리티」, 『철학연구』 제126집, 대한철학회논문집, 2013.

줄리앙(F.), 『현자에게는 고정관념이 없다』, 박치완/김용석 옮김, 한울, 2009.

최경섭, 「엄밀한 학이 아닌 엄연한 지역학으로서 철학(제1부): 후설의 후기 현상학에서 생활세계 개념의 지역학적 개진」, 『哲學』 제103집, 2010.

______, 「엄밀한 학이 아닌 엄연한 지역학으로서 철학(제2부): 학문과 예술의 초월론적 근간으로서 '지역'과 철학적 근본 문제들」, 『哲學』 제104집, 2010.

프리드먼(T. L.), 『코드 그린: 뜨겁고 평평하고 붐비는 세계』, 최정임 옮김, 21세기북스, 2008.

하이데거(M.), 『세계상의 시대』, 최상욱 옮김, 서광사, 1995.

한병철, 『투명사회』, 김태환 옮김, 문학과지성사, 2014.

Agacinski(S.), *Critique de l'égocentrisme - L'événement de l'autre*, Galilée, coll. «La philosophie en effet», 1996.

Antonioli(M.), *Géophilosophie de Deleuze et Guattari*, L'Harmattan, coll. ≪Ouverture Philosophique≫, 2004.

Antosova(M.)/Csikosova(A.), "Intellectual Capital in Context of Knowledge Management", Pachura(P.)(ed.), *The Economic Geography of Globalization*, In Tech, 2011.

Carbone(M.)/Broggi(P.)/Turarbek(L.), *La géophilosophie de Gilles*

Deleuze - Entre esthétiques et politiques, Mimesis, 2012.

Deleuze(G.)/Guattari(F.), *Qu'est-ce que la philosophie?*, Minuit, 1991.

Emmanuel Aliana(S. B.), "Géophilosophie et déterritorialisation chez Gilles Deleuze: esquisse d'une nouvelle citoyenneté dans l'espace public postnational", *Afrique et développement*, Vol.35, NO.4, 2010.

Foucault(M.), *Surveiller et punir, naissance de la prison*, Gallimard, 1975.

Geertz(C.), *The Interpretation of Cultures*, Basic Books, 1973.

______, *Local knowledge. Further Essays in Interpretive Anthropology*, Basic Books, 1983.

Guillebaud(J.-C.), *La refondation du monde*, Seuil, coll. ≪Points≫, 1999.

Jullien(F.), *De l'universel, de l'uniforme, du commun et du dialogue entre les cultures*, Fayard, 2008.

______, *L'écart et l'entre. Leçon inaugurale de la Chaire sur l'altérité*, Galilée, 2012.

Lardellier(P.), 「Le lien social à l'ère des réseaux numériques」, 『에피스테메』 제5호, 고려대학교응용문화연구소, 2011.

Levinas(E.), *L'Éthique comme philosophie première*, Rivages, coll. «Rivages poche», 1998.

______, *Hors sujet*, LGF, coll. «Biblio-essais», 1997.

Muroyama(J. H.), *Globalization of Technology*, Natl Academy Press, 1988.

Schmidt(E.)/Cohen(J.), *The New Digital Age. Reshaping the Future of People, Nations and Business*, John Murray, 2013.

제4장 이데올로기와 지식*

정창조

[내용요약] 이 글은 지식이 이데올로기로부터 독립적일 수 있는지의 문제를 다룬다. 이를 해명하기 위해 우리는 우선 과거에 이데올로기가 지식과 어떠한 관계를 맺고 있다고 설명되어 왔는지를 간략히 살펴볼 것이다. 특히 이 과정에서는 트라시와 맑스의 이데올로기론이 주요한 검토의 대상이 될 것임을 미리 밝혀둔다. 그 후 우리는 이데올로기론의 역사에서 가장 주목을 받아온 이들 중 한 명인 알튀세르의 이데올로기와 지식, 이데올로기적 국가장치에 대한 설명을 더 면밀히 검토해 봄으로써, 지식이 억압적 생산조건을 재생산해 내는데 어떠한 역할을 수행할 수 있는지를 조금 더 구체적으로 고민해 볼 것이다.

* 이 글은 『철학과 문화』 제34집(2016)에 실린 논문을 수정 및 보완한 것임.

1. 탈-이데올로기 시대의 지식과 이데올로기라는 망령

공산권 체제의 붕괴와 함께 냉전이 종식되고 자본주의의 역사적 승리에 대한 대중적 확신이 전 지구로 확산되면서, 이데올로기에 대한 논의 자체가 낡은 구시대의 유물처럼 여겨지는 시대가 도래한 지도 어느덧 20년이 넘었다. 이제 이데올로기와 그에 대한 논의들이 한낱 망령으로 치부되는 것은 그리 드문 일도 아니다. 그러나 인류는 정말로 이데올로기로부터 해방되었는가?

한때 유행하던 탈-이데올로기를 둘러싼 논쟁들마저 인기를 잃은 오늘날, 어떤 이들은 아직도 이데올로기를 망령처럼 여기는 태도 자체가 새로운 지배 이데올로기의 효과일 뿐이라고 주장하고 있다. 어떤 이들은 여기서 더 나아가 19~20세기에 제시된 이데올로기와 연관된 담론들이 오늘 날에도 여전히 시사하는 바가 크다고 주장하기도 한다. 특히 '지식기반사회'로 명명되기까지 하는 21세기의 조건 속에서, 이데올로기와 연관된 문제틀을 지속적으로 붙잡고 있는 것은 오늘 날 공유되고 있는 지식의 성격과 기능을 이해하는데 중요한 기반을 제공해 주고 있는 것처럼 보인다. 이 글이 혹자들에게서 한낱 망령 따위로 치부되기까지 하는 이데올로기를 굳이 논의의 중심으로 이끌어 오는 이유도 바로 여기에 있다.

이데올로기 문제에 관심을 두고 있었던 이들에게서 이데올로기와 지식 사이의 관계 문제를 해명하는 것은 언제나 중요한 과제 중 하나로 여겨졌다. 그리고 그들에게서 이 문제와 긴밀히 결부되어 다루어져 온 다음의 질문들은 오늘 날에도 여전히 유효한 고민거리를 제시해 주고 있는 것처럼 보인다. 첫째, 인간사 및 일상 영역에서 받아들여지는 지식, 심지어 과학적 지식은 그것의 생산 과정과 내용에 있어서 과연 이데올로기로부터 자유로울 수 있는가? 즉 한 마디로 말해서 지식은 이데올로기로부터 자립적일 수 있는 것인가? 둘째, 지배 이데올로기를 생산하며, 그 이데올로기를 기반으로 이루어진 사유 및 판단의 내용을 지식으로 확립하는 데 있어서 권력은 어떠한 역할을 하는가? 셋째, 한 사회의 지배 이데올로기와 그 사회에서 지식으로 받아들여지는 것들은 기존의 억압적 생산조건을 유지 및 재생산하는데 있어서 어떠한 기능을 하는가?

우리는 이 글을 통해 과거에 이데올로기가 지식과 어떠한 관계를 맺고 있다고 설명되어 왔는지를 간략히 살펴볼 것이다. 특히 이 과정에서는 데스튀트 드 트라시(Antoine Louis Claude Destutt de Tracy)와 맑스주의의 이데올로기론이 주요 검토 대상이 될 것이다. 그 후 우리는 프랑스의 맑스주의 철학자 루이 알튀세르(Louis Althusser)의 이데올로기와 지식, 생산조건의 재생산에 대한 설명들을 더 면밀히 검토해 봄으로써, 위의 질문들에 대한 나름의 대답을 모색해 볼 것이다.

2. 이데올로기론의 역사: 지식과의 관계를 중심으로

이데올로기에 대한 정의는 상당히 다양하게 제시되어 왔지만, 그것은 대체로 부정적인 의미를 담고 있는 것으로 여겨진다. 특히 19세기 중반 이후 지속된 좌파들의 혁명 투쟁과 20세기에 발생한 전체주의, 냉전구도의 경험 속에서, 이데올로기라는 용어는 특정 체제나 특정 집단의 정신을 지배하는 허위의식, 잘못된 유사-과학적 지식 체계의 의미로 확고하게 굳어진다. 이 탓에 이 용어는 자기 자신이나 자기 자신이 속한 진영의 이념으로는 좀처럼 지칭되지 않으면서도, 자신과 대립하는 정치적·계급적 입장을 가진 개인이나 집단, 특히 한 사회의 권력계층의 이념을 지칭하는데 흔히 사용되어 왔다. 즉 이데올로기는 적들이나 권력자가 "왜곡과 은폐의 과정을 통하여 어떠한 지식이나 앎도 없이 그들의 상황을 표현하는 것"[1], 심지어 이 왜곡과 은폐의 과정 속에서도 스스로의 입장을 보편적이고 합리적·과학적인 것으로 정당화 하는 관념체계라는 의미로 흔히 사용되어져 왔던 것이다.[2] 이데올로기 개념을 사용해 전체주의를 비판한 몇몇 사상가들의 저술들이 그 저자들의 본 의도와는 전혀 상관없이 반공주의자들에 의해 공산주의 진영과 국내의 정치적 적을 비난하는 도구로 적극 활용된 것도 이와 무관하지 않다. 물론 공산주의 체제들 역시 마찬가지의 방식으로 자본주의 체제와 내부의 적을 비판하기 위해 이데올로기라는 용어를 적극 활용했다.

1) 이데올로기 개념의 탄생: 트라시와 나폴레옹

이데올로기라는 용어가 처음부터 이와 같이 부정적인 의미로만

1) Paul Ricoeur, *The Lectures on Ideology and Utopia*, Columbia University Press, 1986, p.1.
2) "어떤 이데올로기든 일단 발생하면 현존하는 모든 관념과의 연관에서 발전하면서 이 표상의 재료들을 더욱더 완성시킨다." - 프리드리히 엥겔스, 『루드비히 포이어바흐와 독일 고전철학의 종말』, 강유원 옮김, 이론과 실천, 2008, p.76.

사용된 것은 아니다. 즉 이데올로기는 적어도 그 용어가 탄생할 당시만큼은 참된 지식과 대립되는 것 혹은 참된 지식에의 도달을 방해하는 것의 의미로 사용되지 않았으며, 정확히 말해서는 그것과 정반대의 의미로 사용되었다. 이데올로기라는 용어를 처음 사용한 이는 대혁명기 프랑스의 계몽주의 철학자 트라시인데, 그는 종교적이고 형이상학적인 선입견과도 같이 그릇된 지식들을 형성하게끔 만드는 관념들과, 이러한 관념들로부터 벗어나 참된 지식에 도달하게끔 만들어주는 관념들(idées)의 기원 및 생성 등을 탐구하는 학문(-logie)의 의미로 '이데올로기'라는 용어를 창안했다.

트라시에게 있어 '관념학'으로서의 이데올로기는 모든 과학의 지평이 되는 학문이자, 자연에 대한 참된 지식의 기반 위에서 이루어져야만 하는 정치·도덕·교육 활동들에 있어서도 가장 기초적인 원리를 제공해 주는 학문이었다. 만약 어떠한 학문이 이데올로기에 토대를 두지 않은 채 전개된다면, 그 작업은 그것의 진행 과정에 있어서 그릇된 관념의 영향으로부터 벗어나기 힘들게 되기 때문에 참된 지식에 도달하기가 힘들게 될 것이다. 그리고 사회를 구성하는 인간들이 가진 관념들의 기원을 밝혀주는 이데올로기가 없다면, 인간들의 자연스러운 욕구와 특성, 행동방식도 제대로 파악할 수가 없기 때문에 정의로운 법률과 도덕도 만들어 지기가 어려울 것이다. 올바른 방식으로 국가를 운영하고, 시민들에게 올바른 정치적·도덕적 의식을 심어주기 위해서는 반드시 이데올로기에 의거해야만 하는 것이다.

그러나 이 용어는 탄생 후 얼마 안 되어서부터 정치적인 이유로 나폴레옹에 의해 부정적인 의미를 획득하게 된다. 물론 나폴레옹은 트라시와 뜻을 함께하는 관념학파 이데올로그들이 소속되어 있던 프랑스학술원의 명예회원이었고, 이에 브뤼메르 18일 쿠데타 직후까지도 한동안 이들과 우호적인 관계를 유지할 수 있었다. 그러나 이후 나폴레옹이 독재자적인 모습을 보이자 공화주의적 성향을 가지고 있던 학술원의 이데올로그들은 그와 정치적 대립관계를 맺게 된다. 심지어 이후 나폴레옹은 이데올로그들이 비판하던 기성 종교와 동맹을 맺었으며, 황제에까지 등극한다. 대립은 더욱 강화되었고, 결국 나폴레옹은 이데올로그들을 '안개 속의 형이상학 위에다가 법률을 세우고자 하는 이들'로 폄하하기에 이른다.

앞서 보았듯 이데올로그들이 천착한 이데올로기는 형이상학적인 관념을 그릇된 관념으로 치부하고 있었기에, 나폴레옹의 이러한 비판은 특히나 그들에게 불명예스러운 것으로 여겨졌을 수 있다. 어쨌든 나폴레옹의 계몽주의 이데올로그들에 대한 비판에서부터 이데올로기는 '비현실적인 이념으로 현실을 재단하고 구성하려는 허위적 시도들'의 의미를 획득하게 되었다고 볼 수 있다.

2) 맑스의 이데올로기론

나폴레옹에 의해 부여된 이데올로기에 대한 부정적 의미는 맑스에 이르러 한층 더 체계화된다. 맑스는 청년기에 이미 트라시의 저작들을 탐독한 바 있으며, 계몽주의 철학자들이 말하는 이데올로기가 어떠한 의미를 가지고 있는지에 대해서도 잘 알고 있었다. 그럼에도 불구하고 맑스는 나폴레옹이 사용한 그 용어에 대한 부정적 의미를 우선적으로 취해 온 것으로 보이며, 이를 이론적으로 체계화 해내는 데에도 나름의 성공을 거두었다. 이러한 맑스의 선택은 훗날 엄청난 역사적 영향력을 행사하게 된다는 점에서 특히 주목할 만하다. "맑스와 그 추종자들이 대중화한 그 용어가 이제는 맑스주의를 반대하는 무기로 사용"[3]되었다는 해석이 제기될 정도로, 냉전기에 반공적인 목적을 가지고 이데올로기 비판에 열중해왔던 이들조차도 맑스가 부여한 이데올로기에 대한 부정적 설명의 영향으로부터 전적으로 자유로울 수는 없었던 것이다.

맑스와 그의 절친인 엥겔스가 이데올로기에 대한 문제의식을 본격적으로 체계화시킨 것은 『독일 이데올로기』라는 공동저술에서였다. 그들은 이 저술에서 이데올로기를 현실 혹은 현실적 지식과 대비시키며 다음과 같이 말한다. "의식에 대한 공허한 말을 그치고, 현실적 지식이 그 자리를 차지하게 해야 한다. 현실이 기술될 때에 지식에 대한 독립된 분과로서의 철학은 그것이 실존할 수 있는 매개를 상실한다."[4] 여기서 '의식에 대한 공허한 말'을 제시하는 이들은 의식이나 이념으로부터 출발하여 현실을 설명하려 하는 자들이며, 이 탓에 현실 세계의 실상을 제대로 바라보지 못하는 자들이다. 이는 단적으로 관념론자들, 특히 헤겔을 지칭하는 것이며, 또 다른 한편으로는 헤겔을 넘어서고자 하면서도 종내에는 헤겔을 벗어나지 못한 청년헤겔학파를 지칭하는 것이기도 하다.

헤겔은 현실적인 것들 및 국가와 역사 등등은 모두 정신의 자기운동 과정에서 만들어진 것이라고 보았다. 그리고 이를 보수적으

---

3) 데이비드 맥렐런, 『이데올로기』, 구승회 옮김, 이후, 2002, p.25.
4) Karl Marx/Fredrick Engels, *German Ideology*, Prometheus Books, 1998, p.43.

로 계승하게 되면, 기존의 정치·사회 현실은 정신이 역사적 목적을 실현해 가는 과정의 일부이기 때문에 그 자체로 옹호할 만한 것이 된다. 반면 청년헤겔학파는 독일 사회의 변화를 원하고 있었고, 따라서 당대의 국가철학이었던 헤겔의 철학과 종교에 대한 이념적 비판에 집중했다. 그러나 맑스가 보기에 그들은 현실적인 영역에 대한 비판에까지 나아가지는 못했으며, 이념이 현실을 규정한다는 헤겔의 생각에 여전히 함몰되어 있었다. 그들은 참된 이념의 실현이 현실의 변혁을 가져올 수 있다고 여전히 생각하고 있었던 것이다.

맑스는 헤겔과 청년헤겔학파의 태도가 현실의 실제적 모순, 특히 계급관계를 제대로 바라보지 못하고, 심지어 은폐하고 있다고 비판한다. 의식은 현실적 조건에 의해 규정됨에도 불구하고, 그들은 이와 반대로 생각하고 있었고, 따라서 그들이 이야기하는 현실이란 고작해야 의식에 의해 전도된 현실일 뿐이라는 것이다. 그리고 이 비판의 과정에서 맑스는 관념론자들과 청년헤겔학파의 사상을 부정적으로 지칭하기 위해 이데올로기라는 표현을 사용한다. 이러한 생각의 연장선상에서 그는 관념론자들에게서 정신의 자립적 생산물로 여겨져 온 역사, 종교, 국가 등은 인간의 물질적 조건과 경제적 양식, 즉 '살아있는 인간의 현실적인 생활과정'이 반영된 것, 심지어 때로는 그것들에 의해 규정된 것이라고까지 주장한다. 경제적인 것들을 토대의 영역에 위치시키고, 정치, 법률, 이데올로기 등을 토대 위에 세워진 상부구조의 영역에 설정해 두는 역사 유물론의 기본적인 밑그림은 바로 이로부터 마련된다.

따라서 상부구조에 속하는 이념이나 의식 등은 그것이 기반을 두고 있는 현실적 혹은 경제적 토대에 대한 탐구를 거칠 때에만이 비로소 그 정체가 온전히 해명될 수 있다. 역사나 사회에 대한 탐구 역시도 실제 현실과 유리된 관념으로부터가 아니라 현실에 대한 추상의 결과들, 단적으로는 경제적 조건과 계급관계의 문제에 대한 지적 탐구로부터 출발해야 할 것이다. 이와 더불어 맑스는 철학에 세계의 변혁이라는 임무를 부여하는데, 변혁이란 이러한 방식의 탐구로부터 도출된 지식에 기반하여 실제적인 현실적 조건들, 경제적 착취구조를 변화시킬 때에야 가능해지는 것이다. 청년헤겔학파처럼 단순히 당대의 지배적인 이념을 비판하고, 그것을 다른 이념으로 대체한다고 해서 세계의 변혁이 이루어지지는 않는다.

이러한 접근으로부터 이데올로기로부터 벗어나 현실적인 지식 혹은 역사적 유물론에 입각한 (역사)과학적 지식에 도달할 수 있는 길이 최초로 마련된다. 결국 현존하는 계급착취구조를 옹호하기 위한 관념체계나, 현실의 실상을 제대로 바라보지 못하여 현재의 모순을 은폐하는데 기여하는 관념체계들이 맑스에게서 현실적 지식 혹은 과학적 지식과 대립되는 이데올로기로 설정되는 것이다.

3) 맑스 이후 이데올로기론의 전개와 알튀세르의 위상

맑스가 사망한 이후, 많은 이들이 맑스에게서 제시된 이데올로기와 지식 사이의 관계 문제를 발전시키거나 비판적으로 계승하기 위해 노력해 왔다는 사실은 이미 잘 알려져 있다. 대표적으로 이데올로기적 사유구조에 대한 면밀한 탐구로 명성을 얻은 지식사회학의 선구자 칼 만하임은 그 자신이 맑스주의자라고 보기도 어려우며, 이후 미국 사회학계에서 커다란 주목을 받았음에도 불구하고, 다음과 같은 입장을 견지하고 있었다. "오래전에 맑스주의는 가장 이론적인 방법으로 인간 사유와 일반적인 현존 조건 사이의 관계를 고려하면서, 지식사회학의 근본적인 발견들을 형성했다. 특히 맑스주의의 이데올로기론의 발견은 지식사회학의 시작점을 제공했다."[5)]

맑스주의 진영 내부에서도 이데올로기론은 끊임없이 변화가 시도되었다. 엥겔스는 이데올로기를 토대 및 상부구조 이론 속에서 더 발전시켜 나갔으며, 베른슈타인은 맑스주의가 이데올로기인지 아닌지의 문제에 천착하는 한편 올바른 이데올로기의 사용을 사회주의의 실현 과제로 설정한다. 레닌은 자본주의 체제 및 기성 체제를 전복하는 데 있어 '프롤레타리아트 이데올로기'를 통한 투쟁이 갖는 중요성을 강조한 바 있으며, 그람시는 기존 맑스-레닌주의의 이데올로기론을 고유의 헤게모니 이론으로 발전시켰다. 우리가 다음 장에서 중점적으로 살펴보게 될 알튀세르 역시 이 분야에 있어서 가장 독창적인 철학자 중 한 명으로 손꼽힌다. "알튀세르는 최근 20년 간 가장 영향력 있는 이데올로기에 대한 설명을 제시했다"[6)]는 평가들이 20세기 후반, 심지어 21세기의 텍스트들에서도 흔히 발견될 정도로, 그는 이데올로기론의 역사에 있어서 매우 중요한 한 위치를 점유하고 있는 것이다. 알튀세르가 이러한 평가를 받는 이유로는 여러 가지가 제시될 수 있겠지만, 지식의 문제와 연관하여 그 이유를 간단히 정리해보면 다음과 같다.

---

5) Karl Mannheim, *Ideology and Utopia*, Louis Wirth and Edward Shils(tr.), HARCURT, 1954, pp.248-249.

6) Tom Bottomore(ed.), *A Dictionary of Marxist Thought: Second Edition*, Blackwell, 1991, p.251.

첫째, 알튀세르는 스피노자, 바슐라르 등의 비-맑스주의적인 인식론적 체계들을 맑스주의 철학에 도입해 오면서 독특한 이데올로기론을 전개한다. 그는 이데올로기적 영역으로부터 인식론적 단절을 거쳐 과학적 지식에 도달하는 단계를 맑스의 사상 여정 속에서 발견하고, 이로부터 역사 유물론이라는 맑스주의 고유의 과학에 조응하는 맑스주의 철학, 즉 변증법적 유물론을 다시 구성하려 시도했다. 둘째, 그는 사람들에게서 받아들여지는 일상적인 지식들 혹은 특정한 노동과정에서 필요한 전문 지식들이 착취적 생산조건의 재생산 문제와 어떻게 결부되어 있는 것인지에 대해서도 기존 이데올로기론에서는 좀처럼 찾아보기 힘든 주장들을 내놓는다.

우리는 여기서 특히 두 번째 요소에 집중할 것이다. 즉 체험적인 지식들과 사회에서 일반적으로 지식으로 받아들여지는 것들, 그리고 구체적인 노동 과정에서 필요한 전문 지식들을 알튀세르가 이데올로기와 연관하여 어떠한 성격을 갖는 것으로 이야기하는지를 살펴볼 것이다. 그리고 여기서 더 나아가 우리는 그것들이 기존의 권력구조를 재생산해내는데 있어서 어떠한 역할을 하는지의 문제에 대해서도 검토해 볼 것이다.

3. 세계에 대한 관계에서 발생하는 지식으로서의 이데올로기

알튀세르는 이데올로기를 임의적으로 다음과 같이 정의한 바 있다. "이데올로기는 주어진 사회 내부에서 [...] 하나의 역사적 역할을 부여받은 표상들, 즉 이미지들, 신화들, 관념들 혹은 경우에 따라서는 개념들의 체계이다."[7] 이것들은 과학적 지식과 구분되며, 따라서 과학적 이론의 대상이 될 수는 있을지언정 그것들만을 가지고서는 결코 과학적 이론을 전개해 나갈 수 없다. 알튀세르가 역사에 대한 과학적 지식에 도달하기 위해서는 이데올로기적 영역에 대한 인식론적 단절이 필요하다고 주장한 이유도 바로 여기에 있다. 그러나 알튀세르에 따르면, 누군가가 과학적 인식에 도달하는데 성공했다고 해서 이데올로기가 소멸되는 것은 아니다. 왜냐하면 이데올로기는 과학적 지식을 획득한 이후에도 언제나 우리의 세계에 대한 체험적 관계 속에 끊임없이 주어질 것이기 때문이다.

예컨대 어떤 사람이 밝게 빛나는 보름달을 보고서, 그것이 자신과 200미터 쯤 떨어져 있는 것 같다고 상상하고 있는 상황을 가정해보자. 물론 그는 과학적 실험이나 계산을 거쳐서 자신의 경험이 오류를 저지르고 있다는 사실을 인식할 수 있다. 즉 달과 자신 사이의 실제 거리에 대한 지식을 획득하여, 달이 알고 보면 엄청나게 멀리 떨어져 있는 것이라는 사실, 자신의 눈과 상상이 달을 마주하면서 오류를 저지르고 있다는 사실을 인식하게 될 수 있다. 그러나 그렇다고 해서 그가 그 달이 가까이 있는 것처럼 보이는 상황을 벗어날 수 있는 것은 아니다. 그는 과학적 지식을 획득한 이후에도 일상적인 차원에서는 여전히 200미터 떨어져 있는 것처럼 보이는 보름달을 마주하고 살아갈 것이다.

이러한 오류를 저지르는 "상상은 단순히 무지의 표현이자 인식의 진전에 따라 소멸해버릴 수 있는 것이 아니다. [...] 인간은 이를 [인

7) Louis Althusser, *Pour Marx*, La Découverte, 1996, p.238.

간 신체의] 변용의 질서와 연관에 따라 경험하고 인식한다."[8] 그리고 알뛰세르에 따르면 우리에게 주어지는 이데올로기적 표상 역시도 우리가 현실 속에서 체험하는 이러한 상상적 활동의 한 결과이다. 인간이 획득하는 "지식의 첫 번째 종류는 우리가 세계와 맺는 관계의 왜곡된 개념"[9]인데, 만약 그렇다면 우리가 한 사회 현실을 살아가면서 획득하는 첫 번째 종류의 지식 역시도 그 사회에서 받아들여지고 있는 이데올로기적 표상일 수밖에 없을 것이다.

이러한 맥락에서 알뛰세르는 이데올로기적 지식은 인간들이 세계를 체험하며 살아가는 이상 그들에게 무의식적으로 주어질 수밖에 없는 것이라 이야기한다. 인간은 과학적 지식을 갖추게 되더라도 일상적인 차원에서는 여전히 무의식적으로 이데올로기적 표상들을 현실적인 것으로 받아들일 것이다. 이데올로기는 "어떠한 시간적 질서나 시간적 연관에 대해서도 앞서 있는 것, 언어, 문화와 같은 것들보다도 앞서 있는"[10] 것으로, 주어진 현실 세계가 사라지거나 변화하지 않는 한에 있어서는 구성원들이 가지는 첫 번째 종류의 지식을 생산하는데 계속 결정적인 영향을 미칠 것이기 때문이다.

그런데 알뛰세르가 계승하고자 하는 맑스주의 전통에 따르면, 계급사회의 지배 이데올로기는 언제나 지배계급의 이데올로기이다. 지배계급은 국가권력을 장악하고 있으며, 이에 국가장치들을 계급적 목표에 따라 좌지우지할 수 있는 힘도 가지고 있다. 즉 지배계급은 한 사회구성체 내 지배 이데올로기를 자신들의 계급 이데

8) 진태원, 「스피노자와 알뛰세르에서 이데올로기의 문제」, 『근대철학』 제3권 1호, 2008, p.19.
9) Paul Ricoeur, *op. cit.*, p.143.
10) *Ibid.*, p.144.

올로기로 설정하기에 매우 유리한 위치에 서 있는 것이다. 따라서 계급이 현존하는 사회에서 지배계급의 이데올로기는 그 사회 구성원들이 무의식적으로 받아들이는 첫 번째 종류의 지식의 내용을 결정하기 쉽다. 이로써 사람들은 자신이 속한 사회 내 지배계급의 이데올로기를 당연한 지식으로 받아들이게 되며, 그 이데올로기적 지식에 종속된 채로 현실을 마주하며 살아가게 된다.

이는 알튀세르 본인이 중점적으로 분석하고자 시도한 자본주의 사회에도 마찬가지로 적용된다. 자본주의적 인간관, 부르주아적 규범들과 결부된 표상들, 즉 오늘 날 지배계급의 이데올로기적 표상들은 이 사회 대다수의 구성원들이 세계를 일상적으로 체험해 나가면서 무의식적으로 받아들이고 있는 것들이다. 심지어 사람들은 자신이 속한 체제에 대한 저항을 수행할 때조차도 무의식적으로 지배 이데올로기의 표상을 자신들의 실천 방향의 기초로 설정하곤 한다. 물론 어떤 이들은 그 와중에도 그 표상들이 어떠한 허상에 기대고 있고, 또 어떻게 사회 모순을 은폐하고 있는지에 대한 참된 이론적 지식을 획득하려 시도하기도 한다. 그러나 그들이 이에 대한 지식을 획득한다고 해서 지배 이데올로기적 표상들이 사라지는 것은 아니다. 자본주의 체제 내에서 살아가는 이는 이 체제가 변혁되지 않는 이상, 자본주의의 이데올로기적 지식이 무의식적으로 부과되는 현실을 벗어날 수 없다.

한 가지 더 기억해야 할 점은 지배계급의 이데올로기가 피지배계급들이 가지게 되는 왜곡된 지식들의 형성에만 결정적인 역할을 하는 것은 아니라는 사실이다. 알튀세르는 국가권력을 장악하고 있으며 이데올로기를 정치적으로 활용하는 이들 혹은 이데올로기의 생산 주체로 흔히 여겨지는 지배계급조차도 사실은 이미 지배 이데올로기에 종속된 이들이라고 본다. 실제로 지배계급은 악의적으로 현실을 왜곡할 때조차도 이미 자신에게 무의식적으로 주어진 이데올로기적 표상들에 종속되어있다.

예컨대 '이 사회는 평등한 인간들로 구성되어 있다'고 굳게 믿고 있는 재벌 2세 출신 경영자 A가 편의점 아르바이트 노동자 B의 빈곤상태가 드러나고 있는 현상을 마주한 경우를 가정해보자. A는 자신이 무의식적으로 받아들이고 있는 '모든 인간은 평등하다'는 자본주의의 이데올로기적 표상에 의거해, 명백히 불평등한 현실적 조건이 드러나고 있는 그 현상을 정당한 방식으로 이루어진 평등한 경쟁의 결과, 예컨대 노력의 여부나 주어진 재능의 결과라고 상상할 것이다.[11] A가 악의적으로 불평등한 현실을 은폐하거나 왜곡하기에 앞서, 그에게 자본주의의 현실은 거기에서 아무리 불평등한 모습을 띠는 현상이 발생할지라도 실제로 평등한 것으로 받아들여진다. '이 사회의 구성원들은 모두 평등하다'는 이데올로기적 표상은 그에게 현실과 다른 것이 아니며, 이 현실이 그의 모든 사건과 역사에 대한 평가의 기준이 된다. 그는 이렇게 지배 이데올로기에 종속된 채로 세계를 마주하며, 특정한 실천을 통하여 그것을 악의적으로 재생산해 낼 수는 있을지언정 그 이데올로기에 종속된 자신의 처지를 벗어날 수는 없다. 따라서 누군가가 자신을 이데올로기의 주인이라던가, 이데올로기로부터 자유로운 주체라고 말하

11) 상당수의 비정규직 노동자들 역시 이와 동일한 생각을 가지고 있을 수 있다. 알튀세르의 시각에서 보자면, 한 시대의 지배이데올로기는 지배계급의 이데올로기이며, 피지배계급 역시도 이 이데올로기를 거치지 않은 채 현실을 마주하기가 힘들기 때문이다.

는 것은 알튀세르의 입장에서 그 자체로 이데올로기적인 것이다. 즉 "이데올로기는 한 계급이 다른 계급을 지배하기 위한 도구라기보다는, 그에 앞서 지배 계급이 지배 계급으로 구성되기 위한 필수적인 요소라고 할 수 있다."[12)]

그런데 인간들이 현실 속에서 세계를 체험하며 살아갈 수밖에 없고, 또 그 과정에서 자신의 상상을 경유한 표상들을 벗어날 수 없는 존재들이라면, 우리는 영원히 이데올로기에 종속되어 있을 수밖에 없을 것이다. 심지어 "오직 세계에 대한 이데올로기적 개념만이 이데올로기 없는 사회를 상상할 수 있다"[13)]라는 알튀세르의 말에서도 잘 드러나듯, 이데올로기는 계급사회에서 뿐만 아니라 계급이 사라진 공산주의 사회에서도 그 내용이 달라질지언정 여전히 사람들에게 동일한 형식으로 주어질 것이다. 알튀세르에 따르면 인간은 '이데올로기적 동물'이며, 인간들로 구성된 사회에는 언제나 이데올로기가 존속할 것이기 때문이다.

결국 알튀세르는 이데올로기가 인간의 세계 내 삶에서 갖는 필연적 성격을 그 어떠한 이들보다도 더 강하게 부각시켰다고 볼 수 있다. 또한 그의 주장은 이데올로기가 지식과 대립적인 관계에 있는 것이며, 실제 현실과도 언제나 대립적일 것이라는 우리의 일반적인 생각을 뒤집는다. 알튀세르에 따르면 적어도 인간이 갖는 첫 번째 지식만큼은 이데올로기적 표상 그 자체이거나 혹은 이데올로기라는 기초 위에서만 생산되는 것이기 때문이다. 물론 과학적 지식은

12) 진태원, 「과잉결정, 이데올로기, 마주침」, 『알튀세르 효과』, 그린비, 2011, p.95.

13) Louis Althusser, *op. cit.*, p.238.

그에게서 이로부터의 단절을 통하여 구성되는 것으로 여겨지지만, 우리는 여기서 과학적 지식에 대한 설명은 더 이상 하지 않기로 한다.

4. 착취 관계의 재생산에서 이데올로기적 국가장치와 지식의 역할

알튀세르는 이데올로기적 지식들과 특정한 노동을 수행하는 과정에서 요구되는 전문 지식들이 한 사회구성체의 생산조건을 재생산하고 권력구조를 유지하는데 있어서 결정적인 역할을 한다고 보았다. 알튀세르는 이를 구체적으로 설명하기에 앞서 다음과 같은 주장을 내놓는다. "맑스가 말한 것처럼 만약 한 사회구성체가 생산을 하는 동시에 생산의 조건들을 재생산해내지 않는다면, 그 사회구성체는 1년도 생존할 수 없을 것이다."[14]

그러나 맑스가 천착한 생산조건들의 재생산에 대한 설명들은 대부분 생산수단의 재생산에 그 초점이 맞추어져 있는 것처럼 보인다. 물론 맑스가 노동력의 재생산 문제에 대해서도 관심을 기울였던 것은 사실이다.[15] 그러나 그는 노동력의 재생산에 대해서는 생

14) Louis Althusser, *Sur la reproduction*, Presses Universitaires de France, 1995, p.73.

15) 『자본론』에는 "노동력의 활동은 노동력 자체의 가치를 재생산할 뿐만 아니라, 그것을 넘어선 가치를 생산한다"(Karl Marx, *Capital I. a critique of political economy,* Ben Fowkes and David Fernbach(tr.), Penguin Books, 1976, Chapter. 8.)는 문구가 등장하며, 『공산당 선언』에는 "임금 노동이 그의 노동을 통해 전유하는 것은 그의 헐벗은 삶을 연명해 나가거나 재생산하는

산수단의 재생산만큼 상세한 설명을 제시하지 않았으며, 생산관계의 재생산 문제에 대해서도 체계적인 설명을 내놓지 않았다. 그리고 더 결정적으로는 이러한 생산조건과 결부된 토대적 요소들의 재생산이 상부구조에 속하는 이데올로기와 어떠한 연관관계를 맺고 있는 것인지에 대해서도 말을 아꼈다.

알튀세르가 「이데올로기와 이데올로기적 국가장치들」이라는 논문에서 천착한 것은 바로 이 문제였다. 알튀세르는 맑스주의가 사회구성체의 성격이나 역사의 변화 과정을 설명할 때, 기본적으로 그것을 건축물에 빗대어 설명해 왔다고 본다. 즉 맑스주의는 우리가 앞서 간단히 살펴본 토대와 상부구조의 틀을 전제하고 있다는 것이다. 여기서 토대는 경제적인 성격을 갖는 것이다. 그것은 생산수단, 노동력을 포함하는 생산력과, 생산력에 조응하여 구성되는 생산관계, 그리고 생산력, 생산관계 양자 간 관계의 총체로서의 생산양식으로 구성된다. 반면 상부구조는 이러한 토대의 성격에 따라 그 내용이 결정되는 것으로, 정치, 법, 이데올로기 등은 모두 여기에 포함된다. 그러나 알튀세르는 생산양식의 재생산 문제를 제대로 설명하기 위해서는 그간 맑스주의 진영에서 숱한 논쟁을 불러일으킨 '토대가 상부구조를 결정한다'는 단순한 기술적(descriptif) 전제를 넘어서야만 한다고 보았다.

물론 알튀세르가 역사의 변화 및 한 사회구성체의 성격이 최종심급으로서의 경제적 양식을 통해 규정될 수 있다고 보지 않은 것은 아니다. 그러나 그는 한편으로 "재생산이 [...] 법률적-정치적 상

것으로 충분하다"(Karl Marx/Fredrick Engels, *Manifesto of the Communist Party*, International Publishers, 2007, p.24)는 문구가 등장한다.

부구조에 의해, 그리고 [특히] 이데올로기적 상부구조에 의해 보장된다"[16]고 주장하기도 한다. 이는 그가 한 사회구성체의 생산조건과 권력구조의 재생산이 이데올로기의 작동과 긴밀히 연관되어 있다고 생각하고 있었다는 사실을 잘 보여준다. 이제부터 우리는 국가와 국가장치에 대한 설명을 검토해 봄으로써, 상부구조에 속하는 이데올로기가 어떻게 토대의 영역에 속하는 생산조건들을 재생산하는 데에 기여할 수 있는지를 살펴볼 것이다.

1) 국가의 성격과 이데올로기적 국가장치

알튀세르에 따르면 이데올로기는 그 자체로는 관념적인 것이지만, 그것이 실재하기 위해서는 반드시 특정한 물질적 조건에 의존해야만 한다. 알튀세르가 이데올로기는 그것이 실재하기 위해서 반드시 물질화, 제도화되어야만 한다고 생각했던 것은 바로 이러한 맥락에서였다. 예컨대 한 국민이 가진 '애국'에 대한 이데올로기적 표상들은 그가 학교나 군대 등에서 국민으로서의 의무와 민족적 자부심을 배우고, 운동경기나 각종 행사들에서 애국가를 부르면서, 즉 그 사회의 제도화된 관례를 실제로 체험하고 실천하는 과정에서 비로소 실재하게 된다. 만약 이러한 제도화된 실천이 없었다면, 우리는 이데올로기적 표상의 존재 자체를 마주할 수 없었을 것이다. 알튀세르가 이데올로기에 대한 자신의 이론을 전개해 나가면서, 그것을 단순히 관념의 영역에만 머물게 하지 않고, 물질화된 영역의 것들, 예컨대 국가 및 제도와 긴밀히 연관된 것으로 설명하

16) Louis Althusser, *op. cit.*, p.169.

려 했던 이유도 바로 여기에 있다.

그런데 맑스-레닌주의 전통에서는 국가가 보통 피지배 계급에 대한 지배 계급의 착취를 지속적으로 가능하게 해주는 폭력적 억압 장치로 설정된다. 국가는 기존의 권력구조를 유지하게 해주는 억압 장치이며, 이 장치를 주도적으로 운영하는 자들은 국가권력을 장악한 지배계급이라는 것이다. 알튀세르 역시 경찰, 법원, 정부, 군대, 감옥 등의 장치를 이용하여 한 계급의 지배구조를 지속적으로 보장해 주는 국가가 기본적으로는 폭력적 억압 장치라는 사실을 인정한다. 국가의 공적인 장치들은 법이나 권력 등을 사용하여 지배 계급의 이익을 관철하며, 합법적인 물리적 폭력을 동원해 현 체제에 위협이 되거나, 현 생산조건을 방해하는 자들을 강제적으로 진압, 추방, 감금한다. 요컨대 국가는 기존의 착취 조건을 억압적 장치들을 통해 재생산해낸다.

그러나 알튀세르는 착취관계의 재생산과 권력구조의 유지가 결코 억압을 통해서만 이루어지지는 않는다고 생각했다. 왜냐하면 국가가 보호하는 기성의 권력구조 및 생산조건은 구성원들의 자발적 동의를 이끌어내는 이데올로기의 작동을 통해서도 유지 및 재생산되는 경향을 가지고 있기 때문이다. 이러한 차원에서 알튀세르는 정부나 경찰처럼 곧바로 공적인 국가 기관으로 여겨지지는 않지만, 구성원들로 하여금 기존의 생산 메카니즘을 자연스럽게 받아들이게 만드는 국가장치들에도 주목할 필요가 있다고 본다. 그리고 이러한 특성을 갖는 국가장치에는 학교, 가족, 교회, 정당, 노동조합, 언론, 출판기구, 정보습득장치, 문화장치 등이 포함된다.

이 장치들은 예외적인 상황이 아니라면, 현 지배 계급의 이익이 관철된 권력구조를 폭력을 동원하여 구성원들에게 강제하지 않는다. 이것들은 오히려 구성원들이 '자유롭게' 그 장치의 작동에 참여하게 하거나 마주하게 만들며, 이 과정에서 구성원들이 지배 이데올로기를 '스스로' 받아들이게끔 만든다. 여기서 '자유롭게'라는 표현이 낳을 수 있는 오해에 주의하자. 이는 사회 내 구성원들이 정말로 자유로운 주체로서 이데올로기적 국가장치에 참여하고, 이데올로기의 생산자 혹은 주인이 된다는 것을 의미하지 않는다. 앞서 보았듯 누군가가 스스로를 이데올로기의 주인이라고 생각하는 것은 알튀세르에게서 그 자체로 이데올로기적인 것이기 때문이다. 따라서 이는 오히려 사회 내 구성원들이 '나는 이 장치들에 자유롭게 참여하고 있다'고 무의식적으로 상상할 뿐이라는 것을 의미한다고 보아야 한다.

어쨌든 이 장치들을 거치는 구성원들은 그 장치와 연관된 활동들 속에서 그들이 속한 권력구조, 생산조건에 따른 이데올로기를 당연한 것으로 습득하게 되며, 심지어 기존 착취구조의 생산조건을 자유로운 실천을 통하여 스스로 재생산해내기도 한다. 쉽게 말해 사회 내 구성원들은 자신이 속한 체제의 경제 운영 방식을 무의식적으로 당연한 것이라 받아들이며, 자신 역시 이 경제적 운영 방식에 어떻게든 참여해야 한다고 생각하게 된다(자본주의의 지배계급과 적대적인 위치에 놓인 것처럼 보일 수 있는 노동조합 역시 그것이 기존의 생산조건 자체를 부정하지 않는 이상에는, 기존 생산조건의 재생산에 기여한다고 볼 수 있다). 자본주의 사회에서 생산수단이 없는 사람들이 누군가에게 고용되어 일자리를 갖고, 고용주의 요구에 따라 무언가를 생산해내는 것을 당연한 것처럼 생각하듯이 말이다. 알튀세르에 따르면, 그들이 이러한 생각을 가지게 되는 것은 이데올로기적 국가장치에 의해 지배 이데올로기적 표상들이 그들에게 무의식적으로 주어졌기 때문에 가능한 것이다. 상부구조의 영역에 속하는 이데올로기와 제도화된 이데올로기적 실천들이 토대의 영역에 속하는 생산조건의 재생산에 기여하는 것은 바로 이 지점에서이다.

그런데 알튀세르는 어느 사회구성체에나 특히 '지배적인' 역할을 하는 이데올로기적 국가장치가 있다고 보았으며, 이는 시대적 조건에 따라서 변화한다고 생각했다. 예컨대 중세기 서양에서는 종교제도나 교회가 지배적인 이데올로기 장치로 기능했다면, 알튀세르 생존 당시 서구 자본주의 사회에서는 학교가 가장 지배적인 역할을 담당했다. 알튀세르는 이러한 차원에서 생산조건의 재생산 문제를 학교와 학교에서 가르쳐지는 지식에 특히 주목하여 설명한다.

2) 지배적인 이데올로기적 국가장치로서의 학교

그럼 학교가 어떠한 식으로 자본주의적 생산조건을 재생산해내는데 기여하는지를 더 면밀히 살펴보자. 맑스는 노동력의 재생산 문제를 대체로 노동조건, 특히 임금과의 관계 속에서 다룬다. 임금은 노동자들로 하여금 앞으로도 계속 노동을 할 수 있는 힘을 재생산해낼 수 있게끔 만들어주기 때문이다. 만약 노동자가 임금을 받지 못한다면, 그는 자신의 생명을 유지할 수 없고, 따라서 자신의 노동력도 재생산해낼 수 없을 것이다(그리고 임금의 수준은 자본주의가 정상 작동하는 곳에서라면 해당 시대의 생활·문화 수준에 따른 최소한의 필요

[17]에 따라 정해지며, 이 최소한의 필요는 또 노동자와 자본가 사이의 투쟁 및 협상 과정에서 결정된다). 지속적으로 노동력이 필요한 자본의 입장에서도 현재의 착취조건을 유지하기 위해서는 반드시 노동자들에게 적정한 수준의 임금을 지급해야 한다.

그런데 알튀세르는 노동력의 재생산 문제를 다룰 때, '노동력의 자질'이라는 요소와 함께 그 자질이 형성되는 '생산 과정 외부의 교육 과정'이라는 요소가 포함되어야 한다고 본다. 생산을 위해 필요한 자질은 필수적으로 특정한 종류의 전문 지식(savoir-faire)을 필요로 하기 때문이며, 이 지식들 중 상당수는 생산 과정 외부에서 교육되는 경우가 많기 때문이다. 쉽게 말해 자본주의 사회에서 요구되는 노동력의 자질에는 단순히 특정한 상품의 생산에 필요한 직업적 숙련만이 포함되는 것이 아니다. 거기에는 읽기, 쓰기, 계산하기 등의 기술과 생산에서 직·간접적으로 활용할 수 있는 과학적 지식들도 포함된다. 이러한 지식들은 "본질적으로 문제들을 해결하거나, 실천적인 노동들에서 활용"[18]하기 위해 주어지는 것들로서, 학교는 사회 구성원들이 이러한 전문 지식을 습득하게 하는데 있어서 핵심적인 역할을 담당한다. 결국 특정한 지식을 가르치는 학교는 한 사회의 생산조건이 유지되기 위한 노동력을 재생산하는 데 있어서 필수적인 장치로 기능하는 것이다.

그런데 문제는 교육제도가 전문 지식들을 가르치는 동시에, 학생들이 앞으로 사회에서 일을 하며 살아가는 과정에서 따라야만 하

---

17) 예컨대 "맑스는 영국의 노동자들에게는 맥주가 필요하고, 프랑스의 프롤레타리아들은 와인이 필요하다고 말했다." - *ibid.*, p.76.

18) *Ibid.*, p.78.

는 이 시대 표준의 인간상과 도덕의 법칙, 그리고 심지어는 남들을 잘 부리는 방법과 명령에 순응하는 방법까지도 함께 가르친다는 것이다. 즉 "노동력의 재생산은 그러므로 그것의 필수불가결한 조건으로서 자질의 재생산 뿐만 아니라, 지배 이데올로기에 대한 복종의 재생산, 이 이데올로기의 실천의 재생산으로 나타난다."[19] 요컨대 학교는 그 구성원들로 하여금 사회 내 생산의 체계를 무의식적으로 존중하고, 그 생산의 체계에 참여하는 것이 당연하다고 생각할 수 있도록 만든다.

이는 사실상 구성원들에게 지배 이데올로기에 복종하고, 그것을 실천하는 방법을 가르치는 것과 다름없다. 즉 현 체제의 생산조건이 갖는 정당성을 가르치는 것과 다름없다. 심지어 그 자체로는 중립적인 것으로 취급될 수도 있는 전문 지식들조차도 이러한 교육과정이 병행된다면, 결코 지배 이데올로기로부터 독립적으로 가르쳐질 수 없을 것이다. 만약 이러한 알튀세르의 생각이 타당한 것이라면, 교육제도는 그 자체로 사회 내 구성원들을 기존의 생산조건에 적합한 이들로 만들어내는 역할을 하는 것이라고 볼 수 있다. 학교는 이러한 맥락에서 자본주의 체제의 생산양식을 재생산하는 데 핵심적인 역할을 담당하는 장치가 된다.

더 구체적으로 생각해보자. 자본주의적 생산구조가 유지되기 위해서는 법적으로 해방된 자유로운 임금 노동자들과 이들을 고용하는 자본가가 필요하며, 이들 간의 분업 체계, 착취 관계의 체계가 필요하다. 그런데 착취 관계의 체계가 유지되기 위해서는 사회 내 구성원들이 현 체제 내 생산의 양식이 정당한 것이라는 점을 무의

---

19) *Ibid.*, p.79.

식적으로 받아들이고 있어야만 한다. 즉 그들이 이 사회에는 착취가 없다고 생각하거나, 착취가 없으면 안 된다고 생각하고 있어야만 한다. 이 와중에 학교는 실제로 사회 내 구성원들이 '국민은 주체로서 자유로운 개인들이다'라는 이데올로기를 무의식적으로 습득하게 만들어 냄으로써, 학생들을 '자유롭게 노동력을 사고 팔 수 있는 예비 노동자, 예비 자본가'로 만든다. 실제적인 착취관계가 감추어지고, 그 사회는 자유로운 주체들로 구성된 곳으로 여겨지게 되는 것이다.

그리고 동시에 학교는 자본주의적 분업 체계에 적합한 지식들을 가르친다. 알튀세르가 묘사하듯, 자본주의 사회에서는 실제로 교육 수준에 따라 직업이 정해지는 경우가 많다. 그리고 이는 초등교육과정에서부터 고등교육과정에 이르는 각 교육 단계마다 서로 다른 노동에 적합한 서로 다른 전문지식들이 가르쳐진다는 점과 긴밀히 연관된 것일 수 있다. 쉽게 말해 초등학교만 나온 사람은 초등학교에서 배우는 지식에 적합한 노동을 해야 하고, 명문대를 나온 사람은 대학에서만 가르쳐 질 수 있는 지식을 활용할 수 있는 사무직, 관리직에 가야만 한다는 것이다. 그리고 이러한 생각은 학교에서 이루어지는 전문 지식들의 교육 과정에서 당연한 것으로 일반화되곤 한다.

한편으로 생산수단을 소유하지 못한 사람들은 필수적으로 자신의 노동력을 생산수단을 소유한 이, 즉 자본가나 기업에게 팔아 삶을 유지해야 한다는 생각을 교육과정에서 함께 배운다. 그것이 정당한 것이라는 구성원들의 무의식적인 믿음과 실천이 없다면, 자본주의의 생산조건은 결코 유지 및 재생산될 수 없었을 것이다.

체제에 대한 저항행위를 통하여 이러한 생산조건의 재생산을 방해하는 자들은 법률, 경찰력 등을 통하여 물리적으로 억압받고 규제되는데, 다른 한편으로 이 재생산을 방해하지 않는 자들은 이 생산조건의 재생산 과정에서 작동하는 이데올로기적 표상들을 무의식적으로 당연한 것으로 여기며 살아간다. 심지어 그들은 이 이데올로기에 의해 부과된 규준들을 어기는 것을 마치 범죄를 저지르거나 도덕적이지 않은 행동을 한 것처럼 여기게 된다. 그리고 구성원들이 이러한 생각을 무의식적으로 하게 되는 것은 그들이 이데올로기적 지식을 교육하는 학교라는 국가장치들에 자유롭게 참여한 결과에 다름 아니다.

요컨대 자본주의 생산력의 한 축을 이루는 노동력은 학교라는 이데올로기적 국가장치를 통해 재생산되며, 착취구조를 구성하는 자본주의적 생산관계 역시도 학교에서의 이데올로기적 지식 교육을 통해 재생산된다. 자본주의적 생산조건은 결국 그 구성원들이 제도화된 교육 기관을 통해 이데올로기적 지식들을 무의식적으로 받아들이게끔 만듦으로써 재생산될 수 있는 것이다. 상부구조에 속하는 이데올로기적 요소가 토대의 영역에 속하는 생산조건의 재생산에 기여하는 것은 바로 이러한 차원에서이다.

5. 21세기의 지식과 새로운 이데올로기적 국가장치들

상기한 알튀세르의 논의를 따라가다 보면 인간은 언제나 이데올로기에 종속된 존재일 수밖에 없는 것처럼 보인다. 물론 알튀세르가 지배 이데올로기로부터 벗어나는 길에 대해 이야기하지 않는 것은 아니다. 그에 따르면 부르주아 이데올로기가 있다면 프롤레타리아트 이데올로기도 있다. 같은 사회구성체를 살아가더라도 부르주아와 프롤레타리아트는 서로 다른 현실적 조건 속에서 살아갈 것이기 때문이다. 따라서 이데올로기적 국가장치 내에서도 이데올로기 투쟁이 이루어질 수 있으며, 프롤레타리아트 혁명을 성취하는 과정에서도 이데올로기 투쟁은 매우 중요한 역할을 할 수 있다. 그러나 알튀세르는 기존 지배 이데올로기로부터 벗어나는 길만을 어렴풋하게 보여줄 뿐, 이데올로기 자체로부터 인간이 독립될 수 있는 길을 마련해 주지는 않는다.

이 지점에서 혹자들은 다음과 같은 질문을 충분히 제기해 볼 수 있을 것이다. 과연 인간은 이데올로기로부터 벗어날 수 없는 존재인가? (인식론적 단절을 거쳐서 생산되는 특정한 과학적 지식을 예외로 한다면) 인간은 이데올로기로부터 독립하여 스스로 지식을 생산해 낼 수 없는가? 즉 인간이 자신의 사유 및 실천 과정에서 생산하고 활용하는 지식들은 모두 이데올로기와 어떠한 식으로든 연관될 수밖에 없는 것인가? 이러한 질문들은 분명히 더 많은 검토를 통하여 해명되어야 할 것처럼 보인다. 그러나 문제는 현재 사회구성체의 형태에 근거하여 이러한 질문들을 충분히 검토해 보려는 노력도 없이 한 시대를 '탈-이데올로기의 시대'로 명명하는 것, 그리고 더 나아가서는 그 시대에 속한 인간들이 더 이상 이데올로기에 종속됨 없이 사고하고, 실천하며, 지식을 생산하고 공유하고 있다고 확신하는 것이 과연 타당한가 하는 점이다. 더군다나 우리는 이 문제를 고민할 때 사회 내 대다수의 생산물들이 한 사회구성체의 특정한 생산조건에서 독립된 채 생산되지 않는다는 점을 주목해야 한다. 지식이라고 해서 여기서 예외적인 것이 될 수 있는가?

이러한 문제제기는 오늘 날 특히 중요한 것처럼 보이는데, 왜냐하면 오늘 날의 시대는 실제로 많은 이들에게서 '탈-이데올로기의 시대'로 명명되는 동시에 '지식기반사회'로 명명되고 있기 때문이다. 급격한 기술 문명의 발달과 함께 진행되고 있는 세계화, 신자유주의화의 물결은 인류로 하여금 지식정보들을 그 어느 시대보다도 빠르게 확산시키거나 받아들일 수 있게끔 만들어내고 있다. 그런데 우리가 이 지점에서 간과할 수 없는 사실은 오늘 날 시대에도 지식의 생산과 유통은 분명히 특정한 생산조건 위에서 이루어지고 있다는 점이다. 심지어 많은 이들에게서 지식의 생산 수단 및 유통 수단의 소유는 곧 권력과 직결되는 것처럼 여겨지기도 한다. 오늘 날 사람들에게서 받아들여지고 있는 지식들이 중립적인 것, 탈-이데올로기화 되어있는 것이라는 생각을 우리가 끊임없이 경계해야 하는 이유도 바로 여기에 있다.

더 나아가 알튀세르가 제시한 이데올로기적 국가장치들에 관한 설명들은 오늘날에도 우리들에게 여전히 유효한 메시지들을 던져주고 있는 것처럼 보인다. 알튀세르가 특별히 주목한 국가장치인 학교가 대다수의 사회에서 여전히 지배적인 이데올로기적 국가장치의 역할을 떠맡고 있음에는 틀림이 없다. 게다가 우리는 오늘날의 사회에서, 20세기의 이데올로기적 국가장치들과 다른 형태를 갖는 이데올로기적 국가장치들을 그리 어렵지 않게 발견해낼 수 있기도 하다. 선진국 사회의 구성원들에게는 어느덧 일상이 되어버린 사이버 공간 및 소셜네트워크 서비스, 그리고 끊임없이 진화하고 있는 언론 및 대중매체 등은 오늘날 자본주의 사회의 지배적인 이데올로기적 국가장치로 발돋움한지 이미 오래된 것처럼 보인다. 그것들은 과거의 어떠한 이데올로기적 장치들보다도 대중들의 '자발적인' 이데올로기적 실천을 가능케 해주며, 이로써 현재의 생산조건과 억압구조를 더 공고히 하는 데에 적지 않은 기여를 한다고 평가할 수도 있다. 그리고 우리가 이 책의 주제와 연관해서 주목하지 않을 수 없는 사실은 이렇게 새로이 지배적인 이데올로기적 국가장치의 위상을 가지게 된 것들이 대체적으로 지식의 공유 수단, 획득 수단이라는데 있다.

이러한 차원에서 오늘 날의 이데올로기적 국가 장치의 작동과 성격에 대한 면밀한 검토를 수행하는 것은 매우 의미있는 작업이 될 수 있을 것처럼 보인다. 왜냐하면 이러한 검토는 현존하는 권력구조와 오늘 날 받아들여지고 있는 지식들이 어떠한 관계를 맺고 있는지를 밝혀주는 데에 결정적인 역할을 할 수 있을 것이기 때문이다. 한편으로 이러한 검토는 오늘 날의 인간들이 세계와 어떻게 상상적 관계를 맺고 살아가고 있는지, 그들에게서 받아들여지고 있는 지식은 어떠한 성격을 가지고 있고, 어떠한 기초 위에서 생산되고 있는 것인지에 대해서도 더 명확한 대답을 제시해 주는 토대로 작동할 수 있을 것이다.

참고문헌

맥럴런(D.), 『이데올로기』, 구승회 옮김, 이후, 2002.

진태원, 「스피노자와 알튀세르에서 이데올로기의 문제」, 『근대철학』 제 3권 1호, 2008.

진태원 엮음, 『알튀세르 효과』, 그린비, 2011.

엥겔스(F.), 『루드비히 포이어바흐와 독일 고전철학의 종말』, 강유원 옮김, 이론과 실천, 2008.

Bottomore(T.)(ed.), *A Dictionary of Marxist Thought: Second Edition*, Blackwell, 1991.

Althusser(L.), *Pour Marx*, La Découverte, 1996.

________, *Sur la reproduction*, Presses Universitaires de France, 1995.

Mannheim(K.), *Ideology and Utopia*, Wirth(L.)/Shils(E.)(tr.), HARCURT, 1954.

Marx(K.), *Capital I: a critique of political economy*, Fowkes(B.)/Fernbach(D.)(tr.), Penguin Books, 1976.

Marx(K.)/Engels(F.), *The German Ideology*, Prometheus Books, 1998.

_____, *Manifesto of the Communist Party*, International Publishers, 2007.

Ricoeur(P.), *The Lectures on Ideology and Utopia*, Columbia University Press, 1986.

제3부

KNOWLEDGE

지식기반사회와 문화콘텐츠

제1장 문화와 지식

양해림

[내용요약] 이 글에서 우리가 다룰 주제는 문화와 지식이다. 문화는 과거에는 주로 정신문화를 가리키는 말이었다. 인간의 정신을 갈고, 닦고, 세련되게 함으로써 인간으로서의 도덕적 가치를 실현하는 활동을 문화라고 불렀다. 고도의 정신적 노력을 요구하는 활동이 문화이며, 문화를 일구는 수단이었다. 또한 인류의 역사에서 매체의 발전과정을 살펴보았을 때, 원시시대의 동굴벽화에서 자연물을 수단으로 하는 자연의 재현을 통한 형상적 정보전달방식을 취했으며, 차츰 문자를 개발하여 종이라는 매체에 지식이나 정보를 기록함으로써 다른 사람에게 정보를 전달하거나 후세에 남겼다. 따라서 본 글은 문화와 지식의 역학관계를 살펴보고자 한다.

1. 문화의 시대

우리는 21세기를 가리켜 '문화의 시대'라 부른다. 특히 우리는 지구촌 시대를 가리켜 문화의 시대라 일컫는다. 지금껏 정치, 경제, 사회 등 우선순위에서 항상 밀려왔던 문화가 21세기 들어 중요한 핵심개념으로 등장했다. 또한 지구촌시대에 들어와 과학과 문화는 서로 동떨어진 칭호가 아니라 아주 밀접하게 연관되었다. 특히 과학은 문화에 의존하는 경향이 다분하다. 우리의 일상사에서 문화는 순간마다 만들어진다. 이 때문에 "종교, 예술, 철학, 새롭게 정립된 문화학, 매체, 그리고 그 밖에 교육시설, 박물관, 기록보관소 등과 같은 수많은 학문과 제도가 문화의 불확실한 구조를 분석하고 문화의 증가를 입증된 기준에 따라 수집·평가 활용하는 일을 전문적으로 하게 된다."[1] 하지만 문화는 학자나 전문가들의 전유물이 아니라 어느 누구든지 사용하는 일상용어로 뿌리를 내렸다. 아직도 그 일부에서는 연극·음악·미술·무용 등과 관련하여 문화라는 말을 이해하고자 하는 경향이 없는 것은 아니다. 이와 관련된 일에 종사하는 사람들을 정계나 학계 또는 경제계에 일하는 사람과 구별하여 문화계인사라 부르는 관행도 종종 있다. 그러나 문화는 중국문화, 일본문화, 미국문화, 한국문화, 경기문화, 충청문화, 대전문화 등 지역과 관련해서 뿐만 아니라 고대문화, 중세문화, 근대문화, 현대문화 등 시대와 관련된 경우, 서민문화, 대중문화, 고급문화, 청소년문화, 노인문화 등 계층과 연령에 관련된 경우, 놀이문화· 음식

---

1) 랄프 콘너스만, 『문화철학이란 무엇인가』, 이상엽 옮김, 북코리아, 2006, p.16.

문화, 의복문화, 주거문화, 소비문화 등 일상생활과 관련된 경우, 자동차 문화, 인터넷문화, SNS 문화란 말에 이르기까지 문화란 말이 아주 널리 사용되고 있다.

문화는 과거에는 주로 정신문화를 가리키는 말이었다. 인간의 정신을 갈고, 닦고, 세련되게 함으로써 인간으로서의 도덕적 가치를 실현하는 활동을 문화라고 불렀다. 고도의 정신적 노력을 요구하는 활동이 문화이며, 문화를 일구는 수단이었다. 그렇기 때문에 정신적인 활동과 무관한 분야에 비해 문화라는 말은 고급스럽고 귀족적인 분위기가 스며들어 있었다. 또한 문화는 학문이나 예술 그리고 구체적으로는 책의 종류나 예술작품을 뜻하는 말이었다.[2)]

이렇게 문화는 오랜 역사적 배경을 갖고 있지만, 서구에서는 1890년부터 1930년대 사이에 걸쳐 철학자와 사회 과학자들 간에 학문적 논쟁과 그 결실이 있어 왔다. 지금껏 문화철학의 주요근거는 두 부류로 전개되어 왔다. 하나는 니체, 딜타이, 베버, 짐멜, 베르그송 등을 중심으로 하는 인식에 관한 현재의 체험적 가치를 추구하는 삶의 철학자들과 다른 하나는 리케르트, 빈델반트, 카시러 등의 신칸트학파를 위시한 현상학적 단초를 포함한 동일한 자연과학적 대상에 한계를 규정하는 문화적 현상의 가치를 결정짓는 방향속에서 활발하게 전개되어 온 부류이다.[3)] 이에 반해 미국을 중심으로 한 라틴아메리카에서는 뒤늦은 1940년대부터 프랑크푸르트학파의 벤야민, 아도르노, 호르크하이머, 크라카우워 등의 망명파

2) 강영안, 「문화개념의 철학적 배경」, 『문화철학』, 철학과현실사, 1996, p.190.

3) Hartmur Böhme/Peter Matussek/Lothar Müller, *Kulturwissenschaft*, Hamburg, 2000, p.57.

지식인들의 영향을 받고 차츰 관심을 갖으면서 서서히 전개되어 왔다.

2. 문화란 무엇인가?

오늘날 우리가 쓰고 있는 한자어 문화(文化)라는 말뜻은 '무늬 놓음', '글로 됨'을 가리킨다. 그것은 문치교화(文治敎化)의 줄임말로 볼 수 있다. 말하자면 문화는 무력을 사용하지 않고 말이나 글로 대중을 교화한다는 의미를 함축한다. 문화라는 낱말이 서양말에서 유래했지만, 그 용어를 수용하게 되면서 우리의 의미에 맞는 방향으로 그 개념을 새롭게 부여하게 되었다.[4] 문화라는 개념은 고대로부터 현재에 이르기까지 다의적 정의를 내려왔기 때문에 정확히 규정한다는 것은 쉽지 않다. 영국 인류 사회학자의 조사 결과에 따르면, 18세기부터 1952년 사이에 내려진 문화의 정의만 해도 160여 가지에 이른다고 한다. 그렇기 때문에 문화의 개념은 학자들마다 제각기 다의적인 정의를 내려왔다. 즉 문화를 연구하는 철학자, 신화학자, 문화인류학자, 사회학자, 심리학자, 민속학자들은 문화의 정의를 절대적 확신에 차서 말하지 않고 대체로 공감할 수 있는 일반적 정의를 내릴 뿐이다. 일반적으로 문화는 거친 자연·야성·조야함을 벗어나 인간이 자신의 상상력을 지시하는 완전성을 기준으로 자연을 가꾸고 개작한 인간의 자기 활동의 산물이라 할 수 있

4) 이기상, 『콘텐츠와 문화철학』, 북코리아, 2009, p.68.

다.[5)]

우리말 문화(文化)에 해당하는 서양말은 희랍어 쿨투라(cultura)에서 유래한다. 쿨투라는 동사 콜레레(colere)로부터의 전성명사로서, 보살피다, (밭을) 가꾸다, 개작한다, 경작하다, 재배하다, 혹은 (신체)를 훈련하다 등의 기본적 의미를 지니는 말이다.[6)] 로마의 철학자 키케로는 은유적이고 철학적 의미에서 영혼의 교양형성(cultura animi)를 말한다. 여기서 '교양형성'은 성취된 상태이기 보다는 교양을 성취해 가는 과정으로 이해하였다. 이때부터 쿨투라는 물질적 영역을 가꾸는 것보다는 마음(영혼, 정신)을 가꾸는 것으로 생각하게 되었다. 특히 쿨투라는 도덕적 정신을 함양하는 전통을 포함하고 있었다. 하지만 쿨투라의 개념은 19세기 문화인류학이 등장하기 전까지는 보편적 용어로 정착하지 못했다.[7)] 그 내용으로 보았을 때 그리스의 파이데이아(paideia)가 그 개념에 해당한다. 즉, 오늘날 폭넓게 쓰이는 문화개념은 근대의 산물이라 말할 수 있지만, 고대 그리스시대에 그 연원을 두고 있다. 서양철학의 문화이념은 "소피스테스의 문화이념"에 대한 플라톤의 비판과 그것에 대한 대안에서 기원을 찾을 수 있다. 파이데이아는 능동적 시민양성을 위한 일반교양 교육을 나타내는 용어이며, 기원적 5세기 중반부터 소피스트들이 그리스 도시국가의 젊은이들에게 실시한 사적인 교육이었다. 또한 그리스, 로마 시대의 수사학자들이 실시한 고전교육에서 기본이 되는 교육이었다. 플라톤은 소피스테스에 의해 파괴된

---

5) 김종헌, 『문화해석과 문화정치』, 철학과 현실사, 2003, p.14.
6) 우리사상연구소엮음, 「문화란 무엇인가」, 『우리말 철학사전 1』, 지식산업사, 2004, p.41.
7) 원승룡, 『문화이론과 문화철학』, 서광사, 2007, p.24.

"퓌지스(physis)와 노모스(nomos)"[8]의 결합을 시도하면서 파이데이아의 의미를 새롭게 규정했다.[9] 예거(Werner Jaeger)에 따르면, 플라톤은 철학만이 영원한 질서에 관한 참된 지식을 제공하며, 철학에서 참된 파이데이아를 실현할 수 있다고 보았다. 예컨대 수학과 천문학은 참된 파이데이아를 위한 하나의 예비적 수단이라 보았다.[10] 파이데이아는 교양, 수련, 교육 등의 의미를 지닌다. 즉 이 용어는 한 인간이 자기 존재의 고유하고 진정한 형상에 이르게 되는 과정이다. 이 정신이 라틴어 'Cultura'에 전수되고 있다.[11] 이러한 문화라는 말은 매우 다의적으로 쓰인다. 즉 ① 문화는 땅을 가꾸고 식물을 경작하고 동물을 키우는 행위를 말한다. ② 문화는 마음을 가꾸는 것이다. ③ 문화는 사회의 발전과정을 의미한다. ④ 문화는 특정 집단에 의해서 공유되는 의미, 가치 그리고 삶의 방식이다. ⑤ 문화는 의미를 만들어 내는 의미화를 실천한다. 많은 경우에 있어서 문화는 자연이나 야만과 구별되기도 하고, 어떤 때에는 문명과

---

8) 소피스테스들은 퓌지스와 노모스를 엄격히 분리, 대립시켰다. 즉 그들은 사람이 개입하지 않고 저절로 움직이고 자라는 것(자연)과 사람이 만들었거나 사람에 의해 유지되는 것(관습과 제도)을 서로 엄격하게 분리해서 생각했다. 퓌지스라는 용어는 보통 자연이라 번역된다. 고대 이오니아 철학자들이 전체 실재 또는 가장 물질적인 원천이나 구성요소에 대해 사용하기 시작했던 것이 바로 이 용어였다. 노모스는 법이나 관습 또는 풍습으로 번역된다. 노모스에 가장 가까운 현대적 용어는 규범(norm)이다. 법률로서의 노모스는 법적으로 규정된 규범이고, 관습으로서의 노모스는 관습에 의해 규정된 규범이다. - 조지 커퍼드, 『소피스트 운동』, 김남두 옮김, 아카넷, 2004, pp.183-185 참조.

9) 강영안, 「문화개념의 철학적 배경」, 『문화철학』, 철학과 현실사, 1996, p.197.

10) Werner Jaeger, *Paideia; the Ideals of Greek Culture*, Oxford University Press, 1943, p.291.

11) 이기상, *op. cit.*, p.67.

도 비교된다.

문화는 거친 자연, 야성, 조야함을 벗어나 인간이 자신의 상상력을 지시하는 완전성을 기준으로 자연을 가꾸고 개작한 인간의 자기 활동의 산물이다. 즉, 문화란 자연과 대립되는 개념으로서 인간이 자연을 가공하여 창출해 낸 정신적 및 육체적 노동의 총화를 의미한다. 사람의 손에 의해 경작되지 않은 것을 자연이라 부르며, 사람들이 만든 모든 것을 통틀어 '문화'라고 부른다.[12]

말하자면 자연은 저절로 발생한 것, 스스로 성장한 것들의 총체라고 한다면, 문화는 인간의 노력의 결과로 인해 나타난 창조물과 생산물을 가리킨다. 자연이란 인간의 힘을 가하지 않은 상태로 존재하는 모든 것을 지칭하지만, 문화는 인간의 힘을 이용하여 인위적으로 가공한 것을 뜻한다. 이것은 이른바 과학지식을 활용한 기술에 크게 의존하고 있다. 기술은 그리스 시대이후로 기능이나 기교 등을 뜻하였으며 미리 마련된 목표·의도·계획 등을 실천하기 위한 도구들을 생산하는 일에 관여한다.[13]

앞서 언급한 바와 같이, 서양에서 문화의 개념은 대체적으로 17세기에 이르기까지 "자연 상태와 문화 상태를 대비시켜 이해되어 왔다. 이 당시 문화는 인위적 손길이 닿지 않는 자연"이란 개념과 대비되어 사용되어 왔다. 따라서 문화는 개인의 개별적인 차원의 사회, 공동체와 연결되거나 또는 분리되는 영역에서 다루어 졌다.[14] 고대와 중세의 사상가들은 '문화'를 본질적으로 영상으로 이

12) 랄프 콘너스만, *op. cit.*, p.14.
13) 한국철학사상연구회 편, 「문화와 대중문화」, 『삶과 철학』, 동녘, 1997, p.161.
14) 신응철, 『문화철학과 문화비평』, 철학과현실사, 2003, p.17.

해했다. 문화라는 새로운 용어는 18세기에 이르러 생겨난다. 그것은 곧 근대 언어들, 특히 독일어에 있어서 유럽의 모든 다른 언어들 속에 도입되었다. 문화는 더 이상 농토 경작이라는 본래의 물질적 의미로 이해하지 않고 인간과 그의 영적 기능들에 대한 양성이란 상징적 의미로 이해되었다. 따라서 그리스어의 파이데이아는 라틴어 disciplina(훈련) 또는 humanitas(인문)와 같은 값을 지니게 되었다.[15] 고·중세 그리고 근대이후에도 문화에 대한 정의는 아주 다양하다. 먼저 문화에 대해 현대적 정의를 처음으로 내린 사상가는 영국의 인류학자 타일러(E. B. Tylor)였다. 타일러는 그의 『원시문화(Primitive Culture)』의 저서에서 "문화 혹은 문명이란 지식·신앙·예술· 법률·도덕·풍속 등 사회의 일원으로서 인간이 취득한 능력과 습관의 총체"[16]라 말한다. 린드(Lynd)에게 있어서도 문화는 "동일한 지역에 사는 사람들의 공동체가 하는 일, 행동방식, 사고방식, 감정, 사용하는 도구, 가치, 상징의 총체"[17]라 정의하였다. 또한 반 퍼어슨(C. A. Van Peursen)에 따르면, "사람들은 문화를 고정된 어떤 것, 즉 명사라 특징짓는다." 즉, 그에 의하면, 문화의 속성은 단지 명사가 아니라 동사라 말한다.[18] 단적으로 반 퍼어슨은 문화를 "인간 활동의 결과"[19]로 간주한다. 그래서 그는 문화를 '만들어진 형성

15) 바티스타 몬딘, 『전환기의 새로운 문화 모색』, 이재룡 옮김, 가톨릭출판사, 2002, p.60.

16) A. L. Kroeber, *The Nature of Culture*, The University of Chicago Press, 1952, p.119.

17) A. L. Kroeber/Kluckhohn, *Culture: A Critical Review of Concepts and Definitions*, Vintage Books, 1963, p.96.

18) C. A. 반 퍼슨, 『급변하는 흐름 속의 문화』, 강영안 옮김, 1994, p.132.

19) *Ibid.*, p.19.

물'이라는 점에 강조를 두는 것이 아니라 인간이 끊임없이 무엇인가를 만들며 그러기 위해 배우며 학습해 가고 있는 활동에 초점을 맞추어야 한다고 강조한다.

레이몬드 윌리엄스(Raymond Williams)는 오늘날 예술적·지적 활동은 일반적인 표의체계에 역점이 주어짐에 따라 전통 예술과 지적 생산형태를 포함한 모든 의부의 작업들, 즉 언어에서 철학, 언론 유행 및 광고에 이르기까지 포함하게 되었다고 말한다.

첫째로, 전통의 의미에 해당하는 것으로서 문화는 지적인 작품이나 실천행위를 가리킨다. 둘째, 보다 넓은 의미에서 문화는 "의미를 나타내는 모든 실천행위가 된다." 문화는 의미의 생산·전달·해석하는 모든 실천적 행동이나 과정들이 포함된다. 그 실례로서 문화는 클래식 음악 감상뿐만 아니라 대중가요·연극·영화·만화·회화·조각·음악 일반의 옷차림도 문화연구에 포함된다. 이러한 문화의 개념은 20세기에 들어와서 보다 다양하게 확장된다. 문화는 문학·예술이라는 좁은 뜻의 차원에서가 아니라 사람다운 삶을 누려가는 삶의 방식, 혹은 자유가 증대되는 과정으로 파악할 때, 현대인의 삶의 참모습을 이해하고 바람직한 삶의 대안을 모색하기 위해서는 현대의 대중문화에 초점을 맞추기도 한다. 대중매체의 등장으로 고급문화 양식뿐만 아니라 대중문화의 양식에 이르기까지도 포함하게 된다. 즉 대중매체의 내용에 의해서 사회에 널리 퍼진 노동계급이나 중간계급의 문화양식까지 의미가 확대된 것이다.

셋째, 가장 광의의 차원에서 문화는 "한 인간이나 시대 또는 집단의 특정 생활방식"을 지시한다. 흔히 이 부류는 인류학적 정의로 불리며 문화란 우리가 살아가는 일상적 삶의 방식이 된다. 여기서 문화는 단수가 아닌 복수의 의미를 지닌다.[20] 즉, 사람다운 삶을 누릴 가치 있는 것을 실현하는 모든 형식과 활동 및 그 결과들을 통틀어 문화라 부른다. 문화는 식물이나 동물의 세계에 대해서는 쓰이지 않는다. 문화는 인간에게 고유한 삶의 양태이다. 이러한 인간에게 고유한 삶의 양태는 인간이 자연에다 무엇인가를 보탬으로써 혹은 자연에서 무엇인가를 덜어냄으로써 비롯된 것이다. 최근 국내에서 논의되는 대중문화는 두 번째와 세 번째의 개념에서 출발한다. 이와 같이 문화는 사회적 질서가 소통되고, 재생산되고, 경험되고, 탐색되는데 필요한 기호체계라 할 수 있다. 따라서 문화적 실천 및 문화 생산은 단순히 다르게 구성된 사회적 질서에서 도출되는 것이 아니라 그 구성을 짜는데 있어서 중요한 요소로 작동한다.

3. 문화와 문명

우리말 문명에 해당하는 서양말은 라틴어로 시민이라는 뜻을 가진 말에서 유래한다는 사실을 생각해 볼 수 있다. 우리말 문명에 해당하는 서양말은 대게 라틴어로 시민(civis)이라는 뜻을 가진 말에서 유래한다. 프랑스어로 시민화(civiliser), 곧 문명(civilisation)은 사람을 시민으로 만듦, 곧 사람들로 하여금 일정한 법과 질서를 지킴으로써 사회를 형성하고 그 사회의 일원이 되게끔 만듦을 뜻한다.[21] 문명은 리스 파이데이아에서의 '도야' 또는 '훈련'의 의미

20) Ramond Williams, *The Sociology of Culture*, Schocken, 1982, p.12.
21) 우리사상연구소엮음, 『우리말 철학사전 1』, 지식산업사, 2004, p.50.

를 갖고 있음을 뜻한다. 하지만 시민사회의 출현과 함께 문화의 개념은 차츰 변화하기 시작하였다.[22] 자신의 존재를 보존하고자 하는 인간의 요구 때문에 인간은 "노동의 고통"[23]을 감수하며 지식을 추구하고, 법을 만들어 내며 시민사회를 형성한다. 문화화된(kultiviert) 상황 혹은 문명화된(zivilisiert) 상황이 학문과 예술, 법질서와 도덕체계를 만들어 냈다. 근대 사회의 문화의식은 문명의식에서 엿볼 수 있는데, 이는 "시민이 되게 하다", "세련시키다" 등으로 바뀌어 나타났다. 즉 이는 서구 근대가 성취해 낸 과학기술을 통한 생활조건의 변화, 민주주의 정치제도의 법제도, 예술과 학문의 대한 우월의식을 반영하고 있다.[24] 인간의 주체의식은 다른 사람을 대상으로 여기게 되면서 자기 자신까지도 대상화하기 시작한다. 대상으로서의 타인을 자기와 동등한 주체로 변환시킬 때 공동체의식이 형성되고 시민사회가 성립하게 된다.[25]

칸트에 따르면, "문화의 도덕화"를 통해 문화의 진로에 인간이 개입해야 한다고 본다. 이러한 개입은 교육에 의해서 행해지는데, 그

---

22) 이러한 실례들은 볼테르의 『각 민족의 풍습과 정신에 관한 연구』(1756), 『튀르고의 인간정신의 연속적인 진보에 관한 철학적 도표』(1751)와 『보편사에 관한 두 논의』, 칸트의 『세계시민적 관점에서 본 보편사의 이념』, 그리고 『콩도르세의 인간정신의 진보에 관한 역사도표 시론』등이 그것이다.

23) "인간은 기본적인 생존조건에 참여하는 노동을 경시하는 경향이 있다. 호모 사피엔스(homo spiens)만이 인간으로서 정치적 활동을 누릴 수 있으며, 노동인(homo laborans), 공작인(homo faber)은 공적 무대에서 박탈된 사적 공간(privatus)에 갇히게 된다" - 김석수, 「사회의 의미와 위상에 대한 반성적 고찰: 시민사회를 중심으로」, 한국철학회 편, 『현대문화와 철학의 새지평』, 철학과현실사, 2005, p.78.

24) 강영안, 「문화개념의 철학적 배경」, 『문화철학』, 철학과현실사, 1996, pp. 208-209.

25) 우리사상연구소엮음, 『우리말 철학사전 1』, 지식산업사, 2004, p.53.

는 인간 교육의 목표를 네 가지로 제시한다. 첫째, 동물성을 제어하기 위한 훈련, 둘째, 자신이 설정한 목적을 위해 수단을 찾아낼 수 있는 능력과 적성의 개발, 셋째, 시민으로서 적합하게 살 수 있는 능력, 넷째, 단지 목적을 위해 수단을 선택할 수 있는 심성을 갖게 하는 도덕적 훈련이 그것이다.[26] 또한 중요한 것은 문명개념과 연결되어 있어서 그에 영향을 미치는 소위 민속이나 관습의 의미에서의 문화개념이다. 문명이란 사람이 자연 안에서 자연과 더불어 살면서 그러나 무지몽매한 야만과 자연의 예속에서 벗어나 자연 위에서 자연을 다스리는 지혜를 터득하고 인간답게 사는 이치를 깨우쳐 밝은 빛 속에 있는 상태를 일컫는다. 인간답게 산다는 것은 사람들이 일상생활에 필요한 여러 가지 도구를 개발하여 서로 골고루 나누어 씀으로써 시간의 측면에서나 재화면에서 삶의 의의를 새겨 볼 여유를 갖는 것이다. 따라서 문명의 개념은 다양한 사실들을 지시한다. 즉, 기술의 수준, 예절의 종류, 학문적 인식의 발전, 종교의 이념, 그리고 관습과 연관된다. 또한 문명개념은 주거의 양식, 남녀의 동거생활 양식, 사법적인 처벌의 양식, 음식의 조리와 연관된다. 그러므로 문명으로 표현될 수 있는 모든 것을 몇몇 단어의 표현으로 요약하기란 어렵다. "교양 있음"이란 용어는 문명개념과 가깝다. 이것은 문명화됨의 가장 수준 높은 형태를 표현한다. "문명화됨"과 마찬가지로 "교양있음"도 인간의 태도와 몸짓의 형식에 관계된다. 문명은 하나의 과정 또는 이 과정의 결과를 표현한다. 무엇인가 항상 운동 속에 있는 것, 끊임없이 앞으로 나아가는 것을 지시

---

26) 임마누엘 칸트, 『칸트의 역사철학』, 이한우 편역, 서광사, 1992, p.37.

한다.[27]

요컨대 어떤 삶의 형태가 문화적이냐 야만적이냐를 가름해 주는 최소한의 준거는 그것이 얼마만큼 야성을 분장하여 세련화시켰는가? 즉, 자연개작이 적절하게 이루어졌는가, 문자화 내지 교양형성(Bildung)이 얼마만큼 되었는가? 도덕화가 충분히 달성되었는가? 하는 물음들이다. 이와 같이 문화의 개념은 다양하게 정의 내릴 수 있다. 즉 철학적, 인류학적, 역사학적, 사회학적 관점에서 개념도 있고, 대중문화에 대한 관심에서 야기된 문화의 개념도 있을 수 있다. 이 말이 좁은 뜻을 가질 때는 문학·예술과 관련된 문화적 생산물이나 활동이나 제도를 가리킨다. 예컨대 신문, 잡지의 문화면은 문학작품과 미술전시회, 음악이나 연극 공연에 관한 평론을 싣는다. 넓은 뜻의 문화개념은 인류학적·역사적인 문화개념이라 말할 수 있다. 이러한 문화개념은 인류가 주어진 환경조건을 극복하면서 만들어온 도구와 사물, 제도들을 포괄하는 "문명"이라는 의미다. 즉, 문화는 문학예술만이 아니라 근대에 이르러 뚜렷하게 모양을 갖춘 과학·종교 등의 영역에 이르기까지 광범위하다. 우리가 문화에 대한 보편타당한 개념의 규정을 내릴 경우, 사용방법의 불충분함에 있는 것이 아니라 사태의 다양성과 그것의 특수한 존재 방식에서 나온다.

---

27) 노르베르트 엘리어스, 『문명화과정 I』, 박미애 옮김, 한길사, 2009, p.107.

4. 문화현상

20세기 중반이후 문화현상으로서 포스트모더니즘이 등장하면서 문화적 현상이 그 이전의 모더니즘에 비해서 어떻게 다른 가를 파악하게 되었다. 이것은 새롭게 대두하고 있는 문화예술의 사조 혹은 문화양식을 가리키는 현상을 일컫는다. 포스트모더니즘은 대중문화와 혼합하여 예술사조 그 자체로 후퇴하고 있지만, 연예오락물을 비롯한 대중문화의 다양한 영역에서 널리 확산되고 있다. 이러한 포스트모더니즘의 예술의 현상은 그 구분법에 있어서 대중문화와 고급문화로 구분하여 양분되기도 한다. 포스트모던은 현대문화의 전반적인 현상이며 철학보다는 오히려 현대 예술·문학·건축 등에 더욱 두드러지게 나타났다. 포스트모던이라는 현상은 건축가 젱크스가 건축분야에서 먼저 쓰기 시작하였으며, 문학·예술·사회학·경제학·정치학·과학 분야에 이르기까지 광범위하게 퍼져나갔다. 따라서 포스트모더니즘은 좁은 의미로 이해할 때, 문학과 예술 안에서 일어난 현상이다. 이러한 예술개념으로서의 포스트모더니즘은 20세기 중반이후로 본격적으로 시작되었다. 이는 제2차 세계대전과 맞물려 있다. 히틀러의 나치주의의 절대 권력과 유태인의 대량학살, 나가사키와 히로시마의 원자탄의 투하로 인한 전 인류의 멸망에 대한 공포감, 무차별한 자연환경의 파괴, 폭발적인 인구증가와 그에 따른 기아에 대한 두려움 등이 그 발단배경이다. 이러한 일련의 현상들은 직·간접적으로 포스트모더니즘이 생성하고 발전하는데 적지 않은 몫을 담당하였다. 많은 사상가들이나 예술가들은 인류의 생존을 위협하는 이러한 현상들이 궁극적으로 모더니즘의 피치 못할 결과에 비롯한 것이라고 간주하였다. 포스트모더니즘의 특징은 일원론보다는 다원론을, 이성보다는 감성을, 전통의 유지보다는 해체를, 그리고 독단주의보다는 관용주의를 더 설득력 있는 이론으로 받아들이기 시작하였다.

제2차 세계대전 이후 모더니즘 세력이 점차 약화되면서 예술의 일상화, 인터 미디어적인 결합은 포스트모더니즘이 취하고 있는 고급문화/대중문화, 순수미술/상업미술, 본질/형상, 감성/이성, 정신/물질, 마음/신체 등의 전통적 형이상학의 이분법적 구분을 거부한다. 포스트모더니즘은 고급문화/저급문화, 엘리트문화/대중문화 사이에 놓여 있던 높다란 장벽이 붕괴되고 마침내 일종의 대화의 물꼬를 열어 놓았다. 모더니즘과 포스트모던 사이에 변별적인 구별은 대중문화와 저급문화에 대한 새로운 관점이 새롭게 제기되고 있다. 이런 점에서 20세기말 포스트모더니즘의 현상은 대중화의 현상과 밀접한 관련을 맺고 있다.

5. 문화와 지식: 디지털미디어와 지식정보

20세기 가장 놀라운 발명은 컴퓨터이다. 그런데 중요한 구분은 아날로그컴퓨터와 디지털 컴퓨터사이의 구분에 의한 이해이다. 아날로그 컴퓨터는 지속적으로 변화하는 입력을 측정하는 측정 장치다. 예컨대 온도계는 단순히 아날로그 컴퓨터라 할 수 있다. 화학공장의 처리를 제어하는 컴퓨터라면 그 기온, 유량, 압력 등의 숫자를 측정한다. 어떤 체계에 주어지는 입력의 지속적인 변화에 해결하기 위해 사용되는 수학적 도구는 비분방정식이다. 아날로그 컴퓨터는 여러 벌의 미분방정식을 해결하기 위해 고안된 기계라 할 수 있다.[28)] 디지털 컴퓨터는 이진법을 이용하여 정보를 처리하지만, 그 출력 십진법이나 말, 그림, 소리, 우리가 원하는 대로 무엇이든지 될 수 있다.

21세기는 디지털시대다. 이제 중요한 것은 이것을 마치 생활처럼 쉽고 편리하게 어떻게 이용할 것인가에 있다. 이제 21세기의 보편적 매체는 디지털미디어의 시대가 되었음을 우리 주변에서 언제나 목격한다. 인류의 역사발전을 돌이켜 볼 때, 미디어의 영향력은 이미 문자의 발명을 능가했다. 인문학적 연구에서도 매체의 하나인 책에 기반하여 이루어져야 한다는 통념은 무너졌다. 문자가 발명되기 이전에도 넓은 의미의 문학과 역사와 철학은 존재해 왔다. 그러나 문자 발명이전의 문화는 시각위주의 문화가 아니라 청각·촉각 모두가 중요한 다중감각의 문화였다. 21세기의 예술은 문자매체와 인체매체를 뛰어 넘어 그것을 포괄하면서 디지털미디어와 기존의 영상매체를 한 곳으로 점차 포괄하고 있다. 멀티미디어는 어떤 것을 표현하는 여러 개의 수단, 즉 다중매체를 뜻한다. 여기서 디지털미디어는 디지털 매체를 의미한다. 미디어는 상대방에게 지식이나 정보를 알려줌으로서 서로 나누어 갖는다는 뜻을 포함하고 있다.[29)]

그러면 미디어란 무엇일까? 미디어는 상호간에 정보·지식·감정·의

28) 찰스벤 도렌, 『지식의 역사』, 박중서 옮김, 갈라파고스, 2012, p.758.
29) 김성민/박영욱, 「디지털매체 혹은 가상현실에서 이미지의 문제」, 『시대와 철학』 제15권, 제1호 2004.

사 등을 표현 전달하는 수단을 일컫는다. 한편으로, 미디어는 어떤 것을 표현하는 수단이며, 다른 한편으로 어떤 것을 전달하는 수단이라는 의미로서 신문과 방송 등 대중매체를 가리킨다. 그래서 미디어는 어떤 것을 표현하는 다양한 수단, 즉 다중매체를 뜻한다. 따라서 미디어는 다음과 같은 몇 가지 특징을 갖고 있다. 미디어의 특징들은 독립적으로 작용하는 것이 아니라 웹상에서 복잡한 연결망으로 움직인다. 이런 점에서 미디어는 그 자체로 고립된 상태로 볼 수 없으며 공시적이고 통시적인 연관성 속에서 전개된다. 따라서 디지털미디어는 이전의 이미지 공간과는 다른 것으로 평가받기도 하고, 이미지 공간이라는 점에서 이전의 이미지 공간과 같은 것으로 취급받기도 한다.

인류의 역사를 통해 매체의 발전과정을 살펴보았을 때, 원시시대의 동굴벽화에서 자연물을 수단으로 하는 자연의 재현을 통한 형상적 정보 전달방식을 취했으며, 차츰 문자를 개발하여 종이라는 매체에 지식이나 정보를 기록함으로써 다른 사람에게 정보를 전달하거나 후세에 남겼다. 르네상스 이후 인쇄기술이 발달하여 정보를 종이 위에 활자로 인쇄하여 책이나 신문의 형태로 발전하게 되었다. 20세기에 들어와서 전자기술의 도입은 언어나 매체 통한 정보전달 수단을 전화·TV·비디오·영화 등 더욱 다양한 원거리 통신 전달매체를 갖게 되었다. 지난 1945년 컴퓨터 개발에 따른 정보의 표현은 숫자와 문자에서 시작하여 1980년대를 지나면서 음성·음향·정지영상·동영상 등의 멀티미디어 데이터의 저장 및 처리를 지원하는 새로운 하드웨어/소프트웨어 기술 등이 개발되었고, 지난 1990년대에 컴퓨터 기반의 멀티미디어 응용 그리고 초고속 통신망을 통한 인터넷 체계는 정보소통의 새로운 구조를 형성하였다.

정보화 시대 이전까지 정보는 대체적으로 아톰을 기본 단위로 만들어졌다면, 디지털 시대에는 모든 정보가 비트화 되고 있다. 예를 들어 우리는 일종의 아날로그 미디어인 신문·잡지·책·텔레비전 등에서 정보를 얻고 서류와 대차대조표를 통하여 경제활동을 하였지만, 오늘날에는 많은 정보들이 컴퓨터 네트를 통하여 전달되고 있다. 미디어가 엄청난 정보를 운용할 수 있는 것 이외에 새로운 미디어의 다른 특성은 무엇을 들 수 있는가? 무엇보다 양방향성(interactivity)을 들 수 있다.[30]

많은 사람들은 디지털미디어가 종래의 아날로그 미디어(대표적으로 텔레비전)와 달리 수신자와 발신자가 서로 소통할 수 있기 때문(전자우편)에 잘만 하면 개개인들이 동등한 주체의 자격을 가지고 세계 구성의 공간에 참여할 수 있다고 간주한다. 즉 인터넷을 이용하여 다양한 전문영역 간의 의사소통과 사귐, 그리고 지속적인 연결이 중요해지는 사회는 혈연·지연·학연의 수직적 연결망에서 수평적 연결망으로 나아갈 수 있다고 주장한다.

아톰은 과거의 것이고 비트는 현재 그리고 미래의 것이다. 아톰에서 비트로 변화하는 것은 막을 수도 돌이킬 수도 없다. 이전에는 아톰, 즉 원자의 세계가 우리를 지배해 왔다. 우리는 중력의 무게를 느끼며 물리학적 역학세계를 거니는 것으로 만족해 왔다. 그러나 비트의 세계가 출현하면서 우리의 일상과 세계는 송두리째 변화하기 시작하였다. 비트란 무엇인가? 니콜라스 니그로폰테는 비트는

30) 최혜실, 「영상, 디지털, 서사」, 『이미지는 어떻게 살고 있는가』, 생각의 나무, 2000, p.353.

색깔도 무게도 없고 말한다. 그러나 빛의 속도로 여행을 한다. 그것은 정보의 DNA를 구성하는 최소단위이다. 아톰의 원리가 실제로 만지고 경험하는 아날로그의 세계를 창출했다면, 비트의 원리는 실제 이상의 "하이퍼 리얼"한 것으로 다가오는 디지털의 세계를 창조한다. 비트가 소용돌이치게 만든 세계의 변화상을 소묘하면 이렇게 묘사할 수 있다. PC통신과 인터넷, 그리고 스마트폰, 아이폰 등 컴퓨터를 매개로 한 사이버 커뮤니케이션이 이제 일상화되었다. 물리적인 육체의 노동에서 컴퓨터를 이용한 사이버 워크로 일의 양태가 급속도로 바뀌고 있는 것이다.

스마트폰은 이제 단순히 전화만 하는 것이 아니라 그것은 이름 그대로 개인 통신이다. 비트로 이루어진 컴퓨터와 아톰으로 이루어진 인간의 만남은 결코 좌절과 비인간화로 얼룩진 비극의 서막이 아니다. 시간이 갈수록 비트의 세계는 쉽고 친숙하게 사람들에게 다가올 것이다. 마치 휴대전화를 쓰듯이 말이다. 그런 의미에서 인간 휴먼 비잉(human being)은 비잉 디지털(being digital)되어 가고 있는 것이다.[31] 우리는 인터넷의 바다를 쉼 없이 파도타기를 하며 그 디지털의 물결 속에서 비트와 아톰이 가속적·확장적으로 결합한 새로운 삶과 생활양식을 만들어 가고 있다. 결국 새로운 밀레니엄 시대에서 진정한 승패는 누가 더 많이 비트와 아톰의 결합을 구현할 것인가에 달려 있음에 틀림없다.

디지털 이전의 미디어는 모든 완결된 형태로 메시지를 전달한다. 독자는 완결된 형태의 책을 읽으면서 시청자는 촬영되어 편집된 영

---

31) 김용석, 「문화패러다임으로서 사이」, 『문화적인 것과 인간적인 것』, 푸른숲, 2000, p.142.

화를 보고 즐긴다. 여기서 수신자, 송신자가 주는 정보는 수동적인 정보이고 간접이며 이미 전달된 소설이나 영화의 내용을 바꾸지는 못한다. 그러나 네트상의 이미지와 정보는 완료형이 아니라 진행형으로 존재한다. 여기에 하이퍼텍스트성이 개입하면 문제는 더욱 복잡해진다. 펜, 타자기, 인쇄기와는 달리 컴퓨터는 글의 물질적 흔적을 지워버린다. 키보드를 통해 컴퓨터에 정보가 입력되면 인광물질이 만드는 글자가 화면에 나타난다. 그런데 이 글자는 아날로그 미디어에서와는 다르게 임의접근 기억장치인 RNA에 포함된 아스키 코드의 재현물에 지나지 않으므로 빛의 속에 따라 얼마든지 변경할 수 있는 것이다.

이미 점차 많은 미술가들이 컴퓨터를 이용하여 디지털 작품을 제작하기 시작하였다. 컴퓨터 그래픽 프로그램 등을 이용한 디지털 작품들은 지금까지 원본을 전시하는 장소로 간주되는 미술관이라는 개념자체에 큰 혼란을 불러일으키게 되었다. 지금껏 하나의 원본이 여러 개의 미술관에서 동시에 전시된다는 것은 상상할 수도 없는 일이었지만, 이제 화가는 하나의 컴퓨터 파일로 존재하는 자신의 작품을 컴퓨터 디스켓에 담거나 인터넷을 통해 여러 미술관에 동시에 보낼 수 있게 된 것이다. 이러한 디지털 예술작품은 굳이 미술관에 전시할 필요도 없게 되었다. 인터넷 웹페이지에 「가상미술관」을 만들어 그곳에 전시하면 되는 것이다. 관람객들은 편안히 집에 앉아 작품파일을 전송받아 감상할 수도 있고 원본을 소장할 수도 있게 될 것이다. 디지털 미술작품들은 생산자(미술가), 소비자(관객), 유통자(미술관의 화랑)의 세 가지 요소로 이루어진 하나의 제도로서의 미술전체에 막대한 영향을 줄 것임이 분명하다.

최근의 젊은 예술가들은 새로운 매체 환경에 흥분하거나 함몰되지 않고 차분히 자신의 목소리에 담아내는 역량을 보여주고 있다. 문자 텍스트 위주의 사고방식과 아날로그 매체를 전제로 한 아이디어 표현방식의 근본적 한계를 벗어나려는 젊은 작가들의 실험정신과 새로운 서사 방식에 디지털미디어의 미래가 달려 있다고 해도 과언은 아니다. 최근 인문학과 예술의 인접장르 등이 동시대적인 화두는 디지털미디어와 몸이다. 특히 인간의 몸이 중요한 것은 모든 문명의 근원이기 때문이다. 모든 문화적·사회적 활동의 근원이 몸이며, 우리가 창조하는 모든 문화적 생산물과 문명전반에 몸이 투영되어 나타나 있다.

가상현실은 메를로-퐁티가 『지각의 현상학』의 저서에서 말하는 "지각의 장"으로서 몸을 전제로 한다. 완벽하게 몸 친화적인 매체만이 또한 완벽한 가상현실을 구현할 수 있기 때문이다.[32] 니체나 메를로-퐁티가 강조하고 있듯이, 정신이 우리의 몸의 일부이며 몸은 항상 정신에 선행하는 것이다. 타인은 타인의 몸으로 내 앞에 나타나며 나는 내 몸으로 타인 앞에 나타난다. 우리는 우리 몸으로 이 세상에 관여하며 세상의 일부가 된다. 그러하기에 몸은 곧 사회성의 기반을 이룬다. 몸이야말로 커뮤니케이션의 기본 전제이며, 커뮤니케이션은 마음 사이의 문제이기보다는 오히려 몸 사이의 문제이다. 디지털미디어 역시 몸 친화적인 미디어로 발전할 조짐을 보이고 있다. 마샬 맥루한이 지적한 것처럼, 미디어는 인간 몸의 확장

---

32) 메를로-퐁티, 『지각의 현상학』, 문학과 지성사, 2002; 양해림, 「메를로-퐁티의 몸의 문화현상학」, 『몸과 현상학』, 철학과현실사, 2000, pp.107-136.

이기 때문이다.[33] 이제 앞으로 불과 10년 남짓 되면 데스크 톱 컴퓨터는 구시대의 유물이 될 것이며 모바일 컴퓨터가 보편적 형태로 자리 잡았다. 우리는 여러 개의 작은 컴퓨터를 몸 곳곳에 지니고 다니며, 독자적인 IP 주소를 갖고 인터넷에 무선으로 연결되어 있다. 디지털미디어의 빠른 발전은 모니터중심의 시각 우월적 커뮤니케이션에서 청각과 촉각, 그리고 후각을 포함하는 다각 중심적 매체를 더욱 보편화시킬 것이다. 다각 중심적 디지털미디어가 궁극적으로 지향하는 발전방향은 가상현실 또는 원격현전(telepresence)이다.

6. 디지털미디어와 지식정보

지금까지 살펴본 다양한 디지털미디어와 지식정보는 다음과 같은 관점에서 요약할 수 있다.

첫째, 디지털미디어는 정보기술과 사회의 관계에 밀접하게 연관되어 있다. 정보기술과 사회의 관계는 대립적인 성격으로 파악하는 것이 아니라 상호작용적인 것으로 받아들인다. 다시 말해서 정보기술과 사회는 서로 독립적인 계보를 형성하고 있을 뿐, 서로 대립하는 관계에 있는 것이 아니라는 사실이다. 정보기술은 사회에서 작동하는 것이며, 사회는 정보기술에 의해서 존립하는 것이다.

---

33) 자세한 내용은 다음을 참조하라. - 마샬 맥루한, 『미디어의 이해; 인간의 확장』, 김성기/이한우 옮김, 민음사, 2002; 양해림, 「매체의 해석학: 맥루한의 미디어의 이해를 중심으로」, 『해석학연구』, 제18집, 2006, pp.105-126.

정보기술과 사회의 관계성을 파악하기 위해서는 기술의 계층성, 세분화, 제도화된 모습, 생산에서 소비의 장애에 이르기까지의 사회 각 영역의 권력 관계 등을 다원적, 중층적으로 살펴보아야 한다.

둘째, 정보기술의 지식과 디지털미디어라는 개념을 서로의 역학관계 속에서 정의해 나간다. 주지하듯이, 미디어는 사회적인 생성물이다. 정보기술은 이러한 것에 결실을 맺게 하는 핵심적인 요소이기는 하지만, 하나의 구성요소에 지나지 않는다. 기술을 포함한 다양한 요소가 복합되어 사회적으로 의미가 부여되며, 문화적 상황에 적합한 형태로 사람들에 의해 채용되고 기능한 결과가 미디어인 것이다. 정보기술의 지식은 발명가나 과학자, 기술자와 같은 전문가 집단에서 태어나 가치가 정해지고, 국가나 산업조직을 통해 사회에 적응해 간다. 미디어는 정보기술을 함축하면서도 정치적, 경제적, 문화적인 여러 가지 사회적 요인의 개입으로 사회적 양태를 정돈해 나간다. 더욱이 사회적인 특성이 그 모습을 규정함에 있어서 큰 힘을 갖고 있다는 사실을 유의해 두어야 한다. 20세기 초반까지도 라디오와 성격이 같았던 전화가 텔레커뮤니케이션 미디어로 발전하고, 초기에는 전화의 성격을 가졌던 라디오가 매스미디어로 변모해간 과정은 이러한 역학관계에 의한 것이다.

셋째, 디지털미디어는 다원적인 실체성을 띠고 사회에 존재한다는 인식이다. 디지털 정보화의 지각변동이 일원적으로 되어 실체화되어 있던 매스미디어의 모습을 파괴하고 있는 현재의 상황을 파악하기 위해서는 이러한 기본적인 인식이 필요하다. 디지털미디어의 이미지는 의미를 공유하는 사회집단마다 다르게 받아들여지고 있다. 예를 들어 텔레비전은 기술자나 기업가, 정책결정자, 대중 등과 같이 각기 독자적인 규범을 지닌 조직집단이나 개인에 따랄 각각 다른 의도로 받아들여진다. 또한 그들이 각자의 목적을 실행시키는 과정에 의해 결과적으로 오늘날과 같은 방송미디어로서 확립하게 되었다. 대중매체시대에는 문화에 관한 논의가 문화 생산보다 우위에 있었다면, 지난 1990년대 이후로 구분되는 정보화시대에는 컴퓨터, 멀티미디어, 인터넷, 사이버스페이스, 정보초고속도로 등 디지털 테크놀러지에 의한 과학기술이 문화를 주도해 간다고 할 수 있다. 이미지와 사운드, 텍스트의 새로운 처리기술과 전 지구로 네트워킹 된 새로운 정보통신 공간, 가상현실, 하이퍼텍스트 등 그 결과로서 시공간 및 정보의 동시적 축약과 폭발적 팽창으로 특징짓는 디지털 테크놀로지는 실제 우리의 환경을 문화와 기술이 상호 분리될 수 없는 현실로 만들어 놓았다[34)]

이러한 관점에서 20세기가 지녔던 아날로그시대의 미디어 교육을 복합 장르화 내지 매체융합화의 현상이 가속화되고 있는 21세기의 디지털영상문화의 교육을 확장해야 할 것이다.

---

34) 박신의, 「예술인가? 문화 생산인가?」, 『이미지는 어떻게 살고 있는가』, 생각의 나무, 2000, p.222.

참고문헌

강영안, 「문화개념의 철학적 배경」, 『문화철학』, 철학과현실사, 1996.

김석수, 「사회의 의미와 위상에 대한 반성적 고찰: 시민사회를 중심으로」, 『현대문화와 철학의 새지평』, 철학과현실사, 2005.

김성민/박영욱, 「디지털매체 혹은 가상현실에서 이미지의 문제」, 『시대와 철학』 제15권, 제1호, 2004.

김용석, 「문화패러다임으로서 사이」, 『문화적인 것과 인간적인 것』, 푸른숲, 2000.

김종헌, 『문화해석과 문화정치』, 철학과현실사, 2003.

노르베르트(E.), 『문명화과정 I』, 박미애 옮김, 한길사, 2009.

맥루한(M.), 『미디어의 이해; 인간의 확장』, 김성기/이한우 옮김, 민음사, 2002.

찰스밴(D.), 『지식의 역사』, 박중서 옮김, 갈라파고스, 2012.

바티스타(M.), 『전환기의 새로운 문화 모색』, 이재룡 옮김, 가톨릭 출판사, 2002.

박신의, 「예술인가? 문화 생산인가?」, 『이미지는 어떻게 살고 있는가』, 생각의 나무, 2000.

반 퍼슨(C. A.), 『급변하는 흐름 속의 문화』, 강영안 옮김, 서광사, 1994.

버크(P.), 『문화사란 무엇인가』, 조한욱 옮김, 도서출판 길, 2008.

양해림, 「매체의 해석학: 맥루한의 미디어의 이해를 중심으로」, 『해석학연구』 제18집, 가을호, 2006.

신응철, 『문화철학과 문화비평』, 철학과 현실사, 2003.

이기상, 『콘텐츠와 문화철학』, 북코리아, 2009.

우리사상연구소엮음, 「문화란 무엇인가」, 『우리말 철학사전 1』, 지식산업사, 2004.

최혜실, 「영상, 디지털, 서사」, 『이미지는 어떻게 살고 있는가』, 생각의 나무, 2000.

칸트(I.), 『칸트의 역사철학』, 이한우 편역, 서광사, 1992.

커퍼드(J.), 『소피스트 운동』, 김남두 옮김, 아카넷, 2004.

콘너스만(R.), 『문화철학이란 무엇인가』, 이상엽 옮김, 북코리아, 2006.

한국철학사상연구회 편, 「문화와 대중문화」, 『삶과 철학』, 동녘, 1997.

Böhme(H.)/Matussek(P.)/Müller(L.), *Kulturwissenschaft*, Hamburg, 2000.

Kroeber(A. L.), *The Nature of Culture*, The University of Chicago Press, 1952.

Werner(J.), *Paideia; the Ideals of Greek Culture*, Oxford University Press, 1943.

Williams(R.), *The Sociology of Culture*, Schocken, 1982.

제2장 미디어와 지식

김성수

[내용요약] 이 글에서 우리가 다룰 주제는 미디어와 지식이다. 정보와 지식이 필요한 인간은 미디어를 만들어 내고 발전시켰다. 각종의 의례, 책 등으로부터 시작해서 신문, 잡지, TV, 라디오, 현대 디지털미디어에 이르기까지 미디어는 과학기술의 발전과도 궤를 같이 해왔다. 여기서는 미디어의 역사를 따라 미디어의 특성을 대체적으로 고찰해 보면서, 미디어와 인간, 정보와 지식 등의 관계가 어떻게 형성되고 규정되는지를 개괄적으로 살펴보려 한다.

1. 인간에게 있어서의 정보와 지식의 필요성

동물이 아닌 몸과 더불어 영혼을 가진 존재라고 보통 말해지는 인간은 혼자서만은 살 수 없다. 정신적인 교류가 인간에게 있어서는 거의 필수적이다. 우리 인간은 주변 사람들과 직접 만나고 그들과 이야기하면서 많은 정보와 지식들을 얻는다. 때로는 감정과 느낌을 함께 교감하면서 그들과 함께 더불어 살아가고자 한다. 몸과 몸을 직접 현실 속에서 만나게 하여 그들의 얼굴 표정과 제스추어 등을 읽고 목소리 톤 등을 이해하면서 교류하는 것을 중요하게 생각한다. 그러나 문제는 인간은 여기에서 멈추지 않았다는 점에서 시작한다. 인간은 '미디어'를 발명하였다. 이제 직접 몸과 몸이 현실 속에서 만나 정신과 지식 등을 교류하는 것은 전근대적 사회의 특징이라고 말할 수 있을 정도다. 미디어가 이를 뛰어 넘게 만드는 장치다. 미디어는 인간의 교류를 무한대로 가속 확장시키는 통로의 역할을 담당하게 되었으며, 이로 인해 현대와 같은 근대 사회가 성립될 수 있었다.

현대인은 주변 사람들과만 만나지 않으며 그럴 이유가 없다. 편지나 전화는 물론, TV, 라디오, 인터넷, 스마트폰, 화상통화 장치 등을 이용해서 불특정 다수, 원거리에 있는 사람들과도 시공간 제약을 넘어 자유롭게 영상과 음향을 이용하여 만나고 있다. 사람들의 표정과 제스추어를 아예 몰라도 목소리 톤을 들으면서 감정을 이해하고자 노력하지 않아도, 단지 내용의 전달과 저장만으로도 서로 충분히 교류하고 대화할 수 있게 되었다. 이는 수 없이 많고 다양한 내용들의 교류로 확장되고 미디어 장치들의 발달로 이어졌다. 미디어의 발명은 인간간의 교류를 정신의 교류라기보다는 지식과 정보의 교류라는 차원으로 인지될 수 있게 변화시켰다. 다만 이로 인해 전근대적 사회에서는 당연하고 빈번했던 정감 및 감성의 교류가 어느 정도 축소되는 결과가 생겨났으나, 최근에는 미디어의 상업·오락성 국면 발달로 인해 감성의 교류 부분이 부득불 다시 확대되었기도 하다. 더욱이 미디어가 고유하게 지니고 있는 매개체적 속성으로 인해 미디어를 통한 감정의 왜곡이나 과장까지 빈번하게 일어나고 있다.

인간의 정보와 지식[1]은 헤아릴 수 없을 정도로 많고 다양하다. 간단한 기호로부터 시작해서 복잡한 정치, 사회, 역사, 문학, 철학 등에 이르는 인간의 문화 전체가 지식과 정보의 산물이다. 문화 밖으로 인간은 절대 나갈 수 없다는 말도 이러한 맥락과 연결되어 있는 것 같다. 인간의 경험과 사고와 추론 등에서 나온 다양한 지식들은 미디어가 없었다면 결코 보존되거나 전승되지 못했을 것이다. 미디어는 모든 지식과 정보의 저장 창고 및 통로 장치이며, 미디어 자체 또한 지식의 일부라는 말이 이 견지에서 가능할 수 있다. 미디어는 인간의 역사와 함께 발전해 왔으며, 특히 근대 이후 문화를 견인한 가장 원초적인 기제다.

---

1) 관찰 및 측정 등으로 수집된 자료를 정리한 단편적인 내용을 보통 정보라고, 자료 및 정보들이 체계적으로 결합되고 조직되어 객관화된 타당성을 담지하는 성과로서의 내용을 지식이라고 대체적으로 이해할 수 있을 듯하다.

2. 미디어란 무엇인가: 인쇄물의 발전

미디어는 인간의 지식, 정보, 자료 등을 탑재하여 전달하는 수단을 총칭한다. 영어 media는 라틴어 medium(매개, 중간, 수단 등)의 복수형인 medius(중간의)에서 유래되었다고 한다. 인간과 인간 사이의 매개체 혹은 지식과 정보를 전달하는 장치로서의 수단이나 매개체 등을 의미하는 것이 일반적이다. 그러므로 책, 우편, 전보, 신문, 잡지 등은 모두 미디어이며, 정보화 사회인 현대는 전화, 녹음기, 라디오, TV, 팩스, 인터넷 통신 등으로 미디어가 다변화 되고 있다(인쇄, 녹음, 대화형, 전자, 출판 매체 등으로 통상 나누기도 한다).

하지만 역사학자 파울슈티히(W. Faulstich)는 "미디어를 사회적인 지배력과 함께 특정한 능력을 지니고 있는 조직화된 의사소통의 통로를 둘러싼 제도화된 체계라고 하는데, 즉 미디어는 단순히 정보를 전달하는 기술적 수단 혹은 도구가 아니며 '사회적 조정 및 방향 설정 기능'을 갖고 있는 인간 집단도 매체의 범주에 포함된다"[2]고 본다. 그러므로 그에 따르면, 미디어는 아주 오래전부터 있었다. 원시적인 각종 의식이나 제의와 관계된 인간 미디어, 건축물이나 조각품 등의 조형물로 통칭될 수 있는 조형 미디어, 고대 벽화나 파피루스, 점토판, 도편 등과의 수기 미디어 등이 있다. 인간의 유·무형 예술문화 산물 대부분을 미디어라고 볼 수 있다는 것이다.[3] 고대의 제의(기록), 조형물, 벽화 등에는 고대인들의 사고방식과 문화가 저장되어 있으며, 현대인들을 이들을 통해 그들의 생각

---

2) 베르너 파울슈티히, 『근세초기 매체의 역사』, 지식의풍경, 2007, p.26.

3) *Ibid.*, pp.26-29 참조.

을 추론하여 알 수 있다. 이 맥락은 중세 이후 15세기까지, 즉 구텐베르크의 활판 인쇄술 발명으로 서적 인쇄가 출현하게 될 때까지 계속 이어졌다. 인쇄술의 발명으로 인해 대량 인쇄의 시대가 도래함에 따라 인간·조형·수기 미디어는 그 위상이 문화예술의 영역으로 축소되고, 신문, 잡지 등 보다 다양한 (대중)미디어들이 발달하게 되었다. 원거리 간에 파발마로 소식을 전했던 서신 역시 미디어다.

이 측면에서 보면 동양에서의 미디어 개념 역시 서양과 크게 차이가 없다. 각종의 문화적 산물들이 미디어의 역할을 한 것이다. 15~16세기 지리상의 발견 후, 서구적 미디어 개념이 생겨나기 이전까지 각종 서적이나 의례 등이 풍부하게 생산되고 지속적으로 전승되었다. 다만 유가, 도가, 불가의 사상 모두는 각기 자신들의 방식으로 언론의 자유, 공정성, 커뮤니케이션의 중요성 등을 매우 강조하였다는 점이 특기할 만한 부분이다.[4] 지역에 따라 시기들이 좀 차이가 날 뿐, 서양과 마찬가지로 글이나 이미지의 공공적인 사용이 미디어 개념과 연계되어 있다. 일반 대중이 어느 정도나 글을 읽고 쓸 수 있는 능력이 있느냐가 중요한데, 그래야만 지식의 저장과 전달이라는 면이 사회 속에서 실질적으로 작용할 수 있는 까닭이다. 예를 들면 우리나라의 경우는, 훈민정음이 창제·반포되고 언문이라는 비하 속에서도 점차적으로 일반 대중들에게 친숙해지기 시작하면서 (대중) 미디어 개념에 대한 맹아가 생겨날 수 있는 토양이 갖추어졌다고 볼 수 있다. 이로 인해 사회 상층부에서 사용된 미디어 혹은 대중 미디어 등의 요건이 보일 수 있게 되며, 미디어에 권력이나 계급 개념이 원초적으로 내재되어 있다는 점을 알 수 있

---

4) 김동민, 『미디어 오디세이』, 나남, 2013, pp.83-109 참조.

게 한다.

한편, 주지하듯 '활판 인쇄술'은 근대 미디어 사회를 가능하게 만든 기초적 요건이었다.[5] 14세기말 독일 마인츠에서 태어난 구텐베르크는 귀족 출신으로 조폐국에서 일했던 아버지의 영향을 받아 인쇄술을 발명했다고 전해진다. 그는 조폐국의 금화 제조법을 글자를 인쇄하는 방식으로 바꾸어 인쇄술을 개발하였다. 한 글자만 달라져도 판 전체를 바꾸어야 했던 기존의 목판 인쇄술과는 달리 금속으로 만든 글자를 배열하고 나무판에 심어 인쇄하는 활판 방식은 당시로서는 혁명적이었다. 1434년에 인쇄술에 대한 연구를 시작한 뒤, 연구와 개량을 거듭한 그는 1450년경에 『구텐베르크 성서』('42행 성서'라고도 불리는)를 제작하였다. 총 2권, 1200여 페이지에 달하는 이 성서는 최초의 금속 인쇄물 중 하나로 현재 남아있는 판본은 문화 예술품으로 추존되고 있다. 구텐베르크 이전에는 평균 2개월 만에 책 1권이 필사되었지만 그 이후에는 일주일 만에 책 500권이 인쇄되었다고 하며, 1450년부터 1500년까지 반세기 동안 유럽 각국에서는 2000만 권에 달하는 인쇄본이 간행되었다[6]고 한다.

지식과 정보 혁명이 책의 대량 인쇄를 통해 일어났으며, 글을 읽고 쓰는 것에 대한 중요성이 사회에 함께 대두되었다. 인쇄술의 발달에 따라 글을 읽을 수 있는 위치에 있는 사람이라면 누구나 다 책을 통해 전해지는 지식과 정보를 접할 수 있게 되었으며 이는 다시 인쇄 및 지식 시장에 대한 중요성 환기로 연결되었다. 이어 지식

5) 세계 최초의 금속활자본은 1373년 고려의 직지심경으로 알려져 있다.

6) http://navercast.naver.com/contents.nhn?rid=75&contents_id=2052 [검색일자: 2016년 2월 10일.]

과 정보의 양 뿐만 아니라 질적인 문제에 대한 관념도 생겨났다. 사람들에게 도움이 되는 양질의 지식과 정보라는 개념이 발생하였고, 후에는 창작 문예 활동이 활발해지는 양상으로 발전하였다. 대중 지식 및 대량 소비 시대가 열리면서 각종 서적, 글이 프린트된 소책자 등이 미디어의 역할을 본격적으로 담당하게 되었다.[7]

인쇄술은 종교개혁과도 연결되었다. 1517년 마르틴 루터의 종교개혁은 면죄부 판매를 항의한 95개조 반박문의 대량 인쇄 배포가 없었다면 성공할 수 없었을 지도 모른다. 현재의 소책자 발간의 시원 정도로 간주될 수 있을 것이다. 인쇄물과 연결되는 각종 사회 변화는 궁극적으로는 기존 구술 사회 전통을 해체시켰다. 사회는 시간 중심(구술이 이어져야 하므로)에서 공간 중심으로 변화되었으며, 종교 및 사회 가치의 비교를 초래했다. 지식과 정보를 미디어가 계속 각 지역으로 운반할 수 있게 됨에 따라 사람들은 현재 자신이 속한 사회만이 아니라 다른 사회를 비교하여 볼 수 있게 되었다. 나아가 성직자들의 구술적 권위가 해체되고 성경을 읽는 것이 더 중요해지게 됨에 따라, 결과적으로는 교회에서 국가 정부로 권위의 주체가 옮겨갔다.

맥루한(M. McLuhan)에 따르면, 인쇄술은 성직자·귀족 계급의 지식의 독점을 종식시켜 유산 지식인들에 의한 대중 혁명(부르조아 혁명)을 가능케 한 사회적 원동력이다.[8] 공용어였던 라틴어의 권위가

---

7) 유럽 전역의 흑사병으로 인구가 크게 감소하였으며, 이는 사회 내 물자의 풍요 및 소비성 강화로 이어졌다. 종이 공급의 용이로 원가가 하락되었고, 1500년대 초기 대학들이 설립됨에 따라 인쇄 수요가 늘어났다는 견해가 일반적이다.

8) 마샬 맥루한, 『구텐베르크 은하계: 문자 인간의 형성』, 임상원 옮김, 커뮤니케이션북스, 2001 참조 - 맥루한은 미디어 기술 변화 단계를 ① 문자가 탄생 이전의

타파되고 모국어의 중요성이 유럽 사회 각국에 강조되어 민족주의와 국가주의로 이어졌다. 개인의 성경 독해 및 묵상에서 기인되는 사고나 계시들을 적극 옹호할 수 있게 되어 개신교의 확산이라는 결과를 낳았고, 이는 각 가정에서 아버지를 중심으로 하는 가족 중심의 가부장제로 연결되었다. 인쇄술의 확산에 따라 지식이 보편화, 대중화됨에 따라 개인주의 및 전문화 현상이 사회 전체에 나타나게 되었으며, 궁극적으로는 성직자·귀족 중심의 중세 봉건주의가 타파되고 지식·상공인 계층이 사회를 주도하는 근대 국민국가주의의 길로 들어설 수 있게 되었다. 향후, 근현대의 민족·국가주의 및 제국주의는 미디어의 발달과 불가분의 관계에 놓이게 된다. 인쇄 미디어로 인해 인간은 개인 자신에게 집중할 수 있게 되었으며, 이로 인해 많은 지식과 정보들을 접하면서 자신의 사고를 확장할 수 있게 되었다.

인쇄술의 발명 및 서적 문화는 사회에서의 '미디어'라는 위상을 정립하였다. 인쇄술 및 서적에 기반한 이 초창기 근대 미디어는 사회 내 각종 정치, 경제, 종교, 문화적 요소 등과 세밀하게 대응하면서 서서히 권위를 확보해 나아갔다. 사람들은 자신이나 동료들의 견해보다 미디어에서 말하는 견해들을 보다 신뢰하기 시작하였다. 이로써 세계는 향후 지역과 지역을 연결시킬 수 있는 미디어라는 거대한 커뮤니케이션 망을 확보해 가기 시작하였다. 멈포드(L. Munford)는 "인쇄 기술은 특별한 의미에서 세계 보편의 기법, 인간

구술문화시대, ② 고대 그리스의 호메로스 때부터 2천년간 지속된 문자시대, ③ 약 1500년에서 1900년까지의 인쇄시대, ④ 20세기 이후의 전자미디어시대로 대략 구분한다. 맥루한은 기술이 사회 변화의 원동력이라고 강조함에 따라 기술결정론자로 보통 이해되는 경향이 많은데, 그에 대한 반론 역시 많다.

의 기계 수단이 인간으로 하여금 성취할 수 있게 해주는 하나의 세계를 예언해 준 세계 보편의 기법"[9]이라고 평가하였다. 다만 이 인쇄술의 미디어화 상황에서 분명하게 인지해야할 부분은 초창기 인쇄 문화가 비교적 순수한 동기를 위주로 하였다면, 인쇄 문화가 사회 모든 영역에 영향을 미치게 됨에 따라 자본, 정부 통제, 각종 이데올로기의 개입 등이 발생하게 되었다는 것이다. 수많은 서적과 팜플렛 등이 계속해서 인쇄 발간되면서 특정 서적의 내용에 계급, 지역 혹은 이데올로기적인 편향성이 깊게 내포되어 갔다.

편향성은 공간과 시간의 문제에서도 드러난다. 이니스(H. Innis)는 운송하기 어렵지만 내구성이 있는 무거운 미디어와 휴대가 용이하지만 내구성이 약한 가벼운 미디어를 구분하였다. 예를 들면, 큰 바위나 벽에 글이 쓰여 있다면 돌이나 벽이 미디어인데, 시간적으로는 내구성이 있지만 공간적으로는 운송하기 어려우므로 시간 편향적이라고 볼 수 있다. 시간 편향적인 미디어가 지배적인 사회는 소규모 사회에서 안정을 꾀할 수 있으나 크게 발전할 수 없다는 단점이 있다. 반면, 서적에 기록된 내용들은 종이이므로 내구성이 떨어지지만 용이하게 운송되는 것이므로 공간 편향적이라고 볼 수 있다. 공간 편향적인 미디어가 지배적인 사회는 지식과 정보 전달이 용이하므로 국가의 크기나 세력의 확장 및 각종 담론들의 활성화를 꾀할 수 있다는 장점이 있다.[10] 공간 편향성은 계급, 지역 혹은 이데올로기적인 편향성과 맞물리게 되었는데, 이 국면은 17세기를

---

9) 루이스 멈포드, 「인쇄 기술의 발명」, 데이비드 크라울리/폴 헤이어 엮음, 『인간 커뮤니케이션의 역사』, 김지운 옮김, 커뮤니케이션북스, 2012, p.204.

10) 이동후, 『미디어 생태이론』, 커뮤니케이션북스, 2013, 제2장 참조.

지나면서 유럽 전역에서 지식이 보다 전문화 되는 계기로 작용하였다. 종교, 자연과학, 사냥과 같은 취미 등 다양한 분야에서 인쇄물이 나와 일반인들에게 호소하였다. 17세기에 들어서면서 일반인들의 문자 해독률이 전반적으로 높아졌다. 예를 들어 영국의 경우는 40%에 육박했으며, 미대륙 식민지에 도착한 이민자들은 60% 이상이 글을 읽을 수 있었다고 한다.[11]—19세기 무렵에 일반인들의 대다수가 글을 읽고 쓰는 능력이 생겼다.

일반인들을 위한 대중[12]적 신문은 대략 16세기 중반에서 17세기 초 사이에 등장했다. 뉴스와 정보의 정기적 발행이 16세기 후반에 나타났다. 대중신문은 보통 1주일의 뉴스를 정리해서 보도하였다. 독일, 네덜란드, 프랑스, 영국 등 제국주의를 표방했던 국가들에서 비교적 먼저 나타났으며, 곧 서방 전역으로 확대되었다. 신문의 위상을 세운 대중신문의 본격화 상황은 1830년대 미국에서 일어났는데, 주요 독자층이 상공인, 정치인, 지식 엘리트 그룹에서 일반 대중으로 완전히 전환되었다. 1833년에 <뉴욕 선(New York Sun)>이 발간되었다. 이 신문에는 센세이션을 불러일으킬만한 내용들과 지역 및 폭력에 대한 뉴스가 많았다. 가격은 기존 신문이 6센트인 것에 비해 1센트로 책정되어 대중에게 가판에서 판매되었다. 황색 언론의 대두인 것이다. 1835년에는 <뉴욕 헤랄드(New York Herald)>가 창간되었는데, 경제 및 정치 뉴스가 많았고 해외, 스포츠 뉴스 등

---

11) 하비 K. 그라프, 「근대 초기의 문자 해독 상황」, 데이비드 크라울리/폴 헤이어 엮음, 『인간 커뮤니케이션의 역사』, 김지운 옮김, 커뮤니케이션북스, 2012, p.241 참조.

12) '대중(mass)' 개념은 상업과 제조업이 도시에서 발흥되며 대중문화가 발달하게 된 18~19세기 유럽에서 생겨났다고 보는 것이 일반적이다.

여러 다양한 섹션이 있어서 현재의 신문과 유사해졌다. 주장이나 정보 보다는 사실 보도라는 측면이 강조되었다. 해외 뉴스에 대한 관심도 높아졌는데, 1836년에 아바 통신사라는 세계 최초의 국제 뉴스 통신사가 설립되었고, 1850년대에 독일의 볼프, 영국의 로이터 통신이 설립되었다. 이러한 뉴스 신문이 계속 발전하면서 그림과 사진 등 다양한 이미지의 활용이 많아졌으며, 신문의 헤드라인 개념도 생겨나 사용되었다. 그러면서 뉴스에도 서서히 특정 이데올로기 및 선호 관점 내용 등이 드러났다. 한편, 일반인들을 위한 잡지(magazine)는 <젠틀맨스 매거진(Gentleman's Magazine)>이 1731년 영국에서 지식인 계층에게 정보와 오락을 제공하면서 시작되었다. 잡지의 맹아는 1650년대 프랑스, 영국, 독일, 이탈리아 등에서 이미 있었다고 한다.

3. 전자미디어의 발달과 지식정보

전파를 이용한 전자미디어(electronic media) 개념은 1800년대 중반 이후 등장한 전신 시스템 및 전화로부터 출발한다. 전자 통신은 1836년에 사무엘 모르스(S. Morse)의 전신기 발명으로부터 시작되었는데, 그는 점(.)과 막대기(–)모양의 부호 조합으로 모르스 부호로 글자들을 전달하였다. 이어 1876년에는 알렉산더 그레함 벨(A. G. Bell)이 전화를 발명하였다. 전화는 사람의 목소리를 직접 전달한다는 특성이 있었으므로, 원시적인 형태의 라디오로 활용되기도 했다. 1880~1890년대에는 전화로 뉴스, 설교, 음악, 강연 등의 내용이 전파되는 네트워크가 유럽·미주권에 있었다고 한다.

1894년에 이탈리아의 마르코니(G. Marconi)가 무선 전신 장치를 개발하였으며, 1906년 캐나다의 페센든(R. A. Fessenden)이 무선으로 바이올린 연주와 노래를 대서양으로 송출하는 방송(brodcast)을 실험적으로 했다. 같은 해 미국의 포리스트(L. D. Forest)는 라디오 수신기의 핵심 부품인 3극진공관을 발명하고, 1910년에 뉴욕에서 오페라를 라디오 방송으로 중계하는 이벤트를 성공시켰다. 1920년대부터는 라디오 방송국이 미국, 영국, 프랑스 등 전 세계적으로 생겨나 방송을 게시하였다.[13)]

이처럼 글 내용을 전기 신호로 원거리에 보낼 수 있게 된 상황은 지식과 정보의 시공간적 제약성을 뛰어넘게 되는 일대 전환점이 되었다. 라디오는 책처럼 깊이 있거나 전문적이지 않으며 신문이나 잡지처럼 지식과 정보에 대한 시공간적 제약—운송이 필요하므로—이 요청되는 미디어가 아니었으므로, 미디어에 속도라는 개념을 도입하게 만들었다. 사람들은 라디오 방송을 듣고 보통 흘리므로 간결한 문장과 핵심 내용으로 정보와 지식이 가공되는 과정 또한 요청되었다. 라디오 방송국이 보편화됨에 따라 '뉴스 미디어'에 대한 관념이 사회적으로 강하게 인식되기 시작하였다. 사건이나 담화 등을 생중계하는 방식도 생겨나서 라디오의 위력이 부각되었다. 방송국에서는 코미디나 음악 쇼 등을 녹음 방송하여 청취자들로 하여금 엔터테인먼트 미디어라는 인식이 생겨날 수 있게 되었다. 라디오에서 말해지는 지식과 정보들은 책과는 달리 단발마적이었지만, 대중사회라는 개념이 보다 선명해질 수 있게 하는 계기

---

13) 김은규, 『라디오 혁명』, 커뮤니케이션북스, 2013, 제1장 참조.

를 만들었다.

텔레비전은 기존의 읽고 듣는 미디어를 보는 미디어로 바꾸었다. 미디어 및 수상기를 통해 직접 눈으로 대상물들을 인지하게 된 것이다. 1884년 독일이 닙코(P. Nipkow)가 광전지에서 나온 전기신호를 움직이는 영상으로 처음 재생했으며, 1926년 영국의 베어드(J. Baird)는 이 장치로 기계식 텔레비전을 개발하여 사업을 시작했다. 이후 브라운관 개념을 이용한 전자식 텔레비전이 개발되었으며, 1936년에 영국의 BBC 방송국이 세계 최초로 흑백텔레비전 방송을 송출하였다. 컬러텔레비전은 1938년에 영국의 도미니언 극장에서 방송을 송출하였고, 50년대에 상용화되었다.[14)]

TV는 미디어 개념을 현재의 미디어 형태로 바꾼 발명품으로 상당한 파급효과를 일으킨 기술 이상의 기술이다. TV 이전까지 사람들이 움직이는 영상을 대하는 방식은 영화관에 가서 활동사진을 보는 것이 전부였다. 물론 이 영화 영상 역시 놀라운 것이었다. 정지된 그림이 이미지의 전부였다고 생각했던 사람들은 실제의 대상이 화면에 묘사되어 움직이는 이미지에 매우 놀랐다고 한다. 열차가 실제로 사람들을 덮친다는 순간적인 착시를 일으켜 좌석에서 놀라 일어났다고 하는 <열차의 도착>(1895) 영상이 가장 대표적인 예다. TV는 이 움직이는 영상을 각 개인의 안방으로 가져왔다. 기존의 라디오가 듣는 미디어로서 세상의 뉴스와 지식들을 사람들에게 알려주었다면, 보는 미디어인 TV는 이 내용들을 생생히 사람들에게 보여주면서 강하게 실감할 수 있도록 해주었다. 맥퀘일(D. McQuail)은 이에 대해 TV가 '세상을 보는 창문'의 역할을 했다고

14) 이인희, 『뉴스 미디어 역사』, 커뮤니케이션북스, 2013, 제8장 참조.

정리한다.[15]—TV라는 기술이 사회에 많은 영향을 주기도 했지만, TV 기술의 성립 자체가 당시의 사회적 요청들이나 및 형성 요건들이 없었다면 실제로 가능할 수 없었다는 점 또한 간과해서는 안 될 것이다.

처음 발명 당시부터 현재까지도 TV가 개인과 사회에 행사하는 영향력은 막강하다. TV의 상용화 이후, 미디어의 역할은 더욱 확대되고 사회적으로 강한 파급력이 있게 되었다. 지식과 정보를 사회적으로 가장 쉽게 객관화 시키고 사람들에게 신뢰를 줄 수 있는 미디어가 TV이다. 사람들의 상당수는 TV에서 이야기되는 내용들을 그대로 믿는 경향이 많다. 또한 TV 드라마, 광고, 쇼 속의 삶 내지 인물들은 현실과 유사하되 현실을 유혹적으로 재구성하고 스타를 끊임없이 만들어 내어, 시청자들로 하여금 새롭게 다양한 욕망을 갖도록 학습시키고 있다. TV에서 보여지는 각종의 정보와 지식들은 대중 교육의 한 방편으로 최초 간주되었으나, 곧 TV의 오락성 및 상업성과 결합되어 무한 확대되었다. 역사조차도 TV 드라마의 시청률을 위해 쉽게 왜곡되곤 한다. 한편, TV는 정치와도 밀접하다. 국가주의나 정부의 이데올로기를 효과적으로 전파하고 교육할 수 있는 장치이지만, 다른 한편으로는 정치조차도 쇼로 보이게 만들고 있다. TV에서 이야기되는 온갖 형태의 지식과 정보(심지어는 다큐멘터리나 뉴스조차도 특정의 정치적 관점이 들어가는 경우가 많으므로)는 엄정한 객관성과는 다소 거리가 있다고 보는 게 옳을 것이다.

전신, 전화, 라디오, 영화, 텔레비전 등의 미디어 기술은 20세기의

---

15) 데니스 맥퀘일, 『매스커뮤니케이션이론』(5판), 양승찬/이강형 옮김, 나남, 2008, p.58.

문명과 감수성을 드러내는 기제이며, 동시에 인간과 사회를 재형성하고 있다. 인쇄술에 기반하는 서적, 신문, 잡지 등은 인간의 추론적 사고와 연결되는 미디어가 되었다. 20세기의 미디어는 보다 직접적으로 인간의 연장(extension of man)이라는 측면, 곧 인간의 감각과 수족의 연장이라는 개념에 근접해 있다. 이러한 미디어를 통해 얻게 되는 각종의 지식과 정보들은 개인들의 선호와 취향에 맞게 다양해지고 조절되고 있으나, 대중사회 및 매스미디어인 까닭에 그 지식과 정보 내용들은 절대 다수에게 공통적으로 호소할 수 있게 되어있다. 이로 인해 반대급부적으로 오히려 사람들을 동일한 선호와 취향을 일정 정도 갖게 하는 획일화 성향으로 이끌고 있다. 매스미디어를 통한 지식과 정보는 마치 유행가의 가사가 한 개인에게 호소하면서 사회 전체에 호소하듯 개인을 더욱 개인으로 만드는 동시에 대중사회 속의 한 일원으로 만드는 이중적인 역할을 하고 있다. 대중문화에서 '인기'라는 개념이 중요할 수밖에 없게 된 이유다.

라디오, TV 등의 대중미디어가 획일화된 인간을 양산한다고 1970년대에 이미 비난한 프랑크푸르트학파의 사고방식은 이러한 양상을 강하게 지적한 것이다. 학파를 이끈 아도르노 등은 오락산업성향이 강화된 대중미디어의 발달에 따라 생겨난 대중문화에 대해 크게 우려하였다. 대중적인 지식과 정보조차도 대중문화의 한 부분이라 할 수 있으며, 아도르노는 이러한 대중문화, 특히 문화산업에 의해 만들어져 대중(보다 정확하게는 상류층이 아닌 일반 계층)을 조종하는 문화를 경멸했다. 문화산업체에서 대량 생산된 문화는 미디어를 통해 대규모로 유통되어 대중에게 동일한 맛과 자극적인 양념을 제공하며, 대중들은 이에 무분별하게 휩쓸릴 수밖에 없게 된다는 것이다. 다른 사람들과 차별적으로 살지 못하는 현대인의 삶 조건이 이 상황을 더욱 조장하고 있다. 정부와 문화산업체들은 자신들 각자의 이익을 위해 일반 개인이 대중문화를 즐기는 이들 중 하나가 되기를 은연 중에 부추기고 있기도 하다. 문화산업에서 벗어나지 못하게 하기 위해 생산자들은 아주 다양하게, 심지어는 기존 문화산업을 싫어하는 사람들에게조차도 대안적인 다른 문화산업의 결과물들을 제공하는 게 현실이라고 그는 말한다. 대중문화를 통해 각 개인은 자신이 선호하는 지식과 정보들을 적극적이고 용이하게 취사 선별하여 수용하고 있지만, 그럴수록 더 대중문화에 중독된다는 것이다.

그러나 최근에는 이러한 설명이 반드시 통하지만은 않는 사회가 되어가고 있는데, 대중문화를 대중적 문화(popular culture)로 이해하려는 경향이 강하기 때문이다. 대중적 문화는 '다수의 사람들이 향유하는 문화'로 예전부터 대중이 자발적으로 향유하고자 했던 민속문화의 개념까지도 포함한다.[16] 더욱이 대중문화를 질이 낮고 획일적인 문화로만 간주할 수도 없게 되었다. 대중적인 지식 역시 굉장히 고급스러워지고 깊어지는 양상을 보이고 있으며, 상류층 문화와 하층 문화의 경계 구별 또한 거의 불가능하게 되어가고 있다. 이제는 대중문화와 대중적 문화를 구별하는 것조차 불가능하다. 대중들은 각종의 대중문화를 통해 보다 영악해지고, 수많은 지식과 정보들로 자신들만의 자아를 구축해 가고 있다. 현대인들은 각종의

16) 김창남/최영묵/정준영, 『대중문화의 이해』, 한국방송통신대학교 출판부, 2010, p.11.

대중문화로 자기 자신의 내면과 외면을 만들어 가면서 살아가고 있는 것이다. 특히 사이버·스마트 기술이 발전하게 됨에 따라 이러한 국면은 완전히 고착되었다. 한국의 경우에는 '문화콘텐츠'[17] 개념이 2000년대 초반부터 생겨나면서 대중문화 및 대중문화의 밑바탕이 되는 각종 지식들에 대한 호의적인 관점이 생겨났다.

그럼에도 불구하고 대중문화를 만들어 내고 현대의 지식과 정보를 유통시키고 있는 미디어의 문제점은 계속 지적되고 있다. 일반적으로 흔히 이야기되는 내용들은 다음과 같다. 정치적으로는 정당의 약화와 이미지 정치, 제왕적 대통령의 출현과 3권 분립의 위기, 정치로부터의 도피와 선거제도의 위기, 정치 PR의 강화, 매스미디어의 정치성 확장 등이 문제일 것이다. 경제적으로는 광고 및 영상매체에 의한 소비자본주의의 심화, 대중매체 관련 기술산업의 확장, 문화국경의 소멸에 따른 지구촌 경제의 등장과 시장의 무한 확장이 문제다. 사회·문화적으로는 자아매몰과 사회로부터의 도피, 유아기의 상실과 청소년문화의 위기, 가족관계의 해체, 지배적인 의식과 가치 등의 확산, 교육체계의 변화, 미디어를 중심으로 한 지식 구성의 무분별한 변화, 대중문화와 문화적 획일화, 공동체 질서의 무력화, 문화산업의 지나친 확장 등이 문제로 대두되고 있다. 이에 따라 미디어의 무한 상업화 및 권력화와 방종이 우려되고 있다.

---

17) 문화콘텐츠 및 관련 개념들에 대한 전반적인 이해는 박치완 외, 『키워드 100으로 읽는 문화콘텐츠 입문 사전』, 꿈꿀권리, 2013을 참조.

4. 뉴미디어 시대의 정보와 지식

1990년부터 시작된 뉴미디어 시대는 위와 같은 미디어의 문제점을 더욱 가속 및 확장시키고 있다. 그럼에도 불구하고 사람들은 뉴미디어에 거는 기대가 상당하며 실제로 뉴미디어로 인해 세계의 선과 악, 사고방식과 행동이 재편되었다. 뉴미디어는 더 이상 거부할 수 없는 시대적 상황이다. 뉴미디어를 구성하는 사이버·스마트 장치는 PC 및 인터넷 통신의 발달로부터 기인되었으므로, 태생부터 기존 전자미디어의 장점과 단점을 거의 모두 계승하고 있다.

1939년에 세계 최초의 전자식 컴퓨터가, 1946년에 현대식 전자 컴퓨터의 시조격인 에니악(ENIAC)이 만들어졌다. 이후 개량과 상업화의 노정을 거쳐 개인용 컴퓨터인 애플이 1975년에, 이어 대형 컴퓨터를 제작해왔던 IBM이 PC 시장에 진입했다. 최초 PC 하드웨어는 전자계산기, 메모장, 가벼운 오락기 정도의 역할을 가정에서 했지만, 수 많은 소프트웨어 회사들이 계속 생겨났으며 생활 전반에서 PC를 다양하게 활용해야 한다는 사회적 통념이 유행하였다. 이는 다시 PC 하드웨어의 개량과 발전에 지속적으로 자극을 주는 현상을 낳았다.

PC는 전자 통신 시스템과 결합되었다. 각종 통신망들을 통해 PC들은 연결되었다. 특히 1980년대 후반부터 PC 통신을 통해 각종의 뉴스와 정보, 지식들이 무한대로 사용자들에 의해 공유되기 시작하였다. 수많은 사용자들에 의한 지식과 정보의 생산과 소멸과 변형의 무한 반복이 이어졌다. 1992년에는 전자문서들(현재의 document나 html 문서들)을 연결하여 사용하는 기술들로 구성된 웹

사이트 인터넷, 곧 월드와이드웹(WWW)이 탄생하였고, 이를 자유롭게 네비게이션(인터넷 서핑)으로 사용하도록 만들어 주는 웹브라우저가 만들어 졌다. 컴퓨터 그래픽에 기반한 월드와이드웹 방식은 전 세계적인 반향을 얻었으며, 텍스트와 사진과 그림이 함께 조합될 수 있게 하는 틀을 제공하여, 일반인들도 각 가정에서 용이하게 인터넷에 접속할 수 있게 되었다. WWW 탄생 이후, 인간은 지식과 정보의 홍수에 직면하게 되었다. 읽고 쓸 수 있는 능력, PC, 전용선만 있으면, 누구나 다 지식과 정보의 심해 속으로 들어갈 수 있게 되었으므로, WWW은 대중화된 지식정보사회의 초석을 놓는 계기가 되었다. 한편 1966년에 골드스타인(B. Goldsteinn)이 고안한 '멀티미디어' 개념, 즉 그림, 음악, 텍스트, 영상 등이 한 화면에 고루 배치되어 사용자들에게 보다 효과적으로 호소하고자 하는 지식정보 배열 방식도 WWW과 함께 본격적으로 확산되었다. 이 상황은 뉴미디어로서의 컴퓨터 활용 문화, 곧 정보와 커뮤니케이션 테크놀로지(ICT)가 현대 사회의 주요 문화 중 하나로 자리 잡게 하였다. 이제 지식과 정보는 ICT와 함께 말해지는 게 보다 친숙하다.

다량의 정보와 지식들이 가득한 뉴미디어로서의 인터넷 웹사이트들은 신문, 잡지, 라디오, TV 등과 같은 이전의 미디어와는 다르게 대중의 취향과 기호를 감안하면서 수시로 갱신되고 있다. 하이퍼텍스트로 여러 텍스트들이 연결(즉 특정의 단어를 마우스로 클릭하면 다른 웹사이트 페이지로 넘어가는 것)되는 것이 무한정하게 되면서부터, 또한 하나의 웹사이트 페이지 안에서 동영상, 사진, 음악 등을 자유롭게 구성할 수 있게 하는 멀티미디어 기술이 적극 활용되면서부터 미디어에서의 지식과 정보는 통제선을 넘어갔다고 볼 수 있을 정도가 되었다. 다양한 미디어 및 내용들이 혼종적이고 랜덤적으로 조합되어 인터넷 공간을 구성하고 있다.[18] 상상력에 의해 현현된 환상적인 가상 세계인 동시에 실제의 세계들을 점차적으로 닮아가는 공간 같기도 하다. 이것이 이러한 미디어를 사이버공간이라고 호칭할 수 있게 된 이유다. 슈뢰르(M. Schroer)는 "가상공간은 실제공간과 마찬가지로 하나의 통일적인 공간이 아니다. 가상공간 속에서는 실제공간에서처럼 여러 다양한 경계들이 교차하고 공간들이 겹쳐진다. 가상과 실제 사이의 경계가 재차 바뀔 뿐만이 아니라, 이 경계가 오히려 가상적인 것 자체 속에 들어오고 있다. 그 결과 네트는 한편으로는 매우 잘 알려진 실제 삶의 양태를 반복하면서, 다른 한편으로는 미지 세계의 유혹을 자꾸 확보 해두고 있는 것이다"[19]라고 보는데, 이는 뉴미디어에서의 혼종적인 정보와 지식 형성과정을 잘 묘사하였다고 평가할 수 있을 듯하다.

실제 세계의 다양한 정보와 지식들이 디지털화 되어 데이터로 컴퓨터에 입력되면서 그 정보와 지식들은 혼합되고 다양한 방식으로 표현되어 다시 변화 혹은 첨언된 정보와 지식이 된다. 이러한 상황이 무한하게 계속 반복 진행되고 있다. 다양한 정보와 지식, 심지어는 실재물까지도 디지털 데이터화를 거치면서 컴퓨터 속에서 혼성되고 합성되어 다시 새롭게 인지 및 이해 가능한 정보와 지식, 실재로 가공되고 있다. 사이버공간을 인간의 기술들과 사회들이 만들어낸 부가적인 세계라고 하는 이유가 여기에 있다. 이는 피

18) 김성수, 「멀티미디어와 인터넷 월드와이드웹」, 박치완 외, 『디지털 인문학』, 꿈꾼권리, 2015 참조.

19) 마르쿠스 슈뢰르, 『공간, 장소, 경계』, 정인모/배진희 옮김, 에코리브르, 2010, p.310.

에르 레비(P. Levi)가 강조하는 사이버공간에서의 집단지성(collective intelligence)이란 측면과도 연결될 것이다.[20] 인터넷 기반 집단지성의 가장 좋은 예는 <네이버의 지식 In> 게시판이나 <위키피디아> 등일 것이다. 사이버공간이 TV 등 기존 전자 미디어와 다른 점은 디지털 정보화 되어 컴퓨터 속으로 들어간 스크린 위의 세계라는 측면이다. 이제 사용자들은 언제 어디서든지 이러한 미디어와 미디어 속 지식들의 자신의 목적과 편의대로 이용할 수 있게 되었다.

개인에게 보다 친숙한 인터넷 미디어가 일상화 되면서 과거 일방향의 대명사였던 TV조차도 이러한 형태를 닮아가고 있다. 가장 대표적인 예가 인터넷 프로토콜 텔레비전(IPTV)일 것이다. 인터넷 기반의 이 TV 서비스는 주문형 비디오(VOD), 디지털 영상 저장(DVR) 서비스 등을 주요 특징으로 하고 있다. 시청자가 편리한 시간에 자신이 보고 싶은 TV 프로그램을 볼 수 있는 장치인 것이다. 방송과 통신이 동시에 합쳐진 이 TV 서비스는 1999년에 영국에서 시작되어 현재 유럽과 미주, 동아시아 일부 등 비교적 잘 사는 국가들에서는 이미 보편화되어 있다.

스마트폰/태블릿 PC는 이러한 맥락의 연장선상에 있으면서 이들을 모두 통합하는 미디어 기술의 결과물이다. 스마트폰은 휴대폰, 디지털카메라, PC, 책, 신문, 잡지, TV비전, 라디오, 인터넷 등 각각의 개별적인 미디어를 하나의 기기로 통합한 장치다. 이를 젠킨스(H. Jenkins) 등은 디지털 컨버전스(digital convergence)라고 호칭하고 있다.[21] 스마트폰/태블릿 PC는 최신 IT 기술의 혼종으로 탄생

---

20) 피에르 레비, 『집단지성』, 권수경 옮김, 문학과지성사, 2002, 1부 6장 참조.
21) 헨리 젠킨스, 『컨버전스 컬처(올드 미디어와 뉴 미디어의 충돌)』, 김정희원 외

한 새로운 형태의 하이브리드 산물이다. 단순히 하나의 기계 안에 여러 종류의 미디어와 미디어 내용물이 담겨 있다기 보다는 사용자가 자신의 사용 목적에 맞게 유기적으로 활용할 수 있도록 고안되어 있다. 예를 들면 카카오톡, 페이스 북, 트위터 같은 소셜 미디어를 사용하는데 최적화되어 있다. 특정 대상에 대해 사진을 찍고 음악을 링크시키고 타인과 대화도 하면서 관련된 정보 내용을 작성해서 인터넷에 바로 게시할 수 있다. 현재는 이러한 정보들이 인터넷 사이버공간의 상당 부분을 차지하고 있으며, 이러한 정보 결합물들을 보다 고급스럽게 가공하고 하나로 묶어 사람들로부터 지식으로 인정받을 수 있게까지 되어있다. 실제로 인터넷에 게시되었던 다양한 분야의 내용물들이 묶여 책으로 인쇄되는 경우가 많다. 더욱이 이러한 스마트 문화가 유행하면서 최근에는 종이 인쇄가 필요 없는 전자책이 활성화되었다. 신문과 잡지조차도 인터넷 속으로 점차 들어오고 있는 실정이다.

21세기 뉴미디어 시대의 정보와 지식은 텍스트들의 연속체나 스토리 등만으로 구성되고자 하지 않는다. 보다 적극적이고 호소력 강하게 멀티미디어로 구성되고 수정변형도 가능하며, 이에 댓글 등으로 평가도 가능한 표현물들이 각광받고 있다. 물론 기존 방식의 지식과 정보 체계가 완전히 사라진 것은 아니다. 기존대로 종이에 인쇄된 책, 신문, 잡지 등, 그리고 라디오와 TV 등에 있는 지식과 정보들이 있다. 과거로부터 계속되어 왔던 올드미디어들의 영향력과 미디어에 탑재된 지식과 정보들이 여전히 중요하다. 뉴미디어에 있는 지식과 정보들이 이들 내용들과 완전히 단절되어 있지 않다.

1명 옮김, 비즈앤비즈, 2008, 머리말 참조.

다만 뉴미디어는 이러한 기존의 지식과 정보들을 무한하게 확장하고, 디지털 컨버전스 및 멀티미디어와 같은 형태로 변형하고자 한다. 뉴미디어 시대의 정보와 지식에는 예전 시대에 있었던 명확한 경계가 없다.[22)]

5. 미디어의 위상과 미래

최근의 미디어와 지식정보를 논하는데 있어서 중요한 내용 중의 하나는 케이블 TV일 것이다. 케이블 TV는 기존 지상파 방송의 주파수와 채널의 한계를 넘어 케이블망을 통해 전파를 송출하므로 수백 개의 채널이 가능할 수 있게 되었다. 이에 따라 각 고유 영역에 맞게 상업방송사들이 설립되고 방송이 제작되고 있다. 뉴스, 영화, 다큐멘터리, 애니메이션, 드라마, 코미디, 음악, 낚시, 바둑, 스포츠, 게임, 쇼핑 등이 수많은 전문 채널이 만들어졌다. 이제는 방송 자체가 하나의 지식 체계와 같은 면모를 띠게 된 것이다. 오락과 지식의 경계 역시 희미해지고 있다. 채널 수가 많아지게 됨에 따라 시청자들은 다양한 장르의 채널을 원하는 대로 고를 수 있게 되었지만, 반대로 '볼 프로그램이 많이 없다'라는 푸념 또한 나오고 있다. 수많은 지식과 정보가 시청자들에게 오히려 단점으로 작용하고 있는 것이다. 현대인들과 지식정보간의 관계를 보여주는 한 단면이다.

미디어는 사용자들의 정보와 지식 습득에 큰 영향을 미쳐왔으며, 이로 인해 사회 변화 역시 이루어져 왔다. 그리고 사용자들은

22) 레프 마노비치, 『뉴미디어의 언어』, 서정신 옮김, 비즈앤비즈, 2014, 서론 참조.

다시 미디어의 발전에 영향을 준다. 미디어는 인간의 정서, 인지, 교류 형식, 사회 체계 등과 매우 밀접한 인간의 고차원적인 문화다. 미디어는 단순히 지식 및 정보를 인간과 이어주는 매개체가 아니라 인간과 인간, 지식과 지식, 정보와 정보를 이어주는 매개체이기도 하다. 이와 관련, 커뮤니케이션 미디어를 일종의 생태적 환경으로 보고자 하는 '미디어 생태학'이라는 관점 또한 생겨났다. 사회·문화 각 분야의 경계를 허물려는 20세기 포스트모더니즘 개념과 상당 부분 상호 작용한 것 같기도 하다.

인간의 생활에서 미디어는 예나 지금이나 아주 중요한 위치를 차지하고 있다. 책, 신문, 잡지는 여전히 인간에게 정신적 풍요와 인간다운 인간을 만들어 줄 수 있는 지식들을 제공하고 있다. 라디오나 TV는 현대인들에게 지식정보와 더불어 다양한 들을거리나 볼거리 등의 오락을 제공하여 세상에 적응하면서 살아갈 수 있게 해 준다. 인터넷, 스마트폰과 같은 뉴미디어는 우리로 하여금 바쁜 세상에서 뒤처지지 않고 살 수 있게 해주고 있다.

그러므로 이러한 상황에 대해 약간 관점을 달리하여 본다면 정보와 지식이 오히려 인간과 미디어를 보다 가깝게 해준 매개체라고 말할 수 있을 듯도 하다. 미디어로 인해, 또한 미디어를 통해 보여지고 들리는 각종의 정보와 지식으로 인해 인간은 울고 웃으며 고민하고 생각하며 행동하면서 살아왔기 때문이다. 이런 견지에서 보면 미디어는 인간 삶의 조건인 동시에 동반자의 역할을 해왔다고 볼 수 있을 것이다.

미디어는 계속 발전하고 있으며, 이에 따라 미디어로 구현되는 지식과 정보들도 보다 다양해지고 있다. 생성, 소멸, 혼종과 융합을 반복하고 있기도 하다. 책에서만 정보와 지식을 얻는 시대는 이미 아니다. 각종의 미디어로부터 자기 자신에게 필요한 정보와 지식을 어떤 방식을 통해 더욱 효과적으로 얻을 수 있을지에 대해 고민해야 할 때다.

참고문헌

강준만, 『대중매체 이론과 사상』(개정판), 개마고원, 2012.

그라프(H. K.), 「근대 초기의 문자 해독 상황」, 크라울리(D.)/헤이어(P.) 엮음, 『인간 커뮤니케이션의 역사』, 김지운 옮김, 커뮤니케이션북스, 2012.

김동민, 『미디어 오디세이』, 나남, 2013.

김성수, 「멀티미디어와 인터넷 월드와이드웹」, 박치완 외, 『디지털 인문학』, 꿈꾸권리, 2015.

김은규, 『라디오 혁명』, 커뮤니케이션북스, 2013.

김창남/최영묵/정준영, 『대중문화의 이해』, 한국방송통신대학교출판부, 2010.

럼(C. M. K.) 엮음, 『미디어 생태학 사상』, 이동후 옮김, 한나래, 2009.

레비(P.), 『집단지성』, 권수경 옮김, 문학과지성사, 2002.

마노비치(L.), 『뉴미디어의 언어』, 서정신 옮김, 비즈앤비즈, 2014.

맥루한(M.), 『구텐베르크 은하계: 문자 인간의 형성』, 커뮤니케이션북스, 2001.

맥퀘일(D.), 『매스커뮤니케이션이론』(5판), 양승찬/이강형 옮김, 나남, 2008.

멈포드(L.), 「인쇄 기술의 발명」, 크라울리(D.)/헤이어(P.) 엮음, 『인간 커뮤니케이션의 역사』, 김지운 옮김, 커뮤니케이션북스, 2012.

메르쉬(D.), 『매체이론』, 문화학 연구회 옮김, 연세대학교출판부, 2009.

박치완 외, 『키워드 100으로 읽는 문화콘텐츠 입문 사전』, 꿈꾸권리, 2013.

볼츠(N.), 『미디어란 무엇인가』, 김태욱/이승협 옮김, 한울아카데미, 2011.

슈뢰르(M.), 『공간, 장소, 경계』, 정인모/배진희 옮김, 에코리브르, 2010.

심혜련, 『20세기의 매체철학』, 그린비, 2012.

이동후, 『미디어 생태이론』, 커뮤니케이션북스, 2013.

이인희, 『뉴스 미디어 역사』, 커뮤니케이션북스, 2013.

젠킨스(H.), 『컨버전스 컬처(올드 미디어와 뉴 미디어의 충돌)』, 김정희원 외 1명 옮김, 비즈앤비즈, 2008.

파울슈티히(W.), 『근세초기 매체의 역사』, 지식의 풍경, 2007.

제3장 지식 확산과 공리주의적 문화정책

김기홍

[내용요약] 지식은 상징과 기호의 형태로 존재하는 모든 것을 일컫는다. 문학과 음악, 미술을 망라한 문화예술 또한 지식의 범주에 포함되며, 문화예술의 확산은 지식 확산의 의미를 가지게 된다. 현대에 들어 문화예술 확산은 민간부문인 시장과 함께 공공부문인 문화정책에 의해 주도되고 있다. 이 글에서 역사적 접근을 통해 지식 확산으로서의 문화정책의 발전과정과 공리주의와의 관련성, 함의에 대해 알아보도록 하겠다.

1. 지식으로서의 문화예술

문화정책은 지원과 규제를 통해 문화예술을 다수에게 효과적으로 분배하는 제도적 장치다. 이러한 발상은 문화예술이 분배가 가능한 일종의 자원이나 자산이라는 전제에서 가능하다. 직관적으로 문화와 예술은 고매하고 숭고한 정신활동과 같이 실체가 불분명한 추상적인 것들을 포함하는 듯 보이기에 분배 가능성은 다소 의아한 전제일 수 있다. 그러나 문화예술은 지식과 권력으로 환원된다는 점에서 '분배 관리'의 대상이 되어왔다.

이는 문화를 "지식, 종교, 예술, 도덕, 법률, 관습, 기타 사회 구성원으로서 획득한 모든 능력과 습관을 포함하는 복합적 총체"[1]라고 정의한 타일러(Edward B. Tyler)의 고전적 접근에서도 잘 나타난다. 이 경우 문화는 인간의 사회활동 과정에서 사실상 자연 발생하는 것처럼 여겨진다. 따라서 확산을 통한 분배 또한 자연스럽게 이루어 질 것이라 기대해 볼 수 있다. 실제 문화정책의 한 갈래로서 시장을 통한 '자연스러운' 문화예술 창작과 분배를 지지하는 방임 정책론이 존재한다.

그러나 자연 상태에서의 문화예술 분배는 불균형을 야기하며, 방임이 지속될 경우 상태는 호전되지 않고 오히려 심화되고, 극소수에 의해 문화예술의 성격이 규정되고 생산과 분배가 독점되는 등 다양한 문제를 야기하는 경향을 보인다. 이런 불균형 문제들을 뭉뚱그려 시장실패라 부른다. 이를 해결하기 위해 문화정책이 필요하

1) Tyler, Edward B, *Primitive Culture*. 2 vols.(7th ed.), Brentano's., 1924 [1871], p.1.

다는 것이 관련된 이론의 기본적 시각이다. 문화정책은 문화예술의 창작과 보전, 유통과 소비 전 과정에 국가가 개입하여 행사하는 지식과 권력의 배분 방식인 셈이다.

따라서 지식으로서의 문화예술이나 문화정책을 통한 확산을 연구할 때 가장 중요한 것은 그것이 어떤 경우에도 권력과 관계를 맺고 있다는 전제를 인식하는 것이며, 관계 맺는 방식에 따른 긍정적 혹은 부정적 효과를 탐구하여 가장 나은 방안을 찾는 것이다. 이 글을 통해 지식 확산으로서의 문화정책에 대해 권력과의 관련을 중심으로 검토하며 관련된 쟁점들과 함의를 짚어보도록 하겠다. 무엇보다 현대적 의미의 문화정책 발현의 기저 철학인 공리주의에 대해 탐구하는 한편 그것이 지식으로서의 문화예술 확산에 기여한 바와 한계에 대해 알아보고 미래를 전망해 보겠다.

2. 문화예술과 권력의 관계

권력에 대한 정의는 대체로 다음 두 가지 시각에서 다루어져 왔다. 첫째, 사회계약에 의해 구성원의 권력이 양도되어 한 점으로 수렴되었다는 전제에서 중앙집권적인 것으로 파악하는 것이며, 둘째는 권력이 한 점에 집중된 것이 아니라 도처에 존재하는, 즉 편재(遍在)한다는 시각이다. 이번 장에서는 권력에 대한 이 두 가지 접근을 문화예술과 연계해 고찰해 보고자 한다. 이를 통해 문화예술의 개념적 원형으로서 제시된, 권력에 의한 문화예술 도구화와 그 변화 양상에 대해 검토하도록 하겠다.

먼저 중앙집권적 의미에서의 권력은 제로섬 게임과 같이, '한 곳에 몰리면 다른 곳에는 없는' 것이기에 그것을 쟁취하기 위한 투쟁 역시 장애물을 제거해 나가는 체스 게임처럼 단순명쾌하게 진행된다고 볼 수 있다. 권력은 다수에 대한 통치를 통해 실체를 획득하며, 권위나 위계에 대한 도전을 차단하는 것이 그것을 지키는 유일한 길이다. 따라서 '법과 질서유지'와 같은 것들이 주요하게 동원되는 수단이다.

이와 같은 접근에서 문화예술의 역할은 스트롱(Roy Strong)의 저서 『예술과 권력(art and power)』에 잘 나타난다. 17세기 초 유럽의 가장무도회, 발레, 극장, 음악 공연 등이 지배 도구로서 근대국가가 등장하는데 견인체 역할을 했다는 것이다.[2] 풀어서 말하자면, 권력을 획득하고 유지하는 과정에서 문화예술의 역할은 끊임없는 폭력과 억압을 대체하는 자발적 복종의 기반을 마련하여 효율적이고 강력한 권력 도구의 역할을 수행했다는 것이다. 즉, 권위의 숭고함을 가시적으로 드러내 지배자와 피지배자의 차이를 당연시하는, 즉 자연화하는 일인 것이다.

17세기 말 유럽의 군주들이 선호했던, 궁중사회계(tout Ie monde)의 왕가 권력 과시가 사례다. 엘리아스(Norbert Elias)에 의하면 이런 행위의 반복은 누가 지배자이고 아닌지를 명확히 하는 한편 피지배층을 권력 바깥의 구경꾼으로서 고정시키게 된다. 고대 로마의 검투사 경기와 같이 시민의 불만을 누그러뜨리고 그들의 관심을 정치에서 떼어놓는 한편 권력자의 자애로움을 과시하는 '빵과 서커스' 기반의 스펙터클도 이에 속한다.

---

2) Roy Strong, *Art and power*, Boydell Press, 1984, p.19.

이런 문화정책은 권력에 의한 문화도구화의 전형적인 사례로 볼 수 있다. 동서고금을 막론하고 역사적으로 오랜 기간 대단히 효과적인 통치 수단이 되어 왔다. 이 경우 문화정책은 군주나 통치자의 개인적 취향이나 철학의 영향을 벗어나기 어려워진다. 나치 문화정책의 지원과 규제가 자주 언급되는 사례다. 나치의 문화정책적 지원에 힘입어 제작된 리펜슈탈(Leni Riefenstahl) 감독의 <의지의 승리(Triumph des Willens)>는 압도적인 군중집회 장면으로 유명한데 이는 "대중 집회란 직접적이고 개인적이기 때문에 참으로 효과적인 영향을 주며 이와 같은 방법만이 대부분의 민중을 획득할 수 있는 유일한 길[3]"이라는 히틀러의 정치적 의지를 실천한 것이다. 비슷한 시기 바우하우스(Bauhaus) 출신 예술가들에 대한 대대적인 탄압이 이루어 졌는데, 가장 유명한 나치의 문화정책적 규제 사례로 회자된다. 이는 "놀랍게도 우리가 금세기에 들어서 큐비즘이라던가 다다이즘 따위의 총괄적 개념으로써 잘 알게 된 정신착란적, 퇴폐적 인간의 병적인 기형이 […] 국가적으로 공인된 예술로서 찬미되고 있는 것을 볼 수 있을 것이다 […] 이 병을 더 이상 극복할 수 없는 그러한 민족에 화가 있으라!"[4]는 히틀러의 예술관과 정치적 우려가 반영된 것이다.

권력에 대한 두 번째 접근은 권력이 편재(omnipresence)해 있다는 발상이다. 이에 의하면, 권력은 소유하고, 빼앗고, 나누고, 양도할 수 있는 물건과 같은 것이 아니다. 그것은 도처에, 혹은 모든 곳에 존재하므로 단수가 아니라 복수이며, 따라서 국왕이나 총통과 같

3) 아돌프 히틀러, 『나의 투쟁』, 서석연 옮김, 범우사, 1989, p.120.
4) *Ibid.*, pp.269-270.

은 한 점이 아니라 권력들의 관계망의 움직임을 통해 작동한다. 따라서 권력은 경제나 군사와 같은 어떤 '핵심요소'에서 나오는 것이 아니라 미세하게 나눠진 권력들의 작용-반작용 혹은 상호 합의-저항의 관계 속에서 끊임없이 수정되고 변화해 가는 하나의 과정이다. 따라서 권력은, 푸코에 의하면, "제도도 아니고, 구조도 아니고, 특정한 사람들(흔히 권력자라고 얘기하는)에게 주어져 있는 어떤 권능도 아니다. 그것은 특정한 사회에서 복합적인 전략적 상황에 붙여진 이름"[5]이라는 것이다.

문화가 권력과 맺는 관계 역시 중앙집권적 권력에서 본 사례들과 달리 좀 더 간접적이고 은유적인 방식을 택하게 된다. 사회가 발전하고 제도가 세련되면서, 권력투쟁과 갈등의 중재를 직접적 폭력에 호소하는 야만 상태에서 멀어지면 멀어질수록, 문화가 가진 상징의 힘이 권력 관계에서 더 큰 역할을 하게 되는 것이다.

홉스봄(Eric Hobsbawm)의 '전통 만들기(invention of tradition)'가 사례가 될 것이다. 그에 따르면, 대단히 오래된 듯 보여서 전통문화라 불릴만한 것들도 그 유래가 극히 최근이거나 심지어 근래에 정부 등 권력집단에 의해 인위적으로 '만들어진' 경우가 많다고 한다. 인간의 사고와 행동양식은 규칙의 지배를 받게 마련인데, 이러한 상징적이고 제의적인 요소들이 특정한 가치와 원칙을 인위적으로 만들어 마치 오랜 과거로부터 꾸준히 행해져온 일련의 실천양식인 양 작용한다는 것으로[6], 이를 통해 오랜 지속성과 전통, 권위와 같

---

5) 미셸 푸코, 『감시와 처벌: 감옥의 탄생』, 오생근 옮김, 나남, 1994, p.122.

6) Eric Hobsbawm, "Introduction: Inventing Tradition" Eric Hobsbawm/Terence Ranger(ed.) *The Invention of Tradition*, Cambridge University Press, 1983, p.1.

은 가치를 권력에 부여하여 정당성을 지지하는 대단히 중요한 장치가 된다는 것이다.

최소한 수백 년은 된 듯 보이는 영국 런던 웨스트민스터 국회의 사당이 사실은 의도적으로 고전적인 고딕 건축양식을 채택하여 19세기에 개축된 것이며, 과거 일반인들이 볼 수 없었던 영국 왕실 결혼식이 현대에 들어 미디어를 동원한 대규모의 국가적 페스티벌이 된 것 등이 모두 만들어진 전통의 사례라고 볼 수 있다.[7]

이상 살펴본 바와 같이 국가가 권력을 유지하기 위한 장치로 문화예술을 도구화한 것이 문화정책의 원형이라 할 수 있다. 중앙집권적으로 권력을 파악하든 편재되어 있다고 해석하든 문화정책은 권력의 도구적 성격을 원형으로 하고 있다. '전시적 문화정책(cultural policy as display)'과 '바람직한 문화정책(cultural policy: proper)'을 구분한 윌리엄즈(Raymond Williams)에서 알 수 있듯, 문화정책이 권력에 의해 전시적이고 도구적 성격으로 진행될 경우 그것은 대게 바람직하지 못한 방향으로 전개되는 경향이 있다. 특히 사회적 갈등이 심각해지는 특정한 상황에서 구성원의 동의를 얻어 언제든 쉽게 재현될 수 있으며, 인종주의, 민족주의, 지역주의, 국가주의 등 폐쇄적인 집단 심리를 기반으로 할 경우 앞서 언급한 나치와 같이 극단으로 치닫게 될 위험성을 내포하고 있다.

---

7) *Ibid.*

3. 문화예술지식의 확산과 공리주의의 역할

앞서 고찰한 바와 같이 역사적으로 지식은 권력과 불가분의 관계였다. 수직적 권력배분제도인 고대와 중세 계급사회와 그에 수반된 가치체계는 전근대까지 이어졌는데, 지식의 배분은 극단적으로 불균등했으며, 문화예술 역시 마찬가지였다. 예컨대 조선시대의 시서화(詩書畵)와 같은 전형적인 지식 기반의 문화예술장르의 창작과 감상은 근본적으로 양반가문에서 태어나 노동 없이 다년간 공부에 전념할 수 있는 소수 계급의 전유물이었다는 점에서 폐쇄적이었다.

이렇듯 지식은 소수에 의해 독점되어 왔고 그것은 권력의 독점과 연계된다. 따라서 지식의 확산이라는 것은 역사적으로 봉건타파나 민주주의 확립과 같은 특정한 정치적 목적을 달성하기 위한 특수한 기획이었고, 지식 독점의 대척점으로서 지식의 확산 역시 지식의 통제 내지는 관리의 한 유형인 셈이다. 이런 맥락에서 불특정 다수에게 문화예술 및 지식이 확산됨을 당연하게 여기는 인식은 계몽주의 시기부터 싹트기 시작했다. '계몽'에 있어 지식의 확산은 수단이자 목적이었던 것이다.

지식을 정의하기는 쉽지 않으나 인간의 형이상학적인 지적행위로서 뇌의 활동이나 인지적 작용을 근간으로 한다는 점에는 이견이 없을 것이다. 따라서 지식은 기호나 상징의 형태로 재현되어 있을 수도 있으나, 근본적으로 인간의 인식 속에 존재하는 것이다. 지식은 책의 형태로도 존재하나, 그러한 물질적 매개 없이도 존재할 수 있다는 의미다. 따라서 지식 자체를 통제한다는 발상은 대게의 경우 난센스라 할 수 있다.

그러나 책과 같은 매체의 통제를 통해 확산을 막거나 혹은 좀 더 적극적으로는 목적과 필요에 맞는 지식만을 확산하는 방식을 통해 지식을 통제한다는 아이디어는 실현이 가능하며 폭넓게 시행되어왔다. 이때, 목적과 필요라 함은 대게 권력 획득과 유지를 의미하는 경우가 많았다. 이는 분서갱유(焚書坑儒)와 같은 사건에서 보듯 역사적으로 늘 있어왔던 일이다. 현대에 들어 다소 노골적이어서 사례가 될 만한 에피소드는 프랑스를 점령한 나치독일의 프랑스 대사 아베츠(Otto Abetz)가 파리에 도착하여 했던 "[저널] <Nouvelle Revue Française>를 통제하는 것이 행정부 통제만큼 중요하다"는 발언이다.[8)] 당시 프랑스 지식인들에게 큰 영향력을 행사했던 저널이 지배를 위한 영향력 면에서 프랑스 정부와 등가로 평가되어 있다.

이렇듯, 지식의 확산을 통제하는 것은 권력 획득과 유지의 핵심 수단으로 일컬어졌다. 바꿔 말하자면 지식의 확산은 권력이 독점 세력으로부터 다수의 시민들로 이동하는 것을 의미하는 것이다. 지식의 확산 담론은 지식의 통제에 대한 담론이며, 따라서 어떤 경우에도 권력의 집산 담론과 결부될 수밖에 없다.

통제의 대상으로서의 지식은 사실상 모든 종류의 지식을 포함하며, 그 중 문화와 예술은 도드라진 형태라 볼 수 있다. 지식의 확산

---

8) P. Ory/J. Sirinelli, *Les Intellectuels en France de l'Affaire Dreyfus à nos jours*, Armand Colins, 1992, p.134; Jeremy Ahearne, "Public Intellectuals and Cultural Policy in France", Jeremy Ahearne/Oliver Bennett(ed.) *Intellectuals and Cultural Policy*, Routledge, 2007, p.221 재인용.

은 매체를 필요로 하는데, 문화와 예술은 문자와 저서, 회화 등속의 시각 이미지, 음악이나 연극 등에서 보듯 다양하고 효과적이며 대중적인 매개체를 가지고 있기 때문이다. 그중에서도 박물관과 미술관을 함께 일컫는 뮤지엄은, 19세기 미국의 초기 뮤지엄 형성의 대표적 공헌자 중 하나인 구드(George Brown Goode)가 "지식의 증진, 인간의 문화와 계몽을 담보"하는 방향으로 재현되어야 한다고 주장한데서 알 수 있듯[9], 지식의 확산과 그것을 통한 민주주의적 가치 확산 등 특수한 기획을 수행한다는 의미의 문화예술-지식 확산의 대표적인 형태다.

공공 도서관이나 박물관, 미술관은 인위적으로 만들어져 유포된 하나의 개념이라는 점이 강조될 필요가 있다. 누구나 접근이 가능한 뮤지엄이나 도서관을 설립하고자 하는 발상은 권력을 독점한 소수 기득권 세력에 저항한다는 의미에서 대단히 진보적이었고 당대의 기준으로 보자면 반사회적이었다. 프랑스 혁명정부가 교회와 국외 도피 귀족의 재산을 몰수해 그 중 예술품들을 루브르 박물관에 전시한 일이 사례다. 1793년 개관한 이 박물관은 공식적으로 프랑스 군주제 몰락을 기념하기 위해 설치된 것으로, 소수 귀족이 아니라 프랑스 국민 전체의 것이라는 취지에서 'Musée Français'라고 불렀다.[10] 근현대적 뮤지엄을 르네상스 인본주의와 18세기 계몽주의, 19세기 민주주의의 산물로 규정한 크룩(Moraunt Crook)의 해

9) George Brown Goode, *The Principle of Museum Administration*, Coultas and Volans, 1895, p.3.

10) E, p. Alexander, *Museum Masters: Their Museums and their influence*, Nashville, Tennesse: The American Association for State and Local History, 1983.

석과 같이,[11] 뮤지엄은 장구한 역사가 있으나, 중세에 교회와 맞서고, 근대에 왕정과 귀족정에 맞서는 등 당대에 대단히 '위험한 사상'에 기초한 사회변혁 운동이었던 것이다.

또, 특성상 뮤지엄은 게릴라식 문화운동과 같은 하위문화적 운용이 어렵다. 국립박물관이나 예술의 전당 등의 사례에서 보듯, 건립과 운영에 많은 자본이 투여되며 일반의 접근이 용이한 물리적인 건물을 필요로 하기 때문에 대개의 경우 국공립으로 설치, 운영된다. 뮤지엄이라는 매체를 특정한 방향의 문화예술-지식 유포 도구로 이용하기 위해서는 권력투쟁과 획득 과정을 거쳐야 하는 것이다. 이는 뮤지엄을 둘러싸고 일련의 투쟁이 전개되어 왔으며 이는 "어떤 이의 경험에 대한 해석[가능성]을 둘러싼 헤게모니와 관련이 있고, 그 헤게모니에 제도적 형태를 부여하는 방식"[12]으로 설명한 게이더(Edmund Barry Gaither)에서 잘 나타난다.

근대화 시기 사회정치변혁 운동으로서의 문화정책 형성의 핵심적인 철학은 공리주의였다. 실제 서구에서 초기 문화정책의 기반을 조성하고 기틀을 다진 이들은 대게 공리주의자들이었다. 이는 공리주의의 두 가지 속성에 기인한다. 첫째, 벤담(Jeremy Bentham)이 제안한 '최대다수의 최대행복'이라는 교의에 잘 드러나듯, 극대화를 지향하는 본성, 즉 '최대 다수 지향성'이다. 최대 다수를 지향함이 옳다면 이는 소수 엘리트에 의한 독점을 정당화해 온 심원한 역사적 인습을 극대화라는 옳음으로 대체할 수 있게 되는 것이다. 둘

---

11) J. Mordaunt Crook, *The British Museum*, Praeger, 1972.
12) Edmund Barry Gaither, "Voicing Varied Opinions", *Museum News*, Vol.68, No.2, 1989, p.52.

째는, 공리주의가 본연적으로 "'의사결정절차(decision procedure)'가 아니라 '옳음의 기준(standard of rightness)'"[13]이라는 점과 "공리주의를 규정하는 것은 우리들이 의도적으로 효용의 극대화를 추구해야 된다는 주장이 아니라, 효용을 극대화시키는 것이 옳은 행위"라는 점이다.[14]

18, 19세기 서구에서 다수가 이런 '옳은 행위'를 실행하고 그 결과 현대적 의미의 뮤지엄이나 공공 도서관 등이 설치되었다. 그 중 중요하게 거론할만한 공리주의자로 1851년 개최된 영국 수정궁 박람회의 기획자 콜(Henry Cole)을 들 수 있다. 박물관의 역사에서는 매우 중요한 인물로서, 1870년대 이후에 생겨나기 시작한 미국 박물관 형성에 큰 영향을 미친 인물이다. 대표적 공리주의자인 밀(John Stuart Mill)과 개인적으로 교분이 있었던 콜은 벤담의 교의를 물론 잘 알고 있었고, 이를 실천하기 위해 노력한 문화예술 확산 정책의 선구자였다. 예술과학부(Department of Art and Science)의 수장이나 사우스 켄싱턴(South Kensington) 박물관의 설립자 등의 활동이 문화정책이나 뮤지엄 관련 연구에서 꾸준히 회자되는 업적인데, 이런 철학에 기반을 둔 것이다.

공리주의자이자 급진적 사회개혁가이고 "다재다능한 미술가이자 음악가, 문학가이자 공복"인 콜은 국제 박람회 개최를 지원하도록 사회구성원을 설득하는 등 뮤지엄 형성과 문화정책을 통한 지

13) David Brink, "Utilitarian Morality and the Personal Point of View", *Journal of Philosophy*, Vol.83, No, 8, 1986, pp.421-427; 윌 킴리카, 『현대 정치철학의 이해: 자유주의, 맑스주의, 공동체주의, 시민권이론, 다문화주의, 페미니즘』, 장동진 외 옮김, 동명사, 2006, p.41 재인용.

14) *Ibid.*, p.41.

식 확산에 노력을 기울였는데,[15] 그의 근본적인 취지는 도덕의 문제 해결과 관련이 있었다. 즉, 당대인 1800년대 중후반 경 큰 문제가 되었던 음주와 취태(醉態) 같은 사회악을 근절하기 위해 사회와 엘리트가 해야 할 일이 억압만이 아니라, 오히려 휴식일과 함께 다음과 같은 것들을 제공해줘야 한다고 주장하며 뮤지엄의 당위성을 웅변한 것이다.

> "[연주나 합창에] 참여할 수도 있는 음악을 주고, 교회벽을 장식한 아름다운 그림을 보여주며, 음악과 함께 신선한 공기를 마시며 거닐 수 있는 공원을 제공해주고, [종교개혁] 순교자 레이티머가 옹호하신 바 있는 크리켓 경기장을 제공해줘야 한다. 그리고 교회 활동 이후 술집에서 빈둥거리게 놔두지 말고 모든 과학 예술 뮤지엄을 개방하여 노동자들이 처자식과 함께 재충전할 수 있도록 해야 한다. 뮤지엄은 그에게 무지와 타락 대신에 지혜와 점잖음을 유도하고, 천국으로 이끌 것이다."[16]

공리주의자로서의 콜에게 박물관을 통해 문화예술을 유포하는 것은 좋음(the good)의 극대화를 통해 옳음을 획득하는 합리적 행위였다. 이러한 소위 엘리트에 의한 문명화 사명(civilising mission)은

---

15) Edward Alexander, Mary Alexander, *Museums in Motion: An Introduction to the History and Functions of Museums*, AltaMira Press., 2007, p.88.
16) Henry Cole, *Fifty Years of Public Work of Sir Henry Cole, K.C.B., Accounted for in his Deeds, Speeches and Writings*, Gorge Bell and Sons, Vol.2, 1884, p.368.

19세기 말 미국 국립 스미소니언 박물관(U.S. National Museum at the Smithsonian Institution)의 디렉터였던 구드를 비롯해 19세기와 20세기 문화정책에 영향력있는 공리주의자들로 이어진다. 구드는 1895년의 저서에서 "현대 문명의 지속과정에서, 과거 부자들에게만 접근이 허용되었던 즐거움의 원천들이 지금 점점 더 만인의 소유가 되고 있다"며, 이는 경제학자 "제본스(William Stanley Jevons)가 효용 증가의 원칙이라 불렀던 것을 적용한 것"이라 쓰고 있다.[17]

한계효용으로 유명한 경제학자 제본스는, 역시 당대의 지식인이자 문화예술옹호자로서, 사회개혁의 방법에 대한 저서에서 자신의 공리주의적 견해를 다소 노골적으로 밝히고 있다. 즉, 무상 공공도서관, 뮤지엄, 갤러리, 공원 등 공공문화시설들은 "얼마 안 되는 비용으로 엄청난 효용을 창출하고 있다."는 것이다.

> "만약 어떤 아름다운 그림이 한 개인의 집 거실에 걸려있다면 일 년에 기껏 몇십 명밖에 되지 않는 손님들만 볼 수 있을 것이다. 그 실제 효용은 소유자의 이기적인 자존감 충족에만 쓰일 뿐이다. 만약 그 그림이 국립 미술관에 걸리게 된다면, 수십만 명이 즐기게 될 것이며, 그 많은 이들이 그림을 본다고 캔버스가 닳지도 않을 것이다. 책에 대한 공공소유 문제에도 같은 원칙이 적용된다. 어떤 이가 개인 도서관에 수천 권의 책을 가지고 있다면, 대부분의 책은 일 년 내내 건드리지도 않은 채 서재에 놓여 있게 된다. 그러나 오천 권이나 만권 정도 규모의 도서관이 동네 사람에게 무료로 개방되면 수천 배의 효과를 얻게 될 것이다. 이것이 바로 내가 제안

17) George Brown Goode, *op. cit.*, p.72.

한 효용 증가의 원칙이다."[18]

이때 효용은 공리이므로, 이는 공리를 의미하기에, 효용 증가의 원칙이 된다. 이 밖에도 케이-셔틀워드(James Kay-Shuttleworth)를 비롯해 당대 문화정책 조형에 영향을 미친 이들은 대개 문화시설의 공공성을 강화하자는 견해를 가지고 있었고[19], 이는 공리주의 철학에 기초한 것이었다.

4. 공리주의와 문화예술지식 확산

18세기와 19세기 뮤지엄을 필두로 한 공공문화정책의 현대적 정립이 공리주의가 가진 효용 극대화적 시각 내지는 태도에 입각해 이루어진 기획임을 알아보았다. 공리주의 자체에 대해 좀 더 고찰해 보고, 지식 확산 도구로서의 문화정책이 공리주의적 성격으로 지속되는 것이 타당한지, 문제점은 없는지 알아보도록 하겠다. 『세계철학사』에서 쉬퇴리히(Hans Joachim Störig)는 다음과 같이 주장하고 있다.

"냉철하고도 실제적인 벤담(Jeremy Bentham)의 사상세계에 접해 본 사람이라면 누구나 고대 중국 사상가 묵자를 상기할 것이

18) William Stanley Jevons, *Methods of Social Reform*, Augustus M. Kelly, 1883, pp.28-29.
19) Tony Bennett, *Culture: A Reformer's Science*, Sage, 2005, pp.108-109.

틀림없다. "해로운 것과 싸우고 전체의 복리를 추진하라"는 것이 묵자의 구호였듯이, 벤담도 동일한 견해를 가지고 있었다. 그의 이론은 순수한 공리주의 철학이다. 우리는 이것을 '사회적' 공리주의로 규정할 수도 있다. 이 이론에 의하면, 실제로 만인이 동의할 수 있는 보편타당한 행동목표를 설정하자면 가능한 한 최대다수자에게 최대한의 만족을 보장해주는 길을 모색해야 한다는 것이다."[20]

공리주의는 '보편타당한 행동목표 설정'에 관한 것이고, '극대화' 안에 옳음과 좋음을 일치시켜 '만인의 동의'를 얻어야 하지만, 실상은 그렇지 못하다. 롤즈가 주장하듯 공리주의는 그 자체 "대단히 많은 형태"가 존재하며, "이론 개발은 오늘날까지도 지속"[21]되고 있다. 단순명쾌한 진리처럼 보이기도 하지만 공리주의는 해결을 요구하는 많은 문제를 안고 있는 것이다. 롤즈의 공리주의 이론의 주요한 반대자인 킴리카(Will Kymlicka)는 비공리주의자로서 다음과 같이 현재 공리주의가 처한 상황을 지적한다.

"구체적인 형태로든, 포괄적인 형태로든, 공리주의는 지지자들과 거센 반대자들 양자 모두를 가지고 있다. 반대하는 자들의 경우에는 공리주의가 지니는 오류는 셀 수 없을 정도로 많기 때문에 결국에는 정치지평에서 사라질 수밖에 없을 것이라고 주장한다

---

20) 한스 요아킴 쉬퇴리히, 『세계철학사(下)』, 하재창 옮김, 배재서관, 1990, p.174.

21) John Rawls, *A Theory of Justice*, Havard University Press, 1971, p.22.

(예컨대 Williams 1973). 반면에, 옹호자들은 도덕이 인간행복의 극대화에 관한 것이 아니고서는 도대체 무엇일 수 있겠냐는 반문을 제기하기도 한다(예컨대 Hare 1984)."[22]

공리주의는 더 많은 다수가 고통을 회피하고 쾌락을 추구하는 것이 옳은 일이라는 주장의 강한 직관성과 단순성 때문에 반박하거나 무시하기가 쉽지 않다. 그럼에도 너무나 다양한 해석에 노출되어 있는데다 찬반양론을 야기하는 성질이 있어 '만인의 동의'를 얻는 것은 불가해 보인다. 이런 가운데 문화예술 지식의 확산에 있어서 공리주의의 적합성 문제를 논하기 위해 먼저 앞서 소개한 공리주의적 기획으로 시도된 일련의 공공문화정책의 효용성이나 당위성 자체를 문제 삼을 필요가 있다.

공리주의는 직, 간접적으로 개인주의, 공동체주의, 현대 민주주의나 사회주의, 공산주의 등에 폭넓은 영향을 미친 것으로 평가해 볼 수 있다. 고전 이론에서는 자유주의적 도덕률 확립 기획과 맞물려있는데, 스미스(Adam Smith)의 자유방임적 사상도 공리주의와 궤를 같이 하는 것으로 해석할 수 있다. "공공의 이익을 추구하기보다 자기 자신의 이익을 추구할 때 인간은 사회의 이익에 실제적인 기여를 하게 된다. 공공의 이익을 위한답시고 [개인 간의 자유로운] 거래행위에 영향력을 미치는 사람들이 실제로 [사회의 이익에] 도움이 되었다는 이야기는 들은 바 없다"[23]와 같은 진술이 사례가

22) 윌 킴리카, 『현대 정치철학의 이해: 자유주의, 맑스주의, 공동체주의, 시민권 이론, 다문화주의, 페미니즘』, 장동진 외 옮김, 동명사, 2006, p.14.

23) Adam Smith, *The Glasgow Edition of the Works and Correspondence of Adam Smith*, Vol.3, W.P.D Wightman/J.C.Bryce(ed.), Claredon Press,

될 것이다. 이런 단순한 사례만 제시해도, 옹호자와 반대자들이 쉽게 나누어질 것이다.

문화정책에 있어서도 이런 자유방임(laissez-faire) 옹호론은 특히 미국에서 여전히 강세를 보인다. 문화정책을 정부에 의한 지원과 규제로 간단히 정의해 본다면, 이런 개입은 실제적 효용을 극대화하지도 못할뿐더러 정치도덕론, 즉 이데올로기적으로 잘못되었다는 것이다. 1981년 한 정책토론회에서 미국 의회도서관 사서 부어스틴(Daniel Boorstin)이 "문화정책을 가진 국가라는 것은, 물론, 전체주의 국가"라고 주장한 것이 미국인들의 전형적 시각으로 볼 수 있을 것이다[24]. 문화부가 따로 없는 미국은 특히 양차대전 이후 유럽으로부터의 우수한 인재 유입과 부호들의 후원, 예술품 시장 성장 등 국가의 공식적 개입 없는 자유방임적 시장 논리에 따라 문화예술 강국으로 부상한 바 있다. 의회가 설립한 국립예술기금(National Endowment for Arts: NEA)이나 주 정부와 의회의 예술가 지원 프로그램이 있고, 금액 또한 문화부가 설치된 다른 국가들을 압도할 만하지만, 국가가 문화에 개입하는 것은, 최소한 공식적으로는, 정치적 영향력을 무시할 수 없어 결국 문화를 피폐시키게 된다는 강한 논리에 밀린다. 공리주의적인, 그 중에서도 결과주의적 견지에서 미국은 예술품 매매와 공연관람 등이 시장에서 수요, 공급의 균형을 이루는 자유방임주의를 중심에 두고, 공적 지원과 개인

1980, p.27.

24) From unpublished portions of a March 1982 roundtable discussion on "Culture and Democracy." Excerpts published in "Can the Government Promote Creativity - or Only Artists?" The New York Times, 25 April 1982, p. 6-E, columns 1-4.

적 기부를 부차적으로 두는 현행의 문화예술정책이 문화부를 설치한 유럽이나 한국과 같은 나라의 문화정책과 비교해 열등하다고 평가하기 힘들어 보인다.

그러나 유럽으로부터의 대규모 문화이식과 양차대전에 의한 정치경제적 급부상 등의 배경과 맥락을 보자면, 미국은 문화정책적 예외국가라고 보아야 한다는 주장도 가능하다. 한국은 권위주의 정권의 단순 공보 기능으로부터 출발해 민주화를 거치며 오늘날 대체로 영국과 프랑스 등 유럽 국가들을 롤 모델로 한 문화정책을 추구하고 있다. 문화정책에 대한 공리주의적 해석이 자유방임을 지지하는 쪽으로 향하기 힘들 것이다.

문화정책에 대한 공리주의적 검토의 다른 논제는 정책의 지향성과 근원적 성격에 대한 것으로, 문화정책이 평등주의를 지향하는지 문화예술의 미학적 수월성을 지향하는지에 대한 평가다.

『정의란 무엇인가』에서 샌델(Michael Sandel)은 벤담식 공리주의의 두 가지 문제를 "인간의 존엄성과 개인의 권리에 많은 비중을 두지 않는 것"과 "중요한 도덕적 문제를 모조리 쾌락과 고통이라는 하나의 저울로 측정하는 오류"[25]라 지적한 바 있다. 평등의 가치 결핍과 가치 척도의 의문스러운 신뢰성은 킴리카에 의해서도 제기되었는데, 그의 문제제기는 롤즈의 공리주의에 대한 목적론적 해석에 대한 비판에서 비롯된다.

킴리카는 최근의 자유주의 정치철학 이론은 의무론적(deontological) 견해가 일반적이라 주장한다. 즉, "좋음보다 옳음에 큰 비중을 둔다는 것이다. 이는 옳음보다 좋음을 우선시한 목적론적

25) 마이클 샌델, 『정의란 무엇인가』, 김영사, 2010, p.73.

(teleological) 견해, 즉 고전적 공리주의자들과 반대되는 것"이라고 본다.[26] 그는 롤즈 역시 정의론을 피력하며 옳음을 좋음에 우선하는 가치라 진술하지만, 그는 의무론과 목적론의 구분에서 혼동을 일으키고 있다고 주장한다.

롤즈에 의하면 목적론은 "합리성이라는 아이디어를 구현하는 듯 보이기 때문에 깊은 직관적 호소력을 가진다. 합리성이 무엇인가를 극대화 할 때, 자연스럽게 도덕적으로 그것이 좋음을 극대화 할 것이라고 생각하게 된다. 만사가 최대의 좋음을 지향하는 방향으로 조율되어야만 한다는 것은 자명성을 갖는다"는 것이다[27]. 또한 "목적론적 이론에서 유념해야 할 본질적인 것은 좋음이 옳음과 독립적으로 정의된다는 점"[28]이라 주장한다.

> "롤즈는 공리주의자들이 어떤 것의 좋음을 얻기 위해 끊임없이 타인의 이익을 희생시키는 것을 허락하는 이유를 좋음을 옳음에 우선시하기 때문이라 주장한다. 즉, 좋음(행복)을 독립적으로 계산하고, 옳음은 그 좋음을 극대화하는 것으로 정의된다는 것이다. 인간의 정당한 요구는 옮음을 함양하는 것과 완전히 독립되어 있고, 따라서 좋음의 극대화는 인간의 정당한 요구를 훼손한다고 말할 수 없다. 롤즈는 이러한 좋음을 옳음보다 우선시하는 이론을 가리켜 목적론적이라고 부른다."[29].

---

26) Will Kymlicka, Liberalism, *Community and Culture*, Clarendon Press, 1989, p.21.
27) John Rawls, *op. cit.*, pp.24-25.
28) *Ibid*, p.24.
29) Will Kymlicka, *op. cit.*, pp.22-23.

이에 대한 킴리카의 비판은 롤즈가 공리주의의 특징을 목적론으로 이해하고 비판하고 있으나, 공리주의는 본연적으로 목적론적이지 않다는 것이다. 공리주의 역시 "비공리주의적 권리론들 못지않게 개인의 평등한 존중과 공정성의 이념을 설명하는 일종의 의무론"이라는 것이 킴리카의 주장이다[30].

이에 그는 공리주의를 **목적론적 공리주의와 평등주의적 공리주의**로 구분하고, 후자를 옹호한다. 목적론적으로 공리주의를 해석하게 되면, 평등주의의 가치는 크게 훼손된다. 왜냐하면 평등은 본래적으로 인간을 지향하는 가치인데, 이 논의에서 지향하는 바는 인간이 아닌 그것의 선호나 효용의 극대화이기 때문이다. 옳음에 앞서 좋음을 추구하고, 옳음은 그 좋음을 극대화하는 것이다. 필연적으로 인권이나 평등과 같은 가치를 도외시하고 최선의 결과나 유익한 사태만을 추구하게 된다는 것이다.

문화예술-지식 확산의 관점에서 이를 적용하자면, 평등주의적 공리주의는 다수에 의한 문화예술생산과 감상의 지향을 옳음에 두고 실천할 것이며, 미학적 수월성이라는 좋음의 가치는 부차적인 것이 될 수 있다. 또, 목적론적 공리주의 관점에서라면, 공공문화정책을 통해 추구해야할 올바른 방향은 최고의 예술품을 만들거나 감상하는 것이 우선이고, 극대화를 통해 이를 최대 다수에게 경험하게 하는 '옳음'이나 정의는 부차적인 것이 된다. 롤즈도 이 점을 지적하고 있다.

"목적론적 독트린은 좋음의 개념이 어떻게 특정되는가에 따라

30) 강준호, 「극대화와 공리주의적 평등 개념」, 『대동철학』 제27집, 2004, p.20.

> 대단히 선명하게 달라진다. 지향하는 바가 다양한 문화의 형식에서 인간의 우수성을 실현하는 것이라면, 완벽주의라고 부를 수 있는 것이 될 것이다. 이런 관념은 아리스토텔레스나 니체 등에서 발견되는 것이다. 좋음이 쾌락(pleasure)으로 정의된다면, 헤도니즘(hedonism)이 될 것이다. 행복, 행복설(eudaimonism) 등이 [여기에 추가될 수] 있다. […] 고전적 공리주의의 원칙은 좋음을 욕망의 충족이나, 좀 더 낮게는, 합리적 욕망의 충족으로 정의할 수 있다."[31)]

완벽주의가 목적론적 이론의 한 형태라는 롤즈의 주장, 즉 완벽주의자는 자신들이 선호하는 좋음을 극대화하기를 원할 것이라는 롤즈의 주장에 대해 킴리카는 실수라고 단언한다. 맑스의 사례에서 보듯, 어떤 완벽주의자는 사회의 수월성의 총량을 증가시키려고 한 사람의 수월성 추구를 희생시키는 것을 불공평하게 볼 수도 있다는 것이다.

이 논의는 롤즈가 타계한 이후에도 후진들에 의해 지속되고 있으므로 이 지면에서 어떤 결론을 내리는 것은 성급하다. 또 롤즈가 목적론적 공리주의 자체를 옹호한 것이 아니라는 점도 언급될 필요가 있다. 공리주의를 목적론적으로 해석하고 비판한 롤즈의 견해가, 킴리카가 보기에는 공리주의를 잘못 이해한 것이 되며, 오히려 공리주의는 평등주의적 가치를 가진 의무론으로 볼 수 있다는 것이다.

정리하자면, 롤즈를 비판하며 제기한 킴리카의 주장은 효용 극대

31) John Rawls, *op. cit.*, p.25.

화에 대한 도덕적 판단으로서, 지식 확산으로서의 문화정책 검토에 있어서 미학적 수준의 문제와 관련지어 다음과 같은 문제의 해명을 요구하게 되는 것이다. 국가의 예산이 집행되고 규제가 가해지는 문화정책은 우수한 문화예술 창달이 관건인가 아니면 문화예술지식의 공평한 분배 자체가 목적인가? 이는 초기 공공문화정책을 추동한 공리주의가 킴리카의 구분을 적용해 평등을 지향하는 공리주의였나 목적론적인 공리주의였나를 따져봄으로써 접근할 수 있다.

일견 답은 전형적인 평등주의적 공리주의로 보인다. 지식 확산으로서의 문화정책의 출발점을 앞서 언급한 루브르 박물관의 사례에서 보듯 대체로 지식-권력의 제도적 독점 세력인 봉건체제 타파와 공공연한 지식 확산 및 제도화 노력의 상징인 프랑스 혁명으로 볼 수 있기 때문이다. 제본스와 같은 18세기와 19세기의 서구 엘리트들이 문화정책을 사상적으로 기초해 가는 과정에서 수행했던 공리주의적 시도 역시 효용의 극대화, 최대다수의 접근성과 같은 평등적 가치 함양을 지향하는 것으로 보인다.

그러나 현대적 시각에서 좀 더 분석해보자면, 이는 선명한 양면성을 가지며, 사실은 목적론적 공리주의에 가까운 것으로 해석할 여지가 대단히 많다. 대표성 있는 사례를 중심으로 논의해 보자. 경제학자 케인즈(John Maynard Keynes)가 문화정책 형성기의 철학적 사건의 중심에 선 핵심인물로 손색이 없어 보인다. 1920년대 후반 발생한 대공황기의 타계책으로 자유방임에 반대하고 공공지출을 통한 유효수요 창출을 골자로 한 케인즈주의로 잘 알려진 인물이다. 경제학자일 뿐만 아니라 철학이나 문예에도 깊은 이해가 있었고, 정계, 관계, 재계, 외교부를 두루 거친 그 나라의 거물이었다.

이 글의 관심사인 문화정책과도 매우 깊은 관련이 있는데, 대영제국예술위원회의 전신이자 2차 대전 당시 문화정책 지원 및 동원 기구였던 CEMA(the Council for the Encouragement of Music and the Arts)의 의장 등을 역임한 바 있다.[32] 무엇보다 오늘날 문화정책론에서 상식으로 받아들여지는 팔걸이(Arm's length) 개념, 즉 정부는 지원을 하되 일정한 거리를 두고 간섭하지 않으면서 재무감사를 비롯한 특정한 관리감독만 수행하는 형태의 공공문화지원 메커니즘을 제안한 인물이기도 하다. 팔걸이라는 용어는 그가 개발한 것은 아니고 1970년대에 재평가 과정에서 덧붙여진 것이나, 1926년 케인즈가 발안한 협동조합주의(corporatist) 방식, 즉 '반-자율적, 비정부적 기구(semi-autonomous, non-govermental bodies)'에 의한 문화지원정책은 현재 한국을 비롯해 문화정책을 수행하는 국가 시스템의 전범이라 볼 수 있다.

한마디로, 20세기 초반 현대 문화정책의 프로토타입을 제시하고 정치적 영향력을 바탕으로 실행에 옮긴 인물이라 정의하겠다. 따라서 문화정책에 대한 케인즈의 태도와 그가 베푼 문화정책을 바탕으로 목적론적 / 평등지향적 공리주의 여부를 따져볼 수 있겠다.

결론적으로 케인즈는 교육받은 중산층 중에서도 공리주의자인 밀의 추종자로 붐볐던 19세기 영국의 "지식인 상류계급"의 전형이었다. 완전한 엘리트주의자로서, 그의 문화정책은 분명 만인들의

32) Anna Rosser Upchurch, "Keynes's legacy: an intellectual's influence reflected in arts policy", *International Journal of Cultural Policy*, Vol.17, No.1, 2011, pp.69-80.

문화예술 향유를 지향하고 있었으나 근본 목표는 높은 예술적 성취를 지원하는데 있었다.

> "[케인즈는] 아마추어 예술가들 보다는 프로페셔널 예술가 지원을 선호했고, 그의 지향점은 '기준'을 함양하는 것이었다. 그는 그가 판단하기에 가장 재능 있는 예술가들에게 자금지원, 융자 등을 통한 [예술]시장으로부터의 도피처를 제공했고, 이런 관점에서 아마추어 예술가들은 노력을 해도 지원대상이 되지 못했다. 전문적인 교육을 받고 재능을 인정받은 사람들이 공적 지원의 대상이 된 것이다."[33)]

그가 추구한 공리주의는 완벽주의를 지향한 목적론적 공리주의의 전형으로 보인다. 다수에게 다양한 예술적 경험을 제공해주는 것 보다는 재능 있고 이미 기초 훈련이 되어 자신의 예술가적 재능을 증명할 수 있는 사람에게 기회를 준 것이다. 이런 목적론적 공리주의의 추구는 앞선 장에서 검토한 18-19세기에서도 마찬가지였다.

예를 들어 앞서 언급한 당대의 상당히 급진적인 사회개혁가 그룹이자 공리주의자들인 케이-셔틀워드나 구드 등은 뮤지엄이나 공공도서관을 문화예술-지식의 확산 메커니즘으로 보지는 않았다. 그들에게 문화정책 수행기관들은 단지 민주주의와 자유주의의 확산을 통한 사회개혁의 수단이었고, 이에 뮤지엄을 통한 공리주의적 극대화는 교육은 물론 공중보건의 확산과 완전히 같은 가치로 취

33) *Ibid.*, p.77.

급되었으며, 실제 같은 부서에서 관장하기도 했다.

5. 문화예술지식 확산의 전망

이상 살펴본 바와 같이 문화정책은 지식으로서의 문화예술 확산을 통해 권력을 배분한 공리주의적 계몽주의 프로젝트로 시작되었다. 이는 전 근대 사회의 문화예술 독점이나 독재 내지는 전체주의 사회가 추구한 노골적인 문화예술 도구화의 대척점에 있다는 점에서 긍정적으로 평가할 만하다. 지식의 확산에 따라 권력의 배분이 상당히 진전된 것이다. 덕분에 문화예술의 생산과 유통, 소비에 있어 그 시도가 없었다면 불가능했을 많은 발전들이 있었다.

그러나 여전히 문제는 남아 있다. 문화예술 창작과 향유의 양적 극대화를 통한 평등주의적 문화정책 지향과 우수한 문화예술 창작과 소비를 통한 질적 우수성을 지향하는 목적론적 문화정책의 성격문제의 대립이 그것이다. 18세기에 혁명이나 그에 갈음하는 정치, 경제, 사회의 급진적 개혁운동과의 연관성에 의해, 무엇보다 일부의 상류층에 집중되어 있던 문화예술적 산물과 지식을 만민에게 공개하고 극대화하는 방식에 의해 평등주의적 공리주의를 지향하는 것으로 보였으나, 속내를 들여다보면 그 지향점은 목적론적 공리주의의 형태를 띠고 있음을 확인할 수 있었다.

이는 당대 지식인의 문명화 사명이나 계몽주의 추구의 방편으로 문화정책이 수립된 역사적 한계로 여겨진다. 그러나 한편으로 고급예술의 대중화, 즉 문화의 민주화 과정에서 간과하기 쉬운 수월성의 추구나 전통을 지킨 측면을 평가할 수도 있겠다.

전반적으로 오늘날의 문화정책은 확연하게도 의무론적 수행, 즉 평등주의적 공리주의 지향으로 바뀌어 가고 있다. 한국 문화정책 프로그램 역시, 그 수행의 질적 평가는 차치하더라도, 많은 경우 제작과 소비를 망라하는 전 영역에서 다수에게 기회를 주는 것을 목표 일반으로 여기는 인식은 민(民), 관(官)에 확산되고 있다.

큰 틀에서 문화예술-지식의 확산은 좋음을 상정하고 그것의 확산을 옳음으로 보는 관점에서 확산 자체에 좋음과 옳음의 가치를 부여하는 방향으로 변해왔다고 할 수 있겠다. 문화예술-지식이 공리주의 추구의 대상이 된다면 피할 수 없는, 롤즈의 표현을 빌자면 아리스토텔레스적이고 니체적인 완벽주의의 요구를 피할 수 있게 된 것이다.

문화예술-지식이 더 이상 소수 엘리트에 집중되어 있지 않은 포화의 상태라고 볼 수도 있으며, 확산의 대상인 문화예술-지식 자체의 정의와 그에 대한 인식이 과거의 엘리트주의적 시각에서 대중문화와 미디어 발전에 의해 변화한 것도 원인이 될 수 있겠다. 여기에 취향의 다양화와 가치 상대주의까지 더해지며 문화 공리주의적인 '좋음'을 상정하고 사회적 합의를 도출하기가 쉽지 않은 시대다.

애써 좋음을 상정 한다 쳐도, 지금의 시기는 인터넷과 같은 첨단 미디어의 보급력, 다시 말해 전자적 방식의 동시다발적 극대화 체제의 막강한 힘에 의해 극대화를 옳음으로 보고자 하는 목적론적 관념이 무력화될 만한 것으로 보인다. 문화예술-지식 확산에 국한하여 보자면, 가치판단 이전에 지나치게 빠른 기술적 진보에 의한 일종의 문화지체가 일어나는 것일 수도 있겠다. 너무 많은 정보들이 너무 빨리, 광범위하게 확산되는 시대, 새로운 가치체계는 정립되지 못했고, 개개인의 미학적 기준이나 도덕률은 막무가내로 변화한 세상에 적응이 되지 못한 상태다. 문화예술-지식 확산의 관점에서 무엇을 옳음이나 좋음으로 보아야 하는지에 대한 인식이 정립되지 못한 것이 아닌가 하는 관점이다.

어떤 경우에도 문화정책은 목적론적 공리주의에 대한 요구를 완전히 도외시할 수 없어 보인다. 또, 의무론적이고 평등주의적인 공리주의에 대한 수요와 트렌드 형성은, 독점의 반대로서가 아니어도 평등이 가진 본연적 가치에 대한 갈구가 있음을 방증하는 듯하다. 문화정책의 공리주의 논의는 이러한 서로 모순되는 양자가 조화를 이룰 때 진정한 의미의 문화예술-지식의 확산이 가치를 지니게 될 것임을 시사하고 있다.

참고문헌

강준호, 「극대화와 공리주의적 평등 개념」, 『대동철학』 제27집, 2004.

샌델(M.), 『정의란 무엇인가』, 김영사, 2010.

쉬퇴리히(H.), 『세계철학사(下)』, 하재창 옮김, 배재서관, 1990,

킴리카(W.), 『현대 정치철학의 이해: 자유주의, 맑스주의, 공동체주의, 시민권이론, 다문화주의, 페미니즘』, 장동진 외 옮김, 동명사, 2006.

푸코(M.), 『감시와 처벌: 감옥의 탄생』, 오생근 옮김, 나남, 1994.

히틀러(A.), 『나의 투쟁』, 서석연 옮김, 범우사, 1989.

Ahearne(J.)/Bennett(O.)(ed.), *Intellectuals and Cultural Policy*, Routledge, 2007.

Alexander(E.), *Museum Masters: Their Museums and their influence, Nashville*, The American Association for State and Local History, 1983.

Alexander(E.)/Alexander(M.), *Museums in Motion: An Introduction to the History and Functions of Museums*, AltaMira Press, 2007.

Bennett(T.), *Culture: A Reformer's Science*, Sage, 2005.

Brink(D.), "Utilitarian Morality and the Personal Point of View", *Journal of Philosophy*, Vol.83, No.8, 1986.

Cole(H.), *Fifty Years of Public Work of Sir Henry Cole*, K.C.B., *Accounted for in his Deeds, Speeches and Writings*, Gorge Bell and Sons, Vol.2, 1884.

Crook(M.), *The British Museum*, Praeger, 1972.

Gaither(E.), "Voicing Varied Opinions", *Museum News*, Vol.68, No.2, 1989.

Goode(G.), *The Principle of Museum Administration*, Coultas and Volans, 1895.

Hobsbawm(E.)/Ranger(T.)(ed.), *The Invention of Tradition*, Cambridge University Press, 1983.

Jevons(W.), *Methods of Social Reform*, Augustus M. Kelly, 1883.

Kymlicka(W.), *Liberalism, Community and Culture*, Clarendon Press, 1989.

Ory(P.)/Sirinelli(J.), *Les Intellectuels en France de l'Affaire Dreyfus à nos jours*, Armand Colins, 1992.

Rawls(J.), *A Theory of Justice*, Havard University Press, 1971.

Smith(A.), *The Glasgow Edition of the Works and Correspondence of Adam Smith*, Vol.3, Wightman(W, p. D)/Bryce(J. C.)(ed.), Claredon Press, 1980.

Strong(R.), *Art and power*, Boydell Press, 1984.

Tyler(E.), *Primitive Culture*, 2vols. (7th ed.), Brentano's., [1871]1924.

Upchurch(A.), "Keynes's legacy: an intellectual's influence reflected in arts policy", *International Journal of Cultural Policy*, Vol.17, No.1, 2011.

제4장 이야기산업과 지식

김희경

[내용요약] 본 연구는 지식정보 및 이야기와 스토리텔링이 어떻게 이야기산업에 적용되었으며, 이야기산업의 범위와 그 분야는 무엇인지, 이야기산업의 효과는 어떠한지, 그리고 스토리텔링이 스토리두잉 및 게이미피케이션과 만나 이야기산업을 어떻게 발전시키고 있는지를 고찰해보는 것을 목표로 한다. 여기에서는 이야기와 스토리텔링을 기반으로 한 이야기 '산업'에 초점을 맞춰 그것의 실체와 현주소를 짚어보고자 한다.

1. 이야기 시대에서에서 스토리텔링의 시대로

인간은 항상 이야기를 말해왔다. 오늘도 우리는 아침에 눈을 떠서부터 자기 전까지 여러 사람들과 다양한 이야기를 했을 것이다. 어제 있었던 이야기를 함으로써 자신의 경험을 이야기하고, 며칠 전 봤던 드라마나 영화이야기를 친구에게 하면서 콘텐츠 스토리를 전달하고, 전화로 업무이야기를 하기도 하며, 선생님으로부터 수업을 듣고 질문하면서 특정 과목에 관한 지식이나 세상의 이치를 배우기도 한다. 그러므로, 이야기를 말하는 것은 우리가 사실·경험·지식을 어떻게 전달하고, 어떻게 배우며, 다른 사람과 어떻게 소통하느냐 하는 것이다.

말하기로부터 시작한 소통은 미디어와 기술의 발달로 인해 그리기, 쓰기, 보기, 하기 등 다양한 방법으로 진화해왔다. 진화의 결과는 단순히 개인이 자기이야기를 표출하기 위한 그림, 책으로 만들어지다가 오늘날 영상콘텐츠, 출판콘텐츠, 공간콘텐츠, 지역콘텐츠, 관광콘텐츠, 도시재생콘텐츠 등 콘텐츠산업으로 발전하여 공공이 향유하는 대상이 되었다. 즉, 이야기가 이야기산업이 되어 경제재, 공공재, 정보재의 역할을 수행하고 있다. 이야기가 산업이 되었다는 것은 그것의 상품으로서의 가치가 있다는 뜻이다. 관광지에 가서 문화유적을 보고 오는 것이 아니라 그 속에 있는 역사적, 문화적 이야기를 습득하는 것이다. 축제에 가서 먹고 마시다가 오는 것이 아니라 축제의 유래와 의미, 축제 프로그램 속의 이야기를 향유하는 것이다. 이야기가 이야기산업이 된 데에는 스토리텔링의 공이 크다. 스토리텔링, 즉 이야기하기가 현대사회에 이르러 새롭게 등장한 것이 아니라 우리의 이야기하기는 늘 있어왔지만 양질의 디지털기술, 플랫폼, 미디어의 발달은 이전과 다른 이야기하기 방식을 요하게 되었다. 그래서 스토리텔링 앞에 디지털 스토리텔링, 비주얼 스토리텔링, 인터렉티브 스토리텔링, 체감형 스토리텔링 등의 용어가 등장하였다.

따라서 본 연구에서는 첫째, 인간은 이야기하는 존재, 둘째, 지식기반과 스토리텔링의 시대, 셋째, 이야기산업, 넷째, 스토리텔링, 스토리두잉과 게이미피케이션과의 조우의 순으로 이야기산업의 의미와 향후 방향을 살펴봄으로써 이야기산업을 통한 지식과 경험의 습득과정을 짚어보고자 한다.

2. 인간은 이야기하는 존재

스페인 알타미라 동굴 벽화나 프랑스 라스코 동굴 벽화에 그려진 수많은 동물과 인간의 움직임은 고대인들이 당시의 생활모습과 주변 환경을 그림으로 말하고 있는 것이다.

이렇게 봤을 때, 인간이 동굴 벽에 그림을 그린 이후부터 인간은 이야기를 말해왔다고 할 수 있다. 이에 대해 미국 철학자 오웬 플러너갠(Owen Flanagan)은 "우리는 타고난 이야기꾼, 즉 스토리텔러"라 하였다. 어린아이를 살펴보면, 현재의 시공간에 있으면서도 환상의 나라를 만들어내는데 탁월한 능력을 발휘한다. 왕자나 공주가 되기도 하고, 어떤 시나리오가 없어도 인형이나 꽃과 자연스럽게 대화할 수 있으며, 때때로 일인 다역을 하며 환상이나 동화의 나라를 만든다. 어린아이에게 이야기는 이처럼 놀이 그 자체이며 여기에 픽션의 3요소인 인물, 사건, 배경이 다 들어있다.

그러므로 인간은 호모 나랜스(Homo Narrans), 즉 이야기하는 존재이다. 인간은 여러 형태로 말하고, 표현하고, 소통한다. 이것들을 통틀어 '담화'라고 하는데 서구에서는 전통적으로 설명, 논증, 묘사, 서사의 네 가지 양식으로 나눈다. 이 중 서사는 사건의 서술을 가리키는 것으로 넓은 의미의 이야기이다.[1] 비디오 게임 디자이너이자 작가인 제임스 월리스(James Wallis)는 "인간은 이야기를 좋아한다. 우리 뇌는 서사를 즐기고 서사로부터 배울 뿐 아니라 서사를 만들어 내고 싶어 하는 마음을 타고났다. 마음이 추상적 패턴을 얼굴로 인식하듯 우리의 상상력은 사건의 패턴을 이야기로 인식한다"[2]고 하였다.

왜 이토록 우리는 이야기를 하고, 만드는 것을 좋아할까? 본능적으로 타고났기 때문이라는 답 이외에 첫째, 이야기가 인간 삶의 거의 모든 측면과 맞닿아 있기 때문일 것이다. 고고학자들은 돌과 뼈에서 단서를 캐내어 과거에 대한 전설로 엮어내고, 역사학자는 정사이든 야사이든 역사적 이야기를 찾아내어 당대인의 모습을 밝혀낸다. 심지어 마케팅과 광고에 종사하는 사람들은 생수 에비앙이나 지포라이터처럼 제품을 가장 잘 알리거나 팔 수 있도록 하기 위해 감동적인 서사를 만들기도 한다.[3] 또한 대선이나 총선 때 정

1) 최시한, 『스토리텔링, 어떻게 할 것인가』, 문학과 지성사, 2015, p.24.
2) James Wallis, "Making Games That Make Stories", *In Second Person: Role-Playing and Story in Games and Playable Media*, MIT Press, 2007, p.69.
3) 조너선 갓셜, 『스토리텔링 애니멀』, 노승영 옮김, 민음사, 2014, p.36.

치인들이 공약 이상으로 내세우는 것이 자신의 고생담 혹은 선행담을 들려줌으로써 유권자의 표를 유도하기도 한다. 둘째, 이야기는 실제 고단한 삶의 도피처의 기능을 하기도 한다. 오늘날 많은 드라마는 신데렐라형 이야기를 하고 있다. 불우한 환경에 있던 주인공이 누군가의 도움으로 행복한 삶을 산다는 이 유형은 실제 우리 삶에서 착한 사람이 꼭 복을 받고, 나쁜 사람은 반드시 벌을 받지 않는다는 점에서 이율배반적이긴 하지만 우리가 바라는 이상향을 허구세계에서 그림으로써 현실에서 벗어날 수 있는 기회를 준다. 셋째, 이야기를 하고, 만들고, 그것을 즐김으로써 우리가 해보지 못하고 가보지 않은 또 현실세계에는 존재하지 않는 캐릭터와의 조우를 통해 각종 인간의 문제를 시뮬레이션할 수 있기 때문이다.

3. 지식기반과 스토리텔링의 시대

1) 지식기반사회

현대사회는 컴퓨터는 물론, 인터넷, 모바일, SNS 등 다양한 정보통신기술의 비약적 발전으로 지식과 정보의 가치가 정치, 경제, 사회 전반에 걸쳐 영향력이 커지게 되었는데 이를 지식기반사회라고 한다. 그러나 무조건 많은 지식과 정보를 소유하는 것이 지식기반사회를 의미하지 않는다. 질 높은 지식을 선별하고 그것을 어떻게 활용할 것인가 하는 것이 중요하다. 원래 지식은 단순히 무엇에 대해서 아는 것만을 의미하는 것이 아니라, 아는 것을 바탕으로 무엇인가를 새롭게 창출하고 조직화·체계화하는 것을 말한다. 지식정보의 대두는 시대의 변화를 의미한다. 20세기는 노동집약시대 혹은 노동중심사회라 불리었지만 21세기는 정보와 지식이 부를 창출하는 시대가 되어 지식기반사회 혹은 지식경제사회라고 부르면서 지식정보를 문화적 자본으로 명명한다.

우리가 지식과 정보를 받아들이는 경로와 방법은 매우 다양하다. 어렸을 적 부모님이 들려주는 세상의 크고 작은 이야기, 동화책의 수많은 지식, 유치원과 학교를 다니면서 선생님과 친구와의 소통을 통해 습득하게 되는 다양한 분야의 지식, 졸업 후 일을 하게 되면서 얻게 되는 직무지식, 그리고 우리가 콘텐츠를 즐기면서 얻게 되는 각종 정보 등 우리는 평생 정보와 지식의 울타리에서 살고 있다고 해도 과언이 아니다. 생산자입장에서는 이렇게 많은 정보를 어떻게 하면 가장 효율적으로 소비자(사용자, 수용자)에게 전달할 것인가가 관건이다. 쏟아지는 정보를 빅데이터라고 지칭하고 그것을 데이터 마이닝, 즉 어떤 패턴이나 규칙으로 체계화하는 과정을 거쳐 사회의 트랜드나 사람들의 연령, 성별, 거주지에 따른 삶의 모습을 진단하기도 한다. 그리고 이것을 시각적으로 보여줄 때 인포그래픽을 사용하여 이미지텔링한다. 이것은 정보가 가지고 있는 이야기를 어떻게 전달할 것인가에 초점이 맞춰져 있는 것이다. 이를 위해 우선 정보 속에 내포된 이야기를 끄집어 낼 수 있어야 하고, 그것이 어떤 맥락을 가지고 있는지를 텔링해야한다. 여기에서 스토리텔링의 중요성이 강조된다. 우리 곁에 산재한 정보는 그야말로 로우 데이터이다. 그것은 지식이 될 수 없고, 어떤 연관성을 파악할 수도 없다. 앞에서 인간은 이야기하는 존재라고 한 것처럼 스토리텔링으로 데이터간의 관계지점을 만들어 의미를 파악할 수 있어야 한다.

2) 스토리텔링의 중요성

넓은 의미의 이야기는 문학이라는 특정한 분야에 한정적이지 않고 매체의 제한도 받지 않는다. 따라서 어떤 사건에 관한 증언, 신문기사, 뉴스, 역사, 드라마, 만화, 다큐멘터리, 영화, 연극, 뮤지컬, 무용, 박물관, 테마파크 등의 이야기가 다 여기에 속한다.

인류는 계속해서 과학기술을 발전시켜왔는데 특히 20세기 후반에 들어서면서 아날로그에서 디지털로의 변화, 네트워크의 발달, 컴퓨터와 인터넷의 대중화, 멀티미디어 및 유비쿼터스 환경, 소셜네트워크 서비스, 스마트폰 이용의 증가, N스크린 환경의 도래 등 다양한 미디어와 플랫폼을 통해 정보와 지식을 얻고, 다른 사람과 공유하며, 심지어 우리 스스로가 이야기를 만들어내고 그것을 콘텐츠라는 결과물로 만드는 시대가 되었다. 또한 과거 신문이면 신문, TV면 TV의 단일콘텐츠가 단일미디어로 서비스되던 시대에서 이제는 신문기사, TV드라마, 영화정보, 박물관 전시정보, 의학정보, 광고 등이 스마트폰으로 흡수되는 컨버전스 현상이 대세를 이루고 있다.

이러한 미디어의 융복합 현상은 이야기를 하는 방식에도 변화를 가져왔다. 이것이 십여 년 전부터 지금까지 콘텐츠 생산과 향유에 지대한 영향을 미치고, 학계와 산업계에서 빠지지 않고 등장하는 스토리텔링(storytelling)이라는 것이다. 원래 스토리텔링이라는 용어는 아동들의 교육에 많이 활용되어온 것으로 어떠한 이야기(story)를 지니고 있는 화자(teller)가 음성과 소품을 활용하여 청자(listerner)에게 들려주는 방식을 말하였다.[4] 즉, 스토리텔링은 이야기를 서술하는 행위로 이야기하는 방식 혹은 기법에 무게중심이 실려 있다. 스토리텔링은 스토리(story)+텔링(telling)의 합성어로 말 그대로 이야기를 현시점에서 이야기하는 것이다. 즉, 상대방에게 알리고자 하는 바를 재미있고 생생한 이야기로 설득력있게 전달하는 행위이다. 이야기 '하기' 혹은 이야기 '전달하기'는 구술이나 설화처럼 순수하게 입으로 말하는 것뿐만 아니라, 우리가 듣는 대중음악이나 오페라처럼 노래를 통해서, 문학과 같이 쓰기를 통해서, 연극이나 영화처럼 연기와 영상을 통한 보여주기 등도 여기에 해당된다.

스토리텔링이 대중에게 알려지게 된 계기는 1995년에 개최된 '디지털 스토리텔링 페스티벌'로 인터넷 환경의 민주주의적 본성에 기초한 소수의 지식인들이 이 페스티벌을 통하여 모든 사람들이 자기 이야기로 작가가 되어 보자는 새로운 실험을 전개[5]한 이후 여러 분야로 확산되었다.

스토리텔링은 디지털 스토리텔링뿐만 아니라 인터렉티브 스토리텔링, 비주얼 스토리텔링, 이미지텔링, 공간스토리텔링, 마케팅 스토리텔링 등 여러 분야에 스토리텔링이 사용되고 있음을 알 수 있다.

우선 디지털 스토리텔링은 디지털 기술을 매체 환경 또는 표현

4) 이재홍, 『게임 스토리텔링』, 생각의 나무, 2011, p.18.
5) 이인화 외, 『디지털 스토리텔링』, 황금가지, 2008, p.12.

수단으로 사용하여 이루어지는 스토리텔링으로 게임, 모바일 드라마(영화), 웹 콘텐츠 등을 들 수 있다. 디지털 스토리텔링은 상호작용성, 연결성, 복합성이라는 디지털미디어적 특성을 인해 문학과 같은 전통적 스토리텔링과 구분된다.[6] 상호작용성은 미디어와 사용자, 미디어와 미디어 사이에 여러 형태의 상호작용이 가능한 것을 말하고, 연결성은 유무선 연결망을 통해 네트워크에 영향을 받는 것을 말하며, 복합성은 문자, 사운드, 영상 등 여러 가지 형태의 정보가 복합되어 하나를 이루고 있음을 의미한다.[7] 인터렉티브 스토리텔링은 화자 중심의 이야기 전개가 아니라 청자 중심의 이야기 전개라고 할 수 있다. 좀 더 정확히는 청자가 스토리텔링에 영향을 주어서 이야기의 진행 방향을 변경시킬 수 있는 것을 의미한다.[8] 따라서 사용자가 어떤 캐릭터를 선택하고 어떻게 스토리를 조작하느냐에 따라 이야기의 진행과 결론은 다양하게 나타난다. 게임은 인터렉티브 스토리텔링을 적용한 대표적인 콘텐츠이다. 비주얼 스토리텔링 혹은 이미지텔링은 이야기를 그래픽이나 이미지, 혹은 영상로 형상화하여 감성적으로 표현하고 전달하는 형식을 말한다. 공간스토리텔링은 사람들이 물리적인 공간 자체를 체험하는 것이 아니라 그곳에 담긴 다양한 이야기를 경험한다는 것에서 공간을 형성하는 이야기와 물리적이고 감성적인 상징요소들을 이용하여 공간에 대한 이야기를 전개하는 것이라 할 수 있다. 테마파크와 전시관이나 박물관이 여기에 해당한다. 마케팅 스토리텔링은

---

6) *Ibid.*, p.14 참조.
7) *Ibid.*, p.16.
8) 송정란, 『스토리텔링의 이해와 실제』, 문학아카데미, 2006.

제품의 장점이나 특성 등의 기능을 설명하기 보다는 제품의 의미나 실제 이야기를 녹여냄으로써 소비자의 구매를 유도하고 브랜드 인지도를 높이는 마케팅 기법이다. 결국 스토리텔링은 인간의 다양한 이야기를 '이야기 기법'을 활용하여 보다 체계적으로 이야기를 생산하는 과정이다.

이렇게 보았을 때, 스토리텔링이 여러 분야에 적용되어 하나의 기법으로 인식되는 것은 산업과 연관이 있다. 단순히 이야기를 하는 것에서 나아가 생산자에게는 콘텐츠나 제품의 생산, 그리고 판매를 통한 이윤창출을 수용자에게는 콘텐츠나 제품의 향유나 구매를 통한 재미와 가치의 극대화를 위해서 스토리텔링이 필수요소처럼 활용되고 있다.

4. 이야기산업

1) 이야기산업의 개념과 특성

이야기가 오늘날 콘텐츠나 제품 제작에 있어 중요한 원천자료로 여겨지고 있다. 이것은 이야기가 이야기산업이 된 것을 의미한다. 이야기산업이란 상상력과 창의성의 원천인 이야기의 조사·발굴·기획·개발·창작·유통·거래 등과 관련한 산업 및 이야기를 기반으로 한 상품과 기법을 통해 부가가치를 창출하는 산업[9]을 말한다. 이야기가 우리의 삶을 반영하고, 재미를 주는 것 외에도 재화로서 정보재

9) 최도인 외, 『2014이야기산업 실태조사』, 한국콘텐츠진흥원, 2014, p.12.

의 특성을 가지고 있다는 의미이다.

정보재는 정보로 이루어진 재화를 말하며 먹거나 사용함으로써 소비되는 상품이 아니라 눈과 귀로 인지함으로써 소비되는 무형의 재화이자 지적재산으로 영화, 음악, 책, 만화 등이 여기에 속한다. 이야기가 정보재인 이유는 이야기가 담긴 매체 자체가 상품이 아니라 그 매체 속에 담긴 글과 그림으로 이루어진 정보가 바로 상품이기 때문이다. 이야기의 상품으로서의 가치는 소비자에게는 효용을 제공하고, 기업에는 해당 산업의 성장에 기여하는 것이다. 결국 이야기가 누군가에게 필요한 지식정보가 되는 것이다.

또한 이야기산업은 타 산업에 미치는 연쇄효과(linkage effect)가 큰 산업이기 때문이다. 연쇄효과란 어떤 한 산업의 생산 활동이 타 산업의 창설 또는 그 생산 활동의 확장을 가져오게 하는 경제적인 파급효과를 의미하는데 이야기산업은 콘텐츠산업에 활용되는 원작산업으로서의 가치를 평가받고 있는데 이는 이야기라는 콘텐츠가 타 콘텐츠산업에 투입되는 투입재로 공급이 되어 다른 콘텐츠 산업의 생산을 촉진시키는 파급 효과를 가지고 있는 산업이라는 의미이다.

그리고 원작 이야기는 영화, 방송, 애니메이션, 게임, 공연, 관광, 테마파크 등 다양한 콘텐츠로 활용되어 경험의 확장이 일어난다. 원작은 원작대로 가치를 가지면서 다른 미디어와 플랫폼에 적합한 이야기로 각색되면서 새로운 경험을 하게 되기 때문이다.[10)]

이러한 이야기의 경제적 효과를 스토리노믹스(storynomics)라고

---

10) 고정민 외, 『이야기산업의 경제적 효과 연구』, 한국콘텐츠진흥원, 2014, pp.10-12.

한다. story와 ecnomics의 합성어로 아직 사전에 등재되지 않은 용어이지만 우리가 잘 아는 단어의 조합이라 의미를 파악하기에 어렵지 않다. 우리말로는 '이야기 경제', '이야기를 통한 가치창출' 등으로 해석할 수 있다. 스토리노믹스를 주장한 사람은 마케팅 전문가이자 작가인 수잔 기넬리우스(Susan Gunelius)이다. 그는 저서 『스토리노믹스-상상력이 만드는 거대한 부의 세계』에서 해리포터의 경제유발효과를 분석하면서 "스토리산업이야말로 최고의 미래 비즈니스가 되고, 스토리를 콘텐츠 산업으로 연결시킬 경우, 스토리노믹스의 금맥을 만날 수 있다."고 하였다. 그렇다면, 콘텐츠분야에서 스토리노믹스의 범위가 어디까지인지 살펴보도록 한다.

2) 이야기산업의 범위와 분야

어디서부터 어디까지가 이야기산업인가 하는 범위설정은 이야기산업의 산업적 특성을 고려해야할 필요가 있다. 이야기산업은 이야기라는 상품이 가지고 있는 특성으로 인해 콘텐츠나 상품으로 완성되기 전 단계의 산업 활동, 완성되어 최종 소비자에게 유통 및 소비되는 것뿐만 아니라 타 산업에 활용되는 부문까지 모두 포함한다.

『2014 이야기산업 실태조사』는 이야기산업의 범위를 이야기가 관계 맺는 산업 분야를 기준으로 기초 이야기산업, 콘텐츠 이야기산업, 일반 이야기산업의 3가지로 분류한 바 있다. 기초 이야기산업은 이야기 원천소재의 조사와 발굴, 이야기의 기획과 개발 등 이야기가 콘텐츠 또는 상품으로 기획 및 제작되기 이전 단계의 산업 활동을 포함하며, 이야기 자체가 상품으로 기능하는 분야를 지칭한다. 다음으로 콘텐츠 이야기산업은 이야기가 콘텐츠 산업과 관계하여 산업화되는 분야를 지칭하는 것으로 현재 가장 활발하게 산업화되는 분야를 말한다. 그리고 일반 이야기산업은 이야기가 콘텐츠 산업을 제외한 나머지 산업 분야에서 상품 마케팅 및 회사 브랜딩을 위한 요소로 기능하며 산업화되는 분야를 의미한다.

또한 이야기가 각 산업 분야에서 차지하는 위상 및 역할에 따라 5가지로 세분화하였다. 첫째, 기초 이야기산업분야, 둘째, 콘텐츠-핵심 이야기산업 분야, 셋째, 콘텐츠-활용 이야기산업 분야, 넷째, 일반-핵심 이야기산업 분야, 다섯째, 일반-활용 이야기산업 분야가 그것이다.

기초 이야기산업 분야에서의 이야기는 위에서 언급한 대로 그 자체가 상품으로 기능하는 바, 이야기가 지적재산권의 가치를 지닌 상품으로서 유무형의 형태를 가지고 독자적으로 유통 및 소비되는 분야를 말한다. 이 분야는 콘텐츠 산업 및 일반산업의 뿌리산업으로서 기능하며 내용원천인 이야기가 생성되는 범위도 포함한다. 영화진흥위원회의 시나리오 마켓은 이 분야의 이야기가 거래되는 대표적인 곳이다.

콘텐츠-핵심 이야기산업 분야는 이야기가 콘텐츠 창작에 핵심적인 요소로 기능하는 분야다. 산업적으로는 출판, 만화, 영화, 애니메이션, 방송, 공연 등이 여기에 해당되는데 이야기는 해당 산업의 기획과 제작단계에서 활용된다.

콘텐츠-활용 이야기산업 분야에서 이야기는 콘텐츠 창작의 한 요소이나 창작과정에서 부분적 혹은 선택적으로 활용되는 분야를

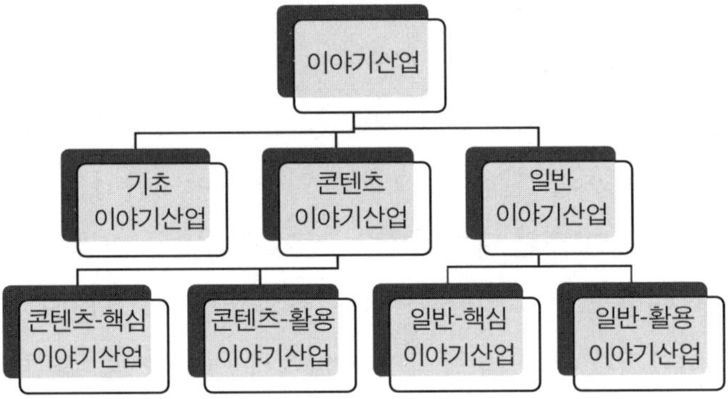

이야기산업의 범위

말한다. 콘텐츠 산업 중에는 음악, 게임, 캐릭터, 광고 산업이 포함되며 이야기는 이들 산업의 기획과 제작단계에서 활용된다. 예를 들면, 게임 산업의 경우 단순한 슈팅게임이나 퍼즐게임은 게임 진행을 위해 별도의 이야기가 필요 없거나 그다지 중요하지 않지만, 대규모 RPG 게임이라면 전체 게임의 줄거리나 게임에 등장하는 캐릭터의 설정을 위해 이야기가 필수적인 요소가 된다.

일반-핵심 이야기산업 분야는 이야기가 콘텐츠 산업이 아닌 타 분야의 중요한 요소로 활용되는 분야를 말한다. 스토리텔링 기법을 적용한 관광산업, 축제, 이벤트, 전시, 교육강연 산업 등이 여기에 해당한다. 이들 산업에서 이야기는 선택적으로 그 활용여부가 결정된다. 이야기를 활용하여 위 산업의 상품을 기획하고 제작한다는 산업의 성패를 좌우할 수 있을 정도로 큰 비중과 역할을 차지하며 최근 스토리텔링을 적용한 상품과 그렇지 않은 상품을 비교하였을 때 고무적인 경쟁력을 갖추고 있어 활용 사례가 확대되고 있다.

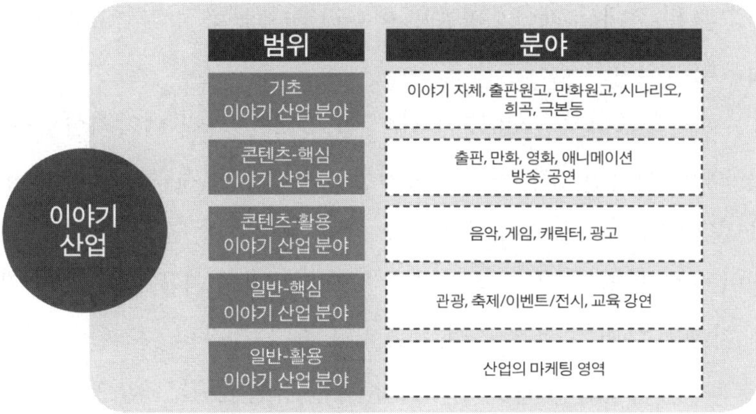

이야기산업의 분야(출처 : 고정민 외, 앞의 글, p.14.)

일반-활용 이야기산업 분야에서의 이야기는 상품 마케팅이나 기업 브랜드 및 이미지 마케팅에서 활용되는 것을 말한다. 이때의 이야기는 상품이나 기업의 가치를 높이기 위해 보조적인 수단으로써 선택으로 활용된다. 왜냐하면 상품이나 기업 및 브랜드 이미지 마케팅을 위해서는 이야기 외에도 고려해야할 상황이 많기 때문이다.[11)]

3) 이야기산업의 파급효과

이러한 범위와 분야에 있는 이야기산업 활동의 가치사슬은 1단계 이야기 원천소재의 조사 및 발굴, 2단계 이야기 기획·개발 및 창작, 3단계 이야기 유통과 거래, 4단계 콘텐츠 매체화 및 상품화, 5단계 콘텐츠 및 상품의 유통과 소비로 이어진다. 이러한 가치사슬의

11) 최도인 외, *op. cit.*, pp.13, 15-16.

선순환은 경제적 파급효과뿐만 아니라 사회문화적 파급효과도 가져온다.

문화체육관광부는 2015년 8월 7일, 2020년까지 이야기산업 규모 5조원을 달성하기 위한 '이야기산업 육성 추진계획(2016~2020년)'을 발표하였다. 이 계획은 콘텐츠 산업 경쟁력의 원천인 이야기에 대한 산업적 접근 및 육성을 통해 창작자들이 수익을 창출할 수 있는 자생적 이야기 환경 조성을 목표로 한다. 정부의 이러한 추진계획은 이야기산업이 계속 경제적 효과를 유발해 왔고 앞으로도 그럴 것이기 때문이다. 2012년 기준 이야기산업의 생산유발효과는 2조 9,539억 원, 부가가치유발효과는 1조 2,587억 원, 취업 유발효과는 2만 9,521명에 이른다.

좋은 이야기의 조사 및 발굴은 향후 다양한 장르의 콘텐츠 창작에 활용될 수 있는 소재가 풍부해진다는 것을 의미한다. 따라서 이야기산업이 다른 산업처럼 기반을 잡게 되면 콘텐츠 산업의 근간 산업이 되어 콘텐츠산업을 굳건하게 만드는 토양이 될 수 있다. 이렇게 만들어진 콘텐츠는 자연스럽게 소비자의 지갑을 열게 한다. 여기서 발생한 수익은 이야기산업과 콘텐츠산업에 투자되는 선순환구조를 형성하게 된다.

양질의 이야기는 영화, 게임, 드라마 등의 핵심 콘텐츠 분야에서 이미 그 위력을 발휘하고 있는 것은 다 아는 사실이다. 특히 각 장르와 미디어의 특성에 맞게 스토리텔링되어 OSMU(One Source Multi Use)로 제작되어 하나의 원천 소스를 가지고 다양한 미디어에서 이야기를 향유하고 있다. 2003년 첫 선을 보인 TV 애니메이션 '뽀로로'는 극장용 애니메이션, 뮤지컬, 책, 테마파크, 완구류, 문구류, 의류 등으로 멀티 유즈되어 십여 년이 지난 지금까지도 큰 인기를 끌어 어린이들의 대통령으로 불리고 있다. 사실 뽀로로가 나오기 전까지는 미키마우스를 비롯한 미국 디즈니계열의 캐릭터를 선호했었다. 그러나 뽀로로 등장 이후 아이들의 집중력과 인성 교육을 향상시키는데 큰 도움이 되어 국산 캐릭터에 관한 부모들의 인식을 바꾸는 계기가 되었다.

최근 국내 이야기의 보고는 단연코 웹툰이다. 웹툰은 하나의 개별적 장르이자 타 장르의 소스로서 그 가치를 발휘하고 있는데 이유는 그림과 글이 함께 있어 이미 스토리보드의 역할을 하고 있으므로 타 장르화하기 매우 용이하기 때문이다. 2012년 웹툰으로 출발한 '미생'은 같은 해 만화책으로 출판되었고, 이후 웹드라마, TV 드라마 시즌 1, 패러디 드라마, 광고, 그리고 다시 웹툰으로 미디어를 가로지르는 트랜스미디어 콘텐츠로 제작되었다. 같은 이야기를 반복하는 OSMU(One Source Multi Use)와는 달리 트랜스미디어 콘텐츠는 이야기를 각 미디어에 맞게 분기한다. 웹툰과 드라마 미생에서의 주인공은 장그래지만 웹드라마 미생에서는 6개의 작품마다 주인공이 각각 다르다. 웹툰에서 조연캐릭터가 웹드라마에서는 주인공으로 변신하고, 오히려 원작의

미생 트랜스미디어 스토리텔링 전략

주인공은 등장하지 않거나 조연으로 등장한다. 따라서 OSMU(One Source Multi Use)는 각색을 중심으로 스토리텔링이 이루어지는 반면, 트랜스미디어 콘텐츠는 트랜스미디어 스토리텔링이 스토리 제작방식으로 사용된다. 콘텐츠 '미생'은 그저 즐기는 콘텐츠로만 인식되는 것에서 나아가 비정규직의 실태와 법제정에 영향을 미칠 정도로 사회적 파급효과가 컸다.

뿐만 아니라 다른 산업 분야의 소재로 사용되기에도 적합하다. 2000년대 이전의 축제가 지역의 특산물이나 생산물 위주의 축제였다면, 이후에는 각 지역이 보유한 문화와 이야기를 스토리텔링화하여 축제로 만든 것이 특징이다. 전자는 유형의 자산을 소재로 한 것이고, 후자는 유무형 자산을 소재로 한 것이다. 유무형 자산을 이야기하기 기법을 통해 축제로 만드는 것은 지역주민뿐만 아니라 관광객들에게 축제와 장소에 대한 기억을 오랫동안 유지하게 한다. 지역축제 스토리텔링은 발신자인 지방정부가 축제장이라는 영역에서 지역과 관련한 이야기를 전시, 공연, 이벤트, 체험, 상품판매 등으로 다양하게 표현하여 공간을 구성함으로써 수신자인 방문객이 축제 메시지를 이해하게 된다. 즉, 정적인 이야기가 방문객의 상호작용적 행위를 통해 동적인 이야기, 지금 여기의 이야기가 되는 것이다. 스토리텔링을 통한 지역 축제의 긍정적인 이미지는 장소애착을 유발하고, 재방문율 향상에도 영향을 주어 결국에는 지역이 하나의 브랜드자산이 되는데 일조하게 된다. 진주남강유등축제는 임진왜란 당시의 진주성 전투를, 수원화성문화제는 정조의 화성행차를, 진주 신비의 바닷길축제는 바닷길 뽕할머니를, 김제지평선축제는 쌍룡과 단야낭자 등 역사적 사실과 전설을 축제 스토리텔링으로 적용하였다. 이러한 축제들은 진주하면 유등축제를, 수원화성하면 정조를 떠올릴 정도로 성공적인 축제의 브랜드화 사례라고 하겠다. 물론, 축제 스토리텔링만이 유일하게 축제를 성공적으로 이끈 요소는 아니지만 사람들의 머릿속에 지역의 고유한 축제를 각인시키고, 역사적 사실이나 설화를 자신만의 지식으로 받아들이는데 스토리텔링이 한몫하고 있다는 것에는 의심의 여지가 없다.

작가이자 영화감독인 폴 오스터(Paul Auster)는 "스토리를 만들고 전달하는 것이야말로 우리가 세상을 이해하고 우리의 삶에 의미를 만들어 낼 수 있는 유일한 방법이다."[12]라고 하였다. 이것은 축제뿐만 아니라 정치·경제·사회 등 인간의 삶과 연계된 많은 영역에 이야기가 확산되고 있다는 것에서 그 의미를 확인할 수 있다. 기업은 신입사원 선발에서 자기소개서를 스토리텔링 방식으로 쓰기를 요구하고, 애플은 단순히 아이폰이나 아이패드를 파는 것이 아니라 애플이라는 브랜드가 가지고 있는 철학, 가치를 이야기한다.

최근 관광이나 공간에 있어서도 스토리텔링이 각광을 받고 있다. 각 지역에는 고유한 이야기를 적어도 하나씩은 가지고 있는 경우가 대부분이다. 과거의 관광이 유명한 관광지를 가보는 것에 그친 반면, 이제는 여기에 공간과 장소에 얽힌 이야기나 새로운 이야기를 만들어 입힌다. 2차 세계대전으로 폐허가 된 영국 코벤트리(Coventry)시는 전쟁과 레이디 고디바의 전설을 스토리텔링으로 엮어 도시 재건에 성공한 사례이다. 초콜릿 브랜드로 알고 있는 고디바는 11세기경의 실존인물로 무거운 세금으로 힘들어하던 농민들

---

12) 클라우스 포그/크리스티안 부츠/바리스 야카보루, 『스토리텔링의 기술: 어떻게 만들고 적용할 것인가?』, 황신웅 옮김, 멘토르, 2008, p.28.

게게게노 기타로의 OSMU 와 장소스토리텔링

을 위해 알몸으로 말을 타고 마을을 돌며 시위를 벌여 결국 영주로부터 감세를 끌어낸 여성이다. 코벤트리시에는 고디바의 동상이 세워져 있고, 많은 관광객들을 그것을 보러 도시를 방문하는 것뿐만 아니라 문학, 미술, 음악, 캐릭터, 상품 등으로 다양하게 재현되었다.

일본 돗토리현에는 '미즈키 시게로 로드'가 있다. 이곳은 사카이미나토역에서부터 혼마치 아케이드까지 800여 미터에 이르는 길로 일본의 대표적인 만화가 미즈키 시게루의 대표작 <게게게노 기타로>의 다양한 오브제인 거울보는 요괴, 등산하는 요괴, 우산 요괴 등 300여 개의 요괴 모형으로 꾸며져 있다. 파출소나 미용실, 은행, 창고, 맨홀뚜껑에는 만화 캐릭터들로 장식이 되어 있고, 길 중간에는 요괴들을 모시는 신사까지 있다. 또한 눈알경단, 눈알비타민, 눈알케이크 등의 먹거리와 택시전광판과 가로등에도 만화 속 눈알아저씨를 상징하는 것들로 가득 차 있다.

<게게게노 기타로>는 일본 전통의 요괴들을 다룬 만화로 일본의 정취를 흠뻑 느낄 수 있는 작품이다. 사실 사카이미나토 시는 갈수록 지역경제가 위축되어 폐점하는 점포가 늘어가던 지역이었는데 이 지역 출신인 미즈키 시게루가 자신의 캐릭터를 길 조성에 사용하게 허락하면서 연간 관광객 수 300만 명에 이르는 도시로 변하게 되었다. 미즈키 시게로 로드는 만화와 애니메이션 이야기와 캐릭터를 원소스로 하여 공간스토리텔링을 통해 장소에 입체적으로 구현함으로써 해외 관광객의 입장에서는 일본의 수많은 신에 관한 정보를 콘텐츠를 통해 흥미롭게 얻을 수 있게 되고, 지역 입장에서는 일본의 민속학과 콘텐츠를 조화시켜 지역경제를 발달시킬 수 있는 스토리노믹스의 모범사례로 인식되고 있다.

5. 스토리텔링, 스토리두잉과 게이미피케이션과의 조우

앞의 사례에서 살펴본 것을 토대로 이야기와 지식 및 정보의 차이점은 다음 표와 같다. 의도를 기준으로 하였을 때, 이야기는 수신자에게 기억되기를 의도하는 것이고, 지식 및 정보는 수신자가 모르는 것을 알게 하기를 의도하는 것이다. 전달을 기준으로 하였을 때, 이야기는 경험을, 지식 및 정보는 사실을, 전달방법을 기준으로 하였을 때, 이야기는 흥미와 감성을, 지식 및 정보는 논리와 이성을, 연속성을 기준으로 하였을 때, 이야기는 연속적인 반면, 지식 및 정보는 단편적이다.

이야기와 지식·정보의 차이점

	의도	전달	전달방법	연속성
이야기	기억	경험	흥미와 감성	연속적
지식·정보	습득	사실	논리와 이성	단편적

그렇다면, 사실과 논리와 이성위주의 지식과 정보 분야에도 흥미와 감성을 자극하는 스토리텔링 방법을 적용하면 해당 분야를 이해하고, 오랫동안 기억하는데 도움이 될 것이라는 결론을 도출할 수 있다. 기억의 강화를 위해서는 단순히 수동적으로 보거나 읽는 것보다는 직접 해 보는 것이 더 효과적이다. 즉, 어떤 것을 체험해 봄으로써 그것의 축적이 경험으로 형성될 때 우리 머릿속에 긍정적으로 각인되고, 우리 생활에서 콘텐츠를 반복적으로 향유하거나 상품을 재구매하게 된다.

이러한 부분을 강화하기 위해 최근 등장한 개념이 스토리두잉(storydoing)과 게이미피케이션(gamification)이다. 사실, 스토리텔링 안에 체험이 이미 들어있기 때문에 스토리두잉이라는 용어를 별도로 언급해야하는 것인가에 관한 견해도 있다. 그러나, 현재 광고와 마케팅에서 활발하게 하나의 기법으로 자리잡고 있는 스토리두잉, 즉 '이야기행하기'는 사람들이 이야기에 참여함으로써 이야기가 전개된다는 점이 핵심이다. 아무리 단순한 것이라도 우리가 수동적으로 무언가를 보기만 할 때와 직접 만져보거나 만들어볼 때 혹은 참여해볼 때 느낌과 가치는 아주 다르다. 스포츠 브랜드 '리복'은 새로운 운동화 브랜드 출시와 함께 '사람들을 움직이게 하자'는 메시지를 전달하기 위해 지하철 펌프 배틀이라는 스토리두잉을 실시하였다. 옥외광고판에 켜지는 펌프 버튼을 빨리 누르는 사람이 이기는 게임으로 승자에게는 새 운동화를 보상으로 그 자리에서 주었다. 이것은 신발에 부착되어 있는 펌프버튼을 눌러보려면 움직여야 가능함을 스스로 인식하게 함과 동시에 기업의 브랜드 메시지를 자연스럽게 체득하게 되는 스토리두잉의 긍정적인 사례이다. 또한 이벤트에 참가한 사람들이 플레이어가 되어 다른 사람과 배틀을 벌인다는 점에서 게임방식을 차용하였다. 이것이 게이미피케이션이다.

게이미피케이션의 주요 골자는 게임이 아닌 영역에 게임 방식을 적용하여 효과를 극대화하는 것을 의미한다. 리복 운동화는 상품이지 게임이 아니다. 그리고 종래의 마케팅 방법에서 체험을 하거나 게임방식을 도입하는 것도 잦은 일이 아님에도 과감하게 도입하여 생산자에게는 매출상승을, 구매자에게는 운동욕구와 브랜드 인지도 강화라는 기대효과를 낳았다.

제품 뿐만 아니라 문화콘텐츠 분야에도 조금씩 그 사례가 등장하고 있다. '북촌맹사성'은 2015년 12월 5일에 북촌에서 열렸던 역사문화체험프로그램이다. 기존의 역사문화체험프로그램이 가이드를 따라다니며 해설을 듣는 방법이었다면 이 프로그램은 참여자들이 서로 팀을 이루고, 각자 역할을 맡아 스마트폰에 나오는 미션을 블루투스를 이용하여 수행하는 방식으로 북촌의 숨은 명소와 스토리를 이해하는 방식으로 전개되었다. 미션수행이 완료되면 청백리상이 보상으로 주어진다. 역사문화정보를 습득하는 기존의 과정이 3인칭 시점이었다면 '북촌맹사성' 게임은 1인칭 시점이다. 드라마와 영화의 주인공은 내가 아니며 온라인 게임에서도 나를 대신하는 에이전트가 내 역할을 하는 반면, 이러한 체험식 게임에서의 주인공은 '내'가 된다. 자신이 주인공이라는 것은 지식습득, 기억유지, 그리고 콘텐츠 몰입에 가장 좋은 방법이라고 할 수 있다.

최근 '플립 러닝(flipped learning)', '거꾸로 수업(교실)'이라는 수업 방식이 회자되고 있다. 말 그대로 기존의 교수자가 수업내용을 일방적으로 텔링하는 방식과는 반대로 진행하는 방식으로 교수자의 강의내용은 미리 동영상으로 학습자들이 보고, 거기서 궁금한 점을 교실에서 다른 학습자들과 함께 서로 묻고, 검색하고, 토론하면서 해결해나가는 것을 말한다. 기존 방식의 교수자의 수업을 학생들이 수동적으로 듣기만 했기 때문에 재미가 없었고, 학습자의 이해능력차이를 고려하지 않았지만 이 방식은 다같이 참여하기 때문에 흥미롭고 자기주도학습을 실천할 수 있다는 장점이 있다. 교수자는 플립 러닝 영상에서 퀴즈나 미션을 부여하여 게이미피케이션을 수업에 적용하고, 학생들은 이를 해결하기 위하여 능동적으로 움직여 수업의 주인이 되는 스토리두잉을 실천하게 된다.

2000년도 초반부터 지금까지 스토리텔링은 콘텐츠 만족도와 제품의 매출상승에 만능인 것처럼 보인다. 그래서 혹자는 현대를 과잉 스토리텔링 시대라고 부르기도 한다. 심지어는 단순한 스토리와 스토리텔링을 구분하지 않고 모두 스토리텔링으로 여기기도 한다. 이야기가 산업으로 효과를 발휘하는데 스토리텔링이 기여하는 것은 분명하다. 그러나 그것이 전부인 것은 아니다. 향유자의 개인적 요구와 가치, 시대의 트랜드와 이슈, 기타 여러 가지 이유 등 스토리텔링이 아닌 요소도 콘텐츠와 제품의 성공에 중요한 요소로 작용한다. 그러므로 스토리텔링만 고집할 필요는 없다.

이렇게 봤을 때 스토리두잉과 게이미피케이션, 스토리텔링은 길항관계에 있는 것이 아니라 상보관계에 있는 것이라 할 수 있다. 세 가지의 핵심은 메시지의 전달을 통한 소통의 극대화이다. 스토리텔링만으로 부족한 것을 스토리두잉과 게이미피케이션이 채워줄 수 있고, 스토리두잉을 하고 싶은데 적절한 스토리가 없을 경우 스토리텔링을 통해 이야기를 풍부하게 할 수 있다. 스토리두잉만으로는 재미없는 체험이라고 판단될 때 게이미피케이션을 적용할 수 있다. 즉, 스토리텔링이 그것만의 굳건한 영역을 쌓는 폐쇄적 성격을 띠기 보다는 다른 것과 조우할 수 있는 개방적 태도로 나아가야 할 것이다.

참고문헌

고정민 외, 『이야기산업의 경제적 효과 연구』, 한국콘텐츠진흥원, 2014.

송정란, 『스토리텔링의 이해와 실제』, 문학아카데미, 2006.

이인화 외, 『디지털 스토리텔링』, 황금가지, 2008.

이재홍, 『게임 스토리텔링』, 생각의나무, 2011.

조너선(G.), 『스토리텔링 애니멀』, 노승영 옮김, 민음사, 2014.

최도인 외, 『2014 이야기산업 실태조사』, 한국콘텐츠진흥원, 2014.

최시한, 『스토리텔링, 어떻게 할 것인가』, 문학과지성사, 2015.

클라우스(F.)/크리스티안(B.)/바리스(Y.), 『스토리텔링의 기술: 어떻게 만들고 적용할 것인가?』, 황신웅 옮김, 멘토르, 2008.

James(W.), "Making Games That Make Stories", *Second Person: Role-Playing and Story in Games and Playable Media*, MIT Press, 2007.

제4부

KNOWLEDGE

동서양의 지식관 비교

제1장 동아시아의 지식형태와 공공성

조성환

[내용요약] 전통시대 동아시아에서 지식의 정통성은 항상 '성인'에게 있었다. 학문영역에서 공적인 논의와 사적인 주장은 대부분 성인의 말씀에 의탁하여 전개되었는데, 이러한 사상형태를 나타내는 개념이 '성교(聖教)' 즉 '성인의 가르침'이다. 그런 의미에서 동아시아에서 가장 보편적인 지식은 '성인의 가르침'이었다고 해도 과언이 아니다. 이 '가르침'의 사상형태는 누구나 노력하면 모두 성인이 될 수 있다는 믿음과 만인을 구제할 수 있는 사상이야말로 공공적인[1] 진리라고 하는 가치판단에 기초하고 있다. 이러한 '가르침'을 수용하는 입장에 있던 한국은, 한편으로는 그것을 몸소 실천하여 완전한 인격의 확립과 이상적 국가의 수립을 지향하면서도, 다른 한편으로는 그것들을 바탕으로 새로운 사상을 만들고자 하는 '회통적' 시도를 병

1) 여기서 '공공적'이란, 적어도 이념적으로는, '누구나 공유해야 하고 추구해야 하며 모두를 위하는' 이라는 뜻으로 사용하였다. 원래 '공공(公共)'이라는 한자어는 사마천의 『사기』에 처음 나오는 말로, '모두가(公) 공유하는(共)'이라는 뜻이다. 이에 대해서는 김태창 편저, 『상생과 화해의 공공철학』, 조성환 옮김, 동방의빛, 2010과 조성환, 「공공」, 김재익 외, 『지금 이 순간 청소년 인문학』, 책담, 2016을 참고하기 바란다.

행하였다. 후자의 전통은 신라시대의 최치원에서 시작하여 조선후기의 다산 정약용, 그리고 일제시대의 원불교 등에서 찾아볼 수 있는데, 바로 이러한 지적 모험이야말로 전통시대 한국인이 추구한 공공적 지식의 이상적인 형태라고 할 수 있다.

1.제자백가와 중국철학의 탄생

흔히 『중국철학사』 개론서에서 중국철학의 탄생은 춘추전국시대(기원전 8세기~3세기)의 제자백가에서 찾고 있다. '제자백가(諸子百家)'란 '수많은 선생과 온갖 학파'라는 뜻으로, 주(周)나라의 봉건적 통치체제가 흔들리고 새로운 정치질서가 대두되는 시점에서 등장한 다양한 사상가집단을 가리킨다. 우리로 말하면 조선말기에 성리학 체제가 흔들리면서 동학을 비롯하여 대종교, 증산교, 원불교와 같은 다양한 종교단체가 탄생했던 것과 유사하다고 할 수 있다. 이들 민족종교들이 하나같이 '개벽'이라는 사상을 공유하고 있었다면, 중국의 제자백가는 예외 없이 '도'를 주장하고 나왔다는 데에 그 특징이 있다. 여기서 '도(道)'란, 채드 한센(Chad Hansen)이 'Guiding Discourse'라고 영역한 것으로부터 알 수 있듯이, 제왕이 천하를 경영하기 위한 '안내지침' 내지는 '지도이념'을 의미한다. '도'의 핵심적인 내용은 학파마다 조금씩 달랐는데, 가령 유가에서는 '예(禮)'를, 도가에서는 '무위(無爲)'를, 묵가에서는 '겸애'를, 법가에서는 '법'을 각각 혼란한 세상을 바로잡을 수 있는 최고의 방법[道]이라고 생각하였다.

이하 본문에서는 유가의 '도'가 한대(漢代)에 천하를 교화하기 위한 교육시스템, 즉 '교(敎=Teaching)'로 구체화되고, 이것을 바탕으로 중국에 유불도 삼교(三敎)가 정립되는 과정을 고찰하고자 한다. 아울러 이러한 '성인의 가르침'[2]의 사상형태에서 공공적이라고 간주되었던 지식은 어떤 것이었으며, 그것을 중국으로부터 수용하는 입장에 있었던 한국에서는 어떤 지적 노력이 추구되었는지에 대해서 살펴보고자 한다.

2. '성인의 가르침'의 탄생[3]

춘추전국시대의 혼란기를 끝내고 천하를 통일한 것은 제자백가 중에서 '법가' 사상을 채택하여 개혁을 추진한 진나라였다. 그러나 진나라는 너무나 급진적인 개혁과 과도한 정책 탓에 불과 15년 만에 멸망하고 말았다. 그 뒤에 다시 천하를 통일한 것은 항우와의 싸움에서 승리한 유방이었다. 유방에 의해 건설된 한나라(기원전 2세기~기원후 2세기)는 '유학'을 통치이데올로기로 채택하고, 무제(武帝) 때에 이르면 유학에서 숭상하는 "성인들의 가르침을 통한 천하 교화"라고 하는 새로운 통치형태를 고안한다. 이것이 이른바 역사서에서 말하는 '유교의 국교화'라는 사건이다.

2) '성인의 가르침'이라는 개념은 전국시대 말기의 『순자』에 등장하는 "성치(聖治)」편에 나오는 "聖人之敎(성인지교)"라는 용례가 처음인 것 같다.
3) 이하에서 전개되는 '교(敎)'에 대한 논의는 小林正美, 「三敎交涉における'敎'の観念」, 『六朝道教史研究』, 創文社, 1990과 조성환, 「중국적 사상형태로서의 교敎」, 『철학사상』 제11·12집, 2007을 참조.

유교의 국교화는 제자백가 중의 하나에 불과하였던 '유학'의 '지도이념[道]'이 천하를 교화할 수 있는 '가르침[敎]'으로 채택되어 정치적으로 제도화되기 시작하였음을 뜻한다. 동시에 그것은 유교만이 국가에서 인정한 유일한 '공식적 이념(official doctrine)'이라고 하는 '일교(一敎)시대'의 개막을 의미하기도 한다. 여기에서 주의해야 할 점은 '교(敎)'가 의미하는 바가, '신'과 같은 초월자나 '궁극적 존재'를 추구하는 'religion'으로서의 '종교'라기보다는, 모든 사람들을 이상적인 인간으로 만들기 위한 일종의 제도화된 '교화프로그램'이라는 사실이다. 따라서 지식이 지니는 공공적 가치도 자연히 '교화'라는 행위에 초점이 놓이게 된다. 즉 모든 이들을 성인(=이상적인 도덕적 인간)이 될 수 있게 하는 지식이야말로 가장 가치있는 앎으로 여겨지게 된 것이다. 이 '교(敎)'라고 하는 '성인만들기 프로그램'에는 경전(=성인의 말씀)을 비롯하여 수행, 의례, 교육, 규범 등이 핵심내용을 이루고 있는데, 이것들은 모두 고대의 성인이 이미 '만들어'(作) 놓은 것으로 여겨지고 있다는 데에 그 특징이 있다.

유학이 한나라의 공식적 가르침으로 채택된 뒤에 일어난 가장 큰 사상사적 사건은 '불교'의 성립이다. 유학이 국교로 채택될 무렵에 이미 인도로부터 '부디즘(Buddhism)'이라고 하는 하나의 문화현상이 중국에 전래되고 있었다. 가령 불상이나 경전의 전래 또는 황실에서의 붓다신앙의 유행 등이 그것이다. 그러나 한대에는 아직 부디즘이 '불도(佛道)'의 수준에 머물렀을 뿐 '불교(佛敎)'로까지 인식되지는 않았다. 즉 마치 제자백가와 같이 여러 사상들 중의 하나에 불과한 수준이었지, 유교처럼 세상 사람들을 교화할 수 있는 '성인의 가르침'으로 공인된 것은 아니었다.

그러다 기원후 4세기 동진(東晋)시대에 이르면 불교지식인들 사이에서 '불도(佛道)'를 '불교(佛教)'로 승격시키기 위한 본격적인 움직임이 일어나게 된다. 이 때 벌어진 논쟁이 당시의 최고권력자인 환현(桓玄)과 혜원(慧遠)을 비롯한 불교학자들 사이에서 진행된 '사문불경왕자논쟁(沙門不敬王者論爭)'이다. "해탈을 추구하는 승려가 세속의 왕에게 군주에 대한 예를 표해야 하는가 아닌가"를 둘러싼 이 논쟁은, 불도가 유교와 조화될 수 있고 유교의 부족한 점을 보완할 수 있다는 불교학자들의 주장을 중심으로 전개되었는데, 결과적으로 승려들이 왕에게 유교적 예를 표하는 것을 조건으로 '불도(佛道)'는 '불교(佛教)'로서의 지위를 획득하게 된다. 이것은 외래사상이 중국의 공식적인 가르침이 된 최초의 사건으로, 이때부터 중국은 '일교(一教)시대'에서 '이교(二教)시대'로 진입하게 된다.

불교공인의 자극을 받아 이번에는 중국 고유의 신선도(神仙道)를 신봉하는 지식인들 사이에서 자신들의 '도'를 '교'로서 공인받기 위한 움직임이 일어났다. 이 때 활약한 대표적인 인물이 유송시대의 육수정(5세기)이다. 그는 불로장생을 추구하는 천사도(天師道)를 바탕으로 불교의 대승사상과 형이상학, 경전양식 및 의례체제 등을 전폭적으로 수용함으로써 '도교(道教)체제'를 형성해 나가기 시작하였다. 이 모든 사상적 작업은 중국의 공공적 지식으로서의 '교'의 자격을 갖추기 위한 노력이라고 할 수 있는데, 결과적으로 육수정 등의 활약에 힘입어 도교는 5세기 중엽에 크게 성행하게 되고[4], 이때부터 비로소 중국의 '삼교(三教)시대'가 본격적으로 개막하게

4) 마추(馬樞), 「도학전(道學傳)」 『육수정전(陸修靜傳)』. 陳國符 『道藏源流考』, 北京: 中華書局, 1963, 부록7 수록.

된다.

삼교의 역사는 교섭과 경쟁의 역사였다. 4세기에 공인된 불교는 노자나 장자 등의 개념과 철학을 빌려 중국에 침투해 들어갔고, 5세기에 성립한 도교는 그러한 불교철학을 받아들여 이론화작업을 진행하였다. 불교와 도교가 완전한 '교'로서 정립된 수당시대에는 양자의 우위를 가리는 사상논쟁이 본격적으로 진행되었다. 한편 11세기에 성립한 신유학은 이러한 불교와 도교의 형이상학과 우주론을 수용하여 새로운 형태의 유학을 만들었다. 그러나 신유학의 특징은 한편으로는 도교와 불교적 요소를 받아들이면서도, 다른 한편으로는 그것을 허무사상으로 배척한다는 데에 있었다. 이것은 신유학이 15세기에 조선에 수용되었을 때에도 마찬가지였다.

이와 같이 '삼교'를 중심으로 전개된 중국사상사는 한마디로 말하면 '성인의 가르침'을 전승하고 실천하는 역사였다. 여기에서 성인은 아주 좁게 말하면 단 세 사람, 즉 공자·붓다·노자로 제한된다. 따라서 성인의 가르침 또한 유교·불교·도교의 단 세 개만 인정된다. 이 세 가르침을 충실히 해석하거나 몸소 실천한 이들을 '현인(賢人)'이라고 한다. 그런 점에서 동아시아의 지식의 구조는, 진리체계는 이미 성인의 말씀에서 완성이 되었고, 후대 사람들은 그 진리체계에 따라 수행을 거듭하여 성인이 되기만 하면 되는 형식을 취하고 있다. 바로 여기에서 지식[知]이 실천[行] 문제와 강하게 결부되게 된다. 이것을 도널드 먼로는 'behavioral implications,'[5] 즉 '실천적 함축'이라는 말로 표현하였는데, 이때의 '실천'이란 사회운동이

---

5) Donald J. Munro, *The Concept of Man in Early China, Ann Arbor: Center for Chinese Studies*, University of Michigan, 2001, p.55.

나 정치투쟁이라기보다는, 이상적인 인간이 되기 위한 '수행'이나 '공부'를 의미한다. 퇴계와 같은 성리학자들의 글에서 종종 보이는 "진지실천(眞知實踐)"이라는 말은 동아시아적 지식의 특징을 잘 보여주고 있다. 즉 어떤 지식이 참다운 지식이 되기 위해서는 그 내용이 성인이 되는데 도움이 되는 '성학(聖學)'이어야 하고, 그것을 다시 수양이라는 실천을 통해서 체득(=자기화)해야 한다는 것이다.

한편 성인의 가르침을 충실히 전달하고 실천하고자 하는 사상적 풍토는 이미 춘추전국시대의 유학에서부터 시작되고 있었다. 한대에 유교의 국교화에 따라 성인으로 추앙받게 된 공자는, 자신의 사상적 작업을 평가하면서 "술이부작(述而不作)", 즉 "기존에 없던 것을 새롭게 창조한[作] 것이 아니라 이전의 성왕(聖王)의 업적을 서술한(述) 것에 불과하다"고 요약하였다(『논어』「술이」). 여기서 '술(述)'은, 영어로 'transmit'나 'interpret'로 번역되는 것으로부터 알 수 있듯이, '전달하다'나 '해석하다' 또는 '기술하다'는 의미이다. 반면에 '작(作)'은 고대의 성왕들이 '예악'과 같은 문명의 질서를 창조한 것을 말한다. 따라서 공자는 고대 성왕들이 만든 예악(禮樂)문명을 현대적으로 풀이하는(述) 일에 머무를 수밖에 없었다. 그리고 그것의 구체적인 작업은 『시경』이나 『서경』과 같은 고전들의 정리·편집·해석이었다.

12세기에 공자 이래의 유학을 형이상학적으로 체계화한 주자(朱子)는 이러한 공자의 업적을 가리켜 "계왕성개래학(繼往聖開來學)"이라는 말로 요약하고, 그 공은 고대 성인인 요순보다도 뛰어나다고 극찬하였다.[6] 여기서 "계왕성개래학"이란 "지나간(往) 성인을 잇고

---

6) 주자, 『중용장구』 서문.

다가올(來) 학문을 열었다"는 뜻으로, 보통은 "계왕개래(繼往開來)"라는 사자성어로 더 잘 알려져 있다('往'은 '과거'를, '來'는 '미래'를 나타낸다). 이것은 세대철학적으로 말하면, 과거세대의 전통을 미래세대에 전달해(繼) 준다는 뜻이다. 결국 공자는 과거와 미래를 이어주는 문화적 가교 역할을 하였고, 바로 이 매개 역할로 인해서 요순과 같은 고대의 성인들보다 더 뛰어난 성인으로 후대에 평가를 받은 셈이다.

"술이부작"이라는 공자의 자기규정이나 "계왕개래"라고 하는 주자의 평가는, 전통시대 동아시아에서의 '지식과 공공성'의 문제를 생각하는데 있어서 중요한 실마리를 제공하고 있다. 즉 전통을 계승하고, 그 계승한 전통을 후대에 넘겨주어 문화적 연속성을 이어가는 지식이야말로 '공공적인 지식'으로 여겨지고 있는 것이다. 다시 말하면 지식에 있어서 '창조성'이나 '혁신성'보다는 (문화적) '연속성'이 강조되고 있는 것이다. 이처럼 연속성이 강조되는 이유는 완벽한 지식이 이미 고대 성인에 의해 완성되어 있었다는 믿음 때문이다. 따라서 우리가 해야 할 일은 그것을 잘 습득해서 다음 세대에 충실하게 전달해주는 것이지, 완전히 새로운 지식체계를 '별도로' 만드는 일은 아니다.

3. 장자의 '통교주의'

한대의 유교가 춘추전국시대의 공자와 맹자 그리고 순자로 대표되는 유가의 이상을 '가르침'의 형태로 제도화한 것이라고 한다면,

동시대의 노자나 장자는 유교적 프로젝트의 반대편에 서 있는 사상가들이었다. 공맹으로 대표되는 유가는 철학적으로는 인간 전체를 동물과 구분되는 '도덕성'이라는 범주로 묶어서 인간으로서의 동일성을 강조하는 한편, 제도적으로는 각자에게 '예(禮)'라는 사회적 역할을 부여함으로써 그 도덕성을 실현시키고자 하였다. 이처럼 인간다움은 어디까지나 사회적 '규범'을 통해서 완성되어야 하기 때문에, 그 사회적 규범을 학습하고 모방하고 체화하는 공부가 강조되었다.

반면에 노장(老莊)으로 대표되는 도가(道家)는 한 사람 한 사람이 지닌 고유성과 개별성과 창조성에 주목하였다. 이들은 기존의 규범과 지식을 습득하고 자기화하기보다는 새로운 앎의 체계를 발견하고 만들어가는 상상력을 강조하였다. 그래서 도가에게 있어 참된 앎은 '성인의 모방'을 통해서 얻어지는 것이 아니라 '자기의 발견'을 통해서 획득되는 것이다. 자기의 발견이란 외적 권위에 기대지 않고 전적으로 자신의 생각과 경험을 바탕으로 자기 나름대로의 세계관을 만들어나가는 과정을 말한다.

공자의 언행을 기록한 『논어』의 첫머리에 "배우고 때로 익히면"이라는 '학습'[學而時習]이 강조되고 있는 반면에, 『장자』의 첫머리에 "구만리 창공을 소요하는 대붕이야기"로 독자들의 '변화'[化而爲鳥]를 촉구하고 있는 것은 양자의 인간관의 차이를 단적으로 보여주고 있다. 유가에서 추구하는 성인이 고대 성왕의 말씀과 행적을 본받는 인간형이라고 한다면, 도가에서 지향하는 성인은 외적 권위의 틀을 깨고 자신의 개성을 완성해 나아가는 인간형이다. 장자가 보기에 이러한 외적 권위를 형성하는 것은 이분법적인 언어체계, 인간중심적인 세계관, 고착화된 통념 등인데, 유가에서 숭상하는 '성인의 말씀'이야말로 이러한 권위의 총체라고 생각하였다. "참된 사람이 있은 연후에 참된 앎이 있다"(且有眞人而後有眞知. 『장자』「대종사」)는 장자의 말은 이와 같이 고착된 지식체계에서 자유로울 수 있어야 비로소 참된 인식이 가능하다는 뜻이다.

성인을 모방하고 사회적 규범에 맞추기보다는 자기를 발견하고 본성을 발휘할 것을 권하는 노장사상은 자연히 '성인의 가르침'이라는 사상형태에 반하는 입장에 서게 된다. 이러한 철학적 입장을 우리는 '반교(反敎)주의'라고 부를 수 있을 것이다. 노자가 말하는 "불언지교(不言之敎=말하지 않는 가르침. 『노자』 제2장)"나 장자가 말하는 "가르침에 속박되어 있다(束於敎. 『장자』「추수」)" 또는 "부도지도(不道之道=도답지 않은 도. 『장자』「제물론」)"는 이러한 반교주의의 입장을 대변하고 있다. 즉 성인의 말씀을 항상 의식한 상태에서 그 말씀대로 실천할 것을 권하는 교화방식이 아니라, 오히려 그러한 말씀 자체를 망각하고 각자의 본성을 자연스럽게 발휘하는 마당을 마련해주는 것이야말로 진정한 교화프로그램이라는 생각이다. 그런 점에서 노장은 유가적 도와는 정반대의 방식을 취하는 도를 제시하고 있다고 할 수 있다. 이와 같은 노장적 도를 브룩 지포린은 'ironic Dao'(=반어적 도)라고 하였다.[7] 즉 유가적 도 개념을 정반대로 뒤집은 도라는 뜻이다.

이러한 철학적 입장에 서 있는 도가는 유가와 같이 오직 '하나의

7) Brook Ziporyn, *Ironies of Oneness and difference - Coherence in Early Chinese Thought; Prolegomena to the Study of Li*, State University of New York Press, 2012.

가르침'을 고집하기보다는 다양한 가르침을 인정하고, 더 나아가서 그것들을 필요에 따라 취사선택하는 개방적인 태도를 취하게 된다. 이 글에서는 전자와 같은 태도를 '일교(一教)주의'[8]라고 부르고, 후자의 태도를 편의상 '통교(通教)주의'라고 명명하고자 한다.[9] '일교주의'는 오직 하나의 가르침만을 좋다고 받아들이는 태도로, 유교를 국교로 삼은 한대나 성리학만을 공인한 조선은 모두 일교주의 정책을 취하고 있었다. 이에 반해 여러 가르침들을 인정하는 입장은 '다교(多教)주의'라고 할 수 있을 것이다. 중국은 5세기 이후로는 유불도 삼교를 모두 국교로 인정하는 다교주의 정책을 취하고 있었다. 조선시대 이전에도 기본적으로 다교주의였다. 신라는 물론이고 고려도 유불도 삼교를 공식적으로 인정하고 있었기 때문이다.

장자의 통교주의는 기본적으로 다교주의 입장 위에서 가능하다. 즉 어느 하나의 사상만을 배타적으로 신봉하지 않고 여러 사상들의 고유한 가치를 인정한다는 의미에서 기본적으로 다교주의이다. 그런데 장자는 여기에서 한 걸음 더 나아가서 상황에 따라 어느 하나의 가르침을 고집하지 않고, 마치 곤(鯤)이 붕(鵬)으로 변화하듯이, 관점을 자유자재로 변화시켜 문제를 해결한다는 점에서는 통교주의이다. '허심(虛心)'과 '응물(應物)'이라는 말은 이러한 입장을

8) '일교주의'라는 말은 김일권, 「근대 다종교 경험과 종교 갈등의 회통 문제」, 강돈구 외, 『근대 한국 종교문화의 재구성』, 한국학중앙연구원출판부, 2006에서 빌려왔다.

9) 장자의 입장을 '통교주의'로 명명한다고 해서 장자가 유교와 같은 '가르침'의 사상형태 자체를 인정했다는 의미는 아니다. 여기서 말하는 '통교'란 다양한 세계관의 가치를 동등하게 인정하고 그것들을 융통성 있게 사용하는 태도를 지향했다는 의미이다.

단적으로 보여주고 있다. '마음을 비운다'는 '허심'은, 어느 하나의 사상체계만을 고집하는 '성심(成心=굳어진 마음)'과 반대되는 태도로, 사전에 아무런 입장도 전제하지 않는 입장, 즉 '무입장의 입장'이라고 할 수 있다. 장자는 이런 입장없는 입장에 설 수 있어야 비로소 모든 입장을 자유자재로 활용할 수 있다고 생각하였다. 이것이 그의 통교적 태도이다.

한편 '응물'이란 상황에 대한 적절한 반응을 뜻한다. 장자가 보기에 이 세상은 시시각각 변화하는데, 어느 하나의 고정된 입장으로 끊임없이 변화하는 상황에 대처하는 것은 불가능하다. 흔히 과거의 성공신화에 갇혀 현재의 새로운 상황에 대처하지 못하는 것은 과거의 이론이나 사상에 머물러 있기 때문이다. 그래서 장자는 허심의 상태에 있어야 이러한 오류를 범하지 않을 수 있다고 생각했다. '조삼모사' 이야기는 이러한 '허심-응물'의 경지를 상징적으로 말해주고 있다. 원숭이 조련사가 '조삼모사'에서 '조사모삼'로의 관점의 변화가 가능했던 것은 "고정된 자기가 없기"[至人無己] 때문이다. 즉, 어느 하나의 입장이나 관점을 고집하지 않았기 때문이다.[10)]

그래서 장자는 지식보다는 상황을 우선시한다. 달리 말하면 '상황적 지식'을 중시한다고도 할 수 있다. 현실을 무시하는 이론보다는 현실을 반영하는 지식이야말로 살아있는 앎이라고 생각하였다. "책은 성인이 남긴 찌꺼기에 불과하다"거나(『장자』「천도」) "유교 경전

---

10) 이 부분의 해석에 대해서는 Brook Ziporyn, "Zhuangzi as Philosopher", https://www.hackettpublishing.com/zhuangziphil[검색일자: 2016년 1월 10일]를 참고하였다.

은 선왕이 남긴 발자국에 불과하지, 그것을 남긴 발 그 자체는 아니다"(『장자』「천운」)는 말은 현실을 반영하지 못하는 지식의 한계를 통렬하게 비판하고 있다. 지식은 그것이 아무리 훌륭하더라도 일단 그것에 집착하는 순간 현실과의 불통을 낳기 때문이다. 그래서 장자의 통교적 입장은 사상들의 소통이자 동시에 현실과의 소통이라고 할 수 있다. 뒤집어 말하면, 현실과 소통하기 위해서 사상들의 소통을 지향하는 것이다. 사상들의 소통은 곧 지식으로부터 자유로워짐을 뜻한다. 장자는 지식에서 자유로워야 비로소 세계와 통해서 하나될 수 있다고 보았다("道通爲一"=도의 경지에 이르면 통해서 하나가 된다. 「제물론」). 여기서 "하나가 된다"는 것은 "변화하는 세계와 막힘없이 관계 맺는다"는 뜻이다.

4. 한국의 '회통주의'[11)]

중국이 성인의 가르침을 주변국가에 전파하는 발신자의 입장에 있었다고 한다면, 한국은 그것을 전적으로 수용하는 문화적 수신자의 입장에 있었다. 따라서 같은 유불도 삼교라고 하여도 그것을 대하는 태도가 전적으로 동일하지는 않았다. 이하에서는 중국의 사상을 한국이 수용하는 과정에서 어떤 특징을 보였는지에 대해서 살펴보기로 하자.

11) 이 장의 주된 내용은 조성환/김동희, 「바깥에서 바라본 원불교 - 통교사상과 묘합적 사유를 중심으로」, 『원광대학교 원불교사상연구원 2015년 추계학술대회 발표집』, 2015를 참고하였다.

신라말기의 사상가 최치원(9세기)은 화랑정신을 '풍류'라는 말로 소개하면서, 그것과 중국의 삼교와의 관련성을 다음과 같이 설명하고 있다.

> "나라에 현묘한 도가 있으니 풍류라고 한다. … 삼교를 포함하고 중생을 접화한다(國有玄妙之道曰風流. … 包含三教, 接化群生)."[12]

여기에서 최치원은 '풍류'의 특징을 "포함삼교"(=삼교를 포함한다)라는 말로 설명하고 있는데, 이 "포함삼교"의 해석에 대해서는 논란의 여지가 있다. 가장 일반적인 해석은, "유불도 삼교를 절충한 것이 풍류이다" 또는 "삼교의 내용이 풍류에 원래부터 들어있었다"는 것인데, 여기에서는 "유불도를 받아들일 수 있는 정신적 '풍토' 내지는 수용 '태도'"의 의미로 풍류를 해석하고자 한다.[13] 무엇보다도 '삼교절충설'은 의도적으로 한국사상을 비주체적이고 수동적으로 폄하하고자 하는 혐의가 짙고, "원래부터 삼교가 다 들어있었다"는 해석은 정반대로 다소 억지스럽기 때문이다.

최치원이 당나라에서 기나긴 유학과 관료생활을 마치고 신라에 돌아와서 풍류를 제창했을 때에는 중국과는 다른 신라 고유의 무언가를 드러내고자 하는 의도가 강했으리라 추측된다. 이러한 추측은 위의 인용문에 이어지는 문장에 '공자'와 '노자' 그리고 '붓다'를 각각 '노나라 사구(魯司寇)', '주나라 주사(周柱史)', '인도 태자(竺乾太子)'와 같이 관직명 내지는 신분명으로 불렀다는 사실, 그리고 중

12) 『삼국사기』「신라본기」 진흥왕 37년(576), 「난랑비서」.
13) 이에 대해서는 신학자 이정배 교수와의 대화에서 계발을 받았다.

국(=당나라)을 '동국'(=신라)에 대한 '서국'으로[14] 대등하게 일컬었다는 점 등으로부터도 뒷받침될 수 있다. 즉 최치원은 중국을 무비판적으로 숭상하기보다는 한국과 상대화시켜서 대응한 눈높이에서 바라보고자 하였던 것이다.

아마도 이러한 문제의식에서 그는 유불도 삼교와는 또 다른, 중국에는 없는 새로운 '도'를 한국의 정신문화로 제시하였다고 생각된다. 그리고 그것의 특징을 삼교 중 어느 하나도 배제함이 없이 모두 수용하는 포용적[包含] 태도로 포착하였다. 그런 의미에서 '풍류'는 외래문화를 받아들이는 일종의 '마당'과 같은 역할을 나타낸다고 할 수 있다. 이것은 삼교가, 언제든지 상황만 변하면, 사교(四教)나 오교(五教) 등으로 확장될 수 있음을 함축한다. 즉, 중국에 또 다른 '교'가 성립하여 '사교'가 되면 "포함사교"로, 또는 '교'가 19세기에 'religion'의 번역어로 채택되어 지금과 같은 '종교' 개념으로 사용되게 되면 "포함백교(包含百教)"로, 그 외연이 무한히 확대될 수 있음을 의미한다.

이 글에서는 이러한 의미에서의 '포함'이 지향하는 태도를 편의상 '회통(會通)'이라는 말로 나타내고자 한다. 여기에서 '회통'이란 "모아서 통하게 한다"는 의미로, '통'은 장자의 '통교주의'적 태도를 가리키며, '회'는 여러 가르침들을 모아서 하나로 '합친다'는 의미이다[15]. 그래서 '회통'에는 '소통'이나 '융통'이라는 의미의 '통(通)'

---

14) 최영성, 「고운 최치원의 동인의식」, 고운국제교류사업회 편찬, 『고운 최치원의 철학·종교사상』, 문사철, 2009, p.39, 각주11 참조.

15) 원래 '회통'이라는 말은 중국불교의 화엄학에서 흔히 쓰이던 용어로, '여러 다양한 입장이나 이론들을 취합하고 그것을 꿰어 통일적으로 해석해낸다'는 의미이다. 조은수, 「'통불교' 담론을 중심으로 본 한국 불교사 인식」, 『불교

과, '통합' 또는 '통일'이라는 의미의 '통(統)'이 모두 들어있다. 전자의 '통(通)'은 각 가르침들이 장애없이 서로 공존할 수 있다는 생각을 담고 있고, 후자의 '통(統)'은 여러 가르침들을 종합하여 하나의 새로운 사상으로 만들고자 하는 생각을 반영한다. 최치원이 말하는 "포함삼교"에는 실로 이 두 가지 의미가 다 들어있다. 이러한 의미의 '회통'은, 최치원의 예를 통해서 보면, 한국문명이 중국문명을 수용하고자 할 때 나타나는 하나의 특징적인 경향이라고 할 수 있다. 최치원은 이러한 회통적(='포함') 작업이 가능했던 근거를 '풍류'라는 개방적인 사상적 태도에서 찾았던 것이다.

최치원 이후에 회통작업을 시도한 인물 중에서 일반인에게 가장 많이 알려진 사상가로는 조선후기의 다산 정약용을 들 수 있다.[16] 정약용은 전통적인 유학의 '천(天)' 개념 대신에 서학, 즉 천주교의 신(God)을 받아들였다. 그러나 그렇다고 해서 그가 유학자로서의 아이덴티티를 포기한 것은 아니다. 그는 『주례(周禮)』, 즉 고대 중국의 주나라 제도를 조선땅에 실현시키고자 했던 정통 유학자였다. 그러나 다른 한편으로 창조주 하느님을 받아들여 '도덕적 감시자'로서의 역할을 부여하였다. 성리학에서 말하는 추상적인 리(理)로는 사람들을 도덕적 실천으로 인도하기 어렵다고 생각했기 때문이다. 저 높은 곳에서 내려다보는 인격적 하느님의 존재가 있어야 비

평론』 제21호, 2004 참조. 그러나 이것은 어디까지나 불교 내에서의 회통이다. 이글에서 말하는 한국의 사상적 특징으로서의 '회통'은 '교'와 '교' 사이, '종교'와 '종교' 사이의 융합을 의미한다. http://www.budreview.com/news/articleView.html?idxno=335 [검색일자: 2016년 1월 11일.]

16) 이하의 정약용에 대한 논의는 조성환, 「천학에서 천교로 - 퇴계에서 동학으로 천관의 전환」, 서강대학교 철학과 박사학위논문, 2013을 참고하였다.

로소 사람들이 그 위엄을 두려워하여 도덕적 행위를 하게 된다는 것이다.

그래서 그가 선택한 길은 유학과 서학의 융합이었다. 유학의 몸통 위에 서학의 신을 올려놓은 것이다. 이러한 유학을 여기서는 '상제유학'이라고 부르고자 한다. '상제(上帝)'는, 원래 고대 중국의 『시경』(노래모음집)이나 『서경』(외교문서모음집)에서 인격적 신을 나타내던 말인데, 정약용은 그것을 천주교의 신(God)을 나타내는 말로 사용하였다. 그래서 '상제유학'이란 '천주교적 유학(Christo-Confucianology)'[17]을 의미한다. 정약용의 상제유학적 사상체계는 그에게 유학과 서학, 또는 유교와 천주교라고 하는 두 개의 종교적 아이덴티티가 혼재되어 있었음을 의미한다. 바로 이러한 입장, 즉 한 사람이 복수의 종교적 아이덴티티를 가질 수 있는 태도야말로 최치원이 말한 풍류도이자 한국적 회통주의의 특징이라고 할 수 있다.

그런데 이러한 정약용의 회통적 시도는, 그가 많은 영향을 받았다고 학계에서 거론되고 있는, 마테오 리치의 사상적 작업과는 근본적으로 다른 것이다. 16세기에 중국에서 활동한 예수회 선교사 마테오 리치는 『천주실의(天主實義)』(1603)라는 한문교리서를 저술하여 천주교를 동아시아에 전파하는데 결정적인 역할을 하였다. 그런데 그의 사상적 작업은 천주교 전파를 위해서 유교를 천주교로 '해석'하는 것이었지, 정약용처럼 양자를 융합해서 새로운 형태

17) 이 용어는 Kevin Cawley, "Traces of the Same within the Other: Deconstructing Tasan's Christo-Confucianology", 『다산학』 24권, 2호, 2014에서 빌려왔다.

의 사상을 만들고자 한 것은 아니었다.

마테오 리치는 한편으로는 고대 중국의 유교경전에 나오는 '상제'를 천주교에서 말하는 창조주 '신'의 다른 이름이라고 해석하여 유교와 천주교의 소통가능성을 주장하면서, 다른 한편으로는 당시 중국에서 유행하던 성리학에서 모든 존재를 설명하는 궁극적인 범주였던 '리'는 독립자존하는 실체가 아니라 의존적인 속성에 불과하다고 폄하하면서 천주교의 아래에 두었다. 이러한 해석은 기본적으로, 자신이 속해있는 종교전통을 타자에게 전파하려는 선교적 의도에서, 유교와 천주교가 근본적으로 다르지 않거나, 또는 천주교가 신유학보다 교리상에서 더 우월하다는 것을 주장하는데 일차적인 목표가 있는 것이다. 반면에 정약용은 한편으로는 이와 같은 마테오 리치의 해석학적 작업의 영향을 받으면서도, 다른 한편으로는 외래문화를 수용하는 입장에서 유교와 천주교의 융합을 시도하여, 유교의 윤리적 성격을 더 강화하고자 한 것이다.

이와 같은 한국의 회통주의적 경향은 서양의 'religion' 개념이 들어온 이후에 더욱 두드러지게 나타난다. 일제 식민지시대에 한국종교사를 최초로 서술한 이능화는 『백교회통』(1912)이라는 저서의 서문에서 다음과 같이 말하고 있다.

> "오늘날에는 묵직한 종교만도 수십 종을 헤아릴 정도가 되어 있으며, 또한 조선인이 만든 종교도 적지 않으니, 오래지 않아 한 사람이 하나씩의 종교를 만나게 될 날도 있을 것이다. 그럴 때에는 어떤 것이 올바른 종교이며 어떤 것이 삿된 종교라고 할 수 있겠는가? … 비록 그렇다고 하더라도 따지고 보면 원래 한 가지 둥근 원

이 나뉘어져서 백 가지의 길이 생겼을 뿐인데(元以一圓分成百方), 세상 사람들이 그것을 모르고 자기 것은 옳고 남의 것은 그르다고 분별을 짓는다. … 이에 모든 종교의 강령을 서로 병행 대조하여 같고 다름을 밝히고 서로 끌어당겨 변증하여 세상의 모든 종교[百敎]를 모아 회통케 하였다(會而通之)."[18]

여기에서 이능화는 세계의 모든 종교를 어느 하나 배제함이 없이 모두 가치있는 것으로 인정하고 있는데("세상 사람들이 그것을 모르고 자기 것은 옳고 남의 것은 그르다고 분별을 짓는다"), 이것은 앞에서 언급한 장자의 '통교'적 태도와 상통하는 것이다. 반면에 당시에 제국주의의 길을 가고 있던 일본은 '신도·불교·기독교'라는 세 개의 사상만을 공식적인 '종교'로 인정하고, 나머지는 모두 '유사종교'라는 범주에 넣어서 단속과 통제의 대상으로 삼고 있었다. 따라서 이능화의 종교관은 일본 제국주의의 종교관과는 정면으로 배치되는 것이다.

한편 이능화는 여기에 머무르지 않고 한 걸음 더 나아가서, 세계의 모든 종교들이 그 근원에 있어서는 하나라는 입장을 취하고 있다("원래 한 가지 둥근 원이 나뉘어져서 백 가지의 길이 이루어졌을 뿐이다"). 그런데 그가 세계의 모든 종교들의 공통성을 찾은 근거는 흥미롭게도, 중국적인 도(道)도 아니고 서양적인 신(God)도 아닌, 한국의 전통적인 '하늘' 개념이었다("세계의 모든 민족종교는 다 하늘을 그 중심에 두고 있다(悉皆以天爲主)"). 따라서 전통적으로 중국인들이 삼교의 공존

18) 김일권, 「근대 다종교 경험과 종교 갈등의 회통 문제」, 강돈구 외 『근대 한국 종교문화의 재구성』, 한국학중앙연구원출판부, 2006에서 재인용. 번역은 약간의 윤문을 가했다.

의 가능성을 '성인'이나 '도(道)' 개념에서 찾았다고 한다면,[19] 이능화는 '하늘' 개념을 바탕으로 종교회통의 근거를 찾았다고 할 수 있다.

그런데 이능화가 사용하고 있는 '회통' 개념은 이 장에서 말하는 회통과는 약간 그 의미가 다르다. 즉, 최치원의 "포함삼교"나 정약용의 "상제유학"적 회통과는 구별된다. 왜냐하면 '통(統)'의 작업이 없기 때문이다. 그런 점에서 이능화의 회통은 장자적 '통교'에 가깝다고 할 수 있다. 즉 모든 사상들의 근원적 동일성을 발견하여 서로의 소통가능성을 열어놓고는 있지만, 그것들을 아울러서 하나의 새로운 사상을 구축하려는 시도는 아직 보이지 않는다. 이것은 그가 기본적으로 사상가라기보다는 사상사가이기 때문에 생기는 차이일 것이다.

이능화의 약한 의미의 회통주의에서 한걸음 더 나아가서, 최치원이나 정약용과 같은 강한 의미의 회통주의로 밀고나간 종교단체가 일제시대에 탄생한 원불교이다. 원불교의 회통정신은 원불교에서 세운 원광대학교 캠퍼스의 한복판에 있는 수덕호(水德湖)의 풍경으로부터 엿볼 수 있다. 호수 주위에 인류의 사대성인, 즉 소크라테스, 예수, 공자, 붓다의 동상이 세워져 있는데, 이것은 특정 종교단체에서 세운 대학임에도 불구하고 다른 종교의 교리를 배척하지 않고 받아들이겠다는 입장을 단적으로 보여주고 있기 때문이다.

이러한 태도는 이미 원불교의 전신인 불법연구회(1924~1948)의 제2대 회장을 지낸 조옥정(1876~1957, 본명 조송광)의 행적을 통해서 확

---

19) 가령 '삼교는 모두 성인이 되기 위한 학문[道]이기 때문에 각각 의미가 있다'는 식으로 말이다.

인할 수 있다.[20] 조옥정은 처음에는 유학자로 출발했다가 일제 식민지를 전후하여 동학교도가 되어 동학농민전쟁에 참전하였으며, 이후에는 기독교에 몸담으며 교육사업을 행했고, 마지막에는 원불교에 귀의하였다. 이러한 그의 다양한 종교적 편력에는 과연 어떤 세계관이 뒷받침되고 있었을까? 다음의 일화는 이에 대한 답으로 충분하리라 생각한다.

> 남장로교인들: '야소교인으로 불교를 믿는 것은 웬 말인가? 초심을 바꾸지 말고 한곳[一方]에 머물며 평생 편하게 지내다가 여생을 마침이 어떠한가?'
>
> 조옥정: '그렇지 않소. 초심을 바꾸지 않고 한곳에 머무는 것보다 세상만사를 두 곳[兩方]에서 만들어 가는 것이 적합하다고 생각하오.'
>
> 남장로교인들: '한 몸으로 두 곳을 섬기는 것은 부정한 행위요.'
>
> 조옥정: '거두절미하고 직접 보시오. 우리 눈은 하나보다는 둘이 낫고 우리 손도 하나보다는 둘이 나으니, 우리 발도 하나보다는 둘이 어떻겠소?'[21]

"하나의 눈보다는 두 개의 눈이 낫다"는 조옥정의 말에서 우리는 하나의 종교보다는 두 개의 종교가 낫다는 그의 종교관을 읽을 수 있다. 즉 종교와 종교가 서로 장애가 되지 않을 뿐만 아니라[通], 더

---

20) 이하에서 소개하는 조옥정의 일대기와 행적에 대해서는 다음을 참조하라. - 박용덕, 「경산연대기 「조옥정백년사」고」, 『정신개벽』 6권, 1988.

21) *Ibid.*, p.68.

나아가서 가능한 한 많은 종교를 받아들일수록[包含] 나에게 이롭다는 뜻이다. 여기에서 우리는 최치원의 풍류와 포함의 정신을 다시 한 번 확인하게 된다. 동시대의 이능화에게서는 사상적 차원에 머물러 있던 통교적 태도가 조옥정에게서는 구도자의 입장에서 실천적 차원에서 구현되고 있는 것이다. 그리고 이러한 그의 태도를 받아들인 것은 원불교의 창시자인 소태산(少太山)이었다. 소태산은 자신의 제자가 되기를 원하지만 예수를 믿다가 변절하는 것 같아 유감이라는 조옥정의 말에 대해 다음과 같이 대답하였다.

> "예수님을 독실히 믿어서 심통제자가 되면 나의 제자가 되는 거나 다름없고 내 법을 독실히 믿어 심통제자가 되면 예수를 떠나지 않은 것이다."[22]

즉 다른 종교를 믿는 것이 원불교를 믿는 것과 결코 별개의 일이 아니라는 것이다. 이것은 기본적으로 세계의 모든 종교는 근원적으로 하나로 통한다는 원불교의 종교관이자 진리관에서 비롯되는 태도이다. 원불교의 '원'은 바로 이런 세계관을 상징하고 있다. 그런데 원불교는 이러한 통교적 태도에서 한 걸음 더 나아가서 유불도 삼교의 교리들을 회통시켜 하나의 새로운 체계를 만들어냈다. 가령 형이상학은 불교를, 규범윤리는 유교를, 수행체계는 도교를 중심으로 새로운 이론체계를 건립한 것이다. 그리고 이러한 사상적 작업의 중심에는 동학으로부터 이어지는 '개벽'이라는 인문혁명이 자리잡고 있었다. "물질이 개벽되니 정신을 개벽하자"는 원불교의

---

22) *Ibid.*, p.73.

슬로건은 동학 이래로 추구되었던 새로운 시대에 걸맞은 새로운 인간관을 반영하고 있다. 물질이 풍요로워진 시대일수록 정식적 경지가 성숙되지 않으면 안 된다는 시대적 진단이 유불도 삼교를 통합한 새로운 '도'를 탄생시킨 것이다.

5. '술'에서 '작'으로의 전환

지금까지 우리는 중국철학의 탄생과 성인의 가르침의 성립, 그리고 그것의 한국적 수용의 특징을 중심으로 동아시아의 지식형태를 살펴보았다. 그 결과 중국에서는 진리의 발신자가 항상 성인이었고, 그것은 말씀(=경전)의 형태로 전승되었으며, 그 핵심내용은 대승사상(=대중구제)이고, 이 위민사상을 실천하는 것이 지식인의 의무로 여겨졌다. 그래서 세상을 구제하고 실천과 동반되며 인격을 완성하는데 도움이 되는 지식이야말로 가장 공공적인 지식으로 간주되었다.

한편 한국에서는 이에 덧붙여 사상과 사상을 서로 회통시키려는 노력이 상대적으로 두드러졌다. 이것은 중국과 달리 한국이 문화를 수용하는 입장에 있었기 때문일 것이다. 그래서 풍류도나 원불교와 같이 중국의 삼교를 조화시켜서 새로운 도(=사상체계)를 만들어 내기도 했는데, 이것을 공자의 용어로 말하면 '술(述)'의 작업에 해당한다고 할 수 있을 것이다.

반면에 세종의 한글창제와 같이 중국에는 없는 완전히 새로운 것을 만들어 내는 사상적 작업도 때때로 진행되었다.[23] 이 작업을 공자식으로 말하면 '작(作)'에 해당한다고 할 수 있을 것이다. 이처럼 세종이 문자를 '작'하고자 했던 것은 한문을 몰라도 '누구나' 이해할 수 있는 지식, 즉 누구나 공유할 수 있는 '공공지(公共知)'를 보급하고 싶었기 때문이다. 백성을 위하는 대승사상의 발로가 문화의 창조[作]로 이어진 것이다.

그런데 동아시아 사상전통에서 '작'은 성인이라야 가능한 작업이다. 집현전 학자 정인지가 세종의 한글창제를 가리켜 "정음지작(正音之作)", 즉 "훈민정음의 창작"이라는 표현을 쓰고, 세종을 "천종지성(天從之聖)", 즉 "하늘이 내린 성인"이라고 극찬한 것은[24] 바로 이러한 이유에서이다. 세종은 조선이라는 신생국가의 군주가 된 자신의 역할을 새로운 문명의 질서를 만드는 '성인'으로 인식하고, 실제로 문자뿐만 아니라 음악, 천문학, 과학, 농학 등 각 분야에서 조선의 실정에 맞는 표준들을 만들어 나갔다. 이것이 바로 그의 '작'의 작업, 지금으로 말하면 '창조경제'였던 것이다.

한편, 조선말기에 최제우가 제창한 '동학' 역시 '작'의 작업으로 평가할 수 있다. 그 이유는 중국사상과는 성격이 다른 전통적인 '하늘' 개념을 바탕으로 '천도'라고 하는 새로운 '도'를 만들어냈기 때문이다. 원래 중국적인 인간관은, 일찍이 도널드 먼로가 지적

23) 이 부분에 대해서는 조성환, 「세종의 공공정치」, 『세종리더십의 핵심가치』, 한국학중앙연구원출판부, 2014와 조성환, 「세종의 한글창제와 동학의 개벽정신」, 『리더십에세이』 제155호, 2014 참조. http://kleader.org/bbs/board.php?bo_table=essay&wr_id=189&page=6 [검색일자: 2016년 1월 11일.]

24) <세종실록 28년 9월 29일 네 번째 기사>, "《훈민정음》이 이루어지다. 어제와 예조 판서 정인지의 서문" http://sillok.history.go.kr/id/wda_12809029_004 [검색일자: 2016년 1월 11일]

했듯이, 학파에 관계없이 "인간은 누구나 성인이 될 수 있는 본성을 가지고 태어났다"는 "자연적 평등(natural equality)"이라는 전제를 공유하고 있지만, 그렇다고 해서 그것이 "인간은 누구나 동등하게 대접받아야 한다"는 가치론적 함축을 지니는 것은 아니다.[25] 반면에 동학의 "사람이 곧 하늘이다"고 하는 "인내천(人乃天)" 사상은 인간이라면 누구나 존엄하게 대접받아야 한다는 가치론적 명제이다. 이것이 동학이 제창한 천도(天道)의 핵심이다. 그래서 동학교도들은 신분에 상관없이 맞절인사를 하였고, 동학의 창시자 최제우는 자신의 두 노비를 수양딸과 며느리로 삼았던 것이다.

이러한 새로운 인간관과 세계관을 최제우는 '개벽'이라는 말로 담아냈다. 조선왕조가 효력을 다하고 근대를 준비해야 했던 구한말에, 지식인들이 전반적인 서구화의 '개화(改化)'를 지향했다면, 민중들은 주체적으로 새 질서를 만들고자 하는 '개벽(開闢)'을 추구했던 것이다. 공자의 용어로 표현하면, 개화가 서양을 본받는 '술'이라고 한다면 개벽은 스스로 만들었던 '작'에 해당한다. 그렇다면 이제 조선왕조가 종언을 고하고 대한민국이 수립된 오늘날 한국에서 요청되는 지식은 어떠한 형태일까? 아마도 정부에서 창조경제를 추진하는 배경에는 '술'에서 '작'으로의 전환이라는 시대적 요청을 감지했기 때문이 아닐까? 즉 전통시대에는 중국의 지식을, 그리고 근대에는 일본의 지식을, 그리고 지금은 서양의 지식을 주로 '술'해왔던 것이 한국문명의 역사였다고 한다면, 이제부터는 우리가, 마치 세종과 동학이 그랬던 것처럼, 스스로 '작'해야 시점에 와있는

25) 이 점에 대해서는 Donald J. Munro, *The Concept of Man in Early China, Ann Arbor: Center for Chinese Studies*, University of Michigan, 2001 참조.

것이 아닐까? 그리고 이러한 창조적 지식이야말로 오늘날 시대가 요청하는 가장 공공적인 지식이라고 생각했기 때문이 아닐까?

참고문헌

김일권, 「근대 다종교 경험과 종교 갈등의 회통 문제」, 강돈구 외 『근대 한국 종교문화의 재구성』, 한국학중앙연구원출판부, 2006.

박용덕, 「경산연대기 「조옥정백년사」고」, 『정신개벽』 6권, 1988.

조은수, 「'통불교' 담론을 중심으로 본 한국 불교사 인식」, 《불교평론》 제21호, 2004. http://www.budreview.com/news/articleView.html?idxno=335

최영성, 「고운 최치원의 동인의식」, 고운국제교류사업회 편찬, 『고운 최치원의 철학·종교사상』, 문사철, 2009.

김태창 편저, 『상생과 화해의 공공철학』, 조성환 번역, 동방의 빛, 2010.

조성환, 「중국적 사상형태로서의 교教」, 『철학사상』 제11·12집, 2007.

______, 「천학에서 천교로 - 퇴계에서 동학으로 천관의 전환」, 서강대학교 철학과 박사학위논문, 2013.

______, 「세종의 공공정치」, 『세종리더십의 핵심가치』, 한국학중앙연구원출판부, 2014.

______, 「세종의 한글창제와 동학의 개벽정신」, 『리더십에세이』 제155호, 2014.

조성환/김동희, 「바깥에서 바라본 원불교 - 통교사상과 묘합적 사유를 중심으로」, 『원광대학교 원불교사상연구원 2015년 추계학술대회 발표집』, 2015.

김재익/이임찬/조성환, 『지금 이 순간 청소년 인문학』, 책담, 2016.

小林正美, 「三教交渉における'教'の観念」, 『六朝道教史研究』, 創文社, 1990.

Munro(D. J.), *The Concept of Man in Early China, Ann Arbor: Center for Chinese Studies*, University of Michigan, 2001.

Kevin Cawley, "Traces of the Same within the Other: Deconstructing Tasan's Christo-Confucianology", 『다산학』 24권, 2호, 2014.

Ziporyn(B.), "Zhuangzi as Philosopher". https://www.hackettpublishing.com/zhuangziphil

________, *Ironies of Oneness and difference: Coherence in Early Chinese Thought; Prolegomena to the Study of Li*, State University of New York Press, 2012.

제2장 몸에 깃드는 지식

: 지식의 신체성과 실천성에 관한 주자의 생각*

홍성민

[내용요약] 이 글은 지식과 실천의 상관관계, 즉 어떻게 하면 아는 대로 실천할 수 있는가의 문제를 다루고 있다. 이 글에서는 폴라니(M. polanyi)의 신체적 암묵지 개념을 통로로 삼아 주자철학에서 지행일치의 인식론적 근거를 분석하고 그 의의를 밝히고 있다. 이 글에 따르면 주자는 지식은 신체에서 비롯되고 또 신체에 축적되는 것이며 신체의 변화를 유발하는 것이라고 주장하였다. 신체화한 도덕 지식은 자동적인 도덕 실천력을 담보할 뿐 아니라 그 지식을 확장할 때 세계와의 합일도 성취된다고 강조하였다.

* 이 글은 『동방학』 제34집(2016)에 실린 논문을 수정 및 보완한 것임.

1. 지식과 행동의 간극, 그리고 주자학

"왜 아는 대로 실천하지 못하는 것인가?" 이것은 동서고금의 철학에서 흔히 제기되던 문제였다. 아리스토텔레스가 아크라시아의 문제를 제기할 때부터 최신의 행동주의 경제학(Behaviorism)이나 인지주의 감정이론(cognitivism of emotion)에 이르기까지, 이성적으로 명징하게 알고 있는 것과 실천하는 것(또는 느끼는 것) 사이의 간극을 어떻게 설명할 것이며 또 어떻게 메울 것인가의 문제는 철학사에서 빈번히 반복되던 주제였다. 고도의 지식을 획득한 뒤 종착하는 문제는 "그래서 우리가 어떻게 행동해야 하고 또 행동할 수 있다는 것인가?"라는 단순하면서도 막중한 질문이었다. 그런데 이 문제는 오늘날에 더욱 절실해 보인다. 고차원의 지식정보가 범람하고 고학력 지식인이 넘쳐 나는 시대인데도 우리는 여전히 한 사람의 지성인, 즉 지식과 실천을 일치시킨 사람을 요청하고 있다. 아는 대로 실천하는 사람, 실천으로 자신의 앎을 보여주는 사람, 그 사람을 우리는 보고 싶어 한다. 하지만 현실은 그 반대이다. 지식은 개인의 영달을 위한 도구가 되었고 실천은 궤변과 자기 합리화로 무마하고 있다. 지식이 많아질수록 행동은 더 약해지는 아이러니는 지금 우리 주변에서 일어나고 있는 사태이다.

동양사회에서는 이 문제에 일찍부터 민감하였다. 동양의 전통에서는 알면서 실천하지 못하는 지식인이 경멸의 대상이었고, 지행합일(知行合一)이 바람직한 지성인의 전형으로 인식되었다. 방대한 지식의 축적보다 사소한 지식이라도 실천할 수 있는 사람을 더 높이 평가해왔다. 지식은 실천할 수 있는 것이어야 하고 또 아는 대로 실천해야 한다는 것이 동양적 지식론의 기본 전제였다. "지식은 실천의 시작이고 실천은 지식의 완성이다."라는 왕수인(王守仁)의 명언에는 이러한 동양사회의 지식론의 특징이 압축적으로 담겨있다. 동양의 지식론은 지금 우리에게 의미 있는 화두가 될 수 있을 것이다.

이 글에서는 성리학의 전통에서 지식과 실천의 문제를 어떻게 다루었는지 고찰해 보고자 한다. 성리학자들은 지식과 실천의 관계에 관하여 비상한 관심을 기울여왔다. 그들은 지식과 실천의 괴리 현상에 대하여 형이상학적이고 인간학적인 가설을 세웠고 지식과 실천의 간극을 메울 수 있는 방안들을 모색하였다. 특히 주목할 만한 것은 그들이 지식과 실천의 가교로서 '신체'의 의미와 역할에 주목하였다는 점이다. 그들은 지식이란 머리에 기록되는 것이 아니라 신체에 축적되는 것이라고 여겼다. 그래서 신체에 축적된 지식은 곧바로 실천으로 분출될 수 있다고 생각하였다. 성리학자들은 지식과 실천의 괴리를 극복하기 위하여 신체의 기능과 역할에 주목하였다는 것이다. 이 점은 흥미로운 일이 아닐 수 없다. 이 글에서는 성리학의 집대성자인 주자(朱子)의 생각을 통해 지식-신체-실천의 관계를 살펴보고자 한다.

주자는 신체의 수양을 통해 지식과 실천의 합일을 이룰 수 있다고 생각하였다. 주자에 따르면 지식과 실천의 어긋남은 신체가 잘못되었기 때문이다. 그러므로 신체를 바르게 길들이면 지식과 실천의 괴리가 사라지고 양자가 합일될 수 있다고 그는 생각하였다. 그것을 그는 '공부(工夫)'라고 불렀다. 공부란 기본적으로 '수신(修身)', 즉 '몸을 닦는 일'이다. 공부는 몸으로 실행하는 것이고 몸에 실행하는 것이며 또 몸을 성취하는 것이다. 신체는 공부의 토대이자 목적이다. 이 글에서는 주자의 공부론에서 신체의 위상과 역할을 고찰해보고 그것의 철학적 의미를 해명해보고자 한다.

이를 위해 이 글에서는 특히 폴라니의 '신체적 암묵지' 개념을 활용해볼 것이다. 폴라니는 객관적 과학주의 전통에 반기를 들면서 인식의 과정에서 신체의 역할과 의미를 새롭게 발굴하였다. 그에 따르면, 인식은 본질적으로 신체에 근거하여 이루어지는 것이고 지식은 신체에 축적되는 것이다. 또한 세계를 인식한다는 것은 신체를 확장하여 그것을 신체와 융합시키는 일이다. 그는 신체를 중심에 두고 새로운 인식론과 세계관을 건립하였다. 그의 생각은 주자의 신체관을 이해하는 데 유익한 도움을 줄 것이라 판단된다. 물론 폴라니와 주자 사이의 거리는 매우 멀다. 양자는 합치되는 부분보다 합치되지 않는 점이 더 많을지도 모른다. 하지만 양자 사이에는 유의할만한 접점이 존재하며, 그 접점은 주자의 공부론을 새롭게 이해하고 그 철학적 의미를 조명하는 데 일정한 도움이 될 것이라고 판단된다. 인식 과정에서 신체의 역할과 의미, 그리고 그것에 기반한 세계관의 구조에 관한 폴라니의 생각은 주자와 유사한 지점이 있다고 판단되며, 이 유사점은 주자의 철학을 새로운 시각으로 조명하는 데 유익한 도움을 줄 수 있을 것으로 기대된다.

본론에서는 먼저 폴라니의 인식론과 신체적 암묵지 개념에 대해 논의하면서 주자 철학을 이해하는 데 필요한 요소들을 추출할 것이다. 그 다음 주자 공부론에서 신체적 암묵지에 관한 생각들을 찾아보고 그 의미를 살펴볼 것이다. 그런 다음에는 도덕규범 지식의 신체화 과정으로서 小學과 居敬의 의미를 밝혀보고 그 과정에서 신체가 어떤 의미와 역할을 갖는지 탐구해볼 것이다. 그리고 마지막으로 도덕 지식의 신체화라는 개념을 중심으로 격물치지와 眞知의 의미를 조명해보고 그것의 함의를 분석해볼 것이다.

2. 신체적 암묵지: 폴라니의 인식론

과학주의자들은 인식 주체가 객관 사태를 정확하게 인식하기 위해서는 주체 내면에 잠재된 선입견이나 주관성, 개인적 성향이나 믿음 등을 모두 배제하고 철저히 객관적인 태도로 사태에 임해야 한다고 주장한다. 만일 개인적이고 주관적인 요소가 인식 과정에 개입되면, 사태에 대한 정확한 인식을 실패하고 만다고 우려한다. 이러한 견해는 주관과 객관, 주체와 대상이 완전히 분리되어 있는 것이고 또 분리되어야 한다는 이분법적 사고에서 비롯된다. 하지만 폴라니는 이러한 사고방식에 반대한다. 그는 우리의 인식과정에서 주관과 객관은 결코 분리되지 않으며 오히려 주관과 객관의 상호 참여 과정 속에서 인식이 이루어진다고 주장한다. 폴라니에 따르면, 외재적 대상에 대한 지식을 획득하기 위해 인식 주체는 반드시 그 대상에 대해 자신의 개인적 요소들을 투입해야 할 뿐 아니라 열정과 신념 같은 감정적 요소들도 투사해야 한다. 그래서 그는 모든 지식은 본질적으로 '퍼스널(personal)한 것'[1]이라고 규정한다. 그

1) 폴라니 사상의 중요 개념인 'personal knowledge'는 문맥에 따라 '개인적 지식', '인격적 지식', '당사자적 지식', '자득적 지식' 등의 다양한 의미를 함축하고 있고, 그래서 이 개념에 대한 번역어도 제각각이다. 여기에서는 '개인적 지식'이라는 번역어를 채택한다.

에 의하면, 인식 주체의 주관성을 삭제하고 사태를 있는 그대로 관찰해야 한다는 객관적 인식론은 그저 과학자들이 상상일 뿐 현실이 아니다.

그렇다면 그는 왜 주체의 개인적이고 주관적인 요소들을 투입할 때 인식이 이루어진다고 주장하는 것인가? 주관이 개입되는 인식 과정은 필연적으로 왜곡된 인식을 야기하지 않는가? 이 점을 이해하기 위해서는 폴라니가 제시하는 인식의 구조를 살펴볼 필요가 있다. 폴라니는 지식을 두 가지로 나눈다. 바로 형식지(explicit knowledge, 명시지明示知라고도 함)와 암묵지(tacit knowledge)가 그것이다. 형식지는 우리가 일반적으로 말하는 명시적인 지식의 형태이고, 암묵지는 그 형식지의 배후에 존재하면서 그것을 가능케 하는 숨어있는 지식을 말한다. 폴라니는 이 암묵지야말로 인식 활동에서 결정적인 역할을 하는 핵심이자 토대라고 말한다. 폴라니에 따르면, 한 사물을 인식할 때 우리의 의식은 그 대상에 집중되는데(이를 초점식focal awareness이라고 함), 이 의식의 이면에는 무수한 부수적인 의식들이 한꺼번에 작동하고 있다.(이것을 보조식subsidiary awareness이라고 함). 우리가 망치질을 하는 경우를 생각해보자. 우리는 망치를 손에 쥐고 망치 머리가 못에 정확히 맞도록 내리친다. 이때 우리 의식의 초점은 못과 망치 머리에 집중된다.(초점식) 하지만 우리의 의식이 그것뿐이라고 말할 수는 없다. 망치 자루를 쥐고 있는 손바닥과 못을 잡은 손가락의 감각들, 팔과 어깨의 근육과 신경조직 등에도 우리의 지각과 의식은 두루 작동하고 있다. 다만 망치질에 집중하다 보니 그것들을 의식하지 못할 뿐이다. 하지만 그런 부수적인 의식들이 없다면 망치질은 결코 이루어질 수 없다. 그런 부수적인 의식들이 모여 망치질이라는 초점식을 가능하게 해준다. 보조식은 그 자체로 직접적인 인식 대상도 아니고 인식활동의 표면에 드러나지도 않지만, 초점식이 일어나는 데 있어서는 필수불가결하고 근본적인 의식 활동이다. 그래서 폴라니는 사물에 대한 인식 활동은 무엇이든지 보조식의 기반 위에서 진행되며 보조식이 인식 활동의 핵심적 지위를 차지하고 있다고 말한다.

이와 같이 보조식으로 작용하는 지식을 암묵지라고 한다. 폴라니는 한 사물에 대한 지식은 수많은 암묵지들의 토대 위에서 이루어지는 것이라고 주장한다. 예를 들어, 의사는 엑스레이 필름을 보고 폐에 병변이 있다는 것을 파악하는데, 이때 의사의 의식은 그 엑스레이 필름에만 집중되지만(초점식) 그것은 많은 암묵지들(예를 들어 그 의사의 신체 지각, 의학 지식, 수많은 임상경험 등)이 보조식으로 작동하고 있기 때문에 가능한 것이다. 만일 그가 자신의 암묵지를 보조식으로 사용하지 않는다면, 아무리 엑스레이 필름을 들여다보고 있어도 폐의 병변을 진단해낼 수 없을 것이다. 의사가 폐의 병변을 진단(형식지)할 수 있었던 것은 자기 주관을 탈각하고 객관적 태도로 엑스레이 필름을 응시했기 때문이 아니라 자신에게 내장된 개인적이고 암묵적인 요소들을 투사했기 때문에 가능했던 것이다.[2)]

이러한 사실에 기반하여 폴라니는 '의식은 필연적으로 대상을 지향한다'는 브렌타노(F. Brentano)의 '지향성(intentionality)' 개념에 대해 반대한다. 폴라니에 따르면 의식은 "~로 향하는(to)" 것만이 아니라 "~로부터 출발하여(from)" "~로 향하는" from-to의 이중적

---

2) M. 폴라니, 『개인적 지식』, 표재명 옮김, 아카넷, 2001, pp.161-164 참조.

구조를 가진 것이기 때문이다. 암묵지는 바로 대상의 지향(to)을 가능케 하는 인식 활동의 근거이자 기원(from)으로 작동한다.[3] 폴라니의 생각이 맞다면, 객관주의자들의 주장, 즉 인식 주체의 주관적 요소들을 제거할 때 대상에 대한 올바른 인식이 가능하다는 주장은 신화적 허구에 가깝다. 주관적 요소들(암묵지들)은 제거의 대상이 아니라 오히려 인식의 토대이자 시발점이 되는 것이기 때문이다.

그렇다면 암묵지는 구체적으로 어떤 것인가? 폴라니는 인식활동이란 기본적으로 신체의 지각활동이므로 신체가 가장 핵심적인 암묵지의 근거라고 말한다. 그에 따르면, "우리는 세계가 우리 신체에 주는 자극과 그 자극에 대한 신체의 반응들에 의거하여 세계를 파악하고 있는 것이다."[4] 우리의 의식 활동은 전부 이 세계에 대한 자기 신체의 부수적인 응용과 관련되어 있다.[5] 어떠한 의식 활동도 신체라는 제1의 보조식에서 출발하지 않을 수 없으며, 모든 지식과 사상 역시 신체에 의존하여 발생하는 것이다.[6]

하지만 그렇다고 해서 폴라니가 모든 지식을 개인의 신체로 수렴하고 단순화하는 것은 아니다. 오히려 그 반대로 인식 과정을 통해 신체가 진화하면서 세계를 포괄하는 거대한 몸으로 확장되어 간다는 것이 그의 생각이다. 폴라니에 따르면, 우리는 인식과정에서

---

3) M. Polanyi/Harry Prosch, *Meaning*, The University of Chicago Press, 1975, p.34.
4) M. Polanyi, *Knowing and Being*, The University of Chicago Press, 1974, pp.147-148.
5) *Ibid.*, p.147.
6) *Ibid.*, p.134.

지식을 신체 안으로 포섭하여 신체와 유기적으로 융합된 암묵지를 만들어낸다. 폴라니는 이렇게 말한다. "우리가 어떤 종합적 실체(comprehensive entity)에 대해 인식할 때, 우리는 그것의 부분들에 대한 보조식과 우리 자신의 신체에 관한 보조식, 그리고 문화유산에 대한 보조식을 하나로 융합한다."[7] 이 말에 따르면, 우리가 무엇을 인식할 때는 그것의 부분들에 대한 지식들과 신체의 지각, 그리고 그 공동체의 문화유산을 신체적 암묵지로 삼고, 그 암묵지에 근거하여 대상에 대한 형식지를 얻게 되는 것이다. 더 나아가 폴라니는 거대한 지식체계나 오래된 문화유산도 동일한 방식으로 신체와 융합되어 보조식으로 작용한다고 말한다.

> "말하고 읽고 글 쓰는 과정에서 언어를 사용함으로써 인류의 신체 기관이 확장되고 인류는 지능적 존재가 된 것이다. 이와 같이 우리의 신체가 확장되면 우리 신체의 새로운 기능이 진화한다. 우리의 전체 교육과정도 바로 이러한 방식으로 진행되고 있다. 우리들은 우리의 문화유산을 내면화시킴으로써 그 문화의 세계관에 따라 세계를 대하면서 살아가는 존재가 되는 것이다."[8]

폴라니에 따르면, 인류는 언어와 각종 지식체계, 그리고 문화유산 등을 활용함으로써 자신의 신체기관을 확장시키고 진화해왔다. "문화유산을 내면화시킴으로써 그 문화의 세계관에 따라 세계를 대하면서 살아간다"는 말은 우리의 몸이 교육을 통해 새로운 신체,

---

7) *Ibid.*, p.134.
8) *Ibid.*, p.148.

즉 '문화적 신체'로 발전하였음을 의미한다. 문화유산을 자기 신체로 활용함으로써 그만큼 신체는 더 확장되고 그 기능은 더 넓어진 것이다. 우리가 지식체계와 문화유산을 신체로 삼는다는 것은 그 것들을 신체 안에 스며들게 하는 것인 동시에 우리의 신체가 문화유산으로 삼투하는 것이기도 하다. 달리 말해 신체는 지식체계와 문화유산으로 확장되고, 지식체계와 문화유산은 다시 개인의 신체로 들어와 융합되는 것이다.[9] 다른 각도에서 볼 때 폴라니에게 있어 세계를 인식한다는 것은 신체가 세계를 자기 안에 융합시키면서 스스로 진화하고 스스로 발전해가는 것에 다름 아니다. 인식의 과정은 원초적인 신체 지각에서 시작하여 신체의 확장과 진화로 끝난다. 무엇을 인식한다는 것은 그것을 신체화한다는 것으로, 새로운 것을 인식할수록 몸은 그만큼 더 변화하고 진화하는 것이다.

이상의 논의를 정리하면 이러하다. 첫째, 대상에 대한 지식은 인식 주체가 자신의 개인적 요소들로부터 초월하여 객관적 태도로 대상을 응시할 때 얻어지는 것이 아니라 개인적인 암묵지들을 적극 투사할 때 비로소 얻어지는 것이다. 둘째, 인식은 본질적으로 신체와 대상 사이의 접촉에서 이루어지는 것으로, 대상을 인식할 때 여러 지식들은 신체의 암묵지로 전환되어 작동한다. 셋째, 주체는 각종 지식체계와 문화유산 안에 스스로 내주(內住, indwell)하고 지식체계와 문화유산을 자기 신체 안에 내주시킴으로써 문화와 자기를 융합시킨다. 달리 보자면, 인식 주체의 신체는 그만큼 확장되고 진화하는 것이다.

---

9) 이 상태를 폴라니는 'indwell'이라고 표현한다. 이 말은 번역자에 따라 着化, 안착, 침참 등으로 옮기기도 하는데, 이 연구에서는 '內住'라는 말을 쓸 것이다.

그러나 폴라니는 도덕 지식의 문제를 언급하지 않았다. 도덕 지식은 일반적인 지식과 다른 특수한 측면이 있다. 도덕 지식은 인식과 판단만이 아니라 실천의 범주에까지 걸쳐있는 것이기 때문이다. 신체적 지식을 도덕 지식의 실천 영역에서 고려한 이가 주자였다.

3. 도덕적 암묵지: 선천적 도덕 지식

폴라니의 신체적 지식 개념으로 주자의 철학을 읽어보는 작업은 참신하고 흥미로운 일이다. 그러나 주의할 것은 양자의 생각에 엄격히 다른 점이 있다는 사실이다. 무엇보다 폴라니는 과학철학자이고 주자는 도덕철학자라는 점, 폴라니는 도덕을 말하지 않았고 주자는 과학을 말하지 않았다는 점을 염두에 두지 않으면 양자를 견주는 연구는 무의미할 뿐 아니라 심각한 오해를 야기할 수도 있다. 주자에게 있어 신체는 과학적 인식의 근거가 아니라 수양과 도덕 실천의 근거라는 점을 잊지 말아야 한다.

주자철학에서 도덕 지식을 획득하는 방법은 '격물치지'(格物致知)이다. 격물의 물(物)은 "심신성정(心身性情)의 덕과 일상의 인륜 질서에서부터 천지와 귀신의 변화까지, 심지어는 하찮은 조수초목의 생존 방식에까지"[10] 만유를 포함하는 것으로서, 주자는 외재적 대상들의 이치를 모두 탐구하여 보편타당한 의리(義理)를 찾아내야 한다고 주문하였다. 그가 지리멸렬(支離滅裂)하다는 비판을 무릅쓰면서

10) 『大學或問』, "使於身心性情之德, 人倫日用之常, 以至天地鬼神之變, 鳥獸草木之宜, 自其一物之中, 莫不有以見其所當然而不容已, 與其所以然而不可易者."

도 이러한 방법을 강조했던 것은, 육상산(陸象山)의 생각에 잠복한 위험성을 분명히 알았기 때문이다. 육상산의 생각대로 격물을 格心으로 간주하고 '단지 자기 안에서만 도덕적 이치를 구하려'(只求諸己)한다면, 저마다 다른 주체들의 주관적이고 임의적인 도덕 기준들이 난무하게 될 것이고, 급기야 공공의 도덕 가치와 공동체의 인륜 질서가 파괴되는 결과를 낳게 될 것이라고 주자는 우려하였다. 그래서 그는 주관적이고 상대적인 판단을 보류하고 객관적이고 보편적인 기준을 발견하는 데 주력해야 한다고 강조하였던 것이다.

주체는 외재적 이치를 인식하는 과정에서 자기 주관의 개입을 막고 최대한 객관적인 태도로 임해야 한다. 만일 주관이 개입하게 되면 외재적 이치의 객관성은 왜곡되고 말 것이기 때문이다. 이점에서 진래(陳來)는 주자가 격물치지 이전에 미발함양(未發涵養)의 필요성을 강조한 것도 이 때문이라고 말한다. 즉 미발함양은 격물치지를 위한 주체의 준비과정으로 마음을 안정시키고 청명하게 유지함으로써 격물의 단계에서 주관의 왜곡 없이 사물의 이치를 정확하게 파악하기 위한 준비과정이라고 진래는 주장한다.[11] 그에 따르면, 주자에게 있어 인식의 과정이란 거울에 사물의 형상이 비치는 것과 같은 것이기 때문에,[12] 인식 과정이 시작되기 이전에서 거울을 청명한 상태로 유지하는 준비 작업이 필요하다는 것이다.

그러나 과연 주자는 격물의 과정에서 주체로 하여금 (마치 객관적 과학주의자들처럼) 주관을 텅 비우고 외부의 사물을 있는 그대로 반

11) 陳來, 『朱子哲學硏究』, 華東師範大學出版社, 2000, pp.297-298.

12) 이러한 점에서 진래(陳來)는 주자의 인식론을 '반영론'이라고 규정한다.(*ibid.*, p.63, p.330) 모종삼(牟宗三)의 생각도 동일하다. - 牟宗三, 『心體與性體』 卷2, 正中書局, 民國57年, p.138.

영해야 한다고 주장하였을까? 인식 주체는 그 내부에 어떤 인식의 기제도 갖추지 않은 것인가? 진래의 생각과 달리, 주자는 격물 이전에 도덕적 암묵지가 선재한다는 것을 알고 있었고 그 암묵지가 격물 공부의 근거라고 보았다. 그리고 미발함양 역시 주관을 탈각하고 외재적 이법을 수용하기 위한 준비과정이 아니라 암묵지의 활동을 준비하는 과정으로 보았다. 우선 주자가 암묵지에 대해 언급하였고 그것을 격물 인식 과정의 근거로 삼고 있었던 점을 확인해 보자.

> "사람은 본래부터 알고 있는 것이 있다. 예를 들어 부모에게 효도하고 동생을 사랑하는 것, 물은 틀림없이 차갑고 불은 틀림없이 뜨겁다는 것, 사람이 이런 것을 애당초 모르고 있다고 말할 수는 없다. 다만 그 지식을 궁극에까지 확장해가야 할 것이니, 그 이미 알고 있는 것에 의거해 아직 알지 못하는 것으로 미뤄가야 하는 것이다. 얕은 것에서 시작하여 깊은 것으로 심화시키고 가까운 것에서 시작하여 먼 것으로 확장시켜야 한다."[13)]

주자에 따르면 인간에게는 선천적인 지식이 있다. 그것은 양지(良知)로서 본능적인 혈연간 애정이나 일차적인 감각작용을 의미한다. 이것은 생명체가 가지는 가장 원초적이면서 자연적인 지각으로 신체에서 비롯된 암묵지라고 할 수 있다. 주자는 이 선천적인 암묵지

13) 『朱子語類』 14:88, "人固有理會得處, 如孝於親, 友於弟; 如水之必寒, 火之必熱, 不可謂他不知. 但須去致極其知, 因那理會得底, 推之於理會不得底, 自淺以至深, 自近以至遠."

에 주목하고 있다. 격물궁리는 이 암묵지에서 출발하여 깊고 넓은 미지의 영역으로 심화하고 확장해가는 것이다. 위 인용문에 따르면, 주자가 폴라니와 같은 개념을 정립한 것은 아니지만, 격물의 과정이 신체적 암묵지에 근거하여 시작된다고 간주했던 것은 분명하다. 격물궁리의 과정은 이러한 자연적이면서 도덕적인 신체의 원초적 지식에서 착수하여 다른 대상으로 확장해가는 것이라 할 수 있다. 이러한 점에 비추어볼 때 주자의 인식론을 거울처럼 텅 빈 마음이 외재 사물의 이치를 일방적으로 반영하기만 하는 것이라고 규정할 수는 없다. 오히려 주자는 주체 내부의 선천적 양지(도덕적 암묵지)로부터 외재하는 미지의 사태로 향해가는, 앞서 폴라니에게서 보았던 from-to의 인식 구조를 생각했던 것이라 할 수 있다.

그렇다면 신체적 암묵지는 어디에서 생겨나는 것일까? 위 인용문에서 신체의 선천적 지식을 주자는 혈연간 애정과 일반 지각으로 언급하고 있는데, 주자는 특히 혈연적 애정에 주목하고, 그것의 심리적 근거를 설명하려고 한다. 주자에 따르면 인간의 마음은 허령불매(虛靈不昧)하다는 특징을 가지고 있다. 허령불매에는 소극적 의미와 적극적 의미가 있는데[14], 소극적 의미는 마음이 텅 빈 거울처럼 사물을 받아들이고 사태에 감응하는 지각 능력(일반 지각)을 가리키고, 적극적 의미는 마음이 모든 이치(萬理)를 구비하고서 모든 상황(萬事)에 이치대로 감응하는 '마음의 본래 덕성'(도덕 지각)을 가리킨다.[15] 전자가 기질(氣質)에서 유래하는 것이라면 후자는

14) 홍성민, 「주자 미발론의 특징: 일상의 수양을 위한 마음 이론」, 『동양철학』 제29집, 한국동양철학회, 2008, pp.183-184.

15) 『大學章句』, "明德者, 人之所得乎天, 而虛靈不昧, 以具衆理而應萬事者也."

리(理)에서 발생하는 것이다. 주자가 '마음의 본래 상태를 텅 빈 백지 상태가 아니라 모든 이치(萬理)로 빽빽이 들어찬 완전한 상태'라고 규정했던 것[16]은 인간 본유의 도덕 지각을 강조하기 위한 것이었다. 이와 같이 마음 본래에 내장된 도덕성은 도덕적 암묵지의 근거가 된다고 할 수 있다. 마음에 본연의 도덕성이 구비되어 있으므로 원초적 차원에서도 도덕적 암묵지가 발현될 수 있는 것이다. 선천적 도덕성이 있고 그것으로부터 원초적 도덕 지각이 발현된다는 것은 유가 전통의 오랜 믿음이었다.

그런데 우리는 한 가지 비정상적인 어쩌면 매우 현실적인 상황에 대해 생각해볼 필요가 있다. 만일 암묵지가 제대로 작동하지 못하는 상황이라면 올바른 형식지의 인식은 실패하지 않겠는가? 폴라니는 이러한 상황에 대해 언급한 적이 없었다. 하지만 주자에게 이 문제는 실질적이고도 중대한 문제였다. 양지와 사단 같은 도덕적 암묵지는 인간이라면 누구나 가지는 것이지만 그것이 항상 온전히 작동하는 것은 아니다. 마음이 사욕에 가려져 있을 때 도덕적 암묵지는 종종 제대로 작동하지 못한다.[17] 인간 존재는 理만 갖춘 것이 아니라 氣質도 가지고 있고, 그 기질로 인한 사욕은 理의 발현을 방해하기 때문이다. 그렇기 때문에 주자는 인식 활동이 진행되기 이전, 기질적 요소가 발동하기 이전(未發之時)에 마음 본래의 온전한 상태(未發之中)를 잘 함양하여 사태에 직면할 때 도덕적 암묵지

---

16) 『朱子語類』 113:18, "以前看得心只是虛蕩蕩地, 而今看得來, 湛然虛明, 萬理便在裏面. 向前看得便似一張白紙, 今看得, 便見紙上都是字."

17) 『朱子語類』 115:35, "其本只在湛然純一, 素無私心始得. 無私心, 動靜一齊當理, 才有一毫之私, 便都差了."

가 제대로 작동할 수 있도록 해야 한다고 강조하였다.[18] 그것이 미발함양이다.

> "맹자(孟子)께서는 제선왕(齊宣王)이 소를 아끼는 마음을 지목하셨으니, 이는 그 밝혀진 것(양지)에 의거하여 그를 (仁政으로) 인도하셨던 것이다. 하지만 반드시 이렇게 (양지가 발현)된 다음에라야 仁을 구할 수 있다고 여긴 것은 아니다. 싹을 보고 그 本根을 알아차리는 것보다는, 본근을 먼저 배양해서 그 지엽이 저절로 무성해지기를 바라는 게 더 낫지 않겠는가?"[19]

위 인용문에서 주자는 양지가 발현된 다음 그것에 의거하여 도덕적 행위로 확장해가기보다는 양지가 발현되기 이전 상태, 즉 미발 상태에서 양지의 뿌리를 미리 배양할 것을 권고하고 있다. 미발 상태에서 마음을 함양하면 양지의 발현이 더 자발적이고 왕성할 것이라는 게 그의 주장이다. 폴라니의 표현을 차용하자면, 주자는 암묵지로부터 형식지로 확장해가는 것 이전에 암묵지의 근거(미발 상태)로 회귀하여 거기에서 함양함으로써 암묵지가 온전하게 발현

18) 주자는 인간이 선천적으로 기질적 편중을 가지고 있어도 미발의 시점에서는 그것이 작동하지 않는다고 보았다. -『朱文公文集』卷62「答張元德」7, "人心雖未有喜怒哀樂, 而物欲之根存焉, 則固已偏於此矣. 故於其所偏者得之則喜且樂, 失之則怒而哀, 無復顧義理也. 此段說得是, 但物欲之根存焉之說恐未然, 人固有偏好一物者, 然此一物未上心時, 安得不謂之未發之中乎. 欲下工夫, 正當於此看取."

19)『朱文公文集』73권, "胡子知言疑義」, 孟子指齊王愛牛之心, 乃是因其所明而導之, 非以爲必如此然後可以求仁也. 夫必欲因苗裔而識本根, 孰若培其本根而聽其枝葉之自茂耶?"

될 수 있도록 해야 한다는 것이다. 이것이 미발함양의 의미이다. 이렇게 볼 때, 주자의 인식론에서 지향성의 구조는 폴라니보다 더 근원적인 것으로, from-to(from)-to의 3중 구조를 띠고 있다고 할 수 있다.

이상의 논의를 통해 볼 때, 주자의 격물론이 주체의 의식을 비우고 대상의 이치를 있는 그대로 반영하는 것이라고 보는 것은 부당하다. 주자는 신체의 본능으로부터 나오는 선천적 지식의 존재를 알고 있었고 그것을 격물의 근거로 삼았기 때문이다. 또한 미발함양을 외재적 이법을 수용하기 위하여 주관성을 탈각시키는 의식의 안정 상태로 간주하는 것도 옳지 않다. 주자에게 있어 마음은 본연의 도덕성으로 충만한 상태로서 도덕적 암묵지의 원천이 되는 것으로, 미발함양은 그 원천을 배양하여 암묵지가 온전히 발현될 수 있도록 하는 실천 공부인 것이다.

4. 도덕의 신체화: 소학(小學) 공부의 의의

그러나 도덕적 암묵지가 마음의 선험적 도덕 본체로부터 나온다는 주자의 주장은 어찌 보면 형이상학적 정당화일 뿐이어서 실증적으로 증명될 수 있는 것은 아니다. 도덕적 암묵지에 대한 보다 사실적인 설명은 주자의 공부론 구조에서 발견할 수 있다. 주자는 공부의 과정에서 도덕적 암묵지를 배양하는 단계를 설정하고 그것을 격물궁리의 선행 공부로 규정하였는데, 소학(小學) 공부가 바로 그것이다. 소학은 유년 시절 자잘한 일상의 규범들과 올바른 생활 태도를 몸으로 반복적으로 연습함으로써 도덕규범을 습관화하고 그것을 통해 의식 활동이 저절로 도덕 가치를 지향하도록 만드는 훈련이다. 달리 말해 소학은 도덕규범을 몸의 자연스러운 일부로 만드는 규범의 신체화 과정이고 도덕적 암묵지를 만들어가는 과정이라 할 수 있다.

> "옛날 소학(小學)에서는 마당에 물 뿌려 비질하고 어른께 응대하며 나아가고 물러나는 몸가짐의 절도와 부모님을 사랑하고 어른을 공경하며 스승을 존경하고 벗과 친하게 지내는 도리를 가르쳤다. 이것들은 모두 수신제가치국평천하(修身齊家治國平天下)라는 대학 공부의 근본이 되는 것으로, 이것을 반드시 어린 시절에 배우고 익히게 함으로써 그 습관화된 것이 지혜와 함께 자라나고 교화된 것이 마음과 함께 이루어져서 대학의 단계에서 심각하게 저촉되는 문제가 없게 하고자 했던 것이다."[20]

주자는 수신(修身)의 큰 틀이 소학에 갖춰져 있다고 보고 『소학』 책을 편찬하였다.[21] 『소학』은 금기와 명령의 어법으로 예치(禮治) 사회에 필요한 개인의 기초적 행위 규범을 제시하고 있고, 그 규범들을 통해 미성년자들이 공동체의 가치 질서에 맞게 스스로 길들일 것을 주문하고 있다. 특히 『소학』에서는 용모의 단속(威儀之則)을 강조하고 있는데, 눈빛과 낯빛, 표정과 몸짓, 말과 호흡에 이르기까지

---

20) 『小學』「小學書題」, "古者小學, 教人以灑掃應對進退之節, 愛親敬長隆師親友之道, 皆所以爲修身齊家治國平天下之本, 而必使其講而習之於幼稚之時, 欲其習與智長, 化與心成, 而無扞格不勝之患也."

21) 『小學』「輯說」, "修身大法, 小學書備矣."

세세한 규정을 두고 그것으로 신체를 길들이도록 하였다.[22] 이것은 신체의 훈련을 통해 공동체의 가치관을 신체로 체화시키기 위한 것이라 할 수 있다. 이렇게 신체를 훈련시켰던 것은 올바른 신체로부터 올바른 정신과 감정이 흘러 내비친다는 전통적 인간관[23]에 기초한 것이라 할 수 있다.

주자는 소학을 통해 미성년자들이 유교사회의 문화와 도덕 가치를 자기의 생활 습관으로 익히고 문화적 전통에 걸맞는 신체를 만들어가야 한다고 보았다. 도덕 가치체계를 이지적으로 논구하고 강론하는 것보다 그것을 습관화하여 신체의 암묵지로 만드는 것이 더 실천력을 가지는 것임은 분명하다. 반복적인 행위 훈련을 통해 주체 스스로 도덕규범들을 내면화하고 자기의식에 각인시킴으로써 확고한 도덕의식을 갖도록 하는 것이 주자가 생각했던 도덕의 신체화 공부였다. 이러한 공부를 통해 주체는 자신과 타자를 공경하는 태도를 익히게 되고 공동체의 가치 규범에 자발적으로 참여하는 자율성을 얻게 되며 도덕규범에 따라 자신을 성찰할 줄 아는 태도를 성숙해가는 것이다.[24]

이러한 과정에서 길들여진 신체 안에는 유교의 문화 전통이 내주하게 되고 또 신체는 그 문화적 전통을 제 몸으로 삼고 살아가게 되는 것이다. 다시 말해 주체는 그 문화 전통 안에 깊숙이 내주한

---

22) 『小學』「敬身」, "冠義曰, 凡人之所以爲人者, 禮義也. 禮義之始, 在於正容體, 齊顔色, 順辭令. 容體正, 顔色齊, 辭令順, 而後禮義備. 以正君臣, 親父子, 和長幼. 君臣正, 父子親, 長幼和, 而後禮義立."

23) 이승환, 「몸의 기호학적 고찰」, 『기호학연구』 제3권, 1997 참조.

24) 신동은, 「『소학』의 교육적 원리 연구」, 『교육철학』 제31집, 한국교육철학회, 2004, pp.54-66 참조.

다는 것이다. 신체는 유교의 문화 전통과 도덕 지식(禮儀)을 암묵지로 내장하고, 그 암묵지는 대학의 격물궁리를 가능케 하는 토대로서 작용한다. 비록 소학은 규모가 작고 하찮은 듯 보이지만 유교적 문화전통을 완성해가는 시발점이자 원천이 되는 것이다. 소학 과정에서 형성된 신체적 암묵지는 격물의 기본 방향을 결정하고 지식 활동의 본질을 규정한다. 그렇기 때문에 주자는 쇄소응대하는 것이 근소한 일인 것 같지만 그것이 바로 성인이 되는 공부이니 결코 소홀히 할 수 없다고 역설한 것이다.[25)]

그러나 당시 소학 공부는 이미 소실되었기 때문에 주자는 소학의 체계를 새롭게 건립하였다. 그리고 소학 공부를 받지 못한 성인들을 위해 소학을 대체할 공부를 제시하였다. 거경함양(居敬涵養)이 그것이다. 주자는 거경함양이 소학의 역할을 대신하여 대학 공부에 진입하기 이전에 필요한 기본 태도를 갖출 수 있게 해준다고 믿었다. 거경이 격물을 도덕성의 함양으로 이끄는 관건이 된다고 그는 생각하였다. 그는 왜 거경이 격물에 선재해야 한다고 주장했던 것인가? 여기에서 거경의 의미를 분석해볼 필요가 있다.

거경은 주로 '늘 깨어있으라'(常惺惺), '한 곳에 집중하여 의식이 다른 곳으로 가지 않게 하라'(主一無適), '자신을 수렴하라'(收斂), '정제엄숙하라'(整齊嚴肅)의 네 가지로 언급되는데, 앞의 세 가지는 사욕이 개입하지 않도록 의식을 각성하고 정신을 맑게 유지하는 것을 말한다. 주자는 거경에 대해 논할 때 특히 마지막 '정제엄숙'에 대하여 강조하였다. 정제엄숙은 신체의 훈련에 방점이 놓이는 거경의

---

25) 『小學』, 「小學書題」, "灑掃應對, 雖至小亦由天理之全體, 發見於事物之節文, 聖人之所以爲聖者, 初不外乎此, 學者可以近小以忽之乎."

방법이다.

"거경의 태도를 견지하는 것(持敬)에 대한 언설에 대해서는 많은 말이 필요 없습니다. 단지 '정제엄숙하고', '위엄 있고 삼가며'(嚴威儼恪), '몸을 반듯하게 움직이고 사려를 가지런히 하며'(動容貌, 整思慮), '의관을 바로 하고 시선을 고상하게 하는'(正衣冠, 尊瞻視) 것과 같은 몇 가지를 깊이 음미하여 실제로 공부하면 됩니다. 그러면 이른바 '안을 바르게 하는 것(直內)과 이른바 '한 곳에 집중하라'(主一)라는 것은 자연스럽게 실행되어 억지로 안배할 필요가 없어지고 심신(心身)이 숙연해지고 안팎에 한결같아질 것입니다."26)

여기에서 주자는 거경이 몸소 예법을 실천하는 것에 다름 아니라고 강조한다. 신체를 반듯하게 유지할 때 의식도 바르게 집중된다는 것이다. 하지만 정제엄숙의 의미가 정신을 한 곳에 집중하기 위해 자세를 바르게 하는 것에 국한되는 것은 아니다. 정제엄숙은 유교의 예법으로 신체를 훈련하고 이를 통해 유교의 생활 규범을 신체의 규율로 내면화하는 데 그 목적이 있는 것이다. 이 점은 거경의 함의 전체를 규정하는 데 주목할 만한 부분이다. '늘 깨어있으라'(常惺惺), '한 곳에 집중하여 의식이 다른 곳으로 가지 않게 하라'(主一無適), '자신을 수렴하라'(收斂)로 표현되는 거경은 의식의 각성과 집중, 수렴을 의미하는 것이어서 표면적으로 볼 때 불교적 정신

---

26) 『朱子語類』 12:106 "持敬之說, 不必多言." 但熟味"整齊嚴肅", "嚴威儼恪", "動容貌, 整思慮", "正衣冠, 尊瞻視"此等數語, 而實加工焉, 則所謂直內, 所謂主一, 自然不費安排, 而身心肅然, 表裏如一矣.

수행과 차별점이 없어 보인다. 왕양명이 조롱한 것처럼, 단순한 의식의 각성과 집중만으로는 유교의 도덕 가치를 지향한다는 점이 드러나지 않는다.[27] 거경은 몸가짐에 관한 유교적 예법들을 직접 실천함으로써 반듯하고 엄숙한 신체 태도를 기르고 또 그 몸가짐에 수반하는 경건함과 외경(畏敬)의 마음가짐을 갖게 되는 것이다. 다시 말해 거경은 유교적 신체 규범들을 실행함으로써 유교적 도덕 가치를 지향하고 또 그것을 신뢰하게 하는 훈련인 것이다.[28] 주자가 거경과 불교의 묵좌징심(黙坐澄心) 사이의 차별 지점을 유교의 예법을 신체로 실행하는가의 여부에 둔 것도 이러한 이유에서이다.[29]

---

27) 『傳習錄』 117, "且道如何是敬? 曰:只是主一. 如何是主一? 曰: 如讀書, 便一心在讀書上. 接事, 便一心在接事上. 曰: 如此則飮酒便一心在飮酒上, 好色便一心在好色上. 卻是逐物. 成甚居敬功夫?"

28) 폴라니는 회의와 비판이 아닌 믿음과 헌신이 지식 획득을 위한 주체의 조건이라고 주장하면서, '믿어야 알 수 있다'(credo ut intelligam)라는 중세적 전통을 부활시킨다. - M. Polanyi, *The Tacit Dimension*, Doubleday & Company, 1967, p.4; 주자의 거경 공부도 이와 유사한 맥락을 가지고 있다고 볼 수 있다. 주자의 거경을 이러한 심리 상태로 설명한 연구자로는 조봉(趙峰)이 있다. - 趙峰, 『朱熹的終極關懷』, 上海: 華東師範大學出版社, 2004, pp.133-146 참조.

29) 『朱文公文集』 43권, 「答林澤之」9, "比因朋友講論, 深究近世學者之病. 只是合下欠却持敬工夫, 所以事事滅裂. 其言敬者, 又只說能存此心自然中理. 至於容貌詞氣往往全不加工. 設使眞能如此存得亦與釋老何異?<上蔡說便有此病了>又況心慮荒忽未必眞能存得耶? 程子言敬必以整齊嚴肅、正衣冠、尊瞻視爲先, 又言未有箕踞而心不慢者如此. 乃是至論, 而先聖說克已復禮, 尋常講說於禮字, 每不快意必訓作理字, 然後已今乃知其精微縝密非常情所及耳."

5. 도덕의 신체화: 진지(眞知)의 획득과 내외합일(內外合一)

폴라니에 따르면, 지식은 인식 주체의 신체 일부이고, 주체는 그 지식을 신체 지각의 일부(보조식)로 활용하여 또 다른 대상을 관찰하고 판단한다. 그런데 그가 말하는 지식의 신체화는 과학적 지식들에 관련된 것이었지 도덕 지식에 관한 것은 아니었다. 도덕 지식의 경우 지식의 신체화는 다른 차원의 논의가 필요하다. 왜냐하면 도덕 지식과 관련하여 지식의 신체화는 기술적 진술(descriptive statement)이 아닌 규범적 진술(normative statement)을 요청하기 때문이다. 가령 "배신은 나쁘다"라는 도덕 지식을 암묵지로 신체화할 경우, 우리는 진회(秦檜)나 오삼계(吳三桂)의 행적을 읽으면서 '옳지 않다'라는 인지적 판단을 내린다. 그 판단(형식지)의 근거로서 '배신은 나쁘다'라는 지식이 암묵지로 작동한 것이다.

그러나 도덕 지식은 그러한 인지적 판단 이상의 것을 요구한다. 지식의 신체화가 지식을 제 몸처럼 부려 쓰는 것을 의미한다면, 그것은 그 지식을 몸소 실천하는 것도 포함하는 것이다. 즉 배신이 나쁜 것임을 충분히 신체적 지식으로 체화하였다면, 배신에 대한 판단 뿐 아니라 스스로 남을 배신하지 않는 실천적 측면도 갖추어야 한다는 것이다. 왜냐하면 도덕 지식은 본질적으로 실천을 목적으로 하는 지식이기 때문이다. 폴라니는 도덕 지식에 대해 언급하지 않았고 실천의 문제도 다루지 않았지만, 동양의 지식론 전통에서는 도덕 지식과 그 실천의 문제가 중요한 주제였다. 그래서 '체험'(體驗), '체찰'(體察), '체득'(體得), '체인'(體認), '체지어신'(體之於身)[30] 등

30)『朱子語類』11:2, "讀書窮理, 當體之於身. 凡平日所講貫窮究者, 不知逐日常見

과 모든 식의 신체화에 관한 진술들도 모두 도덕 지식을 자발적으로 실천하는 경지를 요구하는 것이었다. 참된 지식(眞知)이란 실천과 합일된 지식을 의미한다.

이점은 주자의 공부론에서 대단히 강조되고 있다. 격물치지의 목표는 '앎이 지극해지는 경지'(知至)로, 이 경지에 이르기 위해서는 '얕은 지식에서 깊은 지식으로 심화해가는 것'(自淺至深)과 '가까운 지식에서 먼 지식으로 확장해가는 것'(自近至遠)의 두 과정을 거쳐야 한다. 먼저 '얕은 지식에서 깊은 지식으로 심화해가는 것'의 의미를 살펴보자. 그것은 지식을 주체의 내면에 깊숙이 체화함으로써 자발적인 도덕 실천력을 증가시켜가는 것을 뜻한다.

> "'사물이 궁구된 뒤에 앎이 지극해진다.'(物格而後知至)라는 말에서 가장 중요한 것은 지극하게 알아야 한다는 것이다. 만일 착하지 않은 행동을 해서는 안 된다는 것을 알면서도 실제에서는 또 그런 행동을 한다면 이는 앎이 아직 지극하지 않은 것이다. 오훼(烏喙)는 독극물이라 먹어서는 안 된다는 것을 알고서 결단코 그것을 먹지 않는 것, 이것이 참되게 아는 것이다. 착하지 않은 행동을 해서는 안 된다는 것을 알면서도 간혹 그런 행동을 한다면, 이는 단지 참되게 알지 못한 것일 뿐이다. 이렇게 참되게 알지 못하는 까닭은 도덕적 이치에 대해 표면으로만 많이 알고 있을 뿐 내면으로는 아직 충분히 뚜렷하게 이해하지 못했기 때문이다. 그래서 이러한 하자가 생기는 것이다. 지식의 표면을 알지 못해서가 아니라 지식의 내면 핵심에 대해 미처 간파하지 못한 점이 있기 때문이

得在心目間否. 不然, 則隨文逐義, 趕趂期限, 不見悅處, 恐終無益."

다. 그래서 대학의 교육에서는 사물에 접했을 때 그것의 표면적 이치를 일일이 살펴 두루 알게 하였고 또 스스로 내면의 이치를 이해하고 체험하여 충분히 정절(精切)해지도록 가르쳤던 것이다."[31]

주자는 사물의 이치를 널리 탐구하는 것을 중요한 일로 간주하였지만, 그에게 있어 격물치지의 근본 목적은 박학적 탐구를 넘어 도덕 지식을 깊이 체험하고 체득함으로써 자율적 도덕실천의 경지로 상승해가는 데 있다. 즉 앎과 실천이 일치된 진지(眞知)의 경지가 격물치지의 궁극 목적이라고 보았던 것이다. 이 점에서 주자는 '지지'(知至)의 개념에 대해 다음과 같이 중요한 의미를 부가한다.

"치지(致知)란 전부 알아가고(知得盡) 더욱이 절실하게 알아가는 것이다. 평소엔 '지지'(知至)의 '지'(至)자를 '전부 다'(盡)라는 의미로만 설명했는데, 요즘 보니 '지'(至)자는 '매우 절실하다'(切至)의 '지'(至)라는 뜻이라고 봐야 한다고 생각한다. 아는 것이 절실해지면 그 다음 성의(誠意)의 뜻과 관통될 수 있다. 정자(程子)께서 말씀하신 진지(眞知)라는 것이 이것이다."[32]

---

31) 『朱子語類』 46:13, "'物格而後知至', 最是要知得至. 人有知不善之不當爲, 及臨事又爲之, 只是知之未至. 人知烏喙之殺人不可食, 斷然不食, 是眞知之也. 知不善之不當爲, 而猶或爲之, 是特未能眞知之也. 所以未能眞知者, 緣於道理上只就外面理會得許多, 裏面卻未理會得十分瑩淨, 所以有此一點黑. 這不是外面理會不得, 只是裏面骨子有些見未破. 所以大學之敎, 使人卽事卽物, 就外面看許多一一敎周遍; 又須就自家裏面理會體驗, 敎十分精切也."

32) 『朱子語類』 15:88, "致知者, 須是知得盡, 尤要親切. 尋常只將'知至'之'至'作'盡'字說, 近來看得合作'切至'之'至'. 知之者切, 然後貫通得誠意底意思, 如程先生所謂眞知者是也."

주자는 지지(知至)에 절실하게 체득한다는 뜻을 불어넣고 지지(知至)와 성의(誠意)를 연결시키고 있다. 성의는 도덕적 의향을 생리적 감각처럼 본능적인 정서 상태로 만드는 공부를 의미한다.[33] 치지가 성의의 단계로 관통한다는 것은 도덕 지식을 마치 자기 신체의 생리적 본능(好好色, 惡惡臭)처럼 철저하게 체인한다는 것을 의미한다. 이것은 치지의 과정이 도덕 지식을 완전히 신체의 일부로 체화하는 과정임을 뜻한다. 그리고 그 결과로서 知至는 신체의 생리적 본능처럼 도덕지식을 자발적으로 실천해가는 단계를 가리킨다. 주자가 항상 절기체험(切己體驗)을 강조한 것도 같은 맥락이다. 절기체험이란 도덕지식을 자기 신체의 일부분으로 체화하는 것이다. 주자는 진지(眞知)에 대해 설명할 때 항상 생명이 위급한 상태를 예로 든다. 호랑이에게 물려본 사람(曾被虎傷者), 오훼를 먹어본 사람(曾食烏喙者), 물에 빠지고 불에 데여본 사람(蹈水火), 쥐약을 먹어본 사람(曾嘗鼠藥者) 등등의 예시가 그것인데, 주자가 이런 예시를 활용하여 절기체험의 의미를 설명했던 이유는 그만큼 자기 생명의 본능처럼 도덕 지식을 체화해야 한다는 점을 설명하기 위해서였다. 즉 도덕 지식을 신체 본능의 차원으로 완전히 전환함으로써 도덕 실천의 능동적 자동성(automaticity)를 이루어야 한다는 것이었다. 참된 앎(眞知)이란 명제적 앎(knowing that~)이 아니라 기술적 앎(knowing how)으로서 인지적 판단 뿐 아니라 직접 실천할 줄 아는 앎인 것이다. 주자가 생각한 도덕적 암묵지는 명시적 인식과 판단의 토대라는 의미를 넘어서, 판단과 함께 즉각적으로 행동하는 실천 능력까지

33) 『朱子語類』 16:96, "誠意者, 好善"如好好色", 惡惡"如惡惡臭", 皆是眞情. 旣是眞情, 則發見於外者, 亦皆可見."

포함하는 것이다. 이렇게 볼 때 격물치지는 인식형 공부가 아니라 체험형 공부이고 덕성을 지식화하는 것[34]이 아니라 지식을 덕성화하는 것이라고 할 수 있다. 이점이 폴라니를 넘어서는 주자 신체 지식관의 특징이다.

그런데 지식의 신체화는 신체의 변화와 진화만을 의미하는 것이 아니라 지식의 측면에서도 변화를 만들어낸다. 예를 들어 저기에 막대기가 하나 놓여 있는데, 맹인이 그것을 들어 지팡이로 사용한다면 맹인은 그것을 자기 신체의 일부로 활용하는 것이다. 그만큼 맹인의 신체는 진화하고 확장한 것이다. 그런데 이때 막대기의 존재 의미도 달라진다. 막대기는 무의미하게 버려진 존재에 불과했는데, 맹인을 만나게 됨으로써 누군가의 감각기관이 되고 신체의 일부로서 생명력을 얻게 된 것이다. 막대기에 새로운 존재 의미가 부여된 것이다.[35] 사물이 주체의 의식 지향을 받고 주체와 관계 맺을 때 그것은 주체의 생명력에 감화되고 새로운 존재 의의를 획득한다는 것이다. 지식의 신체화 과정에서 이러한 현상학적 전환이 일어난다.

도덕 지식도 다르지 않다. 그것은 주체에게 발견되기 이전에는 단지 무위(無爲)한 상태로 놓여 있을 뿐이었다. 주체의 의식이 그것을 지향하고 그것을 자기 내면으로 체화할 때 그 무위한 도덕 지식은 비로소 활발발한 생명력을 얻고 현실에서 실현되는 것이다.[36] 마치

34) 이는 여영시(余英時)가 규정한 것이다. - 余英時, 「朱熹哲學體系中道德與知識」, 『宋代思想史論』, 社會科學文獻出版社, 2003, p.272.
35) M. Polanyi, 『개인적 지식』, 표재명 옮김, 아카넷, 2001, pp.100-102 참조.
36) 『論語集註』, 「衛靈公」, "人外無道, 道外無人. 然人心有覺, 而道體無爲, 故人能大其道, 道不能大其人也."

부채가 사람 손에 쥐어져 흔들릴 때라야 바람을 낼 수 있는 것처럼, 도덕 지식 역시 주체의 신체가 되었을 때 비로소 도덕으로서 의미를 실현할 수 있는 것이다.[37] 이렇게 볼 때 주자에게 있어 도덕 원리와 지식이란 그저 객관적으로만 존재할 뿐 생명력이 없는(只存有而不活動) 죽은 존재[38]가 아니다. 객관적 도덕 이법은 주체의 격물치지를 통해 주체의 신체 속으로 체화됨으로써 생명의 존재가 되고 살아있는 도덕 실천력으로 전환된다. 道는 사람에 의해 넓혀진다는 말(人能弘道)은 주자에게 이런 의미로 이해되었던 것이다.

이와 같은 격물치지의 의의는 주체와 타자와의 관계에도 그대로 적용된다. 주자가 격물을 '가까운 곳에서 시작하여 먼 곳으로 확장해가라'(自近至遠)하라고 주문했던 것에 이러한 의미가 함축되어 있다.

> "내외(內外)는 합일되어 있지 않은 적이 없었다. 스스로 사물의 이치가 그러하다는 것을 알고 그 사물의 이치상 자연스러운 상태에 따라 그것을 대하면 내외 합일의 이치를 알게 될 것이다. 눈앞의 모든 매 사물(事事物物)들은 모두 지극한 이치를 갖추고 있다. 풀 하나 나무 한 포기 새 한 마리 짐승 한 마리가 모두 이치를 갖고 있다. 초목은 봄에 나고 가을에 시들며 살기를 바라고 죽기를 싫어한다. (…) 만물이 모두 '같은 기(氣) 같은 몸'임을 스스로 알게 된다면, "살아있는 것을 보고서는 차마 그 죽은 모습을 보지 못하

---

37) 『朱子語類』 45:67, 問"人能弘道". 先生以扇喩曰: "道如扇, 人如手. 手能搖扇, 扇如何搖手?"

38) 이는 모종삼이 주자의 리(理) 개념에 대해 언급한 평가이다. - 牟宗三, 『心體與性體』 卷3, p.479.

고, 그 울음소리를 듣고서는 차마 그 고기를 먹지 못하는" 동정심을 가지게 될 것이고, 그 적절한 때가 아니면 나무 한 그루도 베지 않고 짐승 한 마디로 죽이지 않을 것이며, '태아로 있는 것은 죽이지 말고 어린 것은 잡지 말며 둥지를 엎지 말라.'는 규범의 의미를 알게 될 것이니, 이것이 바로 내외 합일의 이치이다."[39]

주자는 격물치지의 범위를 널리 확장하여 자연계의 생물들에까지 관심을 기울여야 한다고 말한다. 하지만 주자가 말하는 자연계에 대한 탐구는 오늘날의 자연과학자들이 생명체의 생존 방식을 조사하고 파악하는 것과는 다르다. 격물치지는 단순히 초목금수의 생태 원리를 지적으로 탐구하고 그 지식을 축적시켜 가는 데 그치지 않는다. 앞서 살펴본 것과 같이 격물치지는 주체 도덕 지식을 자기 안으로 내면화하고 동시에 자기 생명을 도덕 지식 안에 불어넣음으로써 무위한 도덕을 활동하게 만드는 것이다. 자연 생명체들의 생태 원리를 파악하는 격물치지의 과정 역시 주체가 생명체들의 생존 원리들을 파악하여 자기 안으로 내면화하는 동시에 자신을 그들의 생존 안으로 융합시키는 것이라고 할 수 있다. 이런 과정을 통해 탐구 주체는 그 대상을 자신과 동일시하고 자신을 대상과 동질화시킨다. 그리하여 주체 자신을 포함한 모든 존재가 '같은 氣 같은 몸'임을 확인하게 되는 것이다.

39) 『朱子語類』 15:67, "他內外未嘗不合. 自家知得物之理如此, 則因其理之自然而應之, 便見合內外之理. 目前事事物物, 皆有至理. 如一草一木, 一禽一獸, 皆有理. 草木春生秋殺, 好生惡死. [···] 自家知得萬物均氣同體, '見生不忍見死, 聞聲不忍食肉', 非其時不伐一木, 不殺一獸, '不殺胎, 不殀夭, 不覆巢', 此便是合內外之理."

이런 동질성의 확인은 단지 관념적인 인식 차원에 머물지 않는다. 모든 존재가 같은 기 같은 몸임을 확인하게 되었을 때 주체는 그들을 자기 몸처럼 여기고 그들의 삶에 자신을 투사한다. 그래서 그 삶의 욕구를 충분히 이해하고 그들의 고통을 공감하며 그들의 생존을 보호하면서 더불어 공생하는 방법을 모색한다. 한편 자연세계의 생명체들은 무의미하게 놓인 사물이 아니라 도덕 주체의 관심과 공감을 받는 대상으로 전환되고, 도덕 가치 실현의 영역 안에서 새로운 존재 의미를 획득하게 된다. 이러한 과정을 통해 주체와 객체가 합일되고 모든 존재가 한 몸이 되는 것이다. 먼 곳에까지 확장해가라는 것은 더 많고 더 넓은 지식을 축적하라는 뜻이 아니다. 그것은 신체의 범위를 더 넓히고 실천의 영역을 더 확장하며 자아의 범주를 더 확대하라는 것이다. 그리하여 만물을 내 몸으로 삼고 만물에 나의 의미와 생명을 주입하라는 의미이다.

6. 신체와 지식, 자아와 타자의 융합

우리는 주자의 공부론이 수신(修身)이라는 개념에서 시작된다는 점에 주목하여 공부의 과정에서 신체의 역할과 의미가 무엇인지를 밝혀보고자 하였다. 공부란 일상 세계에서 신체의 활동으로 진행해가는 과정이라는 점에서 신체란 무엇이며 그것이 공부에서 어떤 역할을 하고 있는지 해명해보는 것은 중요한 일이라 판단하였다. 주자의 공부론에서 신체의 기능과 의미를 고찰하기 위해 우리는 폴라니의 신체적 지식 개념을 활용하였다. 폴라니에 따르면 우리의 인식은 암묵지에 기반하여 이루어지는데, 암묵지는 신체 안에 깃들어서 신체의 지각으로 작동하면서 외재 사물을 파악한다. 폴라니는 다양한 지식 체계와 문화유산도 개인의 암묵지로 전환되어 신체 지각과 융합하는데, 이러한 과정에서 신체는 문화유산으로 확장되고 문화유산은 신체에 내주한다. 요컨대 폴라니의 신체적 지식은 신체와 지식 문화가 일체화되는 것이라 할 수 있다.

이상과 같은 폴라니의 생각을 주자에게 적용해보았다. 주자는 인간이 선천적으로 신체적 암묵지를 타고 나는데, 이것이 격물 공부의 출발점이자 근거라고 생각하였다. 이점은 폴라니가 제1의 암묵지로 신체 지각을 규정했던 것과 궤를 같이 한다. 그러나 주자가 생각했던 신체적 암묵지는 자연-도덕적이라는 점에서 폴라니와 다르다. 특히 주자는 선천적 암묵지가 도덕성을 갖추고 있으며, 그 도덕성은 미발의 본성에서 비롯된다고 생각하였다. 그래서 주자는 암묵지보다 한 층 더 깊은 미발의 시점에서 함양 공부를 해야 한다고 주장하였던 것이다. 뿐만 아니라 주자는 미성년 시기유교 공동체의 가치 질서를 신체화하는 소학 공부를 강조하였는데, 소학 공부란 행위의 규범들을 반복적으로 연습함으로써 도덕 규범을 습관화하고 신체화하는 과정이라 할 수 있다. 소학 공부를 통해 가치 질서에 길들여진 사람은 습성으로 각인된 도덕의식을 갖추게 되고, 그 신체화된 도덕 습성은 향후 대학 공부의 방향을 결정짓는 근거로서 작용한다고 주자는 생각하였다.

나아가 주자는 도덕 지식을 신체화하여 자동적인 실천력을 배양할 것을 강조하였다. 그것이 격물치지의 공부이다. 격물치지는 진지(眞知)의 획득을 목적으로 하는데, 진지는 도덕 지식을 신체화하여 자율적으로 그것을 실천하는 단계를 의미한다. 마치 생리적 욕구처럼 도덕 지식을 체득하는 것이 격물치지의 목표인 것이다. 하지만 격물치지는 자발적인 도덕 실천력을 획득한다는 것 이상의 의미를 함축하고 있다. 격물치지는 타자의 생존 이치를 파악하고 그것을 자기화함으로써 타자를 자기 안에 내주시키고 타자 안에 자신이 내주하는 것, 그래서 타자의 삶에 적극적으로 공감하고 참여하면서 공생의 길을 모색하는 것에 궁극적 목적이 있다고 할 수 있다. 달리 말해 자기 신체를 타자에게로 확장시켜 내외를 합일하는 것이 격물치지의 최종 목표였다는 것이다. 이상과 같이 볼 때, 주자의 공부론에 있어 신체는 공부의 출발점이자 종점이고 내외합일(內外合一)의 핵심적 기제라고 할 수 있다.

참고문헌

『朱文公文集』(『朱子全書』, 上海古籍出版社, 2002).

『朱子語類』(上同).

『四書集註』(上同).

『四書或問』(上同).

『小學』(上同).

牟宗三, 『心體與性體』 全三冊, 正中書局, 民國57年.

余英時, 「朱熹哲學體系中道德與知識」, 『宋代思想史論』, 社會科學文獻出版社, 2003.

趙峰, 『朱熹的終極關懷』, 華東師範大學出版社, 2004.

陳來, 『朱子哲學研究』, 華東師範大學出版社, 2000.

이승환, 「몸의 기호학적 고찰」, 『기호학연구』, 한국기호학회제3권, 1997.

신동은, 「『소학』의 교육적 원리 연구」, 『교육철학』 제31집, 한국교육철학회, 2004.

홍성민, 「주자 미발론의 특징: 일상의 수양을 위한 마음 이론」, 『동양철학』제29집, 한국동양철학회, 2008.

Polanyi(M.)/Prosch(H.), *Meaning*, The University of Chicago Press, 1975.

______, *The Tacit Dimension*, Doubleday & Company, 1967.

______, *Knowing and Being*, The University of Chicago Press, 1974.

______, *Personal Knowledge: Toward a Post-Critical Philosophy*,

The University of Chicago Press, 1974 [폴라니(M.), 『개인적 지식』, 표재명 옮김, 아카넷, 2001]

제3장 생태의 지식, 지식의 생태

유영초

[내용요약] 이 글의 목적은 생태와의 관계를 통해 지식의 본질을 탐구하는 것이다. 지식과 생태의 관계에 주목하는 것은, 지식의 원천으로서 생태 혹은 자연이 갖는 유기성, 체계성, 통합성, 순환성, 역동성, 발전성 등의 본질적 특성과 그 복잡성에 기인한 창조적 생명력 때문이다. 이에 생태계, 자연의 원리와 속성을 통해 지식의 원형과 본질, 지식생태계의 구조를 이해해보고 지식의 생성과 진화의 담론으로서 지식생태학적 과제를 살펴보고자 한다.

1. 늘 푸른 생명의 나무는 무엇인가?

"여보게 모든 이론은 회색이고, 오직 푸르른 것은 인생의 황금 나무뿐이라네." -괴테[1]

이론이나 사상, 지식의 덧없음 말할 때 금언처럼 인용되는 경구이다. 우리가 정의하거나 규정하는 이론과 지식들은 늘 그렇지도 않을 뿐더러 생(生)의 본질에서 비껴난 회색일 수밖에 없는, 지식이나 사상의 유한성과 한계에 대한 토로라고 하겠다. 또, 노자의 도덕경 첫머리인 도가도비상도(道可道非常道), 명가명비상명(名可名非常名)에서도, 변화하는 것이 그 본질적 속성인 자연 혹은 도(道)는 어떤 개념이나 틀로 규정하는 순간 이미 그것이 아니라는 점에서 비슷한 맥락을 읽을 수도 있다.[2]

장자 역시 인간지식의 가치 없음을 설파하였다. "삼황(三皇)의 지혜는 위로는 해와 달의 빛을 가리고 아래로 산과 강의 정기를 외면하며 가운데서는 사철(四季)의 변화를 무너뜨렸다. 그 지혜는 전갈의 꼬리보다도 혹독하고 인적 드문 곳에 사는 짐승조차 그 태어난 그대로의 모습을 지닐 수가 없게 되었다"[3]는 말로서 자연의 본질,

1) 요한 볼프강 폰 괴테, 『파우스트1』, 이인웅 옮김, 문학동네, 2010, p.126

2) 신영복은 도(道)가 이름 붙이고, 개념화하고, 언어화하는, 즉 지식으로서 이해되는 우주의 법칙이 아니라는 점을 '그릇으로 바닷물을 뜨면 그것은 이미 바다가 아닙니다'라는 말로 비유한다. - 신영복, 『강의』, 돌베개, 2004, p.269 참조

3) 안동림 역주, 『장자(莊子』, 현암사, 2014, p.391. - 삼황은 복희(伏羲), 여와(女媧), 신농(神農)씨를 말하는데, 지식으로서 요순시대를 태평하게 이끌었다는 것에 대해 장자는 부정적으로 보고 있으며, 그때의 발전은 지식 때문이 아

생태적 본연의 의미를 은폐하거나 왜곡하는 지식의 문제를 질타한다. 그리고 "거북은 죽어서 묘당(廟堂)에서 존중받는 것 보다는 오히려 살아서 흙탕물에 꼬리를 끄는 것을 더 원할 것이다."[4]는 말로 인간지식의 허상보다는 지식의 본질이나 원형이라고 할 수 있는 자연 그 자체의 의미를 강조한다.

또 맹자가 "바다를 본 사람은 물을 논하기 어렵다"[5]고 말한 것에서도, 이론이나 지식의 한계를 뛰어넘는 지혜의 큰 바다로 상징되는 깨달음, 즉 지식의 본질과 원형이라고 할 수 있는 '도(道)'나 '자연을 아는 사람'은 모든 지식을 무겁게 여길 것이라는 메시지를 읽어 볼 수 있다.

이처럼 바다로 비유되든 생명의 나무로 은유되든, 인간의 지식에 상응하여 유비(類比)되는 생태와 자연[6]은, 결코 모두 드러내거나 담아낼 수 없는 지식의 모체로서 혹은 그보다 먼 지식의 본향(本鄕)으로서의 의미를 갖고 있다고 하겠다.

인간의 지식은 늘 '세상'을 규명하여 변치 않고 불을 밝히는 원전(原典)이 되기를 갈망한다. 그런데 그 '세상'은 인간의 각종 유위(有爲)와는 무관한 무위(無爲)의 세계, 자연 속에서 존재한다. 때문에 우리가 추구하는 지식은 자연을 향하지 않은 것이 없다. '지식의

니라, 자연의 속성에 기인하는 것이라는 것을 말하고 있다.

4) 막스 베버, 『유교와 도교』, 이상률 옮김, 문예출판사, 1993, p.290; 류성태(1998). 「장자의 지식관」, 『범한철학』 16집, p.76에서 재인용

5) 원어는 '觀於海者難爲水'이다. - 신영복, *op. cit.*, p.244.

6) 생태와 자연은 엄밀하게 다른 개념과 뉘앙스를 갖는 것이고 대체로 자연이 좀 더 폭넓은 개념이라고 생각할 수 있지만, 여기서는 서로 넘나들면서 때로는 동일하게 때로는 다르게 취하면서 개별적으로 혹은 병렬적으로 서술하고자 한다.

원전'은 모두 자연과의 내밀한 접촉에서의 발견이다.

칸트는 태양계가 별들의 먼지가 응집되어 생성되었다는 가설을 세움으로써, 지구와 우주에서 인간이 어떤 의미를 지니는 지와 지적능력에 대한 질문을 던졌다. 그의 이러한 자연과의 접촉, 천체에 대한 천착은 천체연구가로서뿐 아니라 위대한 철학자로 우리 기억 속에 남게 되었다.[7)]

괴테의 위대한 사유와 문체 역시 자연으로부터 나왔다고 할 수 있을 것이다. 그는 1784년, 교회가 인간을 동물보다 훨씬 높은 위치에 두었던 당시로서는 대단한 모험이라고 할 수 있는, 원숭이 중간악골의 연구결과 사람과 원숭이의 골격에는 본질적 차이가 없다는 가설을 내세웠다. 그는 해부학 외에도 동물학, 식물학, 기상학, 지질학, 광물학, 광학, 색채론을 연구했으며, 파우스트에서 볼 수 있듯이 연금술에도 관심을 가지고 있었다고 한다.[8)]

> "누가 저녁노을을 진지한 의미 속에 작열토록 하겠소?"[9)]

괴테가 던진 이 뜨거운 질문을 다시 괴테에게 던진다면, 아마 이 '누구'는 늘 자연의 내면을 엿보려는 사람이라고 하지 않을까? 화가이자, 조각가, 음악가, 해부학자, 군사 및 토목공학자, 발명가, 물리학자였던 레오나르도 다빈치도 진정한 통찰을 얻으려면 사물의 표면아래를 엿보아야 한다고 생각했다. 그래서 "외양이 아니라 진

---

7) 데플레트 간텐/토마스 다이히만/틸로 슈팔, 『지식』, 인성기 옮김, 이끌리오, 2005, p.42.

8) *Ibid.*

9) 요한 볼프강 폰 괴테, *op. cit.*, p.17.

정한 본질을 보기 위해서 몇 시간 씩 가만히 앉아서 대상을 응시하기만 했다"고 한다.[10] 자연의 어떤 숨겨진 본질을 보려는 이런 시각에서 레오나르도 다빈치의 '예술'과 '과학'의 진정한 결합을 찾을 수 있을 것이다.[11] 그는 자연의 패턴 속에서 과학의 원리를 통찰했고 그것을 '예술'로 표현했다.

장자가 지식은 사물과의 접촉(接觸)과 사려(思慮)로 생긴다고 말했듯이, 우리의 지식은 자연과의 부단한 관계 속에서 형성된 문화이자 문화콘텐츠라고 할 수 있을 것이다. 지식이, 이것을 부정적으로 보든 긍정적으로 보든, 자연으로부터 형성되고 자연과의 교감을 통해 이루어진 인간의식의 결정체라고 한다면, 지식의 원점은 자연을 이해하는 것으로부터 시작되어야 하고, 지식의 향방과 과제도 자연의 순리에 따라 탐구하고 발전시켜 나가는 것이 자연스러운 일일 것이다. 즉, 우리가 추구하는 지식의 목적과 방향, 그리고 종점은 '자연의 원리'에 있을 것이고, 그 방법도 자연에서 묻는 것이 불가결하다 해도 좋지 않을까.

그런데 지식이 자연과 사물의 접촉을 통해 형성된 결정물이라면, 당연히 자연생태계의 다양성, 사물의 다양성 등의 조건에 따라 지식의 풍요와 빈곤도 영향을 받을 것이다. 즉, 생물다양성이 높은 곳은 지식의 생산성도 높을 것이라고 가정할 수도 있다. 또, 지식의 생성과 소멸, 발전과 쇠퇴도 자연의 원리, 생태계의 원리를 바탕으로 이루어지고. 심지어 자연생태계의 피폐나 붕괴는 지식의 궁핍과 소멸로 이어질 수 있음을 예측할 수도 있을 것이다.

---

10) 필립 볼, 『흐름』, 김지선 옮김, 사이언스북스, 2014, pp.16-17.

11) *Ibid.*, p.18.

따라서 오늘날과 같은 생태적 위기의 시대에 '지식생태학', '지식생태계' 등과 같은 연구와, 지식과 생태의 관계에 대한 관심이 늘어나고 있는 것은 자연스럽고 다행스러운 일이다. 물론 이미 기업생태계, 문화생태계, 복지생태계, 비즈니스생태계, 정보생태계 등 다양한 조어에서 볼 수 있듯이 '생태'는 지식의 영역뿐만 아니라, 다양한 확장성을 갖고 새로운 의미를 생성해내고 있다.

이는 생태의 본질이 갖는 연계와 통합, 체계성, 발전성, 역동성 등에 기초한 복잡하고도 창조적인 생명력 때문으로 보인다. 다만 아직은 생태계의 본질적 특성과 원리가 반영되기 보다는 보조적 수식어에 그치고, 해당 분야에서의 먹이사슬 수준 즉, 생산과 유통 그리고 소비의 구조라는 형식적 측면에서 이해하는 경우가 많은 것으로 보인다.[12]

이 글에서는 우선, 지식의 원천 혹은 원전이 자연이라는 사실을, 어쩌면 새삼스러운 일이라고 할 수 있으나, 생태와 자연의 개념을 통해 좀 더 체계적으로 규명해 보고자 한다. 즉 지식은 자연으로부터 나온다, 혹은 배운다는 것이다. 지식이 이처럼 자연과의 관계 속에서 형성되는 것이라면, 필연적으로 공부, 지식의 습득은 자연체험, 자연공부로부터 시작되어야 마땅할 것이다. 아울러 생태계의 원리, 자연의 원리와 속성에 의해 지식의 생성과 소멸이 규정될 것인 바, 생태학에 기초한 생태계의 원리를 탐색하고, 이를 바탕으로 지식생태계의 구조를 이해해 볼 것이며, 끝으로 지식의 생성과 진

---

12) 지식생태계에 관한 연구는 그다지 많지 않고, 주로 지식정보산업의 활성화 차원에서의 경영, 정책 분야에서의 연구보고서들이 있다. - 유미호/오철호, 「지식생태계 연구 경향, 한계 그리고 제언」, 『정보화정책』제18권 제4호, p.13, 분야별 연구결과 참조

화의 담론으로서 '지식생태학'적 과제를 살펴보고자 한다.

2. 지식의 본향, 생태

1) 생태와 우주, 그리고 생태학

"자연과 먼저 상담해야 하지 않는가? 왜냐하면 자연은 우리 모두 중에서 가장 해박하고 경험이 많은 재배자이므로"- 소로우

지금은 생태(生態, ecology)라는 말이 자주 쓰이고, 일반 시민들에게는 낯설지 않은 용어가 되어 있다. 그러나 생태라고 했을 때 명태의 다른 이름인 생태(生太)를 먼저 떠올리는 것이 일반적이라 할 수 있다. 지금도 생태를 키워드로 하는 인터넷 연관검색어는 대체로 '생태탕 맛있게 끓이는 법'이 먼저 올라온다.[13)]

요즘은 인공적으로 조성한 공원도 '생태공원'으로 브랜딩을 하고, '생태기행', '생태교육', '생태체험', '생태파괴' 등의 생태와 관련된 용어들이 많이 쓰이지만, 에콜로지로서 생태라는 용어는 대중적인 용어는 아니었다. 이건 비단 우리나라뿐만 아니라, 외국에서도 그렇다. 생태학 전문서에서도 비교적 소수의 순수생물학자와

---

13) 포털사이트 다음과 네이버에 '생태'를 키워드로 검색하면, '생태 맛있게 끓이는 법', '생태찌개'가 연관검색 1순위로 올라오고, 생태마을, 생태공원, 생태교육, 등의 용어들이 보인다. 생태체계이론, 생태유아교육과 같은 전문용어들도 보이고, 최근의 소위 '먹방' 트렌드와 관련 있어 보이지만, '생태 황금레시피'라는 말도 보인다.

응용생물학자에게만 알려졌던 생태학이 1960년대 후반과 70년대 초 환경운동과 함께 갑자기 각광을 받게 되었다고 밝히고 있다.[14)]

우리나라에서도 사회적으로 생태, 환경이 중시되면서 2000년대 들어서서부터는 정부나 공공기관에도 '자연생태과' 등의 부서들이 생길 정도가 되었고, 순천만의 갯벌습지로 유명해진 순천시의 경우 '생태수도 순천'이라는 캐치프레이즈를 내걸 정도로 일반적인 말이 되었다.

'생태'는 사전적으로 '생물이 살아가는 모양이나 상태'를 말하는 간단한 용어이지만, 사회적으로 학문적으로는 매우 폭넓은 영역에서 사용된다. 생태학 전문서에서는 생태학을 '생물과 그들의 환경 간의 관계에 관한 과학적 학문'으로 정의하고 있다. 여기서 환경은 물리적 조건뿐만 아니라 생물의 주변을 구성하는 생물적 또는 살아있는 요소를 포함한다. 관계는 동종과 이종 구성원과의 상호작용뿐만 아니라 물리적 세계와의 상호작용을 포함한다고 밝히고 있다.[15)]

최근에는 인간이 살아가는 모양이나 상태의 관계를 특화하여 사회생태, 기업생태, 문화생태 등의 영역으로 확대되는 경향도 있다. 원론적인 정의에 기초하면, 지식생태의 경우도 본질적으로는 인간의 지식과 환경(사회, 자연)과의 관계에 관한 학문이라고도 할 수 있을 것이다.

생태는 독일의 생물학자 헤켈(Ernst Haeckel)이 생태학(ecology)이란

---

14) Thomas M. Smith/Robert Leo Smith, 『생태학』, 강혜순 외 옮김, 라이프사이언스, 2011, p.3.

15) *Ibid.*

용어를 사용하면서 보편화된 것으로 알려진다. 생태는 '집', '서식처', '살림살이'를 의미하는 그리스어 oikos에 뿌리를 둔 eco와 학문과 이성을 뜻하는 logos를 합쳐서 만들었다.

경제의 economy는 같은 뿌리를 가졌다. 즉 economy는 자연의 경제, 자연의 살림과 같은 개념으로부터 출발한다. 신학자들이 사용하는 '신이 정해준 질서'라는 의미의 오에코노미아(oeconomia)라는 용어와 '자연의 경제(oeconomy of nature)'라는 말에서도 그 근거를 찾아 볼 수 있다.[16] 따라서 자연의 살림살이로 본다면 본질적으로 에콜로지와 이코노미는 동일한 개념이라고 할 수 있다.

에콜로지 개념의 근본에서 본다면, 즉, '집', '살림살이'라는 측면에서 우리에게 가장 부합하는 말은 '우주(宇宙)'라고 할 수 있다. 천자문에 나오는, 집우(宇), 집주(宙)라고 독음하는 우주이다. 우주는 일반적으로 공간을 연상하기 쉽지만, 사전적으로도 '무한한 시간과 만물을 포함하고 있는 끝없는 공간의 총체'를 말한다. 즉, '우'는 상하사방의 공간(space)을 뜻하고 '주'는 왕래고금(往來古今), 즉 지나가고 다가오며 생성되는 지금의 시간(time)을 의미한다.[17] 그러나 지금은 대체로 우주를 시간(time)이 배제된 공간으로서의 평면적

---

16) "<자연의 경제 oeconomy of nature>를 최초로 사용한 사람은 1658년 종교와 양립할 수 있는 자연과학의 진흥에 노력한 케넬름 디브기 경으로서 이 말은 18세기를 통해 지상의 생명이란 거대조직 및 그 관리체를 의미하는 모든 것을 포함하게 되며, 상호작용하는 전체 안에서 모든 물질 자원에 합리적 질서를 부여하는 것을 의미한다." - 도널드 워스터, 『생태학, 그 열림과 닫힘의 역사』, 강헌/문순홍 옮김, 아카넷, 2002, p.56 참조.

17) "'우'와 '주'는 원래 지붕의 '처마'와 '들보'를 가리키는 말이었는데, 한나라 고유가『회남자』에서 상하사방의 공간을 '우'라 하고 지나간 과거에서 다가올 미래까지의 시간을 '주'라고 주해한 이후에 천지를 비유하는 말로 쓰이게 되었다고 한다." - 서윤영, 『집우집주』, 궁리, 2005.

개념으로만 이해하고 있는 듯하다.

그런데 우리는 왜 집우, 집주로 똑같이 읽고 있을까. 현재와 지금의 뜻을 가진 말이지만 약간은 다른 느낌의 '시방'이라는 말이 있다. "시방 뭐하는 거냐?"고 할 때는 대체로 현재나, 지금과 같은 시간적 개념은 물론 '여기서'의 뉘앙스를 포괄하고 듯하다. 사전에서 불교용어로서의 시방(十方)은 동서남북(四方)과 네 모퉁이(四隅), 상하(上下)의 열 방향 모두를 말한다.[18] 즉 공간을 의미하지만, 시간을 배제한 공간은 존재할 수 없다. 때문에 '시방'은 '지금', '여기'를 함께 말하는 것이 된다. 아마도 집우, 집주라고 똑같이 읽는 것도 '시방'과 마찬가지 아닐까 생각한다. 지붕과 기둥처럼 한 몸으로서 집을 이루듯이, 공간과 시간은 다르지만 하나인 것이다.

따라서 우주=집은 존재들이 깃들어 사는 공간과 시간을 의미한다. 여기서 깊이 있는 논의를 하긴 어렵지만, 굳이 우주라는 개념을 이야기 한 것은 이러한 '집'으로서의 생태적 개념 때문이다. '티끌 속의 우주'라는 말이 있듯이, 하나의 작은 미생물의 집이든, 천지를 주유하는 태양계의 집이든 각각 우주를 이루고 있음은 분명한 일이다. 캐나다의 NFBC에서 출시한 단편 애니메이션 '코스믹 줌(Cosmic Zoom)'은 무한한 외부의 세계와 무한한 내부의 세계가 하나의 쌍을 이루고 있음을 보여준다.[19]

개체로서의 몸 생태계, 군집이나 연못의 생태계, 지구의 생태계

---

18) 표준국어대사전에는 시방을 불교용어로 '사방(四方), 사우(四隅), 상하(上下)를 통틀어 이르는 말', 명사와 부사로서 지금(只今)과 지금으로 풀어놓고 있다.

19) 코즈믹 줌(COSMIC ZOOM)은 1968년 에바 사즈가 감독하고 캐나다 NFBC(National Film Board of Canada)가 제작한 단편애니메이션으로 베를린 영화제 외 3개의 국제상을 수상하였다.

도 생명의 둥지로서 각각 '집'이다. 그런 점에서는 우주라는 표현은 본원적인 의미에서의 에콜로지에 부합하는 것이라고 할 수 있다. 다만, 에콜로지가 번역의 과정에서 생물학과 연계된 용어로서 '생태(生態)'라는 말이 생성되었을 것으로 추측해 본다. 일본 생태학의 선구자로 불리는 미나카타 쿠마구스(南方熊楠)는 일본에서 초기에 에콜로지(ecology)라는 말을 받아들이면서 생물의 서식 혹은 생활의 양상이라는 의미로 '서태학(棲態學)'이라 불렀다고 한다.[20]

용어는 지식의 집을 짓는 벽돌이라고 할 수 있다. 만약, 생태학이 아니라 우주학으로 번역되었다면, 우리가 일반적으로 생각하는 무한한 별들의 세계뿐만이 아니라, 내 몸도 하나의 우주이며, 동네의 작은 연못도, 심지어는 티끌조차도 소우주로서 존재한다는 사유와 관점의 기초가 되지 않았을까.

현재 생태학은 생태계의 층위나 영역에 따라 개체생태학, 군집생태학, 경관생태학, 산림생태학, 해양생태학, 호소생태학 등의 다양한 수준과 영역으로 연구된다. 또 생태계 안에서 일어나는 복잡한 상호작용은 물리적 생물적 과정의 모든 다양성을 포함하기 때문에 생태학은 지질, 수리, 기상 등의 다른 학문들과 깊이 관련되어 있다.[21]

이렇게 지금의 생태학은 자연과학에 가까운 것이지만, 만약 '우주학'이나 자연의 살림살이라는 개념으로서 '살림학'이라고 할 경우, 좀 더 본원적이고 포괄적인 즉, 자연과 인문, 시공을 포함하는

---

20) 동경대대학원 이학계 연구과, www.s.u-tokyo.ac.jp/ja/story/newsletter/keywords/11/03.html [검색일자: 2016년 2월 11일]

21) Thomas M. Smith/Robert Leo Smith, *op. cit.*, p.10.

생명력이 있는 개념이 되지 않았을까 생각해볼 수도 있다.

특히 생태학의 부흥이 '인간과 자연의 관계를 재정의 하는 것이 필요하다는 신념'에 기초하고 있고, '이 새로운 행동의 길에 길잡이를 제공하는데 요구된 학문분야로서 생태학'을 고려한다면 더욱 그렇다.[22)]

지금은 생태계의 구성원들인 생물들이 모두 동등한 권리를 가지고 있다는 목표를 가진 근본생태학, 심층생태학 등의 철학적 운동들이 나타나고, 이에 생태학이 '철학과 정치학의 어투를 변화시키고 있다'[23)]고 말할 정도로 관계가 깊어지면서 생태학은 그 본질상의 '우주학'적 지식분야로 돌아가고 해도 좋지 않을까.

2) 생태와 지식

> "곤충의 더듬이나 꽃술을 좋아하지 않는 사람은 도무지 문심(文心)이 없다고 할 것이다." -연암 박지원[24)]

본질적으로 생태는 '집'으로서 우주적 개념이다. 그러나 앞서 살펴보았듯이 우리에게 생태는 아직 생태찌개의 생태이거나, 개발과 공사로 조성한 생태공원에 붙인 브랜드에 가깝다고 할 수 있다. '생태수도'라는 캐치프레이즈의 앞치마를 두르고 '생태찌게'를 끓이고 있는 재미있는 모습도 보이고, 체험학습이나 야외활동이 많아

---

22) *Ibid*., p.3.
23) 도널드 위스터, 『생태학, 그 열림과 닫힘의 역사』, *op. cit*., p.445.
24) 고전번역원, 「종북소선 자서」, 『연암집』, 한국고전종합DB, http://db.itkc.or.kr [검색일자: 2016년 2월 14일]

지면서 '생태분야'에서 일한다고 하는 사람도 늘어났다. 심지어 '생태'는 생태의 본질과는 아무 상관이 없을 것 같은 플라스틱 그릇, 비닐봉지, 인공 수로에도 마구 갖다 붙이는 이미지 브랜딩용 형용사가 되기도 한다. 물론 외국에서도 '하루 밤 사이에 생태학은 티셔츠, 기업의 광고, 다리교각 등 대부분의 일상적인 장소에서 깜짝 놀랄 정도 나타났다.'[25]고 말할 정도로 급격한 트렌드의 성격을 가진 측면도 있었다.

그러나 생태, 혹은 자연의 의미와 본질이 희석될수록 우리는 자연으로부터 얻어야 할 '빛의 지식'[26]을 얻는 기회를 박탈당하기도 할 것이다. 왜냐하면 인류의 위대한 업적으로 평가되는 지식들은 대부분은 자연생태와의 긴밀한 접촉을 통해 생성되었기 때문이다.

생태는 지식의 내면 혹은 이면이다. 즉, 생태와 지식은 동전의 앞뒷면처럼 불가분의 관계를 맺고 있다. 우리 인간을 자연의 일부로 놓고 볼 때, 또 설령 그렇지 않다고 하더라도, 우리가 얻는 지식의 대부분의 것들은 본질적으로 자연에 관한, 자연에 의한 것들이다. 연암 박지원의 '문심(文心)'을 표현의 욕구, 지적 활동의 욕구로 이해할 때 곤충의 더듬이와 꽃술은 그 욕구의 원천이 된다.

여기서는 생태(生太)를 중심으로 자연, 생태(生態)야 말로 지식의 원천이고, 지식의 빛임을 좀 더 체계적으로 이해해보고자 한다. 생태찌개의 생태는 대구과에 딸린 물고기로서 일반적으로는 명태라

25) 도널드 워스터, *op. cit.*, p.445.

26) 베이컨은 지식을 두 가지 광원(光源)에서 솟아난다고 하여, 하나는 신이 주신 생래적 지식으로서 신학이고 또 하나는 자연의 빛으로 얻어지는 지식이라고 하였다. 자연으로부터 얻는 지식이 곧 철학이다. -프란시스 베이컨, 『학문의 진보』, 이종흡 옮김, 아카넷, 2002, p.195.

고 불리는 어류이다. '생태(生太)'는 생태가 서식하는 해양생태와 인간의 사회생태 사이의 접촉을 통해서 다양한 행위와 관계가 형성되고, 그 '문심(文心)'의 일단인 표현을 통해 다양한 용어들이 생성된다. 물론 이 용어들은 그 개념에 부합하는 지식들을 수반하고 창출하는 것은 물론이다. 즉, 이 물고기와 인간들의 관계방식과 층위에 따라서 체계적인 지식들이 생성되는 것이다.

우선 명태의 관찰과 접촉방법 따라서 생물학, 분류학, 수산학적 지식이 창출된다.[27] <명태는 대구목 대구과에 속하는 2~20℃의 찬 물을 좋아하는 냉수성 물고기이다. 우리나라 명태는 동해에서 수심 200m보다 깊은 바다 밑에 살며 갑각류, 오징어 새끼, 작은 어류들을 잡아먹는데, 때론 자기 새끼들까지도 잡아먹는 탐식성 어류이다.> 또, <한 겨울 춥고 깊은 바다에 산란하며 알이 수정한 후 비중 변화가 생겨 수심 300~100m 사이를 포물선 모양으로 수직이동을 하면서 10여일이 지나면 부화한다.> 명태를 잡는 방법에 따라 자망, 거망 등으로 조업지식이 있고, 이에 따른 명태의 용어로서 망태(網太), 주낙으로 잡은 조태(釣太)라는 분류지식이 있다.

명태는 잡힌 지역이나 시기에 따른 별칭이 있는데, <강원도 연안에서 잡힌 놈은 강태(江太), 강원도 간성군 연안에서 잡힌 간태(桿太), 함경도 연안에서 잡힌 작은 놈은 왜태(倭太)'로 불린다. 시기적으로는 '함경남도에서 봄철의 어기 막바지에 잡힌 막물태, 정월에 잡힌 놈은 일태(一太), (2월에 잡힌 놈은 이태, 삼태, 사태, 오태 등), 동지 전후로 잡힌 명태는 동지받이>로 불리고 심지어 <음력 시월 보름께

27) 황선도, 『멸치머리엔 블랙박스가 있다』, 부키, 2014. - 이하 생태(명태)에 관한 < >표시의 내용은 <명태>에 관한 주요 지식을 분석하기 위해 옮긴 것이다.

함경도에서 은어라고도 부르는 도루묵 떼가 연안으로 회유해 올 때 반드시 명태 떼가 따라오는데 이때 잡힌 명태는 은어받이>라 불러서, 다른 어종과의 관계를 치밀하게 반영하고 있다. 이런 각각의 이름들은 세상 어디에도 없는 지역적, 계절적, 민속적, 생물학적 특성을 반영하는 지식이 된다.

명태는 전 생애주기를 통해 인간생활과 연결된다. 명태의 알은 명란젓으로 명태치어는 말려서 노가리, 날 명태로서는 생태, 반건조 상태로는 코다리, 말린 명태로서의 황태, 바짝 말린 상태로서의 북어, 얼린 상태로서의 동태가 활용된다.

명태가 해양의 바닥 가까이에 사는 어종이라 고기 근육에 지방이 적다는 생물학적 특성은, <찌개를 끓이면 비린내도 나지 않고 시원하여 해장국으로 잘 사용되는> 식품영양학적 지식으로 연결된다. <코다리는 내장과 아가미를 빼낸 명태 4~5마리를 한 코에 꿰어 살이 꾸덕꾸덕하게 말린 것>인데 이는 향토성에 기반을 둔 음식문화와 요리지식을 창출한다.

명태의 저장, 보관 과정에서의 모양과 색깔에 따라서도 이름을 달리 부른다. <덕장의 날씨가 따뜻하여 물러진 찐태. 하얗게 마른 백태, 딱딱하게 마른 깡태, 손상된 파태, 검게 마른 먹태, 대가리를 떼고 말린 무두태, 잘 잡히지 않아 값이 금값이 된 금태> 등, 그 이름은 생활 속에서 습득되지 않으면 외우기 어려울 정도로 많다. 이름이 다르다는 것은 고유한 정체성, 차별성이 존재한다는 의미이다. 그 차별성에 따라 걸 맞는 지식이 창출되고 각각 식품영양학, 가정학, 민속학, 언어학 등이 지식들이 사람들의 생활 속에 전승된다.

명태를 중국에서는 '멘타위(明太鱼)', 러시아에서는 '민따이(минта

й)'라고 부른다. '명태', '민타이', '멘타위'와 같이 발음이 비슷한 이름으로 분포하는데, 어원학적인 측면에서는 아마도 명태의 음식문화는 조선에서부터 퍼져나간 것이 아닐까 추정해 볼 수도 있다. 이유원의 『임하필기』에 보면, 명태의 어원이 함경북도 명천의 태씨성을 가진 사람이 물고기를 잡아 도백에게 반찬으로 내놓았는데, 그 물고기의 이름을 몰라 명태라고 지어주었다고 하는 이야기가 구전된다.[28)]

명태는 우리나라 남해와 서해에는 살지 않는다. 동해는 북태평양에서 명태가 서식하는 한계선이며, 주 분포해역은 베링해와 캄차카 근해이다. 따라서 명태는 원양어업의 가장 중요한 어종이었다. 그런데 <1977년 3월, 미국과 러시아가 200해리 배타적 경제수역을 선포함에 따라 캄차카 어장에서 철수 해야만 했고, 철수한 어선들은 미국수역에서 할당량을 받아 쿼터 조업을 하게 된다.> 이와 같이 명태는 국제적 관계를 통해서 국제법과 해양법, 해양어업협정, 국제기구의 조약 등을 고려하는 지식을 필요로 한다. 또 명태의 조업과 어획량의 감소에 따라 미국과 러시아에서의 수입은 무역과 경제, 경영 등의 사회적 지식을 요구한다.

명태는 『일동기유(日東記游)』에 "자양(慈養)이 적어 공후귀족(公侯貴族)에게는 접대할 수도 없다. 다만 그것이 많이 나고 그 값이 싼 까닭에 우리나라 사람은 심산궁곡(深山窮谷)의 노인과 여자, 어린아이들까지도 북어를 모르는 사람은 없다."[29)]는 기록이 있다. 또 『임하

---

28) 고전번역원, 한국고전종합DB, http://db.itkc.or.kr [검색일자: 2016년 2월 16일], 임하필기(林下筆記), 임하필기27권, 춘명일사, 명태(明太) 참조.

29) 민속대백과사전, http://folkency.nfm.go.kr/minsok/dic_index.jsp [검색일자: 2016년 2월 17일] 참조

필기』에 1600년대에 이미 '300년 뒤에는 이 물고기가 귀해질 것'이라는 예측을 했다거나, 북어가 '한강에 장작개비처럼 많다.'는 이야기도 나온다. 문헌상으로도 명태는 아주 오랜 우리의 역사지식과 문화지식이 담겨있다.

오래된 관계만큼 명태와 관련된 다양한 문화가 형성된다. <술안주로 등장하는 '노가리'는 1년 정도 자란 작은 명태로 '애기태', '애태'라고도 부른다.> 술안주로 자주 함께하다보니, 명태와 관련된 예술과 문학도 탄생하게 된다. 다음과 같은 <매혹적인 저음의 성악가 바리톤 오현명이 시인 양명문의 시를 노래로 부른 명태>는 대표적인 사례라고 할 수 있다.

> "검푸른 바다 밑에서 줄지어 떼지어 찬물을 호흡하고 길이나 대구리가 클대로 컸을 때 내 사랑하는 짝들이 노상 꼬리치고 춤추며 밀려다니다가 어떤 어진 어부의 그물에 걸리어 살기 좋다는 원산 구경이나 한 후 에지프트의 왕처럼 미이라가 됐을 때 어떤 외롭고 가난한 시인이 밤 늦게 시를 쓰다가 쇠주를 마실 때(카~~~) 그의 안주가 되어도 좋다 그의 시가 되어도 좋다 짝짝 찢어지어 내 몸은 없어질 지라도 내 이름만 남아 있으리라 명태 헛 명태라고 헛 이세상에 남아 있으리라"[30]

이 가곡은 명태에 관한 해양 심층의 냉수성 어종이라는 생물적 특성, 성장과정, 어장의 분포, 식품으로서의 지식은 물론, 시인의

30) 가곡 《명태》의 가사이다. 양성문 작사, 변훈 작곡; 출처 http://gasazip.com [검색일자: 2016년 2월 17일]

삶과 함께 하는 사회적 특성까지 잘 반영하고 있다.

끝으로, 북어는 고사나 제사용으로 빠지지 않는 물고기다. 신장 개업집이나, 새집의 상량(上樑)에 북어가 매달려 있는 것을 흔히 본다. 우리는 전통적으로 신과 인간을 연결하는 매개물로서 일반 제례나 고사 등에 북어를 제물로 올렸다. 그 이유를 민속대백과사전에는 아래와 같이 쓰고 있다. 여기에서의 명태에 관한 지식만으로도 문화인류학, 민속학, 종교학 등에 깊이 관련되어 있다는 것을 알 수 있다. 지식과 생태와의 관계는 생태(生太), 이 어류 하나만으로도 그 긴밀함을 충분히 알 수 있는 것이다.

> "명태인 북어는 비린내가 나지 않고 건조 후에도 눈과 머리가 뚜렷해서 제 모습을 잃지 않기 때문에 관혼상제, 일반 제례, 고사 등에 빠지지 않고 올려 진다. 또한 천지신명에게 바치는 음식은 어느 한군데도 버려서는 안된다는 불문율이 있는 가운데, 명태는 한 부분도 빠짐없이 다 먹을 수 있는 물고기라는 점을 들 수 있다. 게다가 머리가 크고 많은 알을 낳기 때문에 사람으로 치면 훌륭한 자손을 많이 두고, 많은 알처럼 부자가 되게 해달라는 기원을 담을 수 있는 대상도 될 수 있다."[31]

지식의 원천은 자연으로부터 시작되어 사회생태와의 관계방식에 따라 다양하게 발전한다. 우리의 언어와 지식들은 생태의 내면과 이면 속에서 형성된다. 따라서 생태적 관계의 다양성에 따라서 개념이 다양해지고 그것을 표현하는 언어가 발달하고, 그 언어만큼

31) 민속대백과사전, *op. cit.* 참조.

의 다양한 지식체계와 방법이 생기는 것이다.

그렇다면 생물종 다양성이 가장 풍부한 열대에 가장 많은 지식이 쌓여있어야만 하는 것이 아닐까? 그런데 '열대'에는 그 생물종 다양성만큼 언어 다양성은 있으나, 문화와 문명을 이끌어낸 문자와 지식의 다양성으로 이어지지는 않은 것 같다. 이것은 아마 생물종 다양성 그 자체는 풍요롭지만, 문화와 문명을 일으킨 지역보다 상대적으로 '자연'과의 접촉면이 적은 면을 고려할 수 있다. 즉, 문명의 발상지는 주로 '자연'과의 접촉이 긴밀해지고, '사려'를 통한 농경, 즉 '자연을 경작하는 지역'이라는 점이다. 따라서 자연과의 접촉이 더욱 활발해야하는 지역은 열대보다는 중위도 지역이라고 할 수 있다. 더군다나 4계절의 변화에 따른 생태적 관계의 다양성은 단지 생물종 다양성만 풍부한 열대지역보다는 중위도 지역이 더욱 왕성하여 자연과의 접촉면이 더 넓다고 할 수 있는 것이다.

어떻든, 인류는 자연의 생태적 다양성과 조건에 따라서 많은 지식을 축적하고 전승해왔다. 페루 종자은행의 조사에서 안데스에서 재배한 감자는 497종, 키노아는 2,596종, 타위르는 3,379종에 이름을 밝혀냈다고 한다.[32] 키누아는 쌀보다 조금 작은 곡물로 잉카제국의 주요 곡식이었으나 지금은 페루, 볼리비아 등 일부지역에서만 재배되는 곡물이다. 단백질, 비타민, 무기질 등이 풍부한 영양식으로 다시 각광받고 있는 곡물이다. 타르위 역시 이 지역의 주요 곡식 중 하나인 콩 종류이다.

---

32) 마시 스크롤브, 「안데스 농민의 과학」, 『녹색평론』 43호, 1998년 11, 12월호; 주강현, 「언어생태전략과 민속지식의 문화다양성」, 『역사민속학』 32호, 2010, pp.7-36.

그런데 이 많은 종류의 씨앗이 있고 이름이 있다는 것은, 아마도 꽃과 줄기, 크기, 형태, 맛과 향 등의 개체의 다양성이 있다는 의미이며, 그에 따른 계통적 분류지식이나, 재배를 위한 농학지식이 있다는 의미일 것이다. 그리고 이 곡물들의 저장하는 방법과 요리하는 방법 등에 따른 식품영양학적 지식, 이를 수확하고 사회적으로 나누는 사회학적, 정치적 지식들, 표현하고 기뻐하는 예술적 지식이 수반되었을 것은 물론이다.

생태계에 관한 지식은 인간과의 유기적인 관련성을 바탕으로, 생태계의 구성요소들의 상호관련성을 이해하고 습득하는 내용을 기본으로 한다. 생물적 자연이 있는 산과 바다, 강, 습지, 인공적인 논과 밭, 그리고 무생물인 암석과 대기 심지어 인간이 만들어 낸 인공적 생태계를 기반으로 다양한 것들이 모두 지식의 원천이 된다.

즉, 앞서 살펴보았던 것처럼 자연과의 접촉에 따라서 장소적인 특성을 기반으로 한 농사지식, 농학, 바다지식-해양학, 하천생태지식-수리학 등의 지식들이 생성될 것이고, 인간의 생존방식에 따라서 건축학, 영양학, 식품학, 사회적 관계방식에 따라서 공동체의 사

<생태와 지식의 관계>

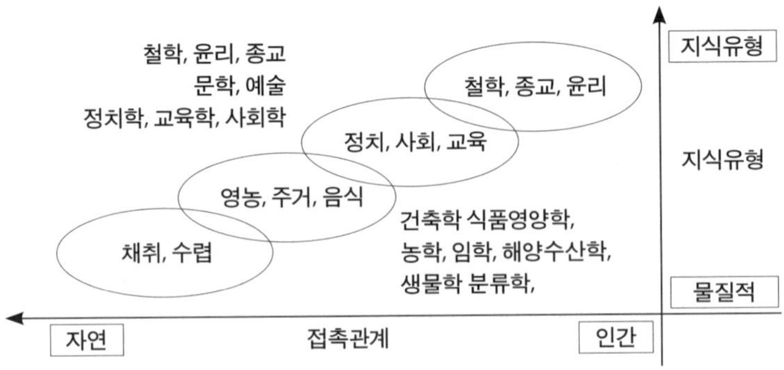

회학, 정치학, 문화인류학, 종교, 철학 지식들이 형성된다.

또한 자연은 그 자체로 학문과 철학의 전당으로서 교육적 공간이며 예술과 종교의 원천이기도 하다. 예술에 있어서도 자연생태가 그 원천이 된다. 예술의 창조란 체험자의 경험과 상상의 원료를 통해 새로운 의미를 발견하고 생산해내는 '창의성'을 바탕으로 한다. 자연생태의 다양성은 이 창의성의 보고이다.

자연생태는 윤리와 사상의 발신지라고 할 수 있다. 자연과 인간과의 관계를 진화론적 관점에서 새로운 세계관을 제시한 것은 알도 레오폴드[33]는 자연사적 윤리진화론의 시각에서 볼 때 개인과 개인 간의 관계를 규정했던 최초의 윤리가 개인과 사회와의 관계를 규정하는 다음단계로 발전했으며 앞으로는 인간과 토지, 그리고 그 토지 위에서 살아가는 동식물과의 관계를 규정하는 세 번째로 진화할 가능성이 높다고 주장하였다. 그것을 바로 생태학적 진화라고 불렀다.[34] 이와 같은 생태윤리나 사상의 배경이 되는 곳이 또한 자연이라고 할 수 있을 것이다. 자연생태는 공존에 대한 생태학적 접근, 사상적 단초와 지식을 제공하고 있다고 할 수 있다.

이상에서 살펴본 것처럼 생태는 지식의 본향이자 한 몸이다. 생태적 다양성은 접촉과 관계의 다양성을 통해 지식의 다양성으로 이어지고, 이것은 문화적 다양성을 통해서 인간사회의 풍요로운 관계를 증폭시키고 확대시킨다. 반면에 생태적 피폐화는 지식의 소멸로 이어진다. 예전에는 쌀을 재배하는 논의 위치, 생태적 특질과

---

33) 환경윤리의 아버지라고 불릴 정도로, 자연과 인간의 관계에 천착했던 미국의 자연주의자이다.

34) 알도 레오폴드, 『모래 군의 열 두달』, 송명규 옮김, 따님, 2000, p.245.

작업방식에 따라 윗배미, 아랫배미, 고래실, 장구배미, 수렁배미 등의 논 이름도 다양했다. 그러나 이러한 언어들은 농지정리를 통해서 표준화되고 획일화되면서, 그 특성이 사라지고 경작방식도 사라졌다. 그저 용어 하나가 사라지는 것이 아니라, 그 용어와 관련된 지식과 생태와 삶의 방식이 사라지게 되는 것이다.[35)]

지식이 생태와 한 몸이라면, 또 거꾸로 지식의 약탈은 필연적으로 생태의 파괴로 이어진다. 이를테면 어떤 한 종의 나무가 항암효과가 좋은 성분을 지녔다는 전통지식을 약탈하여, 그 성분을 추출하고 제조하는 현대적 과정을 특허로 사유화하고, 그 지역의 다른 나무를 다 베어내고 그 나무만을 심는다면, 생태계는 급속히 파괴될 것이고 공동체는 무너질 것이다.

3. 생태계의 원리와 지식의 생태계

1) 생태계의 원리

> "자연이 가장 잘 안다." - 배리 커머너[36)]

생태와 자연이 지식의 기초가 되고 자연을 아는 것이 지식의 바탕이 된다면, 생태계의 원리, 자연의 원리를 이해하는 것이야 말로

35) 주강현, 「언어생태전략과 민속지식의 문화다양성」. 『역사민속학』 32호, 2010, pp.7-36.

36) 배리 커머너, 『원은 닫혀야 한다』, 고동욱 옮김, 이음, 2014, pp.37-52.

지식을 쌓는 공부의 가장 근본적이 방법이 될 것이다. 첫머리에 하늘(天)과 땅(地)을 두었던 천자문(千字文)도 그런 원리에 기초하고 있다고 분석한다.[37)]

우리는 존재하든 그렇지 않든, 햇볕이나 바람과 물, 흙 등, 자연 생태계는 늘 그렇게 있을 것이라고 생각하기 때문에 그 중요성과 필요성을 인식하지 못하고 산다. 우리가 숨 쉬는 공기나 물은 늘 있어왔고 또 있을 것이라고 생각하고, 강산은 의구할 것이라 생각하지만 사실은 그렇지 않다. 생명을 부양하고 있는 이 생태계의 시스템도 생명들의 활동에 따라 생성되거나 소멸하기도 하는 역동적인 상호 관계 속에 있기 때문이다.

'벌이 사라지면 지구가 멸망한다'는 말처럼, 생태계 내의 모든 관계는 서로 긴밀하게 의존하고 있다. 꿀벌들이 멸종되면, 꿀벌들의 수분을 통해서 번식을 하는 수많은 꽃과 나무들이 도태되거나 멸종할 것이며, 숲의 황폐화는 필연적으로 공기와 물의 조절기능을 상실하게 될 것이고, 사막화와 같은 토양의 변화를 일으키게 된다.

생태계가 건강하고 다양하다면 원료와 식량과 같은 풍부한 자원을 공급받을 수 있고, 홍수조절 토양침식의 제어와 같은 조절 기제로 더 안전하게 생존할 수 있다. 나아가 생태적 건강은 맑은 공기와 물을 기반으로 인간의 건강과 장수의 밑거름이 된다. 또 쌀독에서 인심난다고 하듯이 풍요로운 자원은 사회적 유대감을 높이고 보다 인간다운 행복한 삶을 누리게 하는 정치적 사회적 기반이 된

37) 천자문이 천지의 환경인식 체계, 즉 자연학을 바탕으로 인간론, 인성론의 인간학을 배우도록 구성되어 있다는 연구가 있다. - 최재목, 「『千字文』의 '天地' 환경교육에 대한 한 試論」, 『양명학』 18호, 2007, pp.349-377 참조.

다. 따라서 생태계의 원리를 이해하는 생태지식은 생태계 그 자체를 이해하는 것이기도 하지만, 인간사회를 이해하고 좀 더 나은 삶을 이루기 위해서도 필요한 지식이 된다.

자연의 원리, 혹은 법칙이라고 할 수 있는 생태계의 원리들을 학자에 따라서는 중요한 명제를 들어서 설명한다. 이를테면, 배리 커머너의 경우는 다음 네 가지 법칙을 들었다.

'모든 것은 다른 것과 연결되어 있다(Everything is connected to everything else)', '모든 것은 어디론가 가게 되어 있다(Everything must go somewhere)', '자연이 가장 잘 안다(nature knows best)', '공짜 점심 같은 것은 없다(There is no such things as free lunch)'는 명제이다.[38] 프리초프 카프라의 경우는 <생태계의 원리에 대한 핵심 개념>으로 관계성, 순환성, 유동성, 역동성, 발전성, 통합성 혹은 중층성의 6가지를 생태학적 원리로 제시하였다.[39]

커머너와 카프라 모두 기본적으로 서로 연결되어 있다는 관계성(network)과 에너지 보전의 법칙처럼 존재하는 것들은 사라지는 것이 아니라 변화하여 어디론가 흐른다는 유동성(flow)의 원칙을 제시하고 있다. 아울러 커머너가 제시한 나머지 두 가지는 본인 스스로도 비공식적 '생태학 법칙'이라고 밝히고 있는 명제로서 보다 널리 알려진 구절이다.[40]

즉, '자연이 제일 잘 안다'는 것으로, 이를테면 누대를 걸쳐서 부품들이 적합하게 조립되어 움직이는 시계는 시계를 만든 시계공이

38) 배리 커머너, *op. cit.*, pp.37-52.
39) http://www.ecoliteracy.org [검색일자: 2016년 2월 17일] 참조.
40) 배리 커머너, *op. cit.*, p.37.

제일 잘 아는 것이지, 시계를 사용하는 인간이 더 잘 알 수 없다는 논리이다.[41] 인간의 한계를 명백히 밝히는 것이긴 하지만, 한편으로 인간의 고유한 특성이자 빛나는 진화의 유산으로 여기는 지식과 탐구에 대한 부정으로 이어지기 쉽기 때문에 커머너 스스로도 논란이 될 것임을 밝히고 있다.

그럼에도 불구하고 이 명제는 인간지식의 한계에 대한 인식은 물론 생태운동에 있어서 중요한 명제로 작용할뿐더러, 현실에서도 분명히 드러나는 사실이다. 이를테면, 소로우와 같은 자연주의자도 임업을 할 때 자연에서 볼 수 있는 천이 패턴에 따라 신중하게 수목을 심으면 산림에서 건전하고 영속적으로 수확을 얻을 수 있는데, 그렇지 않는 경우 '불모의 땅이 되고, 다람쥐와 인간 모두의 양식을 제공하는 비옥하고 고귀하며 자급할 수 있는 산림이 아니라 가치 없는 관목만이 무성하게 자랄 것'이라며, 자연이 제일 잘 안다는 사실의 실례를 들어준다.[42]

'공짜점심은 없다'는 말은 술을 많이 팔아주는 단골에게 점심은 공짜로 준다지만, 사실 비용은 술값에 들어 있는 미국 서부개척시대에서 유래된 경제학에서 자주 인용되는 말이다. 자연생태계의 모든 것들도 공짜로 쓸 수 있는 것은 없다. 지금이든 나중이든, 어디서든 반드시 지불해야 할 대가가 있다는 것으로 사용되는 말이다.

<생태계의 원리와 핵심개념>은 카프라가 제시한 생태계의 원리들이다. 카프라는 그림의 가운데 있는 원을 제외한 6가지 개념을 중심으로 생태학의 법칙을 제시하였다.

---

41) *Ibid.*, p.46.
42) 도널드 위스터, *op. cit.*, p.98.

<생태계의 원리에 대한 핵심 개념>

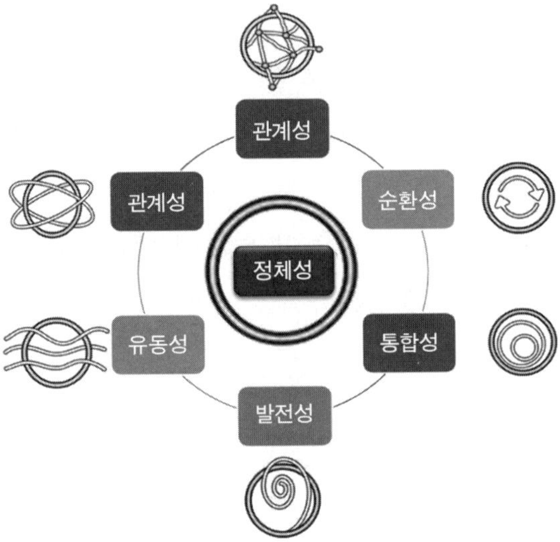

출처 : www.ecoliteracy.org/philosophical-grounding/core-ecological-concepts
[검색일자: 2016년 1월 18일]에서 개념 이미지를 가져와 재구성함

좀 더 구체적으로 살펴보면 우선 관계성(networks)과 순환성(cycles)이다. 관계성은 유기성이라고도 할 수 있는데, 서로가 연결되어 있다는 것으로서, 생태학에서 누구나 가장 강조하는 것이다. 생명은 모두가 연결되어 있고 서로서로 의존하고 있다는 것이 생태계의 중요한 원리이기 때문이다.

흔히 세상 사람들은 6단계만 건너면 다 안다고 할 정도의 촘촘한 관계망을 이루고 산다. 인간세상도 그렇듯이 자연의 세계는 모두가 서로서로 연결되어 순환되어 살아간다. 생명체들은 서로 연결되어 주고받으며 순환성(cycle)을 갖는 것이다.

이 순환은 생산자와 소비자의 연쇄, 먹이사슬로 연결되어 있다. 간단하게 도식화하면 식물들은 빛과 땅의 영양분을 먹고, 동물은 식물을 먹고, 동물의 배설물이나 사체들은 식물들의 비료(퇴비)가 되고, 죽은 식물과 동물들은 토양의 거름(퇴비)이 된다. 이런 끝없이 이어지는 순환의 흐름 속에 생명과 에너지들이 흐른다.

이러한 유동성(flow)이 다양성과 함께 역동적으로 춤추면서 복잡성 속에서 조화(harmony)와 균형(balance)을 이루는 것이 자연생태계이다. 생태계는 상호작용의 역동성(dynamic)과 복잡성(complex) 또한 빠질 수 없는 자연의 중요한 원리이다. 또 생명의 존재들은 독자적으로 또는 무질서하게 관계를 맺고 있는 것이 아니라, 체계성(systemic, nested)을 가지고 있으며, 각각의 환경에 적응(Adaptation)해 나가면서 상호발전(development)해 가는 것이다.

생태계의 체계성은 중요한 개념이다. 모든 존재는 분자, 세포, 조직, 기관과 같은 체계성을 갖고 있다. 식물이든 동물이든 종속과문강문계의 질서와 체계를 갖추고 있으며, 우주도 지구와 태양계, 은하계 등의 질서와 체계를 유지하고 있다. 사회생태계도 개체, 가족, 친족, 민족이나 국가의 체계로 구성되어 있다. 이러한 체계는 각 단위의 막이 형성되어 있지만, 각각은 더 큰 둥지(체계) 안에서만 존재한다. 이처럼 생태계의 존재는 중층적 통합성을 갖고 있으며, 아울러 각각의 환경에 서로 적응하며 유기적으로 발전해나가는 것이다.

그림 <생태계의 원리와 핵심개념> 중 가운데 있는 정체성은 생태계의 원리에 대한 핵심개념으로 필자가 추가한 것이다. 생태학의 법칙 즉 자연의 원리에서 가장 중요한 것을 정체성(identity)과 다양성(diversity)이기 때문이다.

정체성이란, 존재의 식별이며, 구분이다. 식별되는 것, 정체성을 갖는 것, 이것이 존재의 가장 기본적인 인식의 단위이다. 때문에 정체성이 없다면 실존한다고 할 수 없다. 식별(identify)되지 않는다면, 존재(being)하지 않는 것이다.

갠지스강 모래 한 톨도 같은 게 없듯이 자연에서는 존재하는 모든 것이 나름대로의 차별성과 정체성을 가지고 있다. 이렇게 정체성과 차이가 다양성(diversity)을 낳는다. 생물종다양성은 언어다양성, 지식의 다양성, 문화다양성을 가져 올 수 있을 것이다.

2) 지식생태학

지식생태학(Knowledge Ecology)이란 생태계의 원리를 인간의 지식의 영역으로 확장한 것이라고 할 수 있을 것이다. 따라서 지식생태계는 생태계의 기본적인 원리인 생산과 소비의 연쇄와 확산과정을 포괄하는 지식의 장이라고 할 수 있을 것인 바, '지식의 생산, 축적, 공유, 활용, 소멸 과정이 외부의 통제와 조정이 없어도 생태학적 원리에 따라 자연스럽게 이루어지는 시스템'[43]을 의미한다.

지식생태학이라는 용어는 Community Intelligence Lab에서 조지 포(Por. George)가 처음 사용하기 시작하였는데, 그는 지식생태계가 지식을 창조하고 활용하기 위해 더 좋은 사회적, 조직적, 행동적, 기술적 환경(조건)을 제공해주는 방법과 실행의 장이라고 정의하였다.[44]

한편, 지식생태학에 관한 연구를 활발하게 전개한 유영만은 "지

---

43) 어진원/정은지, 「지식생태계 구성요소와 역할」, 한국과학기술정보연구원 정보분석연구소, 2013.

44) 유재미/오철호, op. cit., p.5.

식생태학의 관심은 지식의 창조 및 공유주체인 인간의 노력을 어떤 생태학적 운영원리에 따라 설계하여 촉발시키면 지식의 선순환적 생명과정을 지속시킬 수 있는지"[45]가 중요하다고 제시하였다.

지식생태학이 생태계의 원리를 바탕으로 하는 한, 생태계의 가장 기본적인 원리라고 할 수 있는 지식의 생산과 소비의 연쇄를 축으로 삼아야 할 것이다. 여기에서는 우선, 지식의 창조와 공유과정을 검토하여, 지식의 생산과 소비의 연쇄에 대한 구조를 이해해보고자 한다.

그런데, 지식생태계의 이해에서 가장 중요한 것은 인간은 모두가 생산자이면서 소비자라는 점이다. 즉, 본질적으로 지식이 자연 혹은 사물과의 접촉과 사려에 의해서 발생하는 것이라면 지식의 생산은 누구나 하고 있다고 볼 수 있을 것이다. 다만 그 지식의 유형이 개인적이고 암묵적(暗默的)인 것인가, 사회적이고 명시적(혹은 형식적)인 것인가의 차이가 있을 것이다.[46]

즉, 어떤 사람이 꽃을 보면 그 색의 느낌, 미묘한 향기, 크기, 외형, 잎의 구조 등의 많은 것들을 알게 된다. 이것은 그 사람 개인적이고 암묵적인 지식이다. 그러나 그것을 이미지나 텍스트로 표현하여 사회적이고 형식적(명시적)인 지식으로 변환할 수 있다. 물론 기본적으로는 그가 알고 있는 것의 수많은 것들이 표현되지 않을 것이지

---

45) 유영만, *op. cit.*, p.56.

46) 암묵지는 헝가리 출신의 과학철학자 마이클 폴라니가 주창한 개념. 그는 인간의 지식을 암묵지와 형식지 혹은 명시지로 구분하여 언어나 문장으로 표현하기 어려운 개인적 주관적인 지식과 언어나 문장으로 표현가능한 객관적이고 이성적인 지식으로 나누었다. 대체로 체험을 통해 얻어지는 것은 암묵지이고 학습과 교육을 통해서 얻어지는 것은 형식지이다.

<지식 변환 모델>

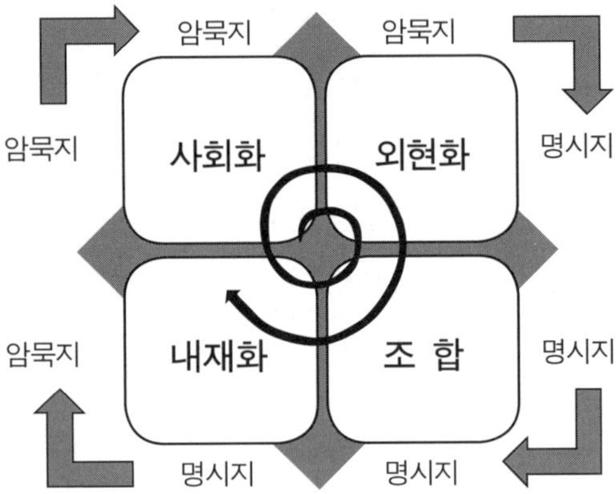

출처 : Nonaka et al.(2000: 12), 김구 (2012). 「감성지능과 암묵지식 이전의 관계에 관한 탐색적 논의」 한국조직학회보, 9(3), p.11의 그림을 재구성함.

만, 어떻든 이것이 개인의 일기 수준의 형식지에 그치는 경우도 있을 것이고, 더 많이 확산 소비되는, 즉 유통이 가능한 형식지가 될 수도 있을 것이다. 개인적인 지식을 사회적이고 형식적인 지식으로 변환하는 역량은 천차만별일 것이고, 여기에서 지식의 전문적인 생산자로서의 연구자나 작가 영역에 포함 될 수도 있을 것이고, 개인적인 지식의 생산자에 머무를 수도 있을 것이다.

이러한 지식의 생산과정을 통해 지식경영에 관한 연구를 한 노나카는 4가지 과정으로 구분하여 제시하고 있다. 즉, "암묵지식에서 암묵지식으로 변환되는 과정을 사회화, 암묵지식에서 명시지식으로 변환되는 과정을 외현화(externalization), 명시지식에서 명시지식으로 변환되는 과정을 조합(combination), 명시지식에서 암묵지식으로 변환되는 과정을 내재화(internalization) 등으로 구분하면서

<지식의 연쇄>

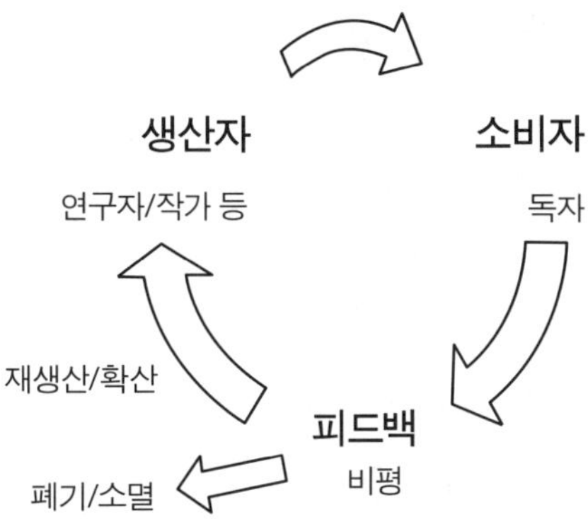

이 지식변환모델이 나선 형태로 진행하는 것으로 파악하였다."[47]

이 과정을 구체적으로 보자면 어머니의 생태찌개 끓이는 법은 경험으로 알고 있는 개인적인 암묵지이다. 이를 아들이 따라서 배우는 것이 암묵지의 사회화의 과정이다. 그리고 어머니의 생태찌개 끓이는 법을 글로 적어서 레시피로 만드는 과정이 암묵지의 명시지로 외현화되는 과정이다. 또 아들이 이것에 자기만의 조미법을 추가하여 '생태찌개 황금 레시피'로 만드는 과정은 명시지의 조합이라고 하겠다. 그리고 이러한 '생태찌개 황금 레시피'를 따라하며 노하우를 만들어 가는 것이 명시지식의 개인적 내재화의 과정이라고 할 수 있다. 다음 그림은 이 과정을 도식화한 것이다.

그런데, 지식의 생태계라는 측면에서 보자면, 기본적으로는 그림과 같은 지식의 생산자(전문적인 연구자, 혹은 작가)와 소비자(독자)의 영역으로 구분되고, 중간에 피드백의 과정, 생태적 순환과정의 도식

47) 김구, 「감성지능과 암묵지식 이전의 관계에 관한 탐색적 논의」, 『한국조직학회보』9권, 3호, 2012, p.11.

을 들어 볼 수 있을 것이다. 이 피드백은 독자들의 비평, 확산과정을 포함하여 지식의 재생산으로 이어질 수도 있고, 폐기 소멸될 수도 있을 것이다.

지식생태학은 기본적인 이 과정, 좀 더 세부적으로 보면, 지식의 창조적 생산(체험을 통한 암묵지의 생산을 포함한 명시적 지식의 원고 등), 제작, 저장, 유통, 확산, 공유, 활용, 재생산 등을 위한 더 좋은 사회적, 조직적, 행동적, 기술적 환경(조건)을 제공해주는 방법과 플랫폼 등을 연구 개발하는 것이라고 할 수 있을 것이다.

여기에서는 앞서 검토한 생태적 원리의 각 개념들이 지식의 기본적인 생태적 과정에서 즉, 생산과 소비, 피드백의 과정에서 어떻게 지식생태계의 원리로 반영되어 작동되어야 하는지를 살펴보고자 한다.

지식은 정체성(차별성, 현장성)이 있어서 새롭고 달라야한다. 정체성은 차별성이며 고유성이며 장소성이다. 지식의 가장 큰 특징은 이 차별성에 있다. 즉 '새로움'에, '다름'에 정체성이 있는 것이다. 따라서 정체성이 없는 지식은 이미 인터넷에 존재할 것이다. 흔히 '독창적'이다, '차별화'된다는 것은 그것만이 갖는 고유한 시간, 장소, 주체, 대상, 주제, 방법의 새로움과 '다름'이 있어야 한다는 것이다.

지식은 직접성, 관계성이 있어서 연결되어야 한다. 지식의 생산은 접촉의 관계를 맺음으로써 이루어진다. 즉 나와 대상의 조우, 낯선 만남이 나와의 관계를 통해서 생성되는 의미의 구성이 몸으로 얻는 지식의 생성인 것이다. 이 지식 역시 누군가와 연결되어 있지 않다면 그것은 의미 없는 이야기다. 숲의 바람과 공기와 새의 노래가 아무리 좋다고 하더라도, 오감으로 감각되지 않는다면, 그것은 존재하지 않는 것과 같다.

지식은 순환성을 갖고 주고받아야 한다. 순환성이란 몸의 신진대사와 같다. 피가 돌지 않으면 살기 어렵듯이, 순환되지 않으면, 그것은 마치 죽어있는 것과 같다. 먹이사슬이 단절되면, 전체 생태계가 위험에 빠지듯이 지식역시 각 구성요소들이 유기적으로 잘 연결되어서 순환되어야 하는 것이다. 그것이 개별지식이든, 통합적인 지식이든 종적으로 횡적으로 순환되어야 한다.

지식은 체계적으로 이루어져야한다. 체계적이고 통합적이라는 말을 달리하면 짜임새가 있다는 말이다. 지식의 생산, 유통, 소비의 경우도 자연의 생태적 시스템의 체계처럼 유기성을 갖고 통합적이고 체계적으로 이루어져야 한다. 생산의 내용은 작은 것에서 큰 것으로, 구체적인 것에서 추상적이고 보편적인 것으로, 등 연역적 체계든, 귀납적 체계든, 일관성과 체계성을 유지하여야한다. 이러한 계통적 체계성을 통해서, 관계의 맥락을 이해할 수 있게 하여야한다. 지식의 나무는 뿌리와 줄기 잎의 체계를 갖고, 기초를 튼튼하게 하지 않으면, 그 지식생태계는 위태로울 것이다.

지식의 미덕은 역동성에 있다. 지식은 어제와 오늘이 다르고 오늘과 내일이 다르다. 변하지 않는 것이 없고, 늘 이론과 지식은 부분이자 회색이라는 자세로, 비판과 수용을 통해 전체의 생명의 나무를 향해 다가가야 한다. 지식은 경쟁과 비판의 역동성을 통해서, 다양한 견해의 창조성을 통해 발전해갈 것이다. 또 이러한 역동성은 고전과 미래, 각 학문의 영역들이 교류 통섭을 통해 새로운 지식을 생산하는 기본적인 바탕이 된다.

끝으로 지식은 주체적이고 능동적이어야 한다. "어떻게 우리가 다른 이의 혀로 맛을 볼 수 있단 말인가?" 라는 말처럼 지식은 주체적이어야 한다.[48] 지식은 이제 디지털화 가능한 명시지(형식지)보다는 암묵지(暗默知)가 중요한 시대이다. 형식지들은 인공적으로 생산이 가능한 시대가 올 것이며 지식이 아니라 정보의 수준이 되어갈 것이다. 이를테면 날씨의 예보와 같은 단순한 패턴의 지식들은 이제 로봇이 대체를 하고 있다. 심지어 바둑을 두는 인공지능 수준이면, 인간은 기계의 지식을 따라갈 수 없을 것이다.

4. 지식의 생성과 진화의 담론 : 지식생태학

> "철학의 역할은 쓸모없는 것이 쓸모 있다는 사실을 사람들에게 알리는 것이다. 혹은 쓸모있다는 말의 두가지 의미를 구분하도록 가르치는 것이다." - 피에르 아도[49]

이상에서 자연생태와 지식의 관계를 살펴보고, 생태학의 기본 개념과 원리, 그리고 그 원리에 비춰 본 지식생태계의 생산과 소비의 구조와 원리들을 살펴보았다. 끝으로 지식의 생성과 진화의 담론으로서 지식생태계의 활성화를 위해서 필요한 것을 짚어 보기로 한다.

우선 지식의 종 다양성을 위한 노력이다. 이를 위해서는 특히 '쓸

48) 유네스코한국위원회, 「지구의언어, 문화, 생물다양성 이해하기(Sharing a World of Difference)」, 2005.

49) 누치오 오르디네, 『쓸모없는 것들의 쓸모 있음』, 김효정 옮김, 컬처그라퍼, 2015, 속표지 글.

데없는 지식'에 대한 사유와 천착이 무엇보다도 시급하다. 지금까지 살펴본 논리대로라면 지금은 지식의 위기이자, 지식생태계의 위기라고도 할 수 있을 것이다. 생태환경의 파괴가 만연되어 있는 오늘날, 그것을 반영하는 지식 또한 충분히 파괴적이거나 궁핍할 것이라는 점 때문이다.

오늘날 '유용한 지식'은 그 자체가 약탈의 도구이다. 즉, 수익성에 목표를 두는 모든 지식은 필연적으로 자본의 논리에 수렴될 수밖에 없다. 지식특허, 법률지식, 지식재산, 지식경영, 지식산업의 논리들은 지식의 공공성보다는 지식의 수익성과 상업적 이윤의 창출을 극대화—이것은 노골적으로, 합법적으로 생태적 공정성을 무시하고 뺏는 것을 포함한다—하는 데 근본적인 취지가 있다.

> "이 야만의 시대는 '쓸모없는 지식의 유용성'이 '지배적인 유용성'과 근본적으로 대립하는 시대이다. '지배적인 유용성'은 경제적으로 큰 이익을 가져오지 않는다는 이유를 내세워 인간의 활동에 영감을 주는 인문주의 규율, 고전어교육, 자유탐구, 상상, 예술, 비판적 사고 등을 억압하고 있다. 사실 공리주의 세계에서는 교향곡보다 망치가, 시보다 칼이, 그림보다 스패너가 더 가치 있다고 평가받는다. 도구의 효과를 파악하기는 쉽지만 음악이나 문학, 혹은 예술이 무슨 소용이 있는 지 알기는 어렵기 때문이다."[50]

이러한 자연과 사회의 약탈을 위해 동원되는 '유용한 지식'들은 근본적으로 반생태적이고 자연 속의 상호관련성과 복잡성을 충분

50) 누치오 오르디네, *op. cit.*, p.15.

히 고려하지 못한다. 따라서 이런 돈이 되는 지식과 학문과 연구로만 구성되어 있는 지식 생태계는 그 기반이 허약할 수밖에 없을 것이다.

지식생태계의 지속성과 안정성은 이를 구성하고 있는 개체들(생산자와 소비자)의 연쇄와, 생태계 내에서의 다양성 그리고 역동성, 발전성 등의 생태계의 원리들의 구현에 달려 있다. 뿌리가 되는 기초학문과 지식, 줄기가 되는 학문과 지식 등의 다양성이 없이, 그저 수익이 되는 지식만으로는 지식의 나무와 숲이 건강하게 성장하기 어렵다.

다음으로 중요한 것은 자연과의 접촉을 넓혀야 하는 것이다. 우리의 미래는 지식생태계의 보전과 창조성의 보전에 달려있다고 해도 과언이 아닐 것이다. 만약 우리의 지식이 다시금 자연과의 접촉과 사려를 넓고 깊게 하여 생태적 다양성과 창조성의 본질을 반영한다면 놀랄 만큼 풍부한 창조적 융복합과 발전이 일어날 수도 있다.

체험학습은 초등생들의 몫이 아니다. 앞서 지식의 변환과정에서 보았듯이 암묵지는 지식의 관문이다. 암묵지의 생산을 늘리는 것이 지식생태계의 활성화에 중요한 요소가 된다. 자연체험은 '사실'과의 부단한 교감을 통해서 몸으로 그 데이터가 저장되고 내면의 정보로 구축되어, 그것이 곧 '암묵지'가 된다고 할 수 있다.

문송합니다! '문과라서 죄송합니다'라는 '웃픈(웃기고 슬픈)' 유행어가 만연하고 있는 것은 눈앞의 이익이 되는 '유용한 지식과 학문'만 중시되고 '쓸데없는 지식과 학문'은 무시되고 있는 현실을 반영하고 있다. 그러나 생태계에서 어느 한 종의 소멸은 필히 그것과 연관되는 다른 여러 종들이 궤멸을 불러올 수 있다. 지금은 '쓸데없는 지식'과 '잉여'의 쓸모가 존귀한 때이다. 지식생태학에서는 문송할 필요가 없다.

참고문헌

간텐(D.)/다이히만(T.)/슈팔(T.), 『지식』, 인성기 옮김, 이끌리오, 2005.

괴테(J. W. v.), 『파우스트1』, 이인웅 옮김, 문학동네, 2010.

김구, 「감성지능과 암묵지식 이전의 관계에 관한 탐색적 논의」, 『한국조직학회보』 9권, 3호, 2012.

레오폴드(A.), 『모래군의 열두달』, 송명규 옮김, 따님, 2000.

류성태, 「장자의 지식관」, 『범한철학』 제16호, 1998.

볼(P.), 『흐름』, 김지선 옮김, 사이언스북스, 2014.

베버(M.), 『유교와 도교』, 이상률 옮김, 문예출판사, 1993.

베이컨(F.), 『학문의 진보』, 이종흡 옮김, 아카넷, 2002.

서윤영, 『집우집주』, 궁리, 2005.

스미스(T. M.), 스미스(R. L.), 『생태학』, 강혜순 외 옮김, 라이프사이언스, 2011.

스크롤브(M.), 「안데스 농민의 과학」, 『녹색평론』 43호, 1998.

신영복, 『강의』, 돌베개, 2004.

안동림 역주, 『장자(莊子)』, 현암사, 2014.

어진원/정은지, 「지식생태계 구성요소와 역할」, 『한국과학기술정보연구원 정보분석연구소』, 2013.

오르디네(N.), 『쓸모없는 것들의 쓸모 있음』, 김효정 옮김, 컬처그라퍼, 2015.

유네스코한국위원회, 「지구의언어, 문화, 생물다양성 이해하기 Sharing a World of Difference」, 2005.

유영만, 『지식생태학』, 삼성경제연구소, 2006.

유재미/오철호, 「지식생태계 연구 경향, 한계 그리고 제언」, 『정보화정

책』 제18권 제4호, 2011년 겨울호

위스터(D.), 『생태학, 그 열림과 닫힘의 역사』, 강헌/문순홍 옮김, 아카넷, 2002.

주강현, 「언어생태전략과 민속지식의 문화다양성」, 『역사민속학』 32, 2010.

최재목, 「『千字文』의 '天地' 환경교육에 대한 한 試論」, 『양명학』 18집, 2007.

폴라니(M.), 『암묵지』, 김정래 옮김, 박영사, 2015.

커머너(B.), 『원은 닫혀야 한다』, 고동욱 옮김, 이음, 2014.

황선도, 『멸치머리엔 블랙박스가 있다』, 부키, 2014.

찾아보기

ㄱ

ㄹ

ㅁ

ㅂ

ㅇ

ㅈ

ㅊ

ㅋ

ㅌ

저자 소개

권영우 | 한국외국어대학교 철학과 조교수. 고려대학교 철학과 학·석사 졸업 후 독일 하이델베르크 대학에서 2012년 「헤겔에서 반성 개념 그리고 도덕과 인륜에서 반성기능에 관하여」로 박사학위 취득. 주요 논문으로는 「헤겔철학의 왜곡사에 관한 소고」, 「칸트와 헤겔에서 논리학과 형이상학의 관계에 대한 고찰」, 「"함께-삶"의 테제와 상호문화의 조건-딜타이의 "이해" 개념을 매개로-」, 「우리 안의 타자로서 동서양- 동양의 서양문물 수용에 대한 고찰을 중심으로 -」 등이 있다.

김기홍 | 한국외국어대학교, 선문대학교 외래교수. 영국 워릭대학교 문화정책경영 석사. 한국외국어대학교 문화콘텐츠학 박사. 등단 작가로서, 스토리텔링, 시각미디어 콘텐츠와 문화이론 관련 다수의 논문과 저서를 집필하였다. 논문으로는 「트랜스미디어 담론에 대한 집단지성론적 고찰」, 「음식 스토리텔링과 만화」, 「광역 런던의 역사문화콘텐츠 관련 정책 연구」, 「캠벨의 원질 신화와 문화콘텐츠」, 「문화연구에서 빅데이터의 효용과 의미」 등이, 저서로는 『인지인문학』(공저), 『문화콘텐츠와 디지털 생태계』, 『창조경제의 시대, 국가와 문화의 관계가치에 대한 정책 해석학적 연구』(공저) 등이 있다.

김성수 | 한국외국어대학교 외래교수. 한국외대에서 글로컬·비주얼문화 연구로 박사학위를 받았다. 『시각문화대표콘텐츠』, 『상상력과

문화콘텐츠』(공저) 등의 저서와 「영미권 글로컬문화연구의 지적 궤적과 전망」, 「문화콘텐츠학에서의 디지털 이미지론」 등의 논문이 있다.

김윤재 | 한국외국어대학교 철학과 외래교수. 한국외국어대학교 철학과를 졸업하고, 철학과 대학원에서 「바슐라르와 푸코의 인식론에 나타난 불연속성의 모델 연구」로 박사학위를 받았다. 논문으로 「바슐라르의 '지적 감시'에 대한 연구」, 「모랭과 세르의 인식론에 대한 구조적 연구」, 「사이버 공간과 레비의 집단 지성에 대한 철학적 해명」 등이 있다.

김희경 | 한국외국어대학교 미네르바교양대학 교양학부 외래교수. 재미창작소 소장. 저서로 『트랜스미디어 액티비즘』, 『트랜스미디어 콘텐츠의 세계』, 『판타지, 현대도시를 걷다』, 『문화콘텐츠 기획론』, 『과학관, 테마파크를 말하다』, 『이야기를 파는 나라 일본』 등이 있고, 논문으로 「트랜스미디어 콘텐츠 유형에 관한 연구」, 「사용자 경험 기반 스토리두잉의 작동 원리에 관한 연구」, 「게이미피케이션과 대체현실게임 개념을 적용한 지식정보 콘텐츠 사례 연구」 등이 있다.

박치완 | 한국외국어대학교 철학과/글로벌문화콘텐츠학과 교수. 글로컬창의산업연구센터(GCIC) 소장. 한국외국어대학교 세계민속박물관 관장. 2001년 프랑스 부르고뉴대학교에서 베르그송의 방법론 연구로 박사학위를 받았다. 저서로는 『키워드 100으

로 읽는 문화콘텐츠 입문사전』(공저), 『글로컬문화콘텐츠, 어떻게 그리고 왜?』(공저), 『상상력과 문화콘텐츠』(공저), 『문화콘텐츠와 문화코드』(공저), 『한국인의 일상과 문화 유전자』(공저) 등이 있으며, 논문으로 「디지털 인문학, 인문학의 창발적 변화인가?」, 「글로컬 공공철학을 위한 문화인식론」 등 비교문화연구와 문화콘텐츠이론 분야의 다양한 논문이 있다.

서동은 | 경희대학교 후마니타스 칼리지 객원 교수. 감리교신학대학교와 대학원을 졸업하고, 2004년 독일 도르트문트(Dortmund)대학교에서 하이데거의 진리개념에 관한 논문으로 철학 박사학위를 받았다. 저서로는 『곡해된 애덤 스미스의 자유경제-세월호, 메르스, 공감의 경제학-』, 『하이데거와 가다머의 예술이해』가 있고, 공저로 『세상을 바꾼 철학자들-고대부터 현대까지 핵심개념으로 읽는 철학사-』, 『백 만인의 고전 읽기-고전의 반역4』, 『삐뚤빼뚤 생각해도 괜찮아- 고민하는 10대를 위한 철학 상담소-』등이 있다. 역서로는 『몸의 철학』, 『시간의 개념』이 있다.

송석랑 | 목원대학교 교양교육원 교수. 한국외국어대학교 및 대학원 철학과를 졸업하고 충남대학교 대학원에서 「존재의미의 해석학적 사실성에 수반하는 언어의 변형과 전(前)합리성의 문제」에 대한 연구로 철학박사학위를 받았다. 저서 및 역서로 『현상학, 시적 감각의 지성』, 『프랑스철학의 위대한 시절』(공저), 『정신과학입문』, 『하이데거의 존재의 역사와 언어의 문제』 등이 있

고, 논문으로 「현상학과 인지과학의 문화주의적 교점」, 「생활세계의 위상학과 일상사」, 「생태현상학의 상징주의와 유물론적 기획」 등이 있다.

신응철 | 경성대학교 문과대학 글로컬문화학부 교수. 숭실대학교 철학과를 졸업하고 동대학원에서 「카시러 문화철학에서의 인간 연구」로 박사학위를 취득했다. 전남대학교 학술연구교수, 숭실대학교 학술연구교수, 연세대학교 HK연구교수, 대림대학교 교양학부 교수를 지냈다. 현재 한국해석학회 기획이사, 인문사회21 편집위원이며, 주요 관심 분야는 문화철학, 문화해석학, 사회철학, 기독교문화학, 문화콘텐츠, 인문콘텐츠 분야 등이다. 저서로는 『에른스트 카시러』(2016), 『20대, 이제 철학을 만나다』(2014), 『기독교철학자들의 문화관』(2011), 『문화, 철학으로 읽다』(2009), 『기독교 문화학이란 무엇인가』(2006), 『관상의 문화학? 사람은 생긴 대로 사는가』(2006), 『카시러 사회철학과 역사철학』(2004), 『철학으로 보는 문화』(2004), 『문화철학과 문화비평』(2003), 『해석학과 문예비평』(2001), 『카시러의 문화철학』(2000)이 있고, 번역서로 『언어와 신화』(2015)가 있다.

양해림 | 충남대학교 철학과 교수. 충남대학교 인문과학연구소 소장. 한국니체학회 회장. 1999년 독일 베를린 훔볼트대학교에서 「딜타이 사회철학: 개인과 사회의 관계」 연구로 박사 학위를 받았다. 저서로는 『대학생을 위한 서양철학사』, 『미와 아트, 대중문화와 소통하다』, 『해석학적 이해와 인지과학 - 현대해석학 인

지과학에 말 걸다』, 『한스 요나스의 생태학적 사유읽기』, 등이 있으며, 논문으로 「니체와 트랜스휴먼」, 「세계시민주의와 세계시민권」, 「시민사회와 공공성,「지구적 기후변화와 탈핵의 정치」 등 니체, 환경철학, 사회철학 분야의 다양한 논문들이 있다.

유영초 | 한국외국어대학교 외래교수. (사)산림문화콘텐츠연구소 소장. 한국외국어대에서 환경정책학과 문화콘텐츠학을 공부했고, 녹색문화운동단체인 풀빛문화연대의 대표로 활동했다. 논문으로 「철학의 숲, 숲의 철학」 등이 있으며, 『숲에서 길을 묻다』, 『더럽게 살자』, 『바다사자의 섬: 독도 이야기』등의 책을 저술했다. 번역서로 『환경과 친해지는 50가지 이야기』, 『세계의 환경도시를 가다』, 『사막에 심은 풀빛 희망』 등이 있다.

임성철 | 경기대학교 교양학부 교수. 독일 튀빙엔(Tübingen) 대학교 철학과에서 철학 학사 및 석사를 마쳤고, 2003년에 동일 대학에서 플라톤의 정치철학 연구로 박사학위를 받았다. 저서로는 『플라톤의 <국가론>에 나타난 이상국가의 구조』(독어서적), 『감각하는 인간』(공저), 『명예란 무엇인가』(공저), 『사고와 표현』(공저)이 있으며, 번역서로는 『플라톤 읽기』, 『플라톤의 철학개념』, 『플라톤 철학을 위한 첫 걸음』이 있다. 연구 논문으로는 「헤라클레이토스의 비유에 나타난 수학적 비례의 의미로서의 로고스 개념에 대한 소고」, 「플라톤 동굴의 비유의 기원에 관하여」, 「플라톤 <파이돈> 결말 신화의 의미와 진실성」,

「에피쿠로스의 신관(神觀)」, 「플라톤의 Philosophia 개념에 대한 해석학적 논쟁에 관하여」, 「아리스토파네스의 희극적 비극 이야기(<향연> 189a-193d)에 드러난 플라톤의 철학적 의도에 관하여」, 「<프로타고라스> 문명 발생 신화에 대한 플라톤의 재구성」, 「고대 희랍 철학에 나타난 관상적 생활 이상(理想)의 기원과 의미에 관한 연구」, 「에피쿠로스 쾌락 개념의 사상적 체계 및 토대 - Kyriai doxai를 중심으로」, 「에피쿠로스 윤리 사상의 근간에 나타난 자기 추구의 윤리학으로서의 철학 실천에 관하여」, 「이암블로스의 <태양의 섬>에 나타난 유토피아 사상의 철학적 진실성과 그 현대적 의미」 등 고대 희랍 철학과 헬레니즘 철학 관련 논문이 다수 있다.

정창조 | 한국외국어대학교 철학과 박사과정. 「한나 아렌트의 정치적 판단이론 연구」로 석사학위를 받았으며, 정치철학과 현상학을 연구하고 있다. 논문으로는 「권력분립과 인민권력 사이의 관계에 대한 연구: 몽테스키외, 맑스주의, 아렌트를 중심으로」, 「이데올로기와 지식, 그리고 생산조건의 재생산에 관하여: 루이 알튀세르를 중심으로」, 「지구화시대 국민국가의 딜레마」(경희대 인류사회재건연구원 제4회 대학원생 학술논문 공모전 우수상)가 있다.

조성환 | 원광대학교 종교문제연구소 전임연구원. 서강대 수학과를 졸업하고, 철학과 대학원에서 「천학에서 천교로 - 퇴계에서 동학으로 천관의 전환」으로 박사학위를 받았다. 저서로는 『세종리더

십의 핵심가치』(공저)가 있고, 논문으로 「중국적 사상형태로서의 교(敎)」, 「한국의 공공철학, 그 발견과 모색 - 다산·세종·동학을 중심으로」 등이 있다.

최용호 | 한국외국어대학교 프랑스학과 교수. 1997년 프랑스 파리 10 낭테르 대학교에서 소쉬르의 시간 개념 연구로 박사학위를 받았다. 저서로는 『텍스트 의미론 강의』, 『의미와 설화성』, 『서사로 읽는 서사학』, 『노랑 신호등 - 포스트모던 비평의 지점』(공저) 등이 있으며 역서로는 『정념의 기호학』(공역), 『신앙과 지식/세기와 용서』(공역) 등이 있으며, 논문으로 「위기의 체계: 함열, 폭발, 자가면역」 등 언어학, 기호학, 문화비평 분야의 다양한 논문이 있다.

홍성민 | 숙명여자대학교 기초교양대학 교수. 한국외국어대 철학과를 졸업하고 2008년 고려대학교 대학원에서 주자철학 연구로 철학박사학위를 받았다. 저서로는 『역주와 해설: 성학십도』(공저), 『조선유학의 도덕감정론』(근간) 등이 있고, 논문으로는 「주자 윤리학에서 차등적 배려의 정당성」, 「주자 정심론의 계승과 변용」 등이 있다.

지식의 역사와 그 지형도

초판 인쇄	2016년 8월 23일
초판 발행	2016년 8월 30일
지은이	박치완 · 신응철 · 김기홍 외
발행인	김인철
총괄 · 기획	장지호 Director, University Press
편집장	신선호 Executive Knowledge Contents Creator
도서편집	김민정 Contents Creator
	진수연 Contents Creator
전자책편집	최인우 Chief e-Contents Creator
마케팅	곽용창 Chief Marketing Creator
재무관리	권미경 Chief Managing Creator
	김은혜 Managing Creator
발행처	한국외국어대학교 지식출판원
	02450 서울특별시 동대문구 이문로 107
	전화 02)2173-2493~7
	팩스 02)2173-3363
	홈페이지 http://press.hufs.ac.kr
	전자우편 press@hufs.ac.kr
	출판등록 제6-6호(1969. 4. 30)
디자인 · 편집	(주)이환디앤비 02)2254-4301
인쇄 · 제본	상지사피앤비 031)955-3636

ISBN 979-11-5901-112-2 93100 정가 18,000원

*잘못된 책은 교환하여 드립니다.

HU:iNE 은 한국외국어대학교 지식출판원의 어학 및 사회과학도서 Sub Brand이다. 한국외대의 영문명인 HUFS, 현명한 국제전문가 양성의(International+Intelligent)의 의미를 담고 있으며, 휴인(携引)의 뜻인 '이끌다, 끌고 나가다'라는 의미처럼 출판계를 이끄는 리더로서, 혁신의 이미지를 담고 있다.